康熙蕭山縣志 1

紹興大典 史部

中華書局

圖書在版編目(CIP)數據

(康熙)蕭山縣志 / (清)劉儼修；(清)張遠纂. — 北京：中華書局，2024.6. — (紹興大典). — ISBN 978-7-101-16887-7

Ⅰ. K295.54

中國國家版本館CIP數據核字第2024GH6375號

書　　名	(康熙)蕭山縣志(全二册)
叢 書 名	紹興大典·史部
修　　者	〔清〕劉儼
纂　　者	〔清〕張遠
項目策劃	許旭虹
責任編輯	梁五童
助理編輯	任凱龍
裝幀設計	許麗娟
責任印製	管　斌
出版發行	中華書局
	(北京市豐臺區太平橋西里38號 100073)
	http://www.zhbc.com.cn
	E-mail: zhbc@zhbc.com.cn
印　　刷	天津藝嘉印刷科技有限公司
版　　次	2024年6月第1版
	2024年6月第1次印刷
規　　格	開本787×1092毫米　1/16
	印張62　插頁2
國際書號	ISBN 978-7-101-16887-7
定　　價	880.00元

學術顧問

（按姓氏筆畫排序）

安平秋　李　岩　吴　格

袁行霈　張志清　葛劍雄

樓宇烈

編纂工作指導委員會

編纂委員會

序

紹興是國務院公布的首批中國歷史文化名城，是中華文明的多點起源地之一和越文化的發祥、壯大之地。從嵊州小黄山遺址迄今，已有一萬多年的文化史；從大禹治水迄今，已有四千多年的文明史；從越國築句踐小城和山陰大城迄今，已有兩千五百多年的建城史。建炎四年（一一三〇），宋高宗駐蹕越州，取義「紹奕世之宏庥，興百年之丕緒」，次年改元紹興，賜名紹興府，領會稽、山陰、蕭山、諸暨、餘姚、上虞、嵊、新昌等八縣。元改紹興路，明初復爲紹興府，清沿之。

紹興坐陸面海，嶽峙川流，風光綺麗，物産富饒，民風淳樸，士如過江之鯽，彬彬稱盛。春秋末越國有「八大夫」佐助越王卧薪嘗膽，力行「五政」，崛起東南，威續戰國，四分天下有其一，成就越文化的第一次輝煌。秦漢一統後，越文化從尚武漸變崇文。晉室東渡，北方士族大批南遷，王、謝諸大家紛紛遷居於此，一時人物之盛，雲蒸霞蔚，學術與文學之盛冠於江左，給越文化注入了新的活力。唐時的越州是詩人行旅歌詠之地，形成一條江南唐詩之路。至宋代，尤其是宋室南遷後，越中理學繁榮，文學昌盛，領一時之先。明代陽明心學崛起，這一時期的越文化，宣導致良知、知行合一，重於事功，伴隨而來的是越中詩文、書畫、戲曲的興盛。明清易代，有劉宗周等履忠蹈義，慷慨赴死，亦有黄宗羲率其門人，讀書窮經，關注世用，成其梨洲一派。至清中葉，會稽章學誠等人紹承梨洲之學而開浙東史學之新局。晚清至現代，越中知識分子心懷天下，秉持先賢「膽劍精神」，再次站在歷史變革的潮頭，蔡元培、魯迅等人「開拓越學」，使紹興成爲新文化運動和新民主主義革命的重要陣地。越文化兼容並包，與時偕變，勇於創新，隨着中國社會歷史的變遷，無論其内涵和特質發生何種變化，均以其獨特、强盛的生命力，推動了中華文明的發展。

文獻典籍承載着廣博厚重的精神財富、生生不息的歷史文脉。紹興典籍之富，甲於東南，號爲文獻之邦。從兩漢到魏晋再至近現代，紹興人留下了浩如煙海、綿延不斷的文獻典籍。陳橋驛先生在《紹興地方文獻考録·前言》中説：「紹興是我國歷史上地方文獻最豐富的地方之一。」有我國地方志的開山之作《越絶書》，有唯物主義的哲學巨著《論衡》，有書法藝術和文學價值均登峰造極的《蘭亭集序》，有詩爲「中興之冠」的陸游《劍南詩稿》，有輯録陽明心學精義的儒學著作《傳習録》等，這些文獻，不僅對紹興一地具有重要價值，對浙江乃至全國來説，也有深遠意義。

紹興藏書文化源遠流長。歷史上的藏書家多達百位，知名藏書樓不下三十座，其中以澹生堂最爲著名，藏書十萬餘卷。近現代，紹興又首開國内公共圖書館之先河。光緒二十六年（一九〇〇），紹興鄉紳徐樹蘭獨力捐銀三萬餘兩，圖書七萬餘卷，創辦國内首個公共圖書館——古越藏書樓。越中多名士，自也與藏書聚書風氣有關。

習近平總書記强調，「我們要加强考古工作和歷史研究，讓收藏在博物館裏的文物、陳列在廣闊大地上的遺産、書寫在古籍裏的文字都活起來，豐富全社會歷史文化滋養」。黨的十八大以來，黨中央站在實現中華民族偉大復興的高度，對傳承和弘揚中華優秀傳統文化作出一系列重大決策部署。中共中央辦公廳、國務院辦公廳二〇一七年一月印發了《關於實施中華優秀傳統文化傳承發展工程的意見》，二〇二二年四月又印發了《關於推進新時代古籍工作的意見》。

盛世修典，是中華民族的優秀傳統，是國家昌盛的重要象徵。近年來，紹興地方文獻典籍的利用呈現出多層次、多方位探索的局面，從文史界到全社會都在醞釀進一步保護、整理、開發、利用紹興歷史文獻的措施，形成了廣泛共識。中共紹興市委、市政府深入學習貫徹習近平總書記重要指示精神，積極響應國家重大戰略部署，以提振紹興人文氣運的文化自覺和存續一方文脉的歷史擔當，作出了編纂出版《紹興大典》的重大決定，計劃用十年時間，系統、全面、客觀梳理紹興文化傳承脉絡，收集、整理、編纂、出版紹興地方歷史文獻。二〇二二年十月，中共紹興市委辦公室、紹興市人民政府辦公室印發《關於〈紹興大典〉編纂出版工作實施方案的通知》。自此，《紹興大典》編纂出版各項工作開始有序推進。

百餘年前，魯迅先生提出「開拓越學，俾其曼衍，至於無疆」的願景，今天，我們繼先賢之志，實施紹興歷史上前無古人的文化工程，希冀通過《紹興大典》的編纂出版，從浩瀚的紹興典籍中尋找歷史印記，從豐富的紹興文化中挖掘鮮活資源，從悠遠的紹興歷史中把握發展脉絡，古爲今用，繼往開來，爲新時代「文化紹興」建設注入强大動力。我們將懷敬畏之心，以古人「三不朽」的立德修身要求，爲紹興這座中國歷史文化名城和「東亞文化之都」立傳畫像，爲全世界紹興人築就恒久的精神家園。

是爲序。

温暖

二〇二三年十月

前言

越國故地，是中華文明的重要起源地，中華優秀傳統文化的重要貢獻地，中華文獻典籍的重要誕生地。紹興，是越國古都，國務院公布的第一批歷史文化名城。編纂出版《紹興大典》，是綿延中華文獻之大計，弘揚中華文化之良策，傳承中華文明之壯舉。

一

紹興有源遠流長的文明，是中華文明的縮影。

中國有百萬年的人類史，一萬年的文化史，五千多年的文明史。中華文明，是中華民族長期實踐的積累，集體智慧的結晶，不斷發展的産物。各個民族，各個地方，都爲中華文明作出了自己獨具特色的貢獻。紹興人同樣爲中華文明的起源與發展，作出了自己傑出的貢獻。

現代考古發掘表明，早在約十六萬年前，於越先民便已經在今天的紹興大地上繁衍生息。二〇一七年初，在嵊州崇仁安江村蘭山廟附近，出土了於越先民約十六萬年前使用過的打製石器[一]。這是曹娥江流域首次發現的舊石器遺存，爲探究這一地區中更新世晚期至晚更新世早期的人類活動、

〔一〕陸瑩等撰《浙江蘭山廟舊石器遺址網紋紅土釋光測年》，《地理學報》英文版，二〇二〇年第九期，第一四三六至一四五〇頁。

華南地區與現代人起源的關係、小黃山遺址的源頭等提供了重要綫索。

距今約一萬至八千年的嵊州小黃山遺址[一]，於二〇〇六年與上山遺址一起，被命名爲上山文化。該遺址中的四個重大發現，引人矚目：一是水稻實物的穀粒印痕遺存，以及儲藏坑、鐮形器、石磨棒、石磨盤等稻米儲存空間與收割、加工工具的遺存；二是種類與器型衆多的夾砂、夾炭、夾灰紅衣陶與黑陶等遺存；三是我國迄今發現的最早的立柱建築遺存，以及石杵立柱遺存；四是我國新石器時代遺址中迄今發現的最早的石雕人首。

蕭山跨湖橋遺址出土的山茶種實，表明於越先民在八千多年前已開始對茶樹及茶的利用與探索[二]。距今約六千年前的餘姚田螺山遺址發現的山茶屬茶樹根遺存，有規則地分布在聚落房屋附近，特别是其中出土了一把與現今茶壺頗爲相似的陶壺，表明那時的於越先民已經在有意識地種茶用茶了[三]。

對美好生活的嚮往無止境，創新便無止境。於越先民在一萬年前燒製出世界上最早的彩陶的基礎上[四]，經過數千年的探索實踐，終於在夏商之際，燒製出了人類歷史上最早的原始瓷[五]；繼而又在東漢時，燒製出了人類歷史上最早的成熟瓷。現代考古發掘表明，漢時越地的窑址，僅曹娥江兩岸的上虞，就多達六十一處[六]。

中國是目前發現早期稻作遺址最多的國家，是世界上最早發現和利用茶樹的國家，更是瓷器的故

〔一〕浙江省文物考古研究所編《上山文化：發現與記述》，文物出版社二〇一六年版，第七一頁。
〔二〕浙江省文物考古研究所、蕭山博物館編《跨湖橋》，文物出版社二〇〇四年版，彩版四五。
〔三〕北京大學中國考古學研究中心、浙江省文物考古研究所編《田螺山遺址自然遺存綜合研究》，文物出版社二〇一一年版，第一一七頁。
〔四〕孫瀚龍、趙曄著《浙江史前陶器》，浙江人民出版社二〇二二年版，第三頁。
〔五〕鄭建華、謝西營、張馨月著《浙江古代青瓷》，浙江人民出版社二〇二二年版，上册，第四頁。
〔六〕宋建明主編《早期越窑——上虞歷史文化的豐碑》，中國書店二〇一四年版，第二四頁。

鄉。《（嘉泰）會稽志》卷十七記載「會稽之產稻之美者，凡五十六種」，稻作文明的進步又直接促成了紹興釀酒業的發展。同卷又單列「日鑄茶」一條，釋曰「日鑄嶺在會稽縣東南五十五里，嶺下有僧寺名資壽，其陽坡名油車，朝暮常有日，產茶絕奇，故謂之日鑄」。可見紹興歷史上物質文明之發達，真可謂「天下無儔」。

二

紹興有博大精深的文化，是中華文化的縮影。

文化是一條源遠流長的河，流過昨天，流到今天，還要流向明天。悠悠萬事若曇花一現，唯有文化與日月同輝。

大量的歷史文獻與遺址古迹表明，四千多年前，大禹與紹興結下了不解之緣。大禹治平天下之水，漸九川，定九州，至於諸夏乂安，《史記·夏本紀》載：「禹會諸侯江南，計功而崩，因葬焉，命曰會稽。會稽者，會計也。」裴駰注引《皇覽》曰：「禹冢在山陰縣會稽山上。會稽山本名苗山，在縣南，去縣七里。」《（嘉泰）會稽志》卷六「大禹陵」：「禹巡守江南，上苗山，會稽諸侯，死而葬焉。……劉向書云：禹葬會稽，不改其列，謂不改林木百物之列也。苗山自禹葬後，更名會稽。是山之東，有隴隱若劍脊，西嚮而下，下有窆石，或云此正葬處。」另外，大禹在以會稽山爲中心的越地，還有一系列重大事迹的記載，包括娶妻塗山、得書宛委、畢功了溪、誅殺防風、禪祭會稽、築治邑室等。

以至越王句踐，「其先禹之苗裔，而夏后帝少康之庶子也，封於會稽，以奉守禹之祀」（《史記·越王句踐世家》）。句踐的功績，集中體現在他一系列的改革舉措以及由此而致的强國大業上。

他創造了「法天象地」這一中國古代都城選址與布局的成功範例，奠定了近一個半世紀越國號稱天下强國的基礎，造就了紹興發展史上的第一個高峰，更實現了東周以來中國東部沿海地區暨長江下游地區的首次一體化，讓人們在數百年的分裂戰亂當中，依稀看到了一統天下的希望，爲後來秦始皇統一中國，建立真正大一統的中央政權，進行了區域性的準備。因此，司馬遷稱：「苗裔句踐，苦身焦思，終滅强吳，北觀兵中國，以尊周室，號稱霸王。句踐可不謂賢哉！蓋有禹之遺烈焉。」

千百年來，紹興涌現出了諸多譽滿海内、雄稱天下的思想家，他們的著述世不絶傳，遺澤至今，他們的思想卓犖英發、光彩奪目。哲學領域，聚諸子之精髓，啓後世之思想。政治領域，以家國之情懷，革社會之弊病。經濟領域，重生民之生業，謀民生之大計。教育領域，育天下之英才，啓時代之新風。史學領域，創史志之新例，傳千年之文脉。

紹興是中國古典詩歌藝術的寶庫。四言詩《候人歌》被稱爲「南音之始」。於越《彈歌》是我國文學史上僅存的二言詩。《越人歌》是越地的第一首情歌、中國的第一首譯詩。山水詩的鼻祖，是上虞人謝靈運。唐代，這裏涌現出了賀知章等三十多位著名詩人。宋元時，這裏出了别開詩歌藝術天地的陸游、王冕、楊維楨。

紹興是中國傳統書法藝術的故鄉。鳥蟲書與《會稽刻石》中的小篆，影響深遠。中國的文字成爲藝術品之習尚，文字由書寫轉向書法，是從越人的鳥蟲書開始的。而自王羲之《蘭亭序》之後，紹興更是成爲中國書法藝術的聖地。翰墨碑刻，代有名家精品。

紹興是中國古代繪畫藝術的重鎮。世界上最早彩陶的燒製，展現了越人的審美情趣。「文身斷髮」與「鳥蟲書」，實現了藝術與生活最原始的結合。戴逵與戴顒父子、僧仲仁、王冕、徐渭、陳洪綬、趙之謙、任熊、任伯年等在中國繪畫史上有開宗立派的地位。

一九一二年一月，魯迅爲紹興《越鐸日報》創刊號所作發刊詞中寫道：「於越故稱無敵於天下，海岳精液，善生俊異，後先絡繹，展其殊才；其民復存大禹卓苦勤勞之風，同句踐堅確慷慨之志，力作治生，綽然足以自理。」可見，紹興自古便是中華文化的重要發源地與傳承地，紹興人更是世代流淌着「卓苦勤勞」「堅確慷慨」的精神血脉。

三

紹興有琳琅滿目的文獻，是中華文獻的縮影。

自有文字以來，文獻典籍便成了人類文明與人類文化的基本載體。紹興地方文獻同樣爲中華文明與中華文化的傳承發展，作出了傑出的貢獻。

中華文明之所以成爲世界上唯一没有中斷、綿延至今、益發輝煌的文明，在於因文字的綿延不絶而致的文獻的源遠流長、浩如煙海。中華文化之所以成爲中華民族有别於世界上其他任何民族的顯著特徵並流傳到今天，靠的是中華兒女一代又一代的言傳身教、口口相傳，更靠的是文獻典籍一代又一代的忠實書寫、守望相傳。

無數的甲骨、簡牘、古籍、拓片等中華文獻，無不昭示着中華文明的光輝燦爛、欣欣向榮，無不昭示着中華文化的廣博淵綜、蒸蒸日上。它們既是中華文明與中華文化的基本載體，又是中華文明與中華文化的重要組成部分，是十分重要的物質文化遺産。

紹興地方文獻作爲中華文獻重要的組成部分，積澱極其豐厚，特色十分明顯。

（一）文獻體系完備

紹興的文獻典籍根基深厚，載體體系完備，大體經歷了四個階段的歷史演變。

一是以刻符、紋樣、器型爲主的史前時代。代表性的，有作爲上山文化的小黄山遺址中出土的彩陶上的刻符、印紋、圖案等。

二是以金石文字爲主的銘刻時代。代表性的，有越國時期玉器與青銅劍上的鳥蟲書等銘文、秦《會稽刻石》、漢「大吉」摩崖、漢魏六朝時的會稽磚甓銘文與會稽青銅鏡銘文等。

三是以雕版印刷爲主的版刻時代。代表性的，有中唐時期越州刊刻的元稹、白居易的詩集。唐長慶四年（八二四），浙東觀察使兼越州刺史元稹，在爲時任杭州刺史的好友白居易《白氏長慶集》所作的序言中寫道：「揚、越間多作書模勒樂天及予雜詩，賣於市肆之中也。」這是有關中國刊印書籍的最早記載之一，説明越地開創了「模勒」這一雕版印刷的風氣之先。宋時，兩浙路茶鹽司等機關和紹興府、紹興府學等，競相刻書，版刻業快速繁榮，紹興成爲兩浙乃至全國的重要刻書地，所刻之書多稱「越本」「越州本」。明代，紹興刊刻呈現出了官書刻印多、鄉賢先哲著作和地方文獻多、私家刻印特色叢書多的特點。清代至民國，紹興整理、刊刻古籍叢書成風，趙之謙、平步青、徐友蘭、章壽康、羅振玉等，均有大量輯刊，蔡元培早年應聘於徐家校書達四年之久。

四是以機器印刷爲主的近代出版時期。這一時期呈現出傳統技術與西方新技術並存、傳統出版物與維新圖强讀物並存的特點。代表性的出版機構，在紹興的有徐友蘭於一八六二年創辦的墨潤堂等。另外，吴隱於一九〇四年參與創辦了西泠印社；紹興人沈知方於一九一二年參與創辦了中華書局，還於一九一七年創辦了世界書局。代表性的期刊，有羅振玉於一八九七年在上海創辦的《農學報》，杜亞泉於一九〇一年在上海創辦的《普通學報》，羅振玉於一九〇一年在上海發起、王國維主筆的《教育世界》，杜亞泉等於一九〇二年在上海編輯的《中外算報》，秋瑾於一九〇七年在上海創辦的《中國女報》等。代表性的報紙，有蔡元培於一九〇三年在上海創辦的《俄事警聞》等。

紹興文獻典籍的這四個演進階段，既相互承接，又各具特色，充分彰顯了走在歷史前列、引領時代潮流的特徵，總體上呈現出了載體越來越多元、内涵越來越豐富、傳播越來越廣泛、對社會生活的影響越來越深遠的歷史趨勢。

（二）藏書聲聞華夏

紹興歷史上刻書多，便爲藏書提供了前提條件，因而藏書也多。大禹曾「登宛委山，發金簡之書，案金簡玉字，得通水之理」（《吴越春秋》卷六），還「巡狩大越，見耆老，納詩書」（《越絶書》卷八），這是紹興有關采集收藏圖書的最早記載。句踐曾修築「石室」藏書，「晝書不倦，晦誦竟旦」（《越絶書》卷十二）。

造紙術與印刷術的發明和推廣，使得書籍可以成批刷印，爲藏書提供了極大便利。王充得益於藏書資料，寫出了不朽的《論衡》。南朝梁時，山陰人孔休源「聚書盈七千卷，手自校治」（《梁書・孔休源傳》），成爲紹興歷史上第一位有明文記載的藏書家。唐代時，越州出現了集刻書、藏書、讀書於一體的書院。五代十國時，南唐會稽人徐鍇精於校勘，雅好藏書，「江南藏書之盛，爲天下冠，鍇力居多」（《南唐書・徐鍇傳》）。

宋代雕版印刷術日趨成熟，爲書籍的化身千百與大規模印製創造了有利條件，也爲藏書提供了更多來源。特別是宋室南渡、越州升爲紹興府後，更是出現了以陸氏、石氏、李氏、諸葛氏等爲代表的藏書世家。陸游曾作《書巢記》，稱「吾室之内，或棲於櫝，或陳於前，或枕藉於床，俯仰四顧，無非書者」。《（嘉泰）會稽志》中專設《藏書》一目，説明了當時藏書之風的盛行。元時，楊維楨「積書數萬卷」（《鐵笛道人自傳》）。

明代藏書業大發展，出現了鈕石溪的世學樓等著名藏書樓。其中影響最大的藏書家族，當數山陰祁氏；影響最大的藏書樓，當數祁承㸁創辦的澹生堂，至其子彪佳時，藏書達三萬多卷。

清代是紹興藏書業的鼎盛時期，有史可稽者凡二十六家，諸如章學誠、李慈銘、陶濬宣等。上虞王望霖建天香樓，藏書萬餘卷，尤以藏書家之墨迹與鈎摹鐫石聞名。徐樹蘭創辦的古越藏書樓，以存古開新爲宗旨，以資人觀覽爲初心，成爲中國近代第一家公共圖書館。

民國時，代表性的紹興藏書家與藏書樓有：羅振玉的大雲書庫、徐維則的初學草堂、蔡元培創辦的養新書藏、王子餘開設的萬卷書樓、魯迅先生讀過書的三味書屋等。

根據二〇一六年完成的古籍普查結果，紹興全市十家公藏單位，共藏有一九一二年以前産生的中國傳統裝幀書籍與民國時期的傳統裝幀書籍三萬九千七百七十七種、二十二萬六千一百二十五册，分别占了浙江省三十三萬七千四百零五種的百分之十一點七九、二百五十萬六千六百三十三册的百分之九點零二。這些館藏的文獻典籍，有不少屬於名人名著，其中包括在别處難得見到的珍稀文獻。這是紹興這個地靈人傑的文獻名邦確實不同凡響的重要見證。

一部紹興的藏書史，其實也是一部紹興人的讀書、用書、著書史。歷史上的紹興，刻書、藏書、讀書、用書、著書，良性循環，互相促進，成爲中國文化史上一道亮麗的風景。

（三）著述豐富多彩

紹興自古以來，論道立說、卓然成家者代見輩出，創意立言、名動天下者繼踵接武，歷朝皆有傳世之作，各代俱見槃槃之著。這些文獻，不僅對紹興一地有重要價值，而且也是浙江文化乃至中國古代文化的重要組成部分。

一是著述之風，遍及各界。越人的創作著述，文學之士自不待言，爲政、從軍、業賈者亦多喜筆耕，屢有不刊之著。甚至於鄉野市井之口頭創作、謠歌俚曲，亦代代敷演，蔚爲大觀，其中更是多有内藴厚重、哲理深刻、色彩斑斕之精品，遠非下里巴人，足稱陽春白雪。

二是著述整理，尤爲重視。越人的著述，包括對越中文獻乃至我國古代文獻的整理。宋孔延之的《會稽掇英總集》，清杜春生的《越中金石記》，近代魯迅的《會稽郡故書雜集》等，都是收輯整理地方文獻的重要成果。陳橋驛所著《紹興地方文獻考録》，是另一種形式的著述整理，其中考録一九四九年前紹興地方文獻一千二百餘種。清代康熙年間，紹興府山陰縣吴楚材、吴調侯叔侄選編的《古文觀止》，自問世以來，一直是古文啓蒙的必備書，也深受古文愛好者的推崇。

三是著述領域，相涉廣泛。越人的著述，涉及諸多領域。其中古代以經、史與諸子百家研核之作爲多，且基本上涵蓋了經、史、子、集的各個分類，近現代以文藝創作爲多，當代則以科學研究論著爲多。這也體現了越中賢傑經世致用、與時俱進的家國情懷。

四

盛世修典，承古啓新，以「紹興」之名，行紹興之實。

紹興這個名字，源自宋高宗的升越州爲府，並冠以年號，時在紹興元年（一一三一）的十月廿六日。這是對這座城市傳統的畫龍點睛。紹興這兩個字合在一起，蘊含的正是承繼前業而壯大之、開創未來而昌興之的意思。數往而知來，今天的紹興人正賦予這座城市、這個名字以新的意蘊，那就是繼承中華優秀傳統文化，建設中華民族現代文明，爲實現中華民族偉大復興，作出自己新的更大的貢獻。

編纂出版《紹興大典》，正是紹興地方黨委、政府文化自信、文化自覺的體現，是集思廣益、精心實施的德政，是承前啓後、繼往開來的偉業。

（一）科學的決策

《紹興大典》的編纂出版，堪稱黨委、政府科學決策的典範。二〇二〇年十二月十一日，中共紹興市委八届九次全體（擴大）會議審議通過了關於紹興市「十四五」規劃和二〇三五年遠景目標的建議，其中首次提出要啓動《紹興大典》的編纂出版工作。

二〇二一年二月五日，紹興市第八届人民代表大會第六次會議批准了市政府根據市委建議編製的紹興市「十四五」規劃和二〇三五年遠景目標綱要，其中又專門寫到要啓動《紹興大典》的編纂出版工作。二月八日，紹興市人民政府正式印發了這個重要文件。

二〇二二年二月二十八日的中共紹興市第九次代表大會市委工作報告與三月三十日的紹興市九届人大一次會議政府工作報告，均對編纂出版《紹興大典》提出了要求。

二〇二二年九月十五日，紹興市人民政府第十一次常務會議專題聽取了《〈紹興大典〉編纂出版工作實施方案》起草情況的匯報，決定根據討論意見對實施意見進行修改完善後，提交市委常委會議審議。九月十六日，中共紹興市委九届二十次常委會議專題聽取《〈紹興大典〉編纂出版工作實施方案》起草情況的匯報，並進行了討論，決定批准這個方案。十月十日，中共紹興市委辦公室、紹興市人民政府辦公室正式印發了《〈紹興大典〉編纂出版工作實施方案》。

（二）嚴謹的體例

在中共紹興市委、紹興市人民政府研究批准的實施方案中，《紹興大典》編纂出版的各項相關事宜，均得以明確。

一是主要目標。系統、全面、客觀梳理紹興文化傳承脉絡，收集、整理、編纂、研究、出版紹興地方文獻，使《紹興大典》成爲全國鄉邦文獻整理編纂出版的典範和紹興文化史上的豐碑，爲努力打造「文獻保護名邦」「文史研究重鎮」「文化轉化高地」三張紹興文化的金名片作出貢獻。

二是收録範圍。《紹興大典》收録的時間範圍爲：起自先秦時期，迄至一九四九年九月三十日，部分文獻酌情下延。地域範圍爲：今紹興市所轄之區、縣（市），兼及歷史上紹興府所轄之蕭山、餘姚。内容範圍爲：紹興人的著述，域外人士有關紹興的著述，歷史上紹興刻印的古籍善本和紹興收藏的珍稀古籍善本。

三是編纂方法。對所録文獻典籍，按經、史、子、集和叢五部分類方法編纂出版。

根據實施方案明確的時間安排與階段劃分，在具體編纂工作中，采用先易後難、先急後緩，邊編纂出版、邊深入摸底的方法。即先編纂出版情況明瞭、現實急需的典籍，與此同時，對面上的典籍情況進行深入的摸底調查。這樣的方法，既可以用最快的速度出書，以滿足保護之需、利用之需，又可以爲一些難題的破解争取時間；既可以充分發揮我國實力最强的專業古籍出版社中華書局的編輯出版優勢，又可以充分借助與紹興相關的典籍一半以上收藏於我國古代典籍收藏最爲宏富的國家圖書館的優勢。這是最大限度地避免時間與經費上的重複浪費的方法，也是地方文獻編纂出版工作方法上的創新。

另外，還將適時延伸出版《紹興大典·要籍點校叢刊》《紹興大典·文獻研究叢書》《紹興大典·善本影真叢覽》等。

（三）非凡的意義

正如紹興的文獻典籍在中華文獻典籍史上具有重要的影響那樣，編纂出版《紹興大典》的意義，同樣也是非同尋常的。

一是編纂出版《紹興大典》，對於文獻典籍的更好保護——活下來，具有非同尋常的意義。歷史上的文獻典籍，是中華文明歷經滄桑留下的最寶貴的東西。然而，這些瑰寶或因天災人禍，或因自然老化，或因使用過度，或因其他緣故，有不少已經處於岌岌可危甚至奄奄一息的境况。

編纂出版《紹興大典》，可以爲系統修復、深度整理這些珍貴的古籍争取時間；可以最大限度呈現底本的原貌，緩解藏用的矛盾，更好地方便閱讀與研究。這是文獻典籍眼下的當務之急，最好的續命之舉。

二是編纂出版《紹興大典》，對於文獻典籍的更好利用——活起來，具有非同尋常的意義。歷史上的文獻典籍，流傳到今天，實屬不易，殊爲難得。它們雖然大多保存完好，其中不少還是善本，但分散藏於公私，積久塵封，世人難見；也有的已成孤本，或至今未曾刊印，僅有稿本、抄本，秘不示人，無法查閱。

編纂出版《紹興大典》，將穿越千年的文獻、深度密鎖的秘藏、散落全球的珍寶匯聚起來，化身萬千，走向社會，走近讀者，走進生活，既可防它們失傳之虞，又可使它們嘉惠學林，也可使它們古爲今用，文旅融合，還可使它們延年益壽，推陳出新。這是於文獻典籍利用一本萬利、一舉多得的好事。

三是編纂出版《紹興大典》，對於文獻典籍的更好傳承——活下去，具有非同尋常的意義。歷史上的文獻典籍，能保存至今，是先賢們不惜代價，有的是不惜用生命爲代價換來的。對這些傳承至今的古籍本身，我們應當倍加珍惜。

編纂出版《紹興大典》，正是爲了述録先人的開拓，啓迪來者的奮鬥，使這些珍貴古籍世代相傳，使蘊藏在這些珍貴古籍身上的中華優秀傳統文化世代相傳。這是中華文化創造性轉化、創新性發展的通途所在。

編纂出版《紹興大典》，是紹興文化發展史上的曠古偉業。編成後的《紹興大典》，將成爲全國範圍内的同類城市中，第一部收録最爲系統、内容最爲豐贍、品質最爲上乘的地方文獻集成。

紹興這個地方，古往今來，都在不懈超越。超乎尋常，追求卓越。超越自我，超越歷史。《紹興大典》的編纂出版，無疑會是紹興文化發展史上的又一次超越。

道阻且長，行則將至；行而不輟，成功可期。「後之視今，亦猶今之視昔」；「後之覽者，亦將有感於斯文」（《蘭亭集序》）。讓我們一起努力吧！

馮建榮

二〇二三年六月十日，星期六，成稿於寓所

二〇二三年中秋、國慶假期，校改於寓所

編纂説明

紹興古稱會稽，歷史悠久。

大禹治水，畢功了溪，計功今紹興城南之茅山（苗山），崩後葬此，此山始稱會稽，此地因名會稽，距今四千多年。

大禹第六代孫夏后少康封庶子無餘於會稽，以奉禹祀，號曰「於越」，此爲吾越得國之始。《竹書紀年》載，成王二十四年，於越來賓。是亦此地史載之始。

距今兩千五百多年，越王句踐遷都築城於會稽山之北（今紹興老城區），是爲紹興建城之始，於今城不移址，海内罕有。

秦始皇滅六國，御海内，立郡縣，成定制。是地屬會稽郡，郡治爲吴縣，所轄大率吴越故地。東漢順帝永建四年（一二九），析浙江之北諸縣置吴郡，是爲吴越分治之始。會稽名仍其舊，郡治遷山陰。由隋至唐，會稽改稱越州，時有反復，至中唐後，「越州」遂爲定稱而至於宋。所轄時有增減，至五代後梁開平二年（九〇八），吴越析剡東十三鄉置新昌縣，自此，越州長期穩定轄領會稽、山陰、蕭山、諸暨、餘姚、上虞、嵊縣、新昌八邑。

建炎四年（一一三〇），宋高宗趙構駐蹕越州，取「紹奕世之宏庥，興百年之丕緒」之意，下詔從建炎五年正月改元紹興。紹興元年（一一三一）十月己丑升越州爲紹興府，斯地乃名紹興，沿用至今。

歷史的悠久，造就了紹興文化的發達。數千年來文化的發展、沉澱，又給紹興留下了燦爛的文化載體——鄉邦文獻。保存至今的紹興歷史文獻，有方志著作、家族史料、雜史輿圖、文人筆記、先賢文集、醫卜星相、碑刻墓誌、摩崖遺存、地名方言、檔案文書等不下三千種，可以説，凡有所録，應有盡有。這些文獻從不同角度記載了紹興的山川地理、風土人情、經濟發展、人物傳記、著述藝文等各個方面，成爲人們瞭解歷史、傳承文明、教育後人、建設社會的重要參考資料，其中許多著作不僅對紹興本地有重要價值，也是江浙文化乃至中華古代文化的重要組成部分。

紹興歷代文人對地方文獻的探尋、收集、整理、刊印等都非常重視，並作出過不朽的貢獻，陳橋驛先生就是代表性人物。正是在他的大力呼籲下，時任紹興縣政府主要領導作出了編纂出版《紹興叢書》的決策，爲今日《紹興大典》的編纂出版積累了經驗，奠定了基礎。

時至今日，爲貫徹落實習近平總書記系列重要講話精神，奮力打造新時代文化文明高地，重輝「文獻名邦」，中共紹興市委、市政府毅然作出編纂出版《紹興大典》的決策部署。延請全國著名學者樓宇烈、袁行霈、安平秋、葛劍雄、吳格、李岩、熊遠明、張志清諸先生參酌把關，與收藏紹興典籍最豐富的國家圖書館等各大圖書館以及專業古籍出版社中華書局展開深度合作，成立專門班子，精心規劃組織，扎實付諸實施。《紹興大典》是地方文獻的集大成之作，出版形式以紙質書籍爲主，同步開發建設數據庫。其基本内容，包括以下三方面：

一、《紹興大典》影印精裝本文獻大全。這方面内容囊括一九四九年前的紹興歷史文獻，收録的原則是「全面優」，也就是文獻求全收録；同一文獻比對版本優劣，收優斥劣。同時特別注重珍稀性、孤罕性、史料性。

《紹興大典》影印精裝本收録範圍：

時間範圍：起自先秦時期，迄至一九四九年九月三十日，部分文獻可酌情下延。

地域範圍：今紹興市所轄之區、縣（市），兼及歷史上紹興府所轄之蕭山、餘姚。

内容範圍：紹興人（本籍與寄籍紹興的人士、寄籍外地的紹籍人士）撰寫的著作，非紹興籍人士撰寫的與紹興相關的著作，歷史上紹興刻印的古籍珍本和紹興收藏的古籍珍本。

《紹興大典》影印精裝本編纂體例，以經、史、子、集、叢五部分類的方法，對收録範圍内的文獻，進行開放式收録，分類編輯，影印出版。五部之下，不分子目。

經部：主要收録經學（含小學）原創著作；經校勘校訂，校注校釋，疏、證、箋、解、章句等的經學名著；爲紹籍經學家所著經學著作而撰的著作，等等。

史部：主要收録紹興地方歷史書籍，重點是府縣志、家史、雜史等三個方面的歷史著作。

子部：主要收録專業類書，比如農學類、書畫類、醫卜星相類、儒釋道宗教類、陰陽五行類、傳奇類、小説類，等等。

集部：主要收録詩賦文詞曲總集、别集、專集，詩律詞譜，詩話詞話，南北曲韻，文論文評，等等。

叢部：主要收録不入以上四部的歷史文獻遺珍、歷史文物和歷史遺址圖録彙總、戲劇曲藝脚本、報章雜志、音像資料等。不收傳統叢部之文叢、彙編之類。

《紹興大典》影印精裝本在收録、整理、編纂出版上述文獻的基礎上，同時進行書目提要的撰寫，並細編索引，以起到提要鉤沉、方便實用的作用。

二、《紹興大典》點校研究及珍本彙編。主要是《紹興大典》影印精裝本的延伸項目，形成三個成果，即《紹興大典·要籍點校叢刊》《紹興大典·文獻研究叢書》《紹興大典·善本影真叢覽》三叢。選取影印出版文獻中的要籍，組織專家分專題開展點校等工作，排印出版《紹興大典·要籍點校叢刊》；及時向社會公布推出出版文獻書目，開展《紹興大典》收録文獻研究，分階段出版研究成果《紹興大典·文獻研究叢書》；選取品相完好、特色明顯、内容有益的優秀文獻，原版原樣綫裝影印出版《紹興大典·善本影真叢覽》。

三、《紹興大典》文獻數據庫。以《紹興大典》影印精裝本和《紹興大典·要籍點校叢刊》《紹興大典·文獻研究叢書》《紹興大典·善本影真叢覽》三叢爲基幹構建。同時收録大典編纂過程中所涉其他相關資料，未用之版本，書佚目存之書目等，動態推進。

《紹興大典》編纂完成後，應該是一部體系完善、分類合理、全優兼顧、提要鮮明、檢索方便的大型文獻集成，必將成爲地方文獻編纂的新範例，同時助力紹興打造完成「歷史文獻保護名邦」「地方文史研究重鎮」「區域文化轉化高地」三張文化金名片。

《紹興大典》在中共紹興市委、市政府領導下組成編纂工作指導委員會，組織實施並保障大典工程的順利推進，同時組成由紹興市爲主導、國家圖書館和中華書局爲主要骨幹力量、各地專家學者和圖書館人員爲輔助力量的編纂委員會，負責具體的編纂工作。

《紹興大典》編纂委員會

二〇二三年五月

史部編纂説明

紹興自古重視歷史記載，在現存數千種紹興歷史文獻中，史部著作占有極爲重要的位置。因其内容豐富、體裁多樣、官民兼撰的特點，成爲《紹興大典》五大部類之一，而别類專纂，彙簡成編。

按《紹興大典·編纂説明》規定：「以經、史、子、集、叢五部分類的方法，對收録範圍内的文獻，進行開放式收録，分類編輯，影印出版。五部之下，不分子目。」「史部：主要收録紹興地方歷史書籍，重點是府縣志、家史、雜史等三個方面的歷史著作。」

紹興素爲方志之鄉，纂修方志的歷史較爲悠久。據陳橋驛《紹興地方文獻考録》（浙江人民出版社，一九八三年版）統計，僅紹興地區方志類文獻就「多達一百四十餘種，目前尚存近一半」。在最近三十多年中，紹興又發現了不少歷史文獻，堪稱卷帙浩繁。

據《紹興大典》編纂委員會多方調查掌握的信息，府縣之中，既有最早的府志——南宋二志《（嘉泰）會稽志》和《（寶慶）會稽續志》，也有最早的縣志——宋嘉定《剡録》；既有耳熟能詳的《（萬曆）紹興府志》，也有海内孤本《（嘉靖）山陰縣志》；更有寥若晨星的《永樂大典》本《紹興府志》，等等。存世的紹興府縣志，明代纂修並存世的萬曆爲最多，清代纂修並存世的康熙爲最多。

家史資料是地方志的重要補充，紹興地區家史資料豐富，《紹興家譜總目提要》共收録紹興相關家譜資料三千六百七十九條，涉及一百七十七個姓氏。據二〇〇六年《紹興叢書》編委會對上海圖書館藏紹興文獻的調查，上海圖書館館藏的紹興家史譜牒資料有三百多種，據紹興圖書館最近提供的信息，其館藏譜牒資料有二百五十多種，一千三百七十八册。紹興人文薈萃，歷來重視繼承弘揚耕讀傳統，家族中尤以登科進仕者爲榮，每見累世科甲、甲第連雲之家族，如諸暨花亭五桂堂黄氏、山陰狀元坊張氏，等等。家族中每有中式，必進祠堂，祭祖宗，禮神祇，乃至重纂家乘。因此纂修家譜之風頗盛，聯宗聯譜，聲氣相通，呼應相求，以期相將相扶，百世其昌，因此留下了浩如煙海、簡册連編的家史譜牒資料。家史資料入典，將遵循「姓氏求全，譜目求全，譜牒求優」的原則遴選。

雜史部分是紹興歷史文獻中内容最豐富、形式最多樣、撰者最衆多、價值極珍貴的部分。記載的内容無比豐富，撰寫的體裁多種多樣，留存的形式面目各異。其中私修地方史著作，以東漢袁康、吴平所輯的《越絶書》及稍後趙曄的《吴越春秋》最具代表性，是紹興現存最早較爲系統完整的史著。

雜史部分的歷史文獻，有非官修的專業志、地方小志，如《三江所志》《倉帝廟志》《螭陽志》等；有以韻文形式撰寫的如《山居賦》《會稽三賦》等；有碑刻史料如《會稽刻石》《龍瑞宫刻石》等；有詩文游記如《沃洲雜詠》等；有珍貴的檔案史料如《明浙江紹興府諸暨縣魚鱗册》等；有名人日記如《祁忠敏公日記》《越縵堂日記》等；有綜合性的歷史著作如海内外孤本《越中雜識》等；也有鉤沉稽古的如《虞志稽遺》等。既有《救荒全書》《欽定浙江賦役全書》這樣專業的經濟史料，也有《越中八景圖》這樣的圖繪史料等。舉凡經濟、人物、教育、方言風物、名人日記等，應有盡有，不勝枚舉。尤以地理爲著，諸如山川風物、名勝古迹、水利關津、衛所武備、天文医卜等，莫不悉備。

這些歷史文獻，有的是官刻，有的是坊刻，有的是家刻。有特别珍貴的稿本、鈔本、寫本，也有珍稀孤罕首次面世的史料。由於《紹興大典》的編纂出版，這些文獻得以呈現在世人面前，俾世人充分深入地瞭解紹興豐富多彩的歷史文化。受編纂者學識見聞以及客觀條件之限制，難免有疏漏錯訛之處，祈望方家教正。

《紹興大典》編纂委員會

二〇二三年五月

康熙蕭山縣志　二十一卷

〔清〕劉儼修，〔清〕張遠纂

清康熙三十二年（一六九三）刻本

影印説明

《（康熙）蕭山縣志》二十一卷，清劉儼修，清張遠纂，清康熙三十二年（一六九三）刻本。半葉九行行二十字，小字雙行同，白口，單魚尾，左右雙邊，有圖。原書版框尺寸高21.5釐米，寬15.2釐米。書前有康熙二十二年劉儼序、任辰旦序、王先吉序和康熙三十二年劉儼序、張遠後序。

劉儼，號鉅夫，北直景州（今河北景縣）人，由官監知蕭山縣事十餘年，廉能明斷，百務具舉。康熙二十二年（一六八三），「朝廷有纂修通志之命」，由劉儼主修，張遠編纂，對康熙十年蕭山縣令鄒勷主修的《蕭山縣志》進行了一次纂修更易。依康熙三十二年劉儼《重修蕭山縣志序》之記載，前志「刻期告竣，其當與否未暇周悉也」，十餘載之變遷有待增輯，且由於「前此載筆者委任多人」，亦有内容牴牾、首尾不相貫、亥豕不可辨等諸多不足，遂於康熙三十二年（一六九三），委訓導張遠重修，以使「訛者正，重者削，缺者補，上下不相聯屬者條貫而有序」。張遠，字崇文，蕭山縣人，在鄒勷、劉儼兩任縣令的主持之下，先後兩次纂輯縣志。

此次影印，以國家圖書館藏本爲底本。卷一圖志第三葉殘，卷十三末葉缺，據上海圖書館藏本補。

重纂縣誌序

易曰久道化成言致治之不可旦夕奏效也余不敏拜

命涖固陵甫下車奉

諸憲大人檄修邑乘刻期告

竣將偕八邑觀成書余不禁爲之輾然以喜又不禁爲之惕然以懼喜則喜我郡憲公三年報最治平第一行膺
朝廷不次之擢于八邑之風

物山川土宜政事莫不洞悉于胸中瞭然于掌上凡可以興利除弊爲民請命者何患不悉力以陳乎兹可爲喜者也懼則懼夫以受命纔三旬之吏地方之

利病莫爭其莫辨也民生之休戚槪乎其未聞也材謝三長胸慚一得搦管而入得失之林寧不滋懼雖然幸邑有舊乘重脩于撫寧鄒公益康熙辛亥歲也

計卷二十有一分志二十有八圖列于前志附于後亦云詳備獨是辛亥距今一紀之中災祥之見告宦迹之升沉人物之宜增者有之廨學之宜修者有之

余迺偕　學博并同張子崇文與相商榷善者因之闕者補之用是明勿失于前人告無罪于來茲焉爾書既成循編而考于疆域則知世代之沿革于風俗

則知人心之升降水利諸書則見民生之利害名宦等傳則景先哲之儀型桑之于古酌之于今孜孜邑勉以馴致于久道化成之域將無在是是則余之鄙

志而重仰藉于
諸憲大人之提衡也夫
旹
康熙癸亥秋月文林郎知蕭
山縣事廣川劉儼謹序

蕭山縣志序

治世重文文事重史志史屬
也邑志又諸志之基也漢建
元中天子好儒術敦禮名賢
而左氏春秋之屬以出唐開
元中選儒士焉懷素褚無量

學禮之師傅而具競之直筆
自出宋天聖明衜間幸邇英
延義崇政諸殿閣双日經筵
隻日講讀而孫奭之無逸圖
孫復之發微尊王歐陽脩之
五代史亦繼次而至今

聖天子雅意右文推擇館職論道經筵優崇備至无者使青麐春使掌國家書乘莫不按部就班邇以會典將成蒐輯省志已備一統規模文章必盛將且高擡前

代余不敏愧未翺翔秘閣從
臺于三途五難之間牽而督
筆
帝廷獻可替否叓欲以文章一黹
上報
國恩僉向時待補之暇陪同學好

古之士採訪舊聞以續邑志
今蒐羅之
命甫官邑父母　劉侯蓋屬前修
對揚
譽命茅休文之輯來志也以削稿
鳴謙景純之序方書也以蘇

舘序三

石致懼孔才人物志但曰補綴遺忘應邵風俗通自謂人知我過今

劉侯猶慨然于摭拾未廣揚攉未精不足以副

聖天子搜采旁求之意而補苴斟

酌細爲討論寍有媿于
當宁之獻與高文大筞並麗典章
哉
旹
康熙弍十二年歲在癸亥秋日
賜同進士出身內府工科給事中

[illegible]

前松江府知上海縣事丁巳

江南同考任辰旦敬題

重修蕭山縣誌序

邑之有志所以綱羅舊聞使前之無所遺後之有所攷以垂證鑒而備典故者也事不綦重哉夫以九州之廣四海之大事所當詳人所必紀麟

炳昭爍著于天壤灼于古今者何限蕞爾邑介于宇合中真不啻太倉之粒九牛之毛雖有闕畧似無關于得失之林也然積鄉而爲邑積邑而爲郡由郡而省而京畿其中

山川城郭之廢興若何事人物戶口之榮悴若何家以至兵刑錢穀之紛錯忠孝節義之著闇苟任其殘失遺落闕焉不講非特好古深思之士無所究覽今

聖天子出矣將有事於禮樂辟雍以大崇文之治高虎觀之署命輶軒歷郡邑採遺聞輯舊典一有未備其何以上應王制而下廣見聞哉則甚矣邑志之為重也幸

各憲臺奉

朝廷之命輯通志之書於省會提綱挈領之餘條分縷晰自郡志而外分逮屬邑各萃其集襄成大典維蕭之邑宰鉅甫劉父母殫心窮究搜羅

典實進同志而攷訂之以副
各憲臺之意庶可共勵厥成焉
然於斯不能無慮夫史有三
難邑志尤甚義取乎詳則收
之不勝收而卷帙有煩重之
憂意崇乎簡則棄之不勝棄

而記載有脫漏之虞考核無
憑則立定衷以指隱桓而或
傳聞之異辭毀譽失實則居
邪不非大夫而或尊親之當
諱其間參酌盡善損益得宜
非英絕領袖為一代之大儒

者其誰與歸昔太史公之爲
史記也多本左國而集最龍
門班掾之爲漢書也事仍舊
史特稱八志然則書以事重
亦以人重毋曰邑乘小事庶
足備大觀云

旨

康熙廿二年癸亥秋月

賜同進士出身內閣中書舍人本

邑王先吉敬題

重脩蕭山縣志序

通志者所以大一統也邑有志又通志所取資疆域之分限戸口之登耗田賦之出入風俗之奢儉人物之升降制度之沿革山川

原隰之通塞條分縷析開卷瞭然邑志葢可忽乎哉蕭邑之志康熙辛亥歲撫寧鄒君之所重脩也遷延一紀屢更屢易歲癸亥

朝廷有纂脩通志之命各

憲檄催邑志余涖任甫閲
月刻期告竣其當與否未
暇周悉也閲今十餘載因
革又疊見矣江塘遷徙幾
何處學署脩建幾何事鄉
賢賓薦幾何人賦役紛更

災祥屢告此志之不可不備載者也况前此載筆者委任多人各相牴牾或亥豕不可辨或首尾不相貫或抱殘而守缺或言重而事複嗟乎志以傳信信之

不存志將安取耶亟欲釐正簿書鞅掌未能也因迺攝其大要與張子邇可商訂之張子好著書習典故余信之有素今果不余負也已殫精聚力不間晝夜

博采舊志益以新裁訛者正重者削缺者補上下不相聯屬者條貫而有序閱數月而來復謹之至也抑余更有說志邑乘也采之即備國史也忠孝賢節不

可溢為褒美也明甚何向之哀輯者多失之濫耶後之從事於斯者與為要譽毋寧覈實與為負謗毋寧謹嚴於以報
朝廷而取信後世也可矣

康熙癸酉四月望日文林郎

知蕭山縣事加一級廣川

劉儼謹序

重修蕭山縣志後序

邑有志所以徵信也有天道焉有地道焉有人道焉何謂天道分野災祥是也何謂地道山川疆域是也何謂人道風俗制度是也蕭山邑志之脩撫寧鄒君謀其始廣川劉君告其成閱今十餘載又復重葺

葺之之畧或從異或從同從同奈何自　劉君之來陰陽和風雨時天道適常可不志從異奈何邑西偏偏處大江衆流滙之海潮嚙之岌岌孤堤與江爭土癸亥一徙丙寅再徙辛未又徙不有神功幾成澤國此則地里之乏志學校重

聖賢也向者傾今改觀矣國之大事
在田賦向也漏今則犁然矣爾廼
闡潛德鼓英才鄉賢賓薦歲時屢
告此則人事之宏志　劉君來尹
蕭土風移俗革百廢修舉退食之
暇殫心邑志甚盛事也不棄蒭蕘
索余勷事余不敏恐負斯責惟是

糾訛補缺據實直書備他日采志
者所徵信誠慎之也誠重之也
康熙三十二年四月歲貢生候選訓
導邑人張遠謹撰

志凡

一蕭山舊誌止分七則曰天文曰地理曰建置曰食貨曰人物曰列傳曰雜志康熙十年　禹木張明府重纂郡乘檄八縣各纂邑乘悉遵張公元忭孫公鑛所修郡乘十八則行之但前人原仿史記誠恐闕是志而竟忘前志始作之意故於凡例之首特表出之

一舊誌原分天文地理二則今併曰疆域而分野則在天之域也故以天文分野居首舊志沿革

形勝山川城池古蹟風俗市鎭陵墓俱入地理志內殊覺目未清今疆域志止列沿革坊里市鎭里至而城池古蹟風俗各爲一誌陵墓入祠祀志內尤爲切當使披閱亦甚便也

一舊有建置志凡署廨學校宮室祠祀津梁塘堰閘壩又水利兵防俱載其中今署廨學校兵防改曰武備各爲一志而宮室則附署廨內津梁塘堰閘壩悉歸水利更無龐雜難考庶閱者可得而較然也

一舊有食貨志今改曰田賦人物志有官師表改曰職官志選舉表改曰選舉志今各爲一志而人物志盡屬列傳又爲一志其序誌一則今仍之

一功今所重錢穀賦役雖有規則然屢裁屢復難爲成例今惟以全書由單爲準額徵起運存留一目瞭然或遇裁遇復無從滋弊矣

一蕭山大患在西北兩塘五十年前患止北海五十年來患甚西江舊以塘字括之而西北一時難考今分別某處起止爲海塘某處起止爲江

塘某處爲內地塘閘者明若觀火尤見古今異時而利害亦各不同也

一舊誌不載巡檢驛丞場大使但署屛內載其銜門則其官亦宜採入職官之末明時年久莫稽今止列

國朝若稽古訂補以俟將來

一職官選舉無論賢否皆序次列名不得以意見去留若立傳名宦非任久績著鄉賢非身後論定亦不敢妄作

一凡詩文碑記採錄於本條之下其餘關政治興廢利害者始登序志故遺文軼事甚多不敢採入誠慎之耳

一史與志俱載事實而體裁稍異史有專官以職褒貶志專於記事其傳記若畧仿史氏浮夸筆虛其評隲示不敢私貶以擬於史也

一舊誌纂於明萬曆己丑至康熙十年辛亥蓋八十三年矣歲月既深事端煩雜所增入者亦第就聞見所及其遺漏必多若傳聞未真寧闕無

載終不敢以臆識贅入亦聊附夏五郭公之義
一是志於康熙十年之夏始事閱明年七月而告
成與事者蔡君時敏何君文煒蔡子含生丁子
眾芝予伯父沛祥也崇文幸從其後採集考訂
焉歷十二年矣
詔纂修會典并一統志飭各府州縣重輯志書檄下
適邑令劉　初下車而蔡何二君暨伯父皆謝
世因命文燦輯又獲從劉令　張　姚二學師
之後採核編次閱歷晨昏而竣事　乃遂書時葺

校之繁今日叅訂之勞列志凡於編端亦竟自
志其鄙陋云爾
旹
康熙二十二年癸亥閏六月新秋生員張崇文識

蕭山縣誌目錄

五卷

山川志 形勝景致附

六卷

古蹟志

七卷

物產志

八卷

風俗志

九卷

學校志　學田附

十四卷

祠祀志　陵墓附　寺庵附　僊釋附

十五卷

武備志

十六卷

職官志

十七卷

選舉志　薦辟　貢生　舉人　進士　詞林　特用　武舉人　武進士

蕭山縣志目錄終

蕭山縣志圖

一縣境圖
一臨浦江南九鄉圖
一縣城圖
一縣治圖
一儒學圖
一八景圖
一海塘圖
一湘湖圖
一長山閘圖
一龕山閘圖

蕭山縣境之圖
北至仁和縣界
海寧縣界赭山
鱉子門
大洋海
長山閘
赭山
龕山
橫塘
新河閘
十里鋪
新林鋪
瓜瀝塘
洛思山
通三江閘
鳳儀二十四都
太守祠
錢清場
錢清鎮
浮橋
東至山陰縣界浦陽江中五十里
鳳儀二十三都
白鶴鋪
九眼橋
浦陽江
螺山
山川壇
大通橋
道源橋
東蜀山
來十八都
白露塘
木尖山
漁臨閘橋
臨浦鎮
批驗所
麻溪閘
麻溪壩
鳳皇山
孝悌九都
桃源十六都
桃源十三都
山陰地界
南至諸暨壕嶺六十五里

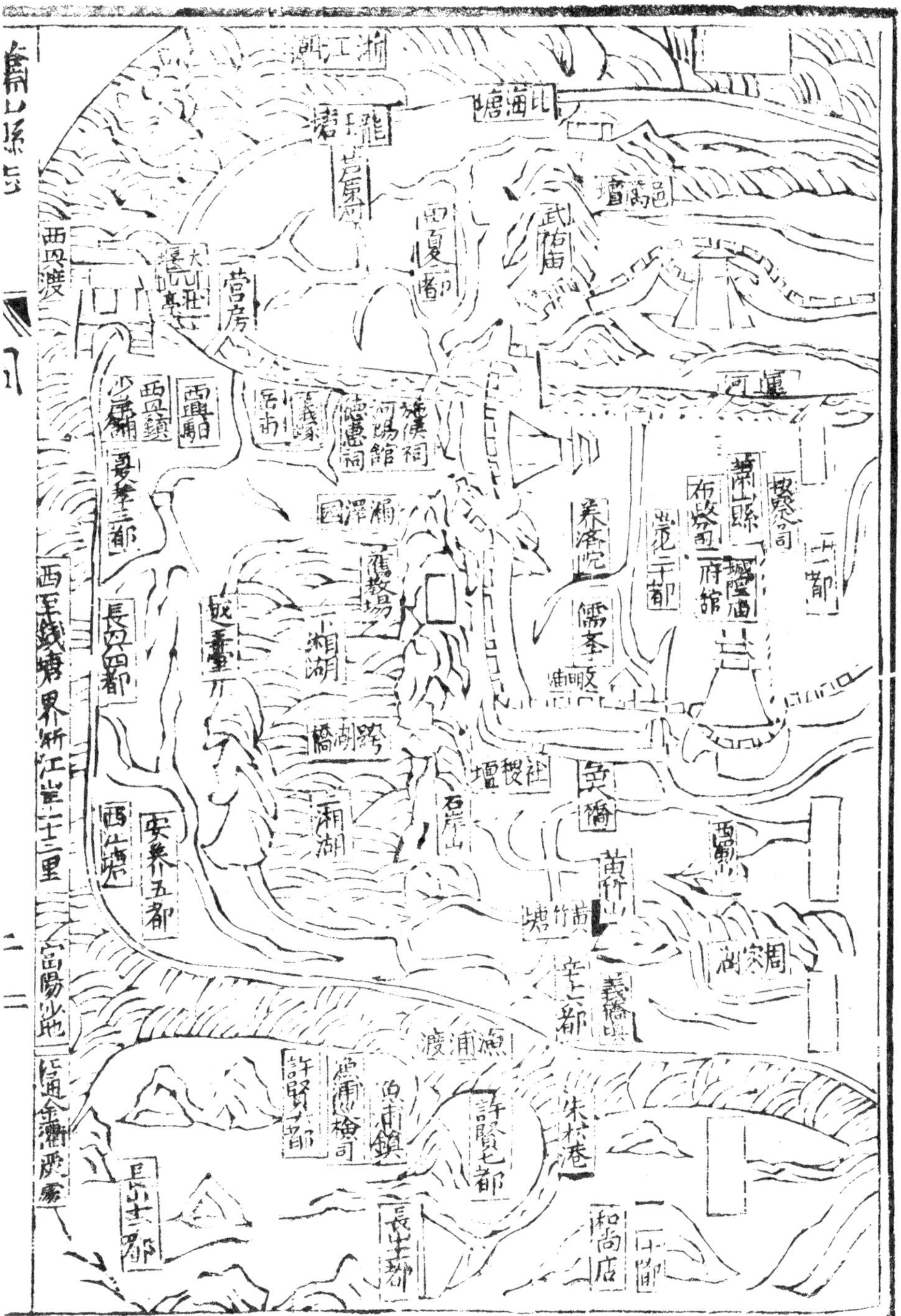
浙江潮
北海塘
西興渡
營房
西興鎮
湘湖
跨湖橋
社稷壇
石岩山
養濟院
儒學
蕭山縣
布政分司
府館
運河
義橋
黄竹山
黄竹塘
周家湖
安養五都
長興四都
西山塘
西至錢塘界浙江岸十三里
富陽界
漁浦渡
魚浦鎮
許賢七都
朱村港
和尚店
長山十都

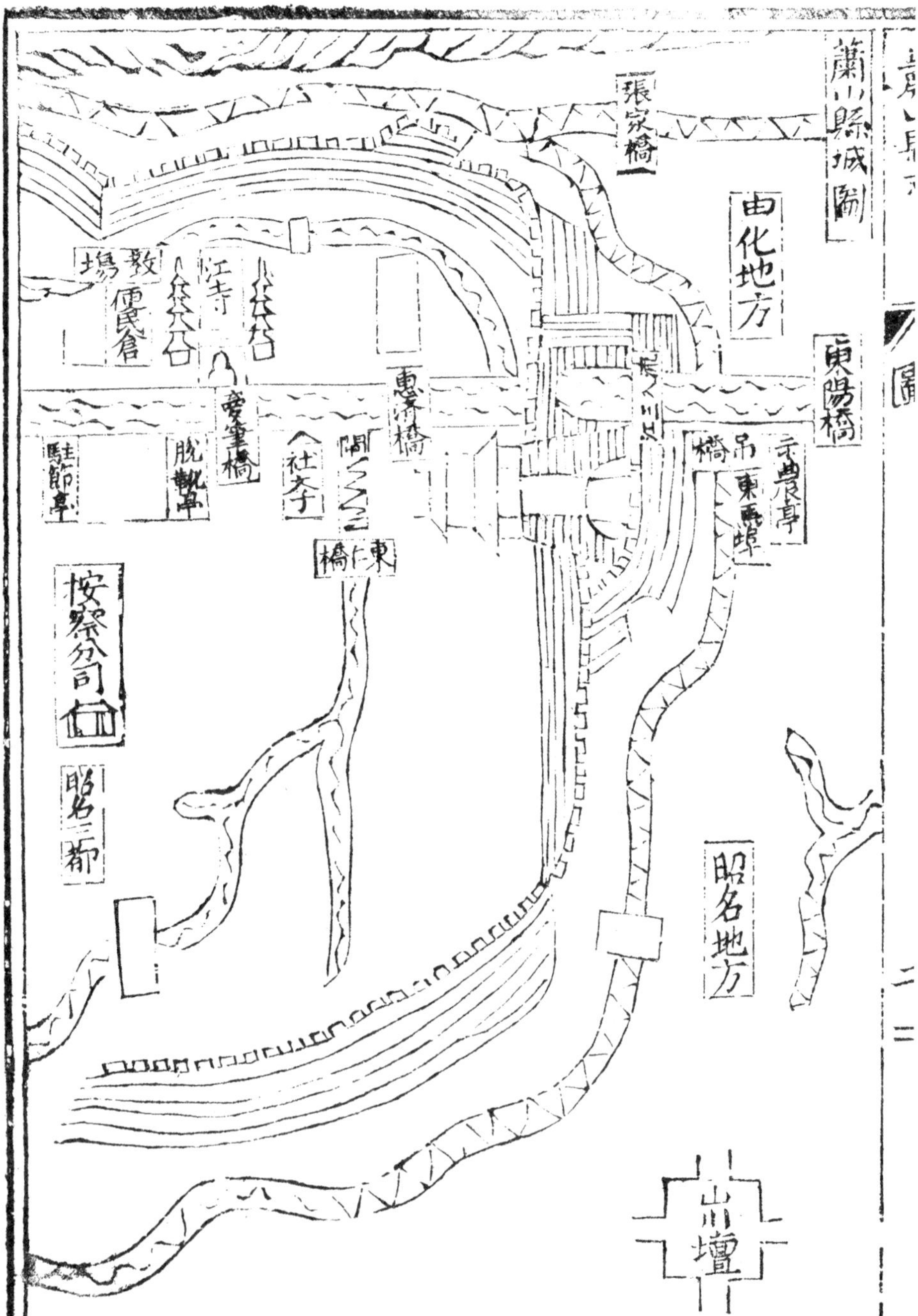
蕭山縣城圖
張家橋
由化地方
東陽橋
吊橋
教場
預備倉
江寺
夢筆橋
惠濟橋
駐節亭
社亭
東仁橋
按察分司
昭名二都
昭名地方
山川壇

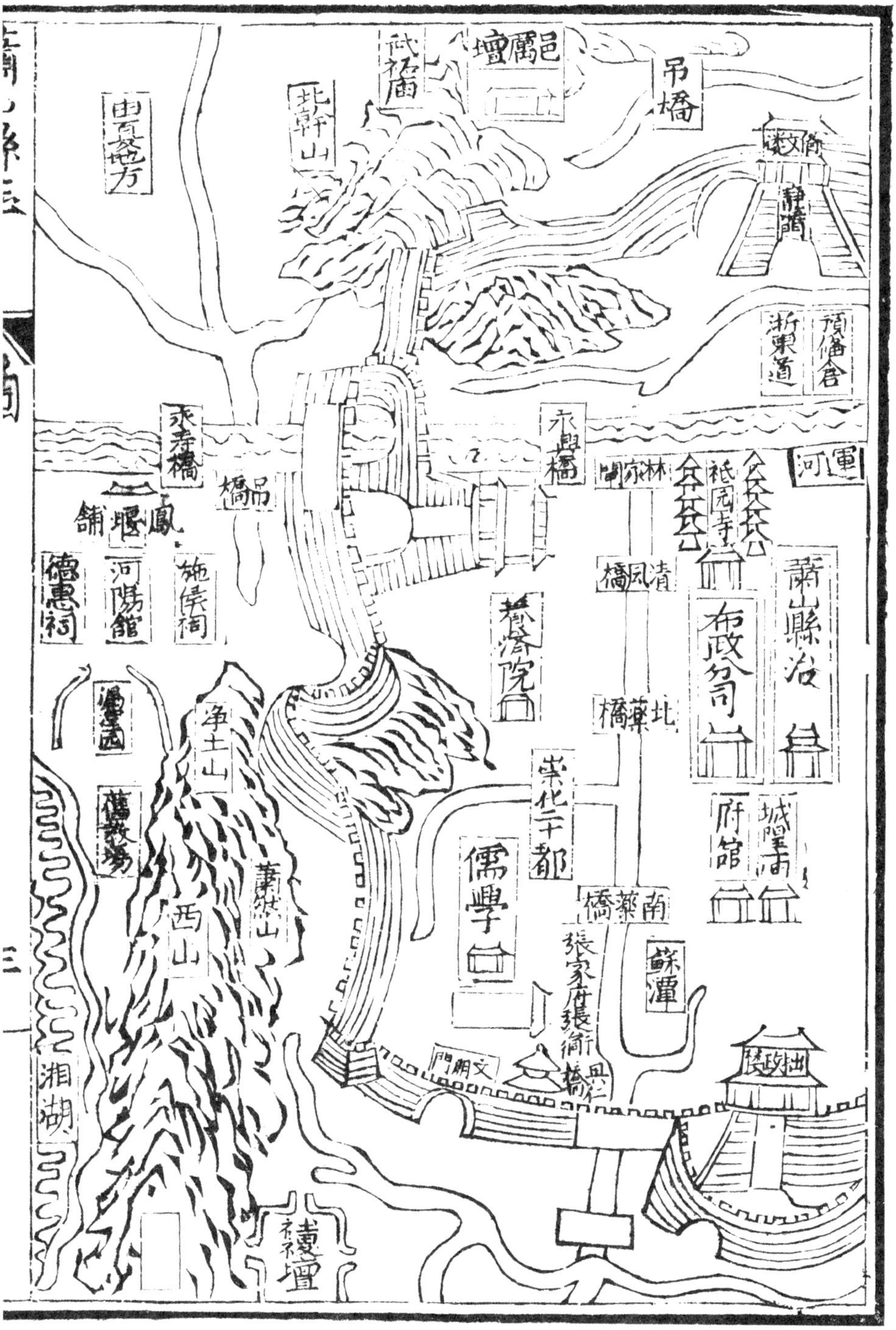
邑厲壇
吊橋
北幹山
預備倉
浙東道
永壽橋
永興橋
運河
德惠祠
河陽館
施侯祠
祇園寺
清風橋
蕭山縣治
布政司
普濟院
北藥橋
净土山
崇化十都
府館
城隍廟
儒學
南藥橋
蕭然山
西山
蘇潭
張家府
文明門
湘湖

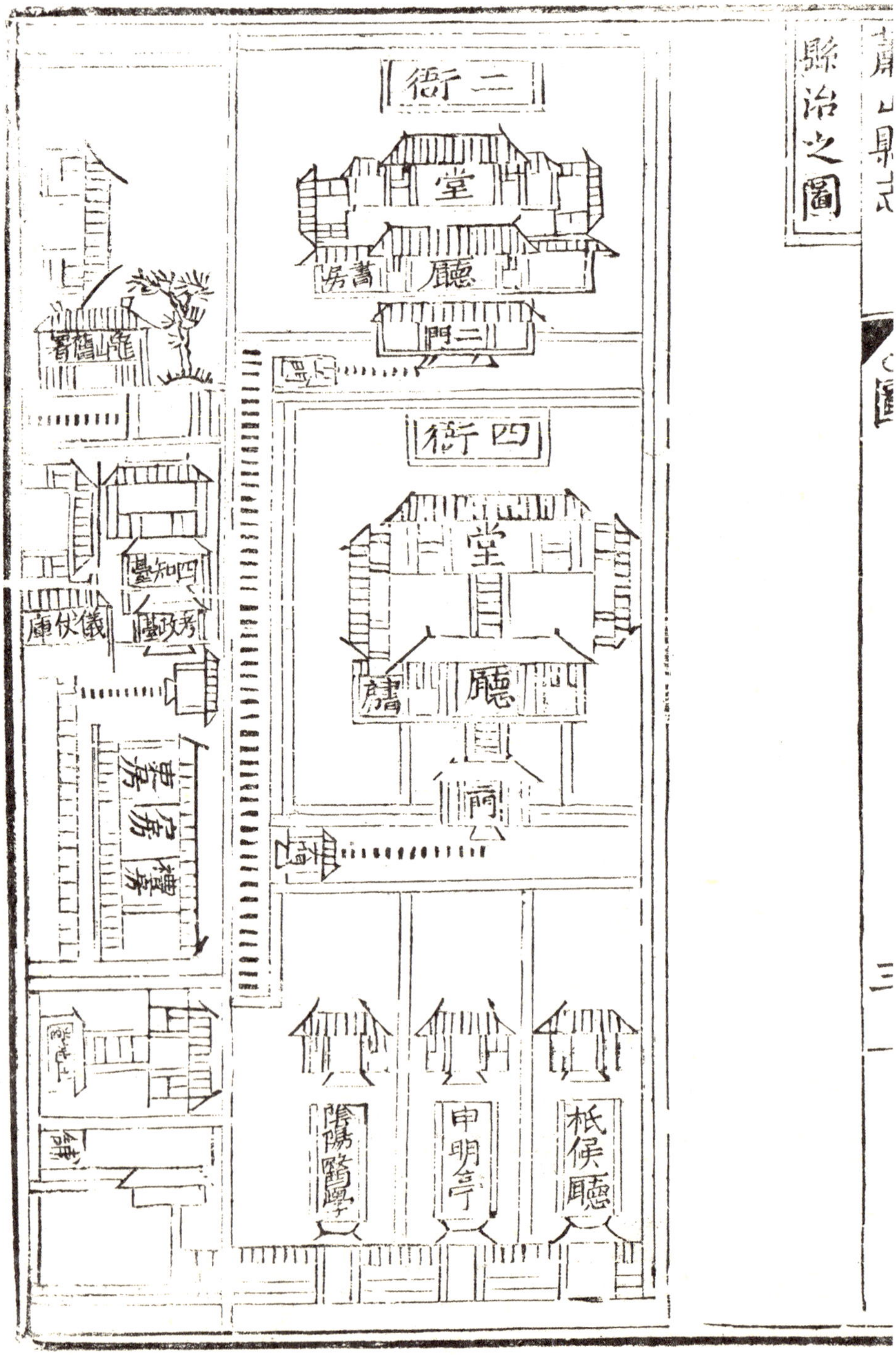
縣治之圖
二衙
堂
廳
書房
二門
四衙
堂
廳
儀仗庫
四知臺
吏房
户房
禮房
陰陽醫學
申明亭
祗候廳

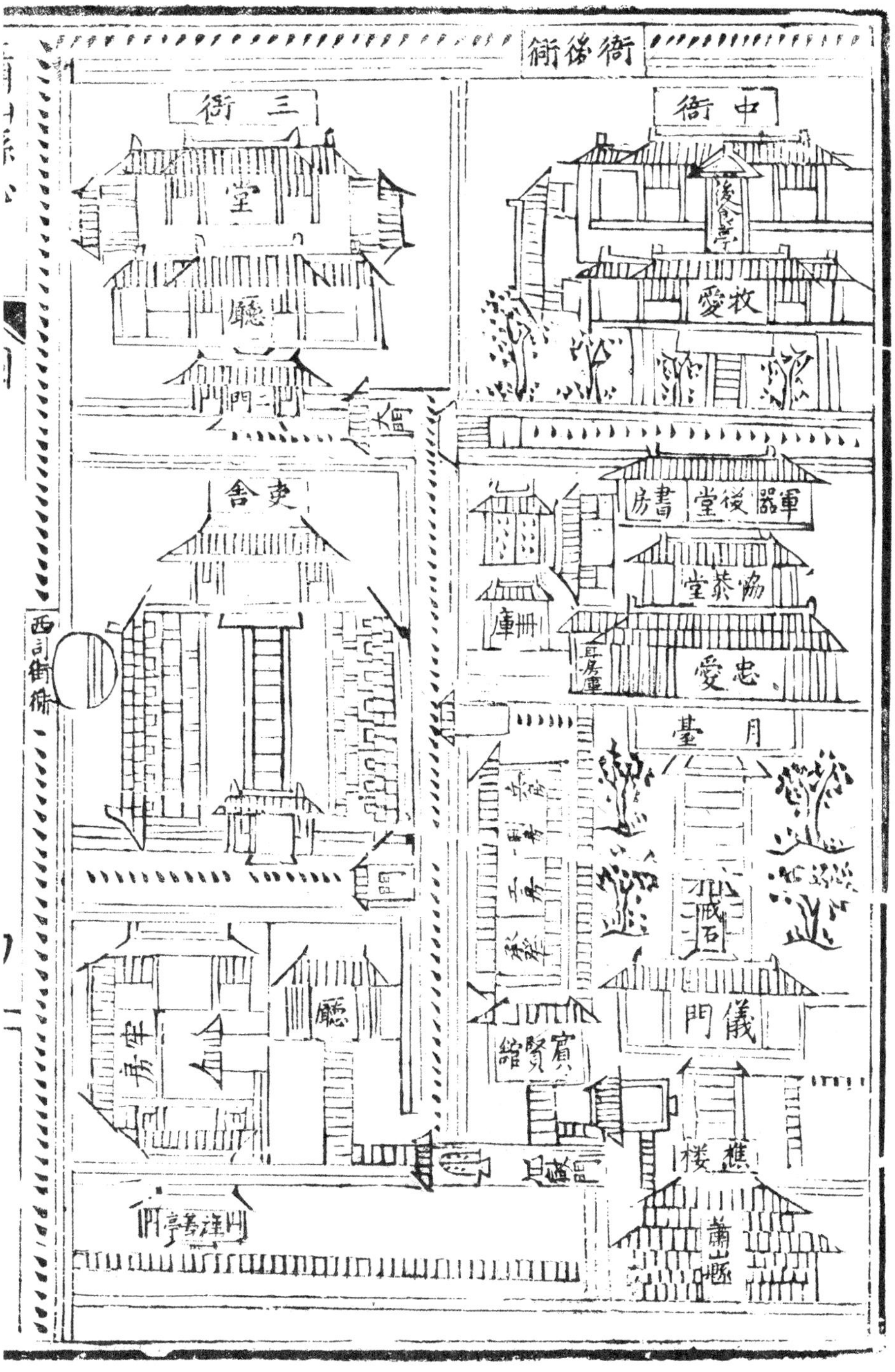
三衙
堂
廳
中衙
牧愛
吏舍
軍器
後堂
書房
協恭堂
冊庫
忠愛
月臺
戒石
儀門
賓賢館
廳
譙樓
蕭山縣
西司街

儒學之圖

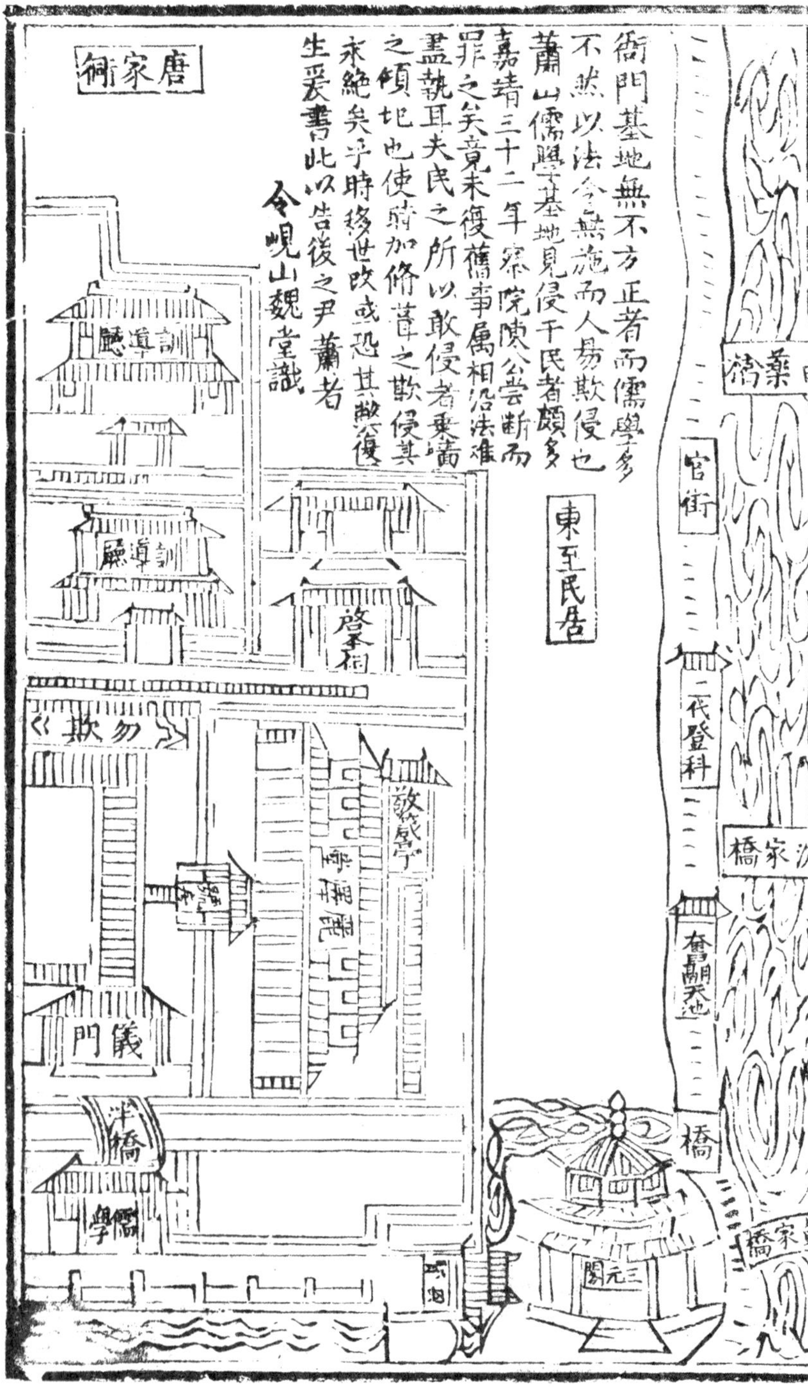
衙門基地無不方正者而儒學多
不然以法令無施而人易欺侵也
蕭山儒學基地見侵于民者頗多
嘉靖三十二年察院陳公嘗斷而
罪之矣竟未復舊事屬相沿法難
盡執耳夫民之所以敢侵者乘墻
之傾圮也使時加修葺之歎侵其
永絕矣乎時移世改或恐其弊復
生爰書此以告後之尹蕭者
令峴山魏堂識
唐家衙
訓導廳
訓導廳
啓聖祠
勿欺
儀門
泮橋
儒學
東至民居
官街
二代登科
沈家橋
奮翮天池
橋
黃家橋
三元閣

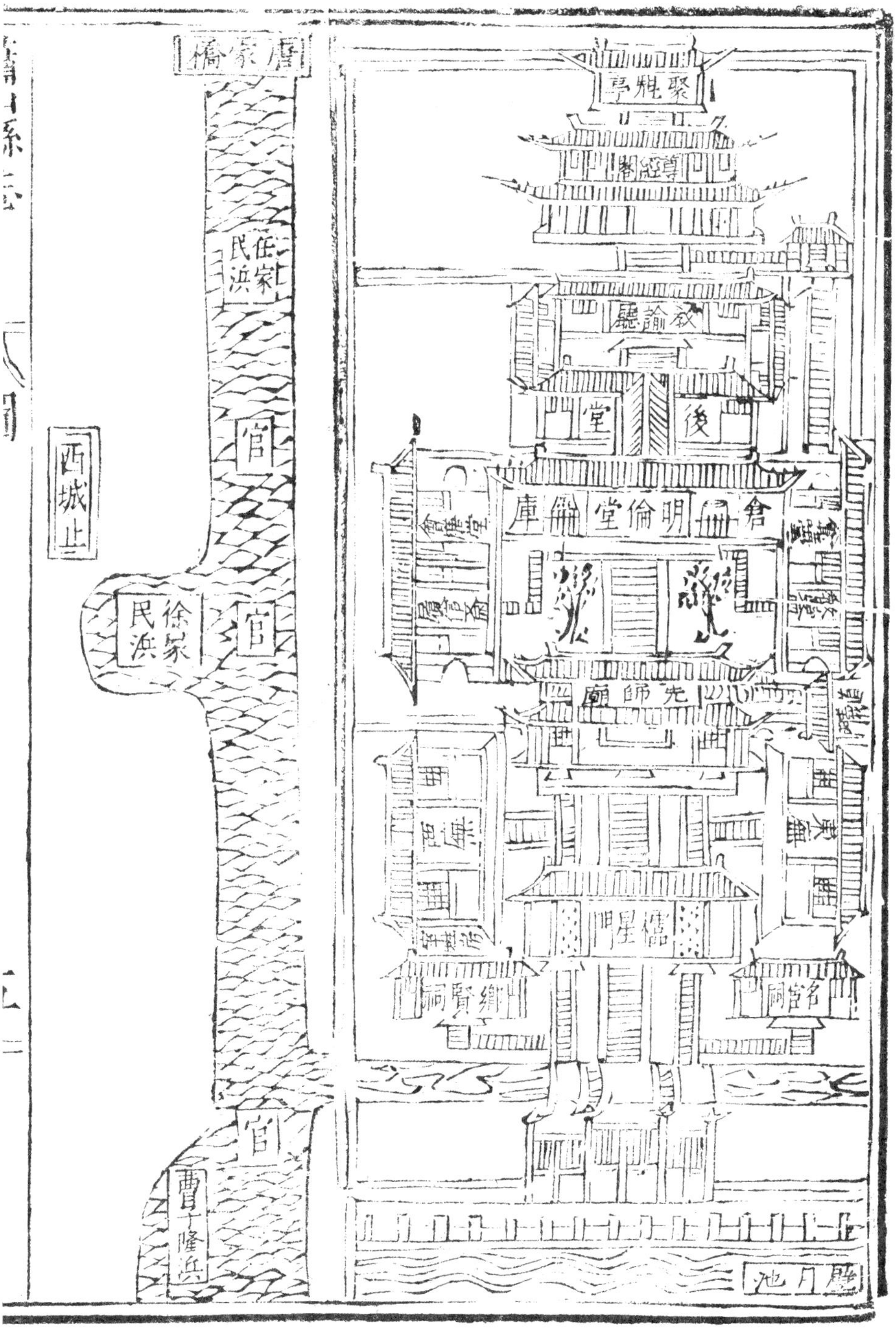
唐家橋
任家民浜
西城上
徐家民浜
官
尊經閣
教諭廳
後堂
倉
明倫堂
庫
先師廟
名宦祠
鄉賢祠

蕭山縣 十九
蕭山縣八景圖
羅刹潮聲
浙江舊名羅刹以江有羅刹石故名
北幹松風
清江月色
學
文峰拱秀

蕭山縣志
圖

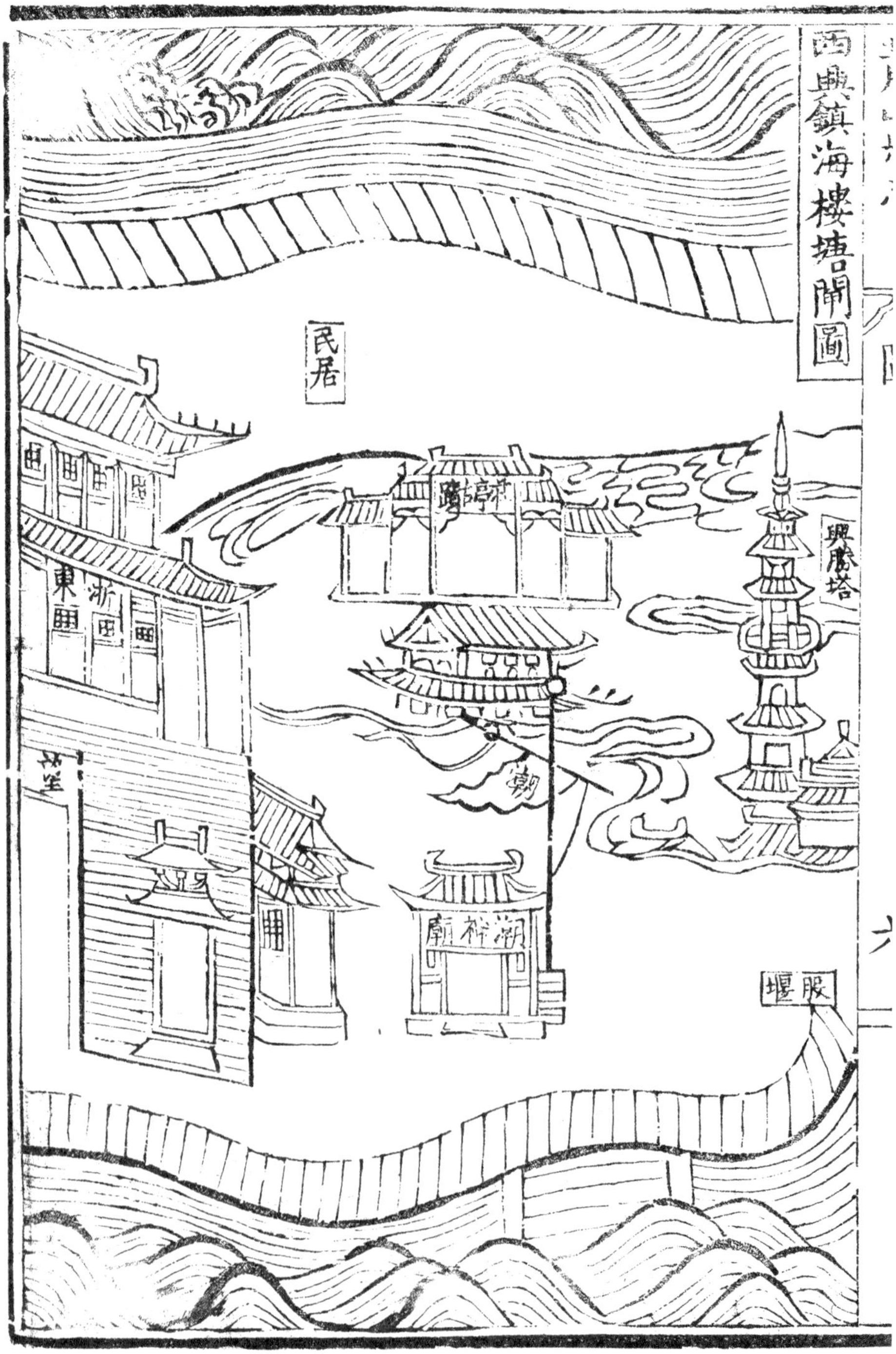
西興鎮海樓塘閘圖
民居
興慶塔
潮神廟
股堰

浙江潮
新築塘
民居
第一臺
京門
海塘碑
張神廟
西興渡口

蕭山縣志
蕭山湘湖圖
德惠祠
望湖亭
蕭山
東陡
石湫口
小山
石岩山
陡門
上相
亭子頭
鳳林穴

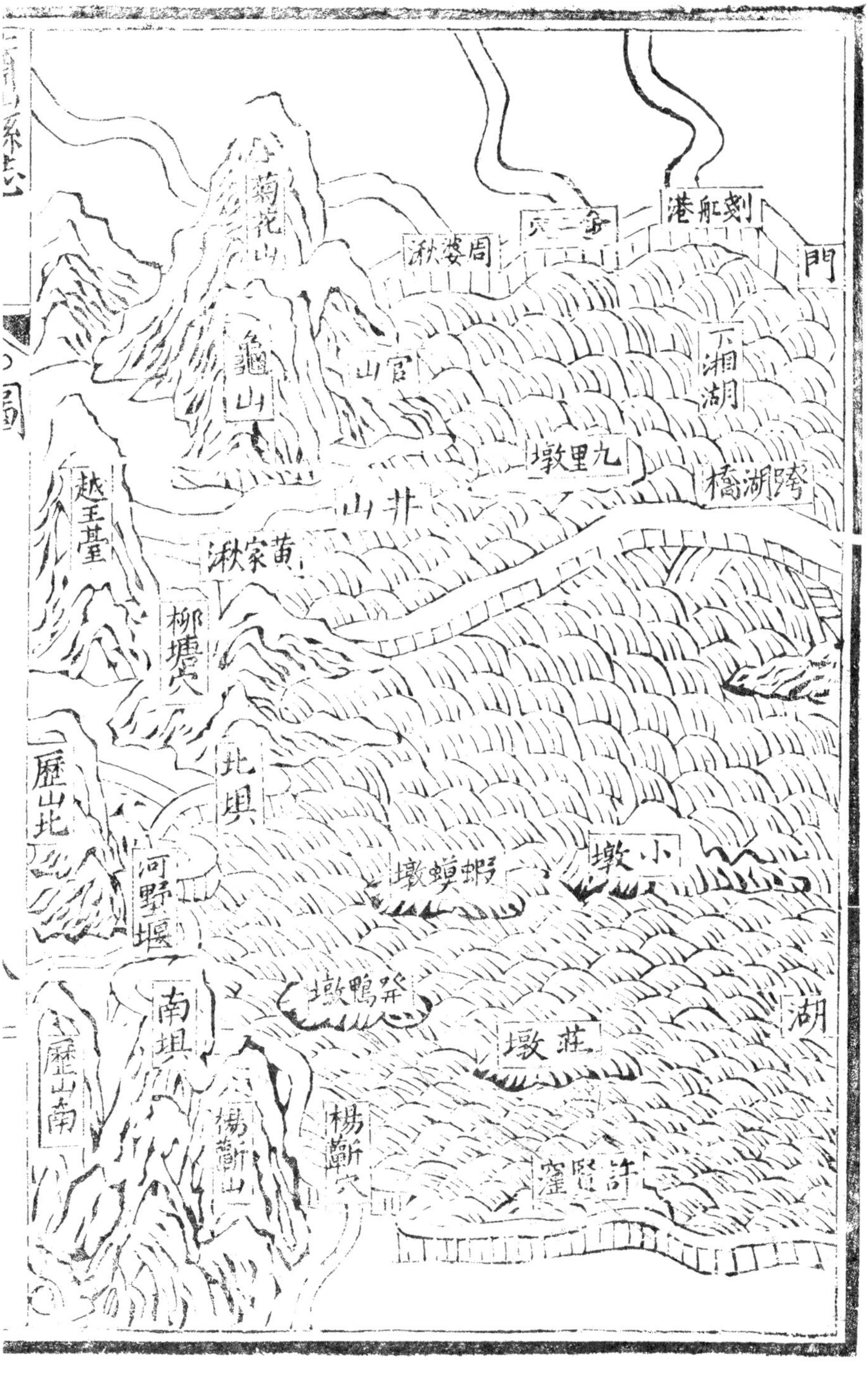
剡船港
周婆湫
門
菊花山
龜山
官山
湘湖
九里墩
跨湖橋
井山
越王臺
黃家湫
柳塘穴
北埧
歷山北
河墅堰
蝦蟆墩
小墩
湖
莊墩
南埧
歷山南
楊蘄山
楊蘄穴
許賢窪

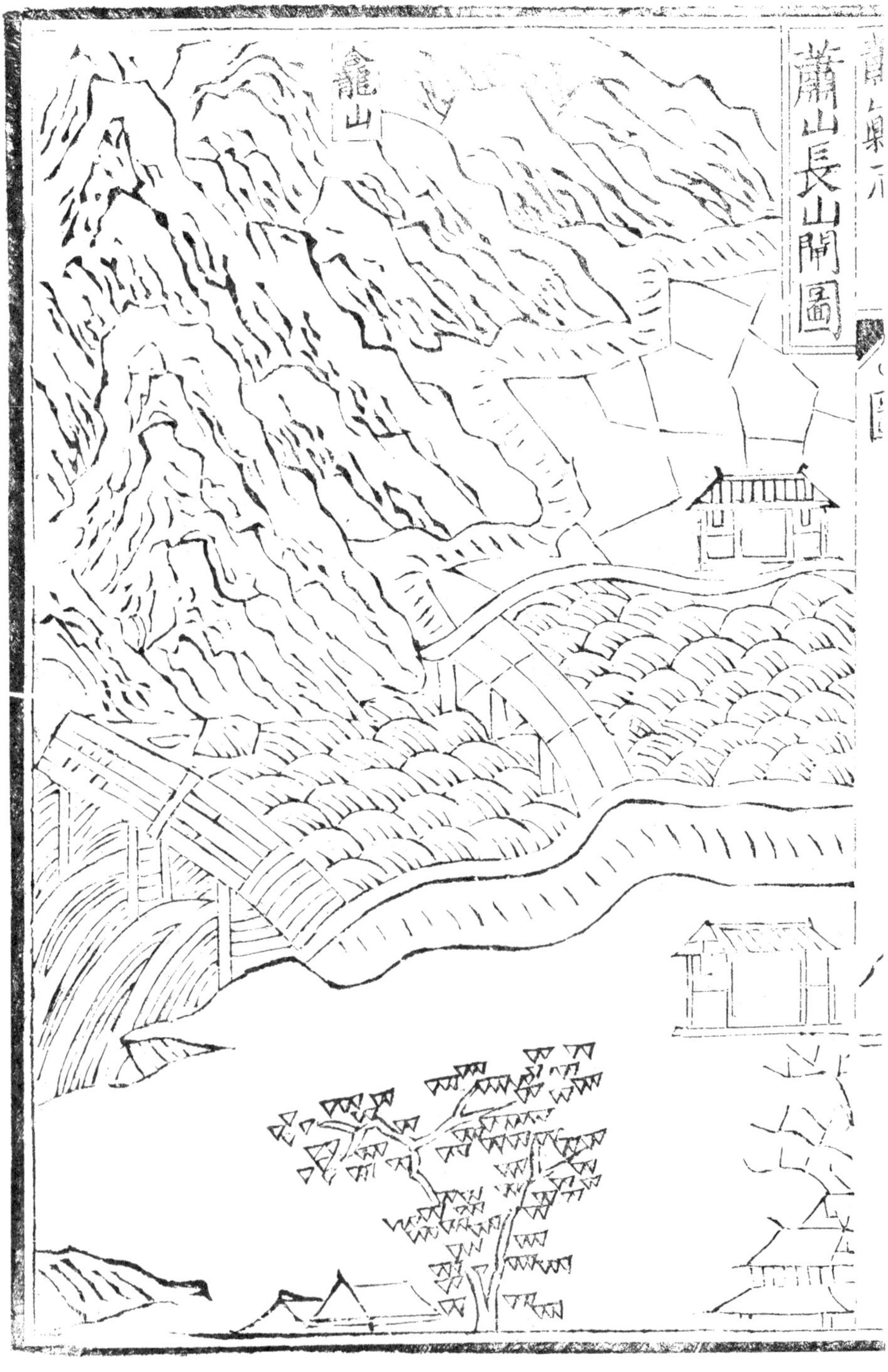
蕭山長山閘圖
龜山

英濟祠
桂山鍾秀
江海通臺

蕭山龕龍山閘圖

航塢山

蕭山縣志
臨浦江南九鄉水利圖
岩上山
黃彈山
十都
和尚店鎮
大溪
大橋
湯家橋
沙河橋
和尚橋
石峽山
新橋
鳳凰山
石蓋橋
河口橋
公孫橋
義橋渡
九都西大山
七都浪鎮
六都漁浦

壕嶺
白康堰
一都地方
尖山
板橋
梅里灘
十四都田
郭墓尖
靈山寺
蓬山
江通諸暨冨陽地方
天山
橫山
臨浦渡

縣志圖終

蕭山縣誌卷二

文林郎知蕭山縣事鄒　勷　重修

文林郎知蕭山縣事劉　儼

邑文學　蔡時敏　編較

蔡含生

張崇文重纂

疆域志

浙河以東皆越也自秦置縣爰有疆域漢以後多省入或省而復置唐儀鳳之復縣也僅分會稽五鄉蕭暨二鄉界亦不復可考至宋太平興國間乃有鄉十五里一百一十自茲以降歷世相襲焉舊

志分沿革里至今併爲一曰疆域而分野者在天之域也故以天文分野居首

分野

蕭山縣屬越在禹貢爲揚州之域位當少陽於卦爲巽史記天官書曰其日屬丁其辰爲丑次曰星紀於五行屬火春秋傳曰在列國謂之分星在九州謂之星土星紀爲越之分野揚州之星土春秋元命苞曰牽牛流爲揚州分爲越國史記正義曰南斗牽牛吳越之分野漢地理志曰越地牽牛婺

女之分野漢郡國志曰斗十一度至婺女七度爲
星紀之次婺女一名須女張衡曰會稽郡於二十
八宿入牽牛一度列星度數考曰斗第二星主會
稽郡又女七度主越又曰五車星中東南一星爲
司空主楚越春秋文耀鉤曰會稽郡于北斗七星
屬權星范蠡陳卓諸人分星次亦曰會稽郡入牛
一度東漢天文志曰會稽郡主以丁巳日占玉衡
之色地理志曰自斗十一度至婺女七度曰星紀
吳越分野費直分斗十度至女五度蔡邕分斗六

度至須女二度謂之星紀爲吳越分野三國志曰會稽郡上應牽牛之宿下當少陽之位晉天文志曰自南斗十一度至須女七度爲星紀吳越之分野隋書唐史所載與晉志同通志畧曰會稽郡入牛一度宋天文志曰會稽郡上應天市垣東南第六星元史曰斗四度三十六分六十六秒外入吳越之分明有清類地理志曰斗牛在丑自斗四度至女一度屬吳越分又左傳昭公三十二年夏吳伐越史墨曰不及四十年越其有吳乎越得歲而

吳伐之必受其凶漢永嘉中歲星熒惑太白聚牛女之間識者以爲吳越之分其後孫策孫權實有江左晉太元間苻堅將入寇石越曰今歲鎮星守斗女福德在吳天道不順已而堅果敗由此攷之則牛女之分吳越同之者也按唐天文志所載僧一行之論據雲漢始終以分配十二國之次其說曰南斗在雲漢下流故當淮海間爲吳分野牽牛去南河寖遠故自豫章至會稽南逾嶺徼爲越分野明誠意伯劉基有清類分野志以僧一行所論十二篇繫於其首而基之清類志編次紹興府曰牛女分野則占牽牛亦占婺女乃兼二宿此確解也天官家知之儒者多不解所以鄭夾漈釋一行雲漢圖訣指南北河爲在地之江河也夫天有北河三星名北戒南河

三星名南戒所謂兩戒也此兩戒爲天下大勢所關故漢志有曰北河爲邊門南河爲越門漢武帝時有星孛於南北河而擊拔朝鮮置二郡太史所載班班可考也鄭夾漈儒家不明於象緯其所釋雲漢南北河誤矣蕭山舊志附其言今削之

沿革

蕭山古荒服地屬揚州唐虞時未有名夏少康封庶子無餘于會稽以奉禹祀國號於越地在封内矣商周之時地稱藩籬索隱曰系本曰吳孰哉居藩籬宋衷曰孰哉仲雍字藩籬今吳之餘暨也是地名藩籬爲吳仲雍所居也自秦始置縣名餘暨

新莽改爲餘衍吳改永興唐天寶初改爲蕭山名
凡四易五代宋元及明皆仍舊名而縣之隷于越
郡自夏以來未有異也
國朝亦如舊制稱蕭山焉
秦始皇二十五年始置餘暨縣會稽郡領之
西漢高祖六年以會稽封荆王賈縣屬荆十一年賈
死無後國除復爲縣屬會稽郡
高祖十二年又封吳王濞于會稽縣屬吳景帝前
元年濞反國除復爲縣屬會稽郡

新莽建國元年改曰餘衍屬會稽郡

東漢光武建武元年革莽所改從西漢舊名屬會稽郡

吳少帝太平二年改永興縣屬會稽郡水經注曰漢末童謠云天子當興東南三餘之間故孫權改曰永興縣

晉武帝太康二年封孫秀于會稽仍爲屬邑惠帝永寧元年會稽國除仍屬郡

元帝建興元年以會稽郡爲瑯琊王裒奉邑仍爲屬縣

明帝太寧二年瑯琊王昱徙爲會稽王仍爲屬縣

陳武帝永定三年始改會稽郡爲越州因屬越州
隋文帝開皇元年省入會稽縣（舊志云併入諸暨）改會稽郡
爲吳州因屬吳州
煬帝大業元年改吳州爲越州復爲會稽郡仍屬
郡
唐高祖武德四年仍改會稽郡爲越州復屬州
高宗儀鳳三年分會稽縣西境五鄉諸暨縣二鄉
復置爲永興縣
元宗天寶元年改永興爲蕭山縣復改越州爲會

稽郡仍屬郡永興舊治當在長興鄉蕭然北幹間原屬荒野故開元時有韋知微事其改縣治當即在改縣名時

禧宗中和二年劉漢宏據浙東升越州爲義勝軍縣隸焉

光啓三年董昌破漢宏改義勝軍爲威勝軍縣仍隸之

昭宗乾寧三年錢鏐誅董昌改威勝軍爲鎭東軍縣隸之

梁太祖開平元年封錢鏐吳越國王屬之錢氏仍隸鎭

東軍

宋太宗太平興國三年吳越國除罷鎮東軍仍爲越

州縣隸焉領鄉一十五里一百一十

高宗紹興元年改越州爲紹興府仍屬府

元世祖至元十六年改紹興府爲紹興路縣隸之領

都二十四圖一百五十七

明太祖洪武二十四年復改紹興路爲紹興府縣仍隸之

皇清順治三年仍曰蕭山縣屬紹興府領都二十四

圖一百四十康熙十一年奉裁圖止一百二十

坊里

唐十道圖縣各有鄉有里而鄉名里數靡得稽焉

宋熙寧三年行保甲法置都保保領于都都領于鄉元豐八年改郭內爲坊郭外仍爲鄉鄉統夫里而都保盡廢元改鄉爲都里爲圖明因元舊設都圖在城者曰坊長在鄉者曰里長

國朝悉如明制無更易焉

蕭山共二十四鄉領圖不一明嘉靖三十二年縣始有城城內爲坊共二都崇化二十都領圖十二

宋明元俱合十九都爲崇化鄉宋領里九〔陳村〕
〔徐潭〕〔百步〕去縣百步〔朱村〕〔黄村〕〔趙村〕
〔史村〕〔社壇〕舊社所在〔許君〕
晉許詢所居 元明俱領十二圖 昭名二十一都
領圖十二 宋元明俱爲昭名鄉宋領里五〔縣南〕
貼縣治之南故名〔小鳳〕〔龔墅〕〔開
明〕〔社頭〕 元
明各領十二圖 城外爲里共二十二都由化一都
領圖六 宋元合二都爲由化鄉領里八〔趙墅〕
〔永豐〕〔五里〕去縣五里俗呼爲五里牌
〔安射〕〔濱浦〕〔秦君〕唐秦系所居〔去虎〕宋景德
中虎負子渡河處 澇湖 元領圖七明領圖六
由夏二都領圖六 元明領 夏孝三都領圖十二 宋
圖同 元
明皆爲夏孝鄉以吳夏方孝行名領里八〔山澤〕
〔范港〕〔許村〕〔斜橋〕〔杜湖〕〔李莊〕〔城東〕〔城
西〕 元領圖十 長興四都領圖四 宋元明俱爲長
一明領圖十三 興鄉承興治也

宋領里三〔雞鳴〕〔安正〕〔亞父〕元領圖六明領圖四

安養五都領圖三　宋元明俱爲安養鄉宋領里五〔清德〕〔靜居〕〔横塘〕〔羅村〕〔魚潭〕元領圖六明領圖三

許賢六都領圖四　宋元明俱合七都爲許賢鄉以晉許詢名宋領里五〔開善〕〔三基〕〔謝山〕〔馬閣〕〔簹村〕元明皆領四圖

許賢七都領圖五　元領七圖明領五圖

孝悌八都領圖五　宋元明俱合九都爲孝悌鄉以宋郭巨名領里五〔白墅〕梁白敝將軍所居捨宅爲白墅寺敝埜寺側〔香橋〕〔鄭村〕〔兎沙〕〔盛村〕元明俱領圖五

孝悌九都領圖三　元領四圖明領三圖

長山十都領圖四　宋元明俱合十一都十二都爲長山鄉宋領里五〔鳳凰〕〔許賢〕以晉許元度名高屯唐黄巢常屯兵焉〔安神〕〔高塢〕元領五圖明領四圖

長山十一都領圖三　元領四圖明領三圖

長山

十二都領圖三元領四圖明領三圖

桃源十三都領圖二宋元明俱合十四都爲桃源鄉領里五通遠　崇山　方山　曹塢　永福　元領三圖明領二圖

桃源十四都領圖五宋元明俱合一

新義十五都領圖五宋元明俱合十六都之半爲新義鄉宋領里五前濠　莫浦　峽下　冗村　河由　元爲苧羅鄉明俱領五圖

新義十六都領圖四

苧羅十六都領圖三元俱爲苧羅鄉領七圖明予新十六都領四圖苧十六都領三圖

苧羅十七都領圖三宋明合十六都之半十八都之半爲苧羅鄉宋領里五安國　孔湖　臨浦　西施有西施廟尚存　朱村　元爲苧羅鄉領四圖明亦領三圖

苧羅十八都領圖二

來蘓十八都領圖五宋元俱爲苧羅鄉宋領里三招蘇　朱

汀（蔡灣）元領五圖明分苧十八都領二圖來十八都領五圖

崇化十九都領圖四宋元明俱合二十都為崇化鄉元明俱領四圖

里仁二十二都領圖七宋元明俱為里仁鄉宋領里七（東京）（下浦）（陳墅）（楊新）（佳浦）（楊東）（楊南）元明俱領六圖

鳳儀二十三都領圖五宋元明俱合二十四都鳳儀鄉宋領里十六（白崔）（大義）會稽典錄云陳囂與紀伯為鄰伯夜竊籬囂地自益囂見之伺伯去密拔其籬一丈以益伯伯知之慚愧既還所侵又却一丈太守周府君高囂之義旌表其閭曰義里（新田）（瓜瀝）（章浦）（忠義）（袁里）（龕山）以山名（童墅）（路西）（佳浦）（周里）勾踐丹室吳越春秋所謂周宗也（塘頭）（丁里）（翔鳳）（長港）舊名江君元領十圖明領五圖

鳳儀二十四都領圖十三元領十四圖明分上下圖上列六圖下列七圖共領十三圖

坊

坊凡十二治之東曰通闤坊治之西曰明月坊自東門運河上岸至鳳堰閘曰育才坊又西至夢筆橋曰納士坊又西至市心橋曰招賢坊又西至西門曰善政坊東門運河下岸曰寳賢坊又西曰懷德坊自林家閘至南瀹橋曰崇儒坊又南曰儒林坊自治南至大南門曰清風坊又東曰菊花坊

市鎮

市三曰縣市在蔓筆橋曰臨浦市在縣南三十里曰長山市在縣東北四十里五代時立

鎮三曰西興鎮曰漁浦鎮曰錢清鎮唐吳融西陵夜居詩寒潮落遠汀蘋色入柴扃漏永沉沉靜燈孤的的青林風移宿鳥池雨定流螢盡夕成愁絕啼聲莫近庭李紳西陵寄王行詩西陵沙岸廻流急船底黏沙去岸遙驛吏遞呼催下纜棹郎閒立道齊橈猶瞻伍相青山廟未見雙童白雀橋欲責舟人無次第自知貪酒過春潮皇甫冉西陵寄一公詩西陵遇風處自古是通津終日空江上雲山若待人汀洲寒事早魚鳥興情新南望山陰路吾心有所親僧靈一酬皇甫冉西陵見寄詩西陵潮信滿島嶼沒中流越客依風水相思南渡頭寒光生極浦落日

映滄洲何事揚帆去空驚海上鷗（元稹與樂天別後西陵晚眺詩）曉日未抛詩筆硯夕陽空望郡樓臺與君後會知何日不似潮頭暮却來（白樂天答微之泊西陵見寄詩）烟波盡處一點白應是西陵西驛臺知在臺邊望不見暮潮空送渡船廻（宋呂祖謙西興道中二絶）鳧鷺迎船自有情隨波故起綠粼粼野花照水開無主誰信春歸已兩旬桑麻張主不知春帝恐鶯花太斷魂東岸紅霞西岸柳却將影色爲平分（明高啓宿西興詩）掛帆無天風到岸日已久捨舟理輕裝欲問古鎮驛颯颯灘聲廻莽莽山氣積僕夫夜畏虎告我勿遠適望林投人家炊黍旋敲石寒眠多慮驚我體若畏席誰云別家遙數日已在客今宵始驚嘆東西大江隔（劉渙西陵夜居詩）雁陣驚寒過驛樓江聲月色轉生愁扁舟此夜西陵宿頓使行人易白頭（宋陳淵過錢清鎮詩）江潮來去自有時扁舟闖淺心如飛岸容霜竹青照眼春信梅花香撲衣天寒鄞江道路丑歲晏錢清風俗非故園回首二千里落日看盡

行雲歸（元胡元旭錢清道中詩）西風江上布帆輕
回首中原尚甲兵髀肉每興遊子嘆綈袍誰復故
人情海門朝日隨波湧沙岸秋潮接地
平欲寄髯毋叅好消息片帆無恙到錢清

里至

縣境三面瀕水而南境獨距山其嶺道可通他縣
者在許賢鄉曰響鐵嶺曰吳嶺通富陽縣長山十
都曰黃嶺通富陽縣長山十一都曰馬叉曰岩上
長山十二都曰五石溪桃源十四都曰濠嶺俱通
諸暨縣
其水道可通他縣者凡一十有三治西十里爲錢

塘江絶流而渡曰西興渡西爲錢塘東爲西興鎮
是爲吳越通津今置水手二十四人官船一座凡
私渡舟楫姓名各隷於官或罹傾覆之變者官必
以法糾之沿江而南五里曰黄家渡西爲錢塘東
爲夏孝鄉又南十五里曰上沙渡西爲錢塘東爲
長興鄉治南五十里爲浦陽江絶流而渡曰剎江
渡南爲山陰北爲桃源鄉沿江而北二十里曰臨
浦舊時江水從此直達錢清總曰西小江成化時
截江築壩曰臨浦壩壩北六里曰黄灣渡東爲山

陰西爲苧羅鄉差折而西五里曰汀頭渡南爲山
陰北爲來蘇鄉又折而北五里曰周家渡東爲山
陰西爲來蘇鄉又北三里曰單家渡東爲山陰西
爲來蘇鄉又折而東十里曰馬社渡南爲山陰北
爲昭明鄉又東十五里曰佮浦渡南爲山陰北爲
里仁鄉治北十里爲北海絕流而渡曰長山渡北
爲仁和南爲由化鄉沿海而東十里曰丁村渡北
爲海寧南爲鳳儀鄉又東三里曰龕山渡北爲海
寧南爲鳳儀鄉其自錢江上沙渡差折而東二十

里曰漁浦渡蓋在縣治之南南爲許賢鄉北爲安養鄉又東十里曰義橋渡南與北並爲新義鄉又東十里曰磧堰渡南與北亦並爲新義鄉又東四里曰臨浦渡南爲桃源鄉北爲苧蘿鄉自臨浦至漁浦皆爲江卽浦陽江從磧堰入錢江之經流也江之南曰上蕭山卽江南凡鄉江之北曰下蕭山乃縣治及各鄉所在也（宋謝惠連西陵遇風獻康樂詩）我行指孟春春仲尚未發趣途遠有期念離情無歇成裝候良辰漾舟陶嘉月瞻途意少悰還顧情多闕哲兄感仳別相送越坰林飲餞野亭館分袂澄湖陰悽悽留子言眷眷浮客心迴塘隱艫栧遠望絕形音靡靡卽長

路戚戚抱琴悲遙但自彈路長當語誰行行道轉遠去去情彌遲昨發浦陽汭今宿浙江湄屯雲蔽層嶺驚風漏飛流零雨潤墳澤落雪灑林丘浮氛晦崖巘積素惑原疇曲汜薄亭旅通川絕行舟臨津不得濟佇楫阻風波蕭條洲渚際氣色少諧和西矚輿遊嘆東睇起淒歌積憤成疢痗無萱將如何（唐周匡物西陵待渡詩）萬里茫茫天塹遙秦皇底事不安橋錢塘江上無船渡又阻西陵兩信潮（唐崔國輔渡浙江問舟中人詩）潮落江平未有風扁舟共濟與君同時時引領望天末何處青山是越中（御史郭登庸渡錢塘詩）二月錢塘上舟搖路轉長天連春水碧山帶暮雲蒼日暖鳧眠岸風輕燕語檣萍蹤厭無定歸思益茫茫（邑人何舜賓西陵待渡詩）夜永江寒未上潮沙頭待渡思無聊那能盡力驅山骨立見成功駕海橋是越中分天設險江山相望地非遙往來不藉舟航力一水分明隔九霄（邑人張山漁浦晚渡詩）榜人喧夜渡浦口棹相將天轉星河動沙浮露水光荷村還莽蒼

筰鳰更微茫失路寡
行侶驅馳祇自忙

東西廣六十二里南北袤九十里東抵山陰縣界浦陽江之中五十里西抵錢塘縣界浙江之中二十三里南抵諸暨縣界壕嶺六十五里北抵仁和縣界大海之中三十五里東南至山陰縣界五十一里西南至杭州府富陽縣界四十八里東北至山陰縣界四十九里西北至錢塘縣界一十五里至府治一百一十里至省城三十里至江寧一千一十八里至　京師四千四百六十二里

蕭山縣誌卷三

文林郎知蕭山縣事鄒勷　暨修

文林郎知蕭山縣事劉儼　邑文學蔡時敏

蔡含生　編較

張崇文重纂

城池志

易曰王公設險以守其國吳起曰在德不在險蕭邑故無城民數被患城之設始明嘉靖距今百餘年民安堵無虞則起之說或未盡然歟承平歲久繕治易弛脫有緩急民奚賴焉則無事而深有事

之防者非艮有司是責耶深溝固壘和衆輯民斯得大易之旨矣

縣城

舊誌云周一里二百步高一丈八尺厚一丈一尺久廢嘉靖三十二年知縣施堯臣創建周圍九里高二丈五尺濶二丈二尺城門四東曰達台南曰拱秀西曰連山北曰靜海各設月城以衛之門之上有樓（樓上下計六間）東曰近日南曰拙政西曰聽潮北曰修文雉堞二千五百八十有五鋪舍二十有三

下設水門三以通舟楫東曰泒入三江南曰清比郎官西曰越臺重鎮內設巡警廳四在各門內外廳各三間設吊橋四在各門外其長皆丈餘四望臺一在北幹山上築城爲之城周圍二十三丈三尺高一丈八尺濶一丈二尺雉堞六十有一西爲門內有廳房三間中設真武像以武佑廟道士兼主之城外地因取土築城遂以爲濠各深一丈五尺廣三丈長總計一千五百九十一丈五尺

令施堯臣叙建城畧蕭山舊未有縣自唐儀鳳始割地爲永興而天寶易以今名歷千餘年未始有城自嘉靖二十九年倭由鱉子門進西興倉卒殺人莫可抵禦而築城之議起矣然公私無積隨議隨寢及余作縣之明年黃巖煨燼又明年上海殘破吳越之間殆無寧日會巡撫王思質翁巡按趙

劍門翁至復舉是議余遂力陳其事之不可已而民之不足以堪也蒙二翁許發司府之積助之余乃歸與邑人度其規制計其工價定其處分以之請諸二翁因請諸朝旬月之間遂翕然舉事矣城基約地九里有餘週圍共一千六百八十丈邑該遞年一千四百名人各分工一丈二尺料價出于官人給銀二十五兩三錢工食令其自辦以有餘補不足約每工費銀六兩其工食之費頗繁則擇城中之殷實者任之以其得享有城之利故也中外俱用石板而腹內則以亂石和土築之基下俱用松樁而遇河池則仍以石版疊砌俟與地平然後築之城中留路一丈二尺城外留路四尺城河三丈連城共佔毀過民田十丈四尺照畝給價該地一百五十畝共給過價銀六百八十兩城上有窩鋪二十三所雖覺少疏後亦可補城外有吊橋四座慮其有事以便撤西有河陽館一所蓋古臨江亭之遺址東有示農亭一所蓋古候春亭之遺址也工興于癸丑冬十一月完于甲寅春三月蕭

民好義而善幹故其斂事有如此通用過銀三萬
七千五百兩而王趙二翁大發司府之積亦遭逢
之幸也佔毀田地稅糧則灑派于通縣田帶徵于
田地帶徵于地也守城之法止以城中居民編爲
保甲計宅抽丁已自有餘蓋置軍未有不擾民者
恐非邑之所能堪也嗟夫蕭山介乎吳越之間而
據有鰲子門之險西屏杭城東籓府治進可以扼
賊人之衝而退可以邀其歸路宜其有城久矣何
俟于今日耶蓋紹去杭不遠兩郡俱有金湯之固
故置蕭山于度外豈知守險者不在城中保土者
當盡封內蕭山雖紹與邊地而由來爲戰場句踐
棲城山以破吳武肅屯固陵以享國杭紹有警蕭
山即首事之地也豈可以其小而忽之耶于古所
無舉于一旦甚矣作者之難後之君子幸勿輕于
議廢也（山陰何鰲記畧）蕭山縣界在錢塘大江之
濱西與杭城對峙又爲浙東首邑凡往明越天台
者必經焉所謂吳越之要區者也其不可無城也
必矣迺者倭患弗靖犯及縣界士民相率而懇于

施侯施侯慨然從之率每里役築城一丈二尺給
値二十五兩有奇分工召商百堵皆作城陸有四
門水有三門其上下内外皆甃石爲之城門上有
樓樓下有廳皆壯偉堅緻則又分委于坊役及城
中富民之賢者計勞償値不假督責而歡呼從事
早作夜思不廢邑政雖聽訟督賦芟舍城上由是
民力益勸城高二丈五尺厚二丈二尺而少鋭其
上週圍一千六百八十丈爲里九里一百二十步
興工于癸丑年仲冬訖工于甲寅年仲春凡四閱
月而工告成莫有速焉者矣四方過而見者莫不
稱嘆謂自浙以東郡邑之城郭莫若蕭山豈惟浙
東哉雖浙西亦恐莫是過也施侯經理之功賢能
之實不可殫述亦將與斯城同垂于不朽者矣其
佐是役而均有勞者則縣丞萬鵬主簿張塘典史
王元貞云（邑人王九臯記畧）蕭山濱江設縣拱衛
省治經制東南諸彝浙東之咽喉也嘉靖壬子春
黃巖鄞姚被海寇患而癸丑尤甚請設都憲節制
浙閩軍務便宜行事而思質王公開府之始首主

城議華江施侯乃身任之旦夕率僚屬躡山涉水而經營焉東盡民居南包黌校西倚西山北依幹山其間跨山者二跨河者十歷池浸者十有二撤民居者二十有五人見嶽聳雲連瑤城壁立以爲斯城之殊觀也而不知侯之苦心悴容于斯城有難以言旣者侯去于甲寅五月是年海寇犯蘇松嘉湖越幸無事莫識城居之樂及今乙卯九月大舉入寇海航殆遍島嶼六月念三日倭突城下見我有備相顧駭愕而遁蕭人方知保障之功云

小南門在西南隅　嘉靖四十三年邑令趙睿建初施公築城止四門西南隅當儒學前湫隘厄塞堪輿家以爲不利于科目士大夫亟請于趙趙乃闢之曰文明門已而科目不絕往來之人亦稱便云

國朝順治十年邑令韓昌先重建東西兩城樓及修葺城垣

順治十三年部院李公率泰檄各府州縣改築城上舊堞每堞濶八尺高六尺視舊減數之半間數堞開一隙置砲以警非常令黃應宫奉檄計里分工旬日築成共計九百一十四垛

康熙八年城漸次傾頹邑令鄭勷修築十年又修

越王城在城西九里　夏侯曾先地志云吳王伐越次查浦越立城以守查浦吳作城於浦東以守越今城山

是其地也

浙江南路西城越絶書云范蠡敦兵城也

西陵城在西興鎮葢吳越武肅王屯兵之所今城基在

政化寺之北居民猶有得其斷磚遺甓者

錢清城元末張士誠守將呂珍所築圍跨江南北

東西兩頭作木栅為浮城於江面下通舟楫今廢

縣志卷三終

蕭山縣志卷四

文林郎知蕭山縣事鄒　勷　重修

文林郎知蕭山縣事劉　儼

邑文學　蔡時敏　編較

蔡含生

張崇文重纂

署廨志

官之有署所以發號聽獄正位親民民以是肅觀瞻焉有地治者詎得以勤民是恤不嚴厥居哉昔人云無侈前人無廢後觀彼游觀名勝之所似于治非急而通人以爲不可廢况國家之所以崇官

師而具戒令者其宜繕治更何如也是用稽其方位制度典復本末著于篇夫政不厲民役不失時賢令之典造兒亦小民之所樂趨者矣

縣署

縣署北負北幹山南俯菊花河西距蕭山一里許其來龍寔由西山而西山發脉從錢江湘水衆山迢遞而來陡起石巖峭壁爲西山一帶到西門城漕下有石骨生過起而爲北幹山至任家坟及小倉基渡河批河若遇旱乾見泉水一掬滴翠如藍

足徵山脉由來過岸西首爲繡衣坊高地計百餘
武乃結爲縣治堂下一井凡井底或磚砌或松板
兹獨天成石底豈非尚屬山足耶巍然蕭邑蔚葱
佳氣寔鍾諸此是西山之關係縣治爲貼近來龍
而居於右首則爲白虎更係一縣之屏翰堪輿說
云白虎昂藏老人星見又云來龍切莫動一動多
驚恐故先朝無砍木之事宦於蕭者多康寧顯達
順治間派造寧波戰船韓令昌先孫令昌猷相繼
封砍遂相繼謝世趙令秉和亦爲戰船伐木忽遭

叅罷是傷龍脉之明鑒也康熙廿一年採辦木植
巡道王到縣親封姚令文熊駭前轍詢與論面懇
道憲凡西山前後樹木禁勿許砍姚竟得歷去是
培植龍脉之明驗也廿二年適劉令儼甫任奉造
戰船士民具陳利害即蒙停止恐後之涖蕭者未悉緣由特詳記之
宋天聖四年令李宋卿建元至元間令崔嘉詡修
之事載李孝光記中元末兵燹無存令尹性重建
有堂有樓有閣有亭尋亦廢明成化十三年令吳
淑重搆其制中爲治廳三間曰忠愛堂治廳東旇

有幕廳廳之後爲後堂三間曰恊恭堂由廳甬路而南爲戒石亭戒石爲黃山谷書夾甬路東西爲吏廊東廊爲吏房戶房禮房各三間西廊爲架閣庫一間爲兵房刑房工房各三間爲承發房一間其西廊之後爲吏廨樓房二十間戒石亭之南爲儀門三間儀門外左爲土地祠三間舊在禮房側明嘉靖四十一年令歐陽一敬移建于此亦爲收糧所右爲請益堂三間有披廊明嘉靖四十三年令趙睿建請益堂南爲獄廳三間房七間又南爲譙樓三間宋寶祐三年令金炳肇建置鼓一鐵雲板一

國朝康熙三十年邑令劉儼重葺樓下爲門門東西爲榜廊

康熙五年間令賈國楨捐俸繕葺門堂廨宇煥然一新今復圮

〔元〕李孝光蕭山縣記

會稽屬屬縣蕭山漢餘暨也吳曰永興唐始以山名蕭山土地陿故宋都吳時以比壯縣淳祐中令高曆大起居治作堂曰翠簾自曆至今百有餘歲風雨飄搖墉屋撓缺吏失威重民慢勿莊至元五年居延崔侯嘉訥爲縣尹中誠病之未敢以爲功乃務先利安斯民恩勤顧省視如其家民滋信尹會是歲大熟賦平人和進其耆艾而告之將作居治皆應曰我且率子弟以供凡役於是鳩工度材因其故制而拓之隆之相地卑濕增高其址乃作廳事次賓幕次吏舍以及大門東西廡庫庋次舍度其南作譙樓置鼓又少南作觀化之亭以居察民之所好惡凡役皆次第以成而侯且代去縣尹李侯守其政如崔侯適主簿劉君伯煥至共踵成之益

使爲丹艧塗塈砥礱樹垣植松栢于庭至是民思尹而曰我見諸吏賦功未有不漁民而侯于是役不以病我其意常恐傷我此德厚宜報乃謀樹刻石予以爲善保民者其民思報之保民者仁民也自崔侯之去今五年矣民猶不能忘而將報其德噫崔侯庶幾知保民矣夫令爱民於上不難於治民而誠仁民之爲難治民者固多爲之防嚴爲之制以禁其邪僻之行伐其愔滛之思期無犯刑止耳仁民異於是寒往衣之饑往食之無以爲居舍之又惟憂其或墜於惡道之德以絶其詭行養其仁以易其邪思習其禮以消其異習朝嘔夕煦若顧赤子故民亦以爲上常仁我而未嘗厲我父毋事其上而不怨由保民也觀於豳風之詩其曰八月萑績載玄載黄我朱孔陽爲公子裳又曰取彼狐狸爲公子裘以報衣也其曰躋彼公堂稱彼兕觥以報飲食也其曰上入執宫功晝爾于茅宵爾索綯亟其乘屋其始播百穀以報居室也其所爲報勞於趨工非有驅迫徇戒之者上以此仁之下

以此報之若初無所事下之自至嗚呼仁哉此其于治民者殆有間矣今不肖不知慮此既不能保又不能治甚者每漁其民以自殖不得所欲則下苛政以厲之民且仇之矣今民思我尹果遵何德而致是吾故曰崔侯庶幾知保民者矣

縣廨在治廳後有廳曰牧愛堂朱晦翁筆左右有夾堂有寢有廚有門門扁曰龜山舊署門之南有門隸房

康熙五年令賈國楨于內署退食堂東建一樓三層面文峯治事之暇恒登眺焉

康熙十八年令姚文熊重建治廳三間幕廳一間

後堂耳房較舊制高敞董事邑紳周生恭監工里
民張逢翼計費一千五百餘金
詹事府少詹周之麟募建縣堂小引曰夫郡縣之
有庭廨守令於此出政治士庶於此肅觀瞻故雕
楹刻桷峻宇層軒詎曰好奢體固然也我蕭當吳
越要衝冠帶往來戎馬絡繹庭外屨趾相錯而堂
宇久傾使名區仙令會不得處廣廈而莅事焉匪
惟俾過而問焉者哂此邦之不穀亦甚非父老子
弟所以事邑大夫也龍眠姚父尹蕭四載政修人
和先是邑紳士里民屢圖創建而父母仁慈廉儉
軫恤民窮不欲以安居累一邑迄今未果以姚父
母仁聲卓行且晚瓚坷視蕭署若傳舍耳卽使遷
擢之後去思不忘猶且象建生祠永爲口祝縱不
能久借寇君猶不能安之於在位之日乎歡歲接
親族之隨計及桑梓之北上者均嘖嘖稱道令君
廉善具言日坐朽蓬間并峻拒建堂狀余起而嘆

曰惜費愛民者賢父母事也好義嫓工者賢子弟職也假使草野之人舍圯而父母露處雖至貧困必假一廛以奉親未有因慈親之不恐其貧而聽其露處者娟今東南告饑食貧之家枵腹待斃昔蘇文忠治杭於歉歲特築湖堤以爲工作之與可以飽游手識者服其經濟此一舉兩得之義也適作家報以此意示豚子俾謀諸鄉之諸先生親友而共圖之

吏部右侍郎禾郡杜臻記曰聞蕭山邑誌知蕭爲東浙首衝西逼省會通三十里東近越城亦不及百里舟車之絡繹官長之往來歲無虛日蕭固巨邑而實繁邑也治之東西有布按二分司今亦傾圯治北有浙東道行署治南有府館今皆頓廢不存然猶曰此上司之經臨乃其暫耳民力物力兩無所餘尚可置之不講若夫縣之有治則令所藉以出政教撫百姓之所也朝斯夕斯未之有間詎可謾焉置之乃風振雨淩前此尙餘數椽今且聞草滿庭除杳然無復存者邑父母露坐聽政可乎哉朔風捲雪尤所不恐聞見石公

在講幄時每爲余道然有意焉未之逮也歲巳未閩亂既平軍馬不致雜踏民力物力幸可稍寬邑人從南來者言之亦皆感頌其意適與石公吻合因示意於長君名世與邑父母同縉紳斟酌舉行仍以恤民力節物力爲誠邑侯姚公令蕭四載矣仁慈愷悌既不忍於民益不忍於物故寧終日露處絕不爲嫌名世乃會邑紳士樂爲捐助衆議每畝輸錢以勷厥事既不損下以病民更不費上以撙國帑可樂也於是計丈數揣高低量事期計徒庸需林用書餱糧以役於蕭工抵四月聿觀厥成而巍乎煥乎已較前制恢弘之居然浙東一大觀矣推此意也他日時和年豐民物康阜則布按二分司道府兩公署得以次第興建咄嗟而辦不難耳何民力物力之可虞石公囑余爲記而勒之石遂爲一言復從而歌之曰龍眠仙吏出典蕭然民懷其惠士愛其賢堂楹久圮風雨當前戴星而出和我朝綏會不已恤誰復來便衆以葺請侯懷仍冷一粟一絲亦發深省既耕爾田既安爾井露處

所此無愧衾影卓哉周君樸斲維勤商度多寡莫或紛紜子來趨事克成厥勳歡聲如雷和氣絪縕規制宏厰萬民鼓掌臨莅於茲政刑不爽行將上聞褒以殊賞於侯受之宜君宜長是役也興工於康熙十八年四月十六日至八月望後而告成侯之坐新堂視事則在九月初四日也侯諱文熊號非庵江南桐城人丁未進士

附閤邑士民公呈

爲萬民樂輸共勷盛舉事蕭山爲東浙衝繁之區縣堂係出政臨民之地重建自成化十三年相沿有二百十八載榱崩棟折久壓露處之嗟墻倒壁傾將興鞠草之嘆爰集公議共輸王土之毛並切公家之役按畝出錢協力共建

縣丞廨 在縣署東

主簿廨 在縣署西 國朝裁主簿因廢康熙十五年邑令姚文熊造亭三間未葺也二十二年劉令溢任增損之題曰西爽軒置琴鶴于其中簿書之暇銜知也士子覆試預登焉一時稱勝事

旁有竹石喬木四時花發宛若河陽云　按唐開
元天寶前縣治疑在長興鄉其主簿廨内有靈泉
駱賓士有頌併引按宋思禮事母以孝聞繼補蕭
山縣主簿會大旱井池涸母羸疾非泉水不適口
思禮憂懼且禱忽泉水出諸庭味甘寒日不乏汲
縣人異之尉柳晃爲刻石勒頌闡夫元功幽贊靈
心以有德是親至道冥符篤行以通仁爲本若乃
天經地義色養協于因心夏凊冬溫愛敬弘于錫
類下逮六幽之奧上洞三光之精不有至誠孰云
斯感有廣平宋思禮字過庭皇朝永州刺史昉之
嫡孫戸部員外順之長子幼丁偏罰早喪慈親永
懷鞠養之恩長增思慕之痛弱不好弄長而能賢
趨庭聞詩禮之風亢宗勗曾閔之行事後母徐以
至孝聞北面輿悲泣高堂而昝已東遊下位歡微
祿以逮親調露二年來佐百里俯就微班之列將
申返哺之情敬立身其若斯于從政乎何有時歲
亢旱金石行銷遠近川源殆將湮絶濬井皆爲湯
谷通波盡化汚池太夫人在遲暮之年有瘟勞之

疾非濫漿不足以適口非源泉不足以蠲痾色養既虧憂惶靡訴俄而廳階之下忽泉水自生因疏導其源遂流注不竭味甘若醴氣冷如冰此邑城控剡溪地連禹穴基址多石崗阜無津爰自興建以來久徵穿汲之利非精神通于有道純志浹于無私孰能洽冥貺以通幽導靈泉而致養者也昔漢臣忠烈窮井飛于一言姜婦孝思潛波移于七里靜惟陳迹彼亦何人蕭縣尉柳晃耿介士也道合則金蘭若膠漆情異則軒冕猶塵泥片善可嘉朝聞甘于夕死一諾猶重黃金賤于白圭以爲執友素交豈利祿輕肥之謂也賞音達禮寧鍾鼓玉帛之云乎所耻者沒而無稱所貴者存乎不朽徒懷美志未遇良材某出贊荒隅途經勝壤三秋客恨長懷宋玉之悲一面交歡暫雪桓譚之謗觀斯水之淸泚感若人之精誠見賢思齊仰圭璋而有越揮毫典頌鏤琬琰以無慚乃作頌曰粤若稽古厥初生民其誰不孝獨我難倫義不悖道仁不遺親愛敬盡力孝悌通神顧我罔極因心感至冥契

勳大甘泉湧地洽洽無竭蒸蒸不匱曾是我私永
錫爾類爰乃勞人景行芳塵事喆則感道洽斯趯
孝爲禮主名是實賓儻斯
文之不墜知感德之有隣

典史廨在治廳東南

舊署

清軍署三間在儀門東嘉靖四十一年令歐陽一敬改建土地祠

水利署三間在儀門西嘉靖四十三年令趙睿改建請益堂

浙東道行署在縣治北運河北岸舊爲預備倉西隙地嘉靖十一年令張選建廳三間爲射圃亭後增川堂廂房儀門等爲上司行署改今名久圮未葺

府館距西南百五步天順間建其制與東西司等久圮未葺

日邊驛　漁浦驛　夢筆驛　錢清驛舊俱裁革

東司即按察分司距治東二十步洪武二年建有廳三間有川堂三間有寢有厨各三間有左右廂各三間有儀門有外門各三間令朱儼于外門西建祗候廳三間今廢內有喬木係邑治龍首禁斫伐

西司即布政分司距治西三十步舊爲三皇廟正統八年建其制與東司等今圯儀門外地原係三皇廟正統八年邑令蕭琳議將廟地建司若于隘狹邑人張仲義捐地一畝以廣之

工部分司距治東南一十五里在單家堰嘉靖年建

漁浦巡檢司距治南三十五里廳三間廂房四間門三間弘治十一年建巡檢
一人攢典一人領弓兵四十人舊裁止二十八人今又裁止十八人
西興場鹽課司在西興鎮運河北岸門一間廳三間倉廒二十間廳之右爲官廨凡
十間土地祠三間在門之內左旁大使一人攢典一人領工脚九
人總催六十人鹽課四千八十八引有奇洪武初以軍士充百夫長掌邑鹽課五年制革
錢清場鹽課司元至正間改典善寺爲撇運米倉國初更以今名大使一
人攢典一人舊改屬山陰縣
預備倉在浙東道左洪武二十四年令姜仲能建昭名桃源夏孝由化四鄉各一所總設倉

官一人弘治十年令鄒魯以各鄉異處積散非便乃官賣以易地併置于此縱四十五步橫三十五步廳三間左右厫凡一十九間譙樓三間后因傾圮隆慶六年令陸承憲改造裕民大計堂三間外門五間併東西兩厫每年輸現年斗級二名守之

便民倉 距治北二百步運河北岸正統元年建廳三間左右夾堂各一間左右厫凡三十間門三間歷年既久厫盡頹敗止餘廳堂嘉靖三十五年令魏堂重建厫凡二十間後盡傾圮萬曆十四年令劉會改造廳三間門仍舊

存留倉三間 在治廳後東側萬曆十四年令劉會因倉廢改建爲考政所

耳房庫 在治廳西掖

儀仗庫 在幕廳後

黃册庫三間在治廳後西側

軍器局三間在存留倉北舊爲須知局三年一造須知文册嘉靖三十五年令魏堂修改置軍器

稅課局距治西一里廳三間門三間大使一人副使一人洪武三年建尋減副使吏一人領巡攔三百九十又七人課鈔一千一百七十錠有奇舊裁革巡攔課鈔仍隷于縣

漁浦稅課局距治南三十五里廳三間門三間廨三間廂房四間洪武三年建大使一人領巡攔八人課鈔四千四百六十錠有奇

今裁革

惠民藥局在惠民橋西南久廢

四知臺三間在考政所後萬曆十四年令劉會建

申明亭舊在鳳堰市令林策改建陰陽學東凡三間據明嘉靖志云洪武三年詔天下州縣閭都各置旌善申明亭蕭山建一十五所今多侵沒于民存者止一

旌善亭三間在縣治西自明以來以善行旌其中而最著者已入鄉賢傳餘不可勝記

駐節廳在中馬埠止一間明嘉靖三十四年冬延燬於火令魏堂移建夢筆橋下岸易陰陽官舊玹基地益之爲廳三間東西披屋各二間門樓一間周圍繞以墻垣臨河砌石階凡十三級

國朝康熙二十二年令姚文熊仍移建于中馬埠凡三間

西興驛在西興鎮運河南岸元至正二十五年主簿海牙公重建廳三間廳之東爲轎房西

爲茶房各一間川堂一間後軒三間厨房三間左右廂六間譙樓三間廳之西北隅爲官廨凡十有一間嘉靖三十五年令覲堂重修儀門一間萬曆十三年劉會建　驛丞一人攢典一人領水夫九十八名明裁十八人內山陰八名會稽六名　岸夫九十六名明裁六人內馬夫十名除諸暨一名　中船十隻俱繫官造

考政所三間在幕廳側萬曆十四年令劉會建

河泊所距治西一里廳三間門三間　官一人吏一人領綱小甲一百三十又二人課鈔千一百二十三錠有奇正德間兼領稅課局嘉靖間裁革綱甲課鈔仍隸於縣

蕭山河泊所距治南百二十步　官一人吏一人領巡攔八

十又五人課鈔三百七十二錠有奇景泰間裁革

養濟院宋名居養院元名孤老院在治西社稷巷舊爲射圃亭成化十三年令李華改建尋侵没于民令林策釐正之周繚以垣廳三間左右廂凡十有八間門一間廳之左與後各有園有池歲久廳廂墻垣俱傾圮居民復有侵佔以縱畜牧者令魏堂復建外爲高垣門用扃鑰旁啓小門出入責令總甲孤老頭協管月朔各遞不致毀傷甘結遇有小損卽呈縣修葺以防墮廢今已傾毀其地多被近地民人侵没

醫學舊在惠民藥局　訓科一人明洪武十七年建今廢

陰陽學治廳東三間明令蕭敬德建　訓術一人明洪武十七年建今廢

僧會司在祇園寺　僧會一人明洪武十五年建

道會司在城隍廟道會一人明洪武十五年建

郵舖

古有亭長亭候今舖有郵亭夫亦古之遺意與公文往來之所而廳廂門宇翬煥道旁豈虛設耶乃棟橈不葺墟址莫辨殆非制矣

治儀門之東曰總舖嘉靖十八年郡判周表署縣事肇建距治東八里曰十里舖二十里曰新林舖三十里曰白鶴舖抵山陰縣界距治西二里曰鳳堰舖十里曰沙岸舖迫西興關凡舖曰急遞舖舖

各有廳有廂有郵亭有外門有司兵有鋪長司吏一人領之

宮室

邑之宮室類凡有六曰樓則有鎮海樓迎西興渡即坑江樓令鄭魯重建改今名隆慶中圮萬曆十五年令劉會因築石塘成以羨金重構即舊臺增高四尺改力洞門架樓三楹周以迴廊緣以雕檻柱皆以石揭其陽曰浙東第一臺門曰望京陰曰鎮海樓門曰永興道樓之中曰浩然樓之左十步許架小樓三楹大門三間碑亭二座計工費六百三十兩山陰黃猷吉浩然樓記有客修言於余曰客也竊慕主人之好樓居矣則亦聞夫西興之有新樓乎夫其黨大都歷水府

鶻崎鸞停鵬騫鳳舉右睇而海門日月晃耀左盼
而富春烟樹蒼茫控越則萬壑千巖後擁而雜沓
引吳則龍飛鳳舞前拱而昂藏遥瞻五雲俯瞰四
野既檣錦綺魚鳥鏡懸潮吞汐吐風雄月光是故
傑乎雄據則海國江天若可超也迥乎特立則吳
郛越郭若可挾也斯無論海上之十二矣況人間
之百尺哉余諦而聽仰而答曰樓信美矣余其謂
斯樓爲浩然而客也釋焉客曰斯樓之古一名䟽
江再名鎮海浩然謂何厥義安在余曰鎮因乎勢
䟽取諸景望海横江凡樓可命會是江樓專奇擅
勝大江水東注未有挽而西者若潮也海潮蹐生
未有奮而起者若浙也憑元氣以載浮應月精而
引潮駕海若以前驅望江門而中貫漲斯濱矣既
東以越吳巨防浪而駭焉又激以龕赭峭岸以是
天吳氣决陽侯怒赫奇相鼓輸冰夷轉軸傾倒而
師發陽風伯維裂柱欹江撼海立遠若雷轟近若
霆擊天地愕眙山陵辟易其來也似凌節而創施
實行險而不失似任情而肆志實時行而不違勢

造化之浩然詎海鰌之出沒于是鞭石唑海縣石
鑿空戴以六鰲夾以兩龍望之縹緲郎之亭窅塹
江爲險射潮爲雄若登彼岸宛在水中倒壑排山
者重門呑而洞達掀天揭地者入窓吸以玲瓏樹
百尺之高標當九街之要衝倚棹如蟻憑欄接踵
謂觀海無如江左問水窮乎浙東當夫春流滾一
色桃花秋水淨兩岸芙蓉增長因一陽初動貫莊
以三伏蘊隆夕淺明於漁火晨應嚮乎梵鐘觸者
神王逆者膽勇夢幻者大覺沉冥者神通可以發
舒華夏可以開闢混蒙可以激昂天地可以鼓盪
心胸豈伊烈士貞臣慷慨赴難羈旅遷客悁懰罔
窮亦彼蠢蠢者手舞足蹈奄奄者髮指骨竦或激
爲雄文而光焰萬丈或發爲浩興而世界一空或
勇猛精進而歷刧不退或堅固究竟而百折必東
想夫巖巖而孟渾渾而孔火烈而姬發鷹揚而太
公類振古之豪傑建不世之動庸微大勇其幾餒
則是氣之所共夫子長探奇禹穴而文雄漢史道
濟多助江山而詩邁唐風非彼一重一捹皆吾廁

臨而況夫一闔一闢直肖洪濛且夫客不觀大川上乎夫其山如培塿水如甕口尼父亟稱子輿深取矧是鯨波拔地而襄陵龍濤拍天而撼斗故之則汩汩萬頃掬之則盈盈一手彼尸子以沐浴喻仁激揚喻義韓子以重下喻禮不遺喻智類因物以善觀亦觀物而妙契獨何異夫驅海濤于硯滴補木天之標致闢世教以立言讚神明之偉制指造物之秘藏若江河之行地蓋嘗論之吳楚乾坤少陵誇其汗漫落霞秋木子安表其佳麗就與此樓美占天南滕王失色壯觀江表岳陽短氣故余不爲寄興感慨若仲宣賦不爲陶情琴奕若禹偁記人亦毋爲披襟稱快若楚王風毋爲據床遺興若庾公月夫是之謂作者意也已客乃矍然起亢抗手而稱曰悠哉遐乎清濁始判乾坤乃位爰有北江郎有此潮既有此潮宜有此樓命曰浩然敢敬聽山陰通政朱南雍詩乘興登高漫舉盃凭闌一望意徘徊長堤誰續千年績古渡今新百尺臺觔若鬬龍從地起山如飛鳳隔江來題詩誰是唐

崔顥好景應難盡手裁附西興新堤山陰黃獻古詩南山鞭石走如羊築就新堤控大洋任爾鴟夷驅海若無勞强弩射錢塘西來城郭增吳會東去桑田擁越鄉不是天生蒼水使問津空望海門長會稽商爲政詩鞭石東南駕碧空何當璧馬走蛟龍雄開鐵岸三千丈翠鎖江關百二重琴崔有聲鳴化日郊原無地不春風論功今古誰能似鄭下清才一再逢會稽翰林陶望齡詩疊石成堤結構雄岧嶢飛閣倚晴空根盤吳會鯢鯨靜勢湧東南雨露通鳥集平沙春自語花當古渡歲初紅欲知今日西陵意一帶漁歌和晚風

麗澤堂在儒學令林策建今廢流光堂在江寺邑人張卯之題曰閣則

有安靜閣簡靜閣並在縣治令尹性建今廢圓通閣在江寺舊有大悲閣久廢萬曆五年僧懷聰祖廕偕邑人丁珊王地等募緣重建高四丈邃五丈鑄觀音大士千手千眼

像
曰館則有河陽館在城西門外五十步官廳三間大門三間周垣門外石級呼爲西馬埠往來官長於此泊舟嘉靖間令施堯臣建曰亭則有駐楫亭在夢筆橋側宋令李宋卿建丞相葉清臣記今廢冠山亭分翠亭涵虛亭俱宋靖康間令曾喜建今並廢望雲亭心遠亭適意亭並宋乾道間邑人徐性建今並廢觀化亭盡心亭並在縣治元令尹性建示農亭在城東門外弔橋東首官廳三間門三間門外石級呼爲東馬埠往來官長於此泊舟嘉靖間令施堯臣建駐旌亭候春亭一在縣治西一在縣治東今並廢臨川亭今廢宋林樞密希詩山川圖寫幾時休再過蕭山歲已周客枕夢東南又北此身大似一虛舟金泉井亭在淨土山麓郡守洪珠題寅賓亭在鳳堰東後食亭在縣治令蕭敬德建少憩亭

在蒙山宫前五楹俱石柱嘉靖間令歐陽一敬建

井亭邑人來端蒙建

暑雨亭在西興鎮邑人戴光建

一覽亭在石巖山嘉靖十年郡守洪珠建并題（邑人孫學古詩）絕壁臨江虎刹雄江分兩岸浙西東亭中自覺塵寰小海外疑連弱水通利盡寇裳多會集春來花木更青葱四時不盡參軍興百載懸知太守功

西興茶亭在沙岸舖右佛堂三間迴樓三間僧房三間大門三間茶竈一間嘉靖間僧道能建邑人來端蒙歲助米三十石柴五百束茶三十觔薑銀五兩其子自京繼之至今不廢（令王世顯碑記西興浙東首地寧紹台之襟喉東南一都會也士民絡繹舟車輻輳無虛日及其涉顛險歷風波觸炎蒸而病暍冒嚴寒而阻饑喘息須臾幾塡溝壑者衆前此未有濟之者嘉靖甲辰天目僧道能至自杭目擊其患而悲之計施以茶湯患不得其所邑民毛玠等議以沙岸舖隙地可止且便也請于邪侯蘇公而築之委耆民胡謐韓承文傅良董厥

役僧乃捐衣鉢力營建不越月而落成公喜題曰茶亭自是往來獲濟僧以苟濟弗給事必中廢復出贏貲於鋪之西南里許置田三十畝每計所入以充費又思雲遊靡常冀有所托知靈峯院僧德愷雅有戒行倩爲主持使主其事閱四載而其來未艾也八月之吉余偕沙源戴公諦視公曰事則美也所少者井耳乃戒童僕具畚鍤助僧穿其地而甃焉井成水易汲而濟益廣矣噫無住相而好施固士君子之所願聞使吾民皆若道能推其慈愛之心則於人何所不濟爲民父母皆若蘊公之作興鄉士夫皆若戴公之左右且觀義與起又皆若諸耆民則志士孰不敏于爲善乎夫慈愛者仁也作興者義也觀感者化也余于斯亭斯井之舉深有所感焉因給券以蠲僧田産之役且勒石以垂世

守云

邑令姚文熊記 西興吳越之通衢也行旅往來殆無虛日渴者求飲命懸呼吸不有茶亭事何以濟

夫一人不能給而必仰給於衆衆或有時不給缺一日之費即廢一日之茶茶不可一日或廢而薪水之資不能保其一日不缺也楊樹村徐義士廷鳳目擊其故遂捐田四十畝永爲茶亭薪水之資噫善哉善哉不必仰給於人亦不必仰給於衆施茶不憂其無資往來者可無傷於煩渴矣功德豈不茂哉余涖蕭山最久熟聞徐士好義樂施其他焚券濟貧矜孤恤寡種種善行不可殫述即此捐田濟渴一端便長流福澤於無窮也用爲數言以誌不朽

東門茶亭　里人任大隆魯鳳魯忠信魯忠倫等買田八畝零資給道人如桂主之

西門茶亭　丁琥歲施茶費

崇山茶亭　康熙十一年建去城西五里東嶽廟下本邑治西義門張氏捨東邊屋基地張迪祥捨西邊屋基并沿路屋基地俱存二十都二啚張姓自輸錢糧邑人黃國初僧覺林一乘募緣

捐資鼎建同知紹興府　民造亭　臨浦小𪊊近江商
常熟孫魯有記序　敗竹木魚鹽每來
圖便常路居民盜開通舟江水衝入爲害令丁聘
嚴其禁防立石築亭名曰民造

曰莊則有昭名莊　邑人鄭元亨梁　崇義莊　令高載
時亨馮開國建　脩建

義莊　邑人錢萬愷楊閏　田化莊　邑人十大保毛莊
孫建令胡雲龍題

上四莊創自宋今皆不存

蕭山縣誌卷五

文林郎知蕭山縣事鄒　勷　重修　邑文學蔡時敏
文林郎知蕭山縣事劉　儼　　　　蔡含生　編較
張崇文重纂

山川志

誌山川者當與郡志不同郡誌但取諸邑之畧爾邑志則大山自首至末因地立名者皆當詳之使支嶺分明無煩聚米成圖而瞭然可在目者斯其善也川亦如之蕭山固水國哉而其南則長山一

帶重巘疊嶂鳥道微通以達于富諸兩邑則又山諸侯之國也川則東西二江以爲邑塹大海迴環其北蓋詳山川而形勝盡在是乎

山

蕭山在縣西一里屬崇化鄉邑以是名又云蕭然山舊志云晉許詢於此憑林築室有蕭然自適之趣故名或云勾踐與夫差戰敗以餘兵棲此四顧蕭然故名按漢書地理志云餘暨縣蕭山潘水所出東入海則名不始於許在治之西又曰西山有白龜井在社稷壇左石竇中積水清徹相傳至正間遇旱祈之有白龜出故名今禱亦應北之隴曰淨土山其麓有金泉井宋郡志云縣務釀酒取汲于此其色瑩潔今麯糵者多用之又名曰酒泉其中之徑曰柴嶺

南之徑曰碑牌嶺（宋王綠墓碑在故名）下有潘泉井又南曰石巖山（去縣西南一十二里）巉岏寱峞其狀如獅又名獅子峯其巔有香泉方四尺深尺許（嘉靖中知府洪珠書香泉二字鐫于池畔石崖）唐劉滄蕭山詩　一望江城思有餘遙分野徑入樵漁青山經雨菊花盡白鳥下灘蘆葉疎靜聽潮聲寒木杪遠看風色暮帆舒秋期又踐潼關路不及年年向此居（宋陸游詩二首）素衣巳免染京塵一笑江邊整幅巾入港綠潮深蘸岸披雲白塔遠招人功名姑付未來刼詩酒何孤見在身會向桐江謀小築浮家從此往來頻（又）閒居無策散閒愁聊作人間汗漫遊晚笛隨風來倦枕春潮帶雨送孤舟店家菰飯香初熟市擔蓴絲滑欲流自笑勞生成底事黃塵陌上雪蒙頭（明劉基詩）積雨今朝天氣佳山亭曉色上林花未須汗漫思身世且可逍遙翫物華偶值斷橋妨去路即隨修竹

到隣家籬邊野鳥驚人過擬刺飛鳴落遠沙〔王褘詩〕身世眞如寄登臨得及時地高風起急天迥日沉遲綠鬓欺紗帽黃花照酒巵不知陶靖節歸去欲何爲〔劉基石巖詩〕落日下前峯輕烟生遠林雲霞媚餘姿松栢澹清陰振策縱幽步披襟陟層岑槿花籬上明莎鷄草間吟凉風自西來颯颯吹我襟榮華能幾時搖落方自今逝川無停波急絃有哀音顧瞻望四友悵焉愁思深〔邑人方以規詩〕鑿盤蒼崖翠壁重中天削出玉芙蓉根盤百粤東南地翠挹三吳遠近峯半夜紅光驚韞玉四時雲氣結成龍高崗有地誰能到只許仙人自種松

東蜀山 去縣南十里

西蜀山 去縣南十二里 蜀者獨也兩山對峙無所連屬故名

文筆峯 在縣南二十五里屬崇化鄉 巔舊有塔又曰塔山爲儒

學前案南㘭如舟名曰石船塢其東南支高巒聳
出曰木尖山山高霧冒又曰霧樓峯又東曰長嶺
其西南支曰黃竹山竹色微黃狀如刀削云是范
蠡遺鞭所生其南一支去二里曰峽山二山相夾
前曰前峽山後曰後峽山在縣南三十里再西曰壽山屬新義鄉明趙縉夢登文筆峯詩文峯千仞費攀援崩石巔崖駭夢魂桂殿月中秋有影蓬山雲際海無痕逍遥人物天台洞古朴衣冠甪里村覺後烟霞隨步失半窻紅日閑開門
摩烏山在縣西南一十五里湘湖中東方朔神異記亞父斷蕭
山南嶺將摩于烏江江東以擲爲摩故名三國有云摩山

如玦亞父之所割兮（明邑人方以規詩）擧烏何事浮湘水度項中年憶范增英氣尚爲雲浩蕩劍峯猶記石崚嶒當時擧玦嗟何及此日杖山誠未能千古青青將不去杖藜留與野人登　眉山在縣西南一十五里湘湖中　荷山在縣西南一十六里湘湖中　糠金山在縣西南一十八里湘湖中日照如灑細金光彩灼爍故名明萬曆間訛言有金礦朝使移文查核據實申報其議始絕　定山在縣西南二十里湘湖中舊志所云一名浙山屹立江中者乃別、定山屬錢塘縣　碧山在縣西南二十里湘湖中　北幹山在縣北一里屬由化鄉舊志晉許詢家于此其詩曰蕭條北幹園　其巔曰玉頂峯今爲四望臺　其麓有泉曰幹泉東去三里曰去虎山山有虎子坳舊志宋景德中有猛虎常傷人令杜守一有德政一夕虎負子渡江西去故名〔明邑〕人魏文靖公幹山詩望邑名山聳碧霄白頭重調典偏饒千村環堵高低屋一帶長江早晚潮元度跡存猶可弔子胥魂遠若爲招登臨莫起興亡嘆且醉浮生一酒瓢　富玹詩北山升絕頂眼界入林坰飛鳥投丹嶂輕烟鎖翠屏草生三島秀花發四時姸萬竹深涵綠千峯遠送青鷲濤瀰海國斜日駐湖亭福地鍾元氣僊宮守巨靈遨遊靈運屐撫弄伯牙琴浪跡雲千洞歸心月一聽行歌還采蕨却老又尋苓元度原無恙旌陽舊有名鵾鵬思奮翮鷹隼欲藏形嵐重衣沾霧天低袖拂星留題欣合格乞粒笑分馨萃聚溪頭鹿重逢海上萍哭途嗔阮籍聽龍憶顏丁心許躋衡岳身疑度井陘未應依北斗直欲徙南溟蘿雨疏猿臂松風墮雀翎放懷看桂樹矯首望飄舲桑梓聯周井芝蘭越謝庭步檐初倚杖占候忽更蓂自有三光耀何須數斗螢無因瞻廟祀有約訪巖扃豪興歸春社餘酣

散晚汀最宜烹茗鼎無復索銀瓶絃誦人皆樂登臨我獨醒威靈尊嶽鎮形勝覽風霆城郭金湯固山河砥礪寧蔦花春靄靄燈火晚熒熒江漢朝宗意遙峯拱聳廷

茌山俗呼長山在縣東北十里孔靈符地志云越王種葬於此山麓爲護堤侯張神之廟相傳神每乘潮渡江能喝潮使散一日潮不散遂投入水中而死其尸浮至茲山之麓人具衣冠斂之于此故有着衣亭今廟左亭址是也

鬭鷄山在縣西北三里兩山昂頭相對若鬭鷄之狀

菊山在縣西三里屬夏孝鄉山多甘菊郡志云唐永泰中令李蕚尉丹丘登此而名三賦云菊山黃花

西曰茗山在縣四里三賦云茗山鬭好茶經云其上多奇茗故名

西北曰蒙山在縣西五里

龜山在縣西五里南三里曰城山其山中卑四高宛如城堞吳伐越次查浦勾踐保此拒吳名越王城又名越王臺前兩峯對峙如門曰馬門石上兩竅通泉圍不踰柸深不盈尺冬夏不竭曰佛眼泉山半有池曰洗馬泉舊志云中產嘉魚越拒吳時吳意越之乏水以鹽魚爲饋越取雙魚報之遂解圍去疑會稽越王崢非茲山也府志載宋之問詩中有南濵北户語係南越王臺亦非茲地（李白詩）西陵拱越臺乃咏此也（明朱純詩）越王臺畔偶躋攀喜得城中半日閒霸業已消嗟鳥喙仁風猶在憶龜山漁舟遠沒蒼茫外僧磬微鳴紫翠閒最愛菊花山上月清光直送酒船還（元邑人朱時中詩）本無聲利及蒿萊弔古何須問霸才百越乾坤遺簡策三吳風日滿樓臺落紅流水潛蛟

舞積翠空山去鳥回此地從知吞併後一犂春雨待人開（明釋懷讓詩）句踐已僊去浮雲覇圖空危峯兀立數千仞鰲背獨擁蓮花宮蒼苔小徑盤松入佳境迴輿塵寰隔幾重山色鎖樓青一片湖光蕩簾白我昔尋詩居上頭興動舟與諸生遊雙鞋踏破石磴蘚兩耳聽徹濤江秋別來東風換啼鳥南浦新愁長芳草今朝攜杖復登臨重與諸生散懷抱落紅飛絮正悠揚談笑陡覺詞源長吟餘倚崖忽倦卧衣袂都染芝雲香覺來却憶還山去孤隺翩翩不能住一聲金錫振長空回首湘湖隔烟樹

南五里曰石井山上有一井上廣下曲秉燭而入不盡數十級相傳謂妃子墓（今井級已漲滿）又南一里曰獅子山高巒聳起曰連山長岡九里（舊志云秦始皇欲置石橋渡浙江石柱數十列於江際今山趾去江數里無考）又有山曰青山（去縣西二

十里屬長興鄉今俗總呼連山爲帝
山三賦云連山如珠秦皇之所驅兮

翠嶂山在縣西二十五里屬長興鄉一名夏駕山在夏駕湖湖去海止數里舊志山多莔草織以爲蓆甚細密多節者爲精

冠山在縣西二十里山形如冠有泉甚甘明邑人來衡登冠峯詩山行若不陟山巓如到中流却轉船人生幸際太平日不窮山水慚名賢君不見昌黎韓夫子太華扳地五千仭長臂一摩頭上天又不見洛陽劉伯壽七十四度登嵩少一一載筆書歲年兹山大不比喬嶽渡江來止騫舞而蜿蜒遠祖卜居依其麓始與山靈爲眷屬迄今上遡十一傳廬井丘墓分南北山下農夫自力耕山上兒童任樵牧爰有一人不亂羣扶笻欲豁千里目重湖右涵北明畔清江左環如練束俯視千村竈突炊烟樹迷離羃山腹憶昔昊天棠難時人子安用此生爲燕越三千七百里

載饑載渴載馳驅廣陵濤中出萬死不謂故山風物餘生再見之馮高不禁百感集賦此更覺勝慨思來日升詩把蘿偃客遠流水石橋分一雨過秋寺千峯生白雲望窮迷野色沙遠見鷗羣暮靄蒼茫外寥寥清磬聞

其東支山曰海山曰筴竹山在縣西二十里邑人來斯行冠山泉詩古來說泉人不同最著乃稱羽與仝品題等級欺盲聾孰一孰二分雌雄中冷旣已迷其蹤惠泉遂王江之東時人耳食蓬隨風舟載車輓何匆匆昔我屢過惠山中令取數甕勞人工爐頭炊火火正紅烹來細酌深究窮尚嫌泉味太甘豐豈無寒冽淸且冲吾鄉有山冠爲峯石罅迸出流淙淙巨靈何日擘洪濛一泓碧玉含虛空瀏河若練環四封疑與此穴呼吸通泥丸鬱起元氣鍾衆流萬派皆朝宗六月赤熱行火龍冰澌沁齒心無懵何況陽羨新發叢麓瓯香噴浮靑葱荒村僻地非要衝罕遇賞者相過從盧陸二子徒瞢探覽有限輒自庸遂使下駟據高崇善品遺滯

詳輿誌大都山水在所逢世間名實多相蒙冠山之南曰乾蘁山在縣西二十五里山北有泉冬夏不竭清潔殊異越王以之造蘁名曰乾蘁泉泉之南曰黃山曰半瓣山在縣西三十里歷山在縣西南三十里相傳謂舜耕處楊岐山在縣西南三十里屬安養鄉石牛山在縣西南八十里屬許賢鄉其東之徑抵富陽縣曰響鐵嶺北十里曰三臺山舊有臺三所又十里曰雲峯山又北東七里曰白文山曰狠嶺曰黨旗嶺昔有鄉兵結黨樹旗以拒寇故名又北十里曰開善山又西北一支曰靈峯山

（康熙）蕭山縣志　卷五

大山橫亘三都一名長山其南之最高者曰鏡臺山（去縣西南九十里屬長山鄉）一名白石山又名筆架山許詢修煉之所巖曰元度巖洞曰僊人洞巖洞出雲草木皆香可以療疾又曰百藥山溪口有僊人石唐王勃過之刻詩於上水涸石露乃見其蹟（唐王勃詩崔嵬怪石立溪濵曾隱徵君下釣綸東有祠堂西有寺清風巖下百花春　元朱時中詩松篁深護此層巔僊化徵君已有年千嶂白雲燒藥處一溪流水種桃邊洞秋雲去雨雷靜壇夜隺歸星斗懸却笑浮生覊宦旋就中難結坎離緣）西一支曰黃嶺北九里曰州口山相傳吳越武肅王欲置州於此以斧驗之其石軟

朧斧痕留焉又十里曰龍門山兩山對峙上有龍湫一曰大洪山又北曰鶴鵲山曰鳳凰塢曰白峰山去縣西南四十里屬許孝鄉曰馬谷山曰兎沙嶺其東一支曰紀山曰佳山元張廷蘭龍門山詩何年鑿此混沌胎赤鯉躍出龍門開千尺高崖宿牛斗一泓碧水藏風雷歘陽六月焦下土河伯龍飛來共語願將一滴瀉天瓢明日入關三尺雨佳山詩會稽之山天下無宛如碧海浮蓬壺佳山一朶更奇絕半空湧出青芙蕖北十五里曰杜同山去縣南七十五里屬長山鄉又東曰東山又北東十二里曰甑山在縣南六十里屬孝悌鄉又東曰郭墓山曰王峯又東南曰壕嶺去縣南六十五里屬桃源鄉又北十里曰化

山

横山在縣南六十里〔唐顧況過横山詩〕衹見山相掩誰言路尚通人來千嶂外犬吠百花中細草香含雨垂楊閑弄風却尋樵徑去惆悵綠溪東

尖山在縣南四十五里屬桃源鄉　蓬山在縣南四十五里

峽山在縣南六十里山勢八面向江上有鷄籠石石有紅影畧似鷄形又曰金鷄影山　白鹿山在縣南六十里舊傳有仙人騎白鹿于此忽已不見故名

苧羅山在縣南二十五里屬苧羅鄉下有西施宅上有紅粉石〔明〕唐之淳詩岩岩溪上山溪中清見石草木耀人目花葉有五色中有浣紗人窈窕世無匹越人幸

皃求將我至吳國館娃爲我居長洲爲我域片言千乘輕一笑萬金直當時同浣者還顧鵾鵬隔越土日以辟吳步日以踣君王徙甬東玉貌亦淪寂夏訓戒色荒厲階詩所斥褒升宜臼廢巳進比干黜忠胥會有靈應爲玆土惜（長洲戴冠詩）溪上西施祠溪中浣紗石山靈欲亡吳生此妖冶色地非塗莘里人本褒妲匹誓雪吾君耻甘心事讐國笑劍傾吳城女戎蹙疆域褰衣畏寒露鐲鏤賜遺直歌舞樂巳酣忠諫路遂隔一朶宮花開三千水犀踣吳越兩丘土木落山寂寂伯業盡爲沼何用遠封斥事大孟輙取善戰春秋黜世變山依然徙令後人惜

烏石山在縣南二十八里　**覺海山**在縣南三十里　**小山**在縣南三十里

螺山在小江中去縣東十五里屬里仁鄉**其形似螺**（明邑人蔡友詩）十月登臨楓葉

殘寺僧納稼未能閒水穿竹澗雙鳴碓蛛網茶亭半掩關碧海扁舟同吐沒白雲孤寉共飛還松風滿路塵埃淨誰擬携家入此山（賈原善詩）雲深野寺少人過一曲淸江抱翠螺載酒重尋舊遊處古藤寒檜夕陽多

鳳凰山在縣東三十里郡志又云慈孤山石崖間有望夫石上紅下綠陰雨望之儼然一婦人形世傳其夫溺于海婦登山竹立以望久之遂化爲石

洛思山在縣東北三十二里屬鳳儀鄉輿地志云昔有洛人隨太尉朱儁來會稽三年不得返登山北望而嘆孔曄記云朱儁遭母喪卜葬此山請洛下圖墓師爲相

地師去鄉既久目極千里北望京洛號呼而絶因葬山巔故名（宋王十朋會稽風俗賦）登洛思而思洛兮（徐天祐詩）洛去蹉跎歲月深羈愁無奈故鄉心人生畢竟俱懷土誰爲當時自越吟（元薩天錫詩）登高復懷古途路極羊腸日斷雲天濶何由見洛陽其北曰航塢山越絶云勾踐航三百石長於山下負卒七十人而渡故名山巔有湫曰白龍井井畔有古寺大旱禱于此如雲覆山巔必雨東北曰吹樓山又名岵市山東一峯北二峯諸岫參差相並有似前後部鼓吹故名又北曰龜山在縣東五十里其形如龜石有馬跡名馬蹄石相傳謂錢武肅王屯兵之所嘉靖

時官兵於此破倭寇焉（元薩天錫航塢山詩）拂衣登絕頂石磴漬苔紋鳥道懸青壁龍池湧白雲樹深猿抱子花暖鹿成羣更愛禪房宿泉聲徹夜聞（明汪淮詩）巍巍航塢山萬丈凌虛碧上有千年不死之古松下有巉巖如人之怪石我來探古登高丘剛風灑髮寒颼颼脚踏丹梯入雲冷手捧日月空中遊談笑風隨桂花落天香散作人間秋適從澗底拾瑤草於焉便欲之瑤島仙人餌我金霞丹駐我容顏不衰老他年化鶴歸去來山下紅塵空擾擾（葉金龕山詩）龕山何嶙峋千峯矗天表望海思淼茫臨崖欲欹倒藤蘿絡錦文虎豹卧秋草瑰奇殆萬狀觸目景俱好我來坐忘歸修竹聞啼鳥絲管何足聽軒冕未須寶此地即蓬瀛那復求仙島何日構衡茅彝猶以終老（張子俊登龕山詩）秋風嫋嫋泛層波紅樹青山遠近多薄暮釣舟無處覓海天應奈月明何

鰲子山（去縣東北三十九里在海中）與海寧縣赭山對峙又云鰲

子門盛暑有龍掛此吸水而上即驟雨又云海門

江浙江在縣西十里其源自南直隸徽州黟縣來經富陽縣一百五十里入縣境北轉海寧入于海以有曲折之勢故曰浙江又名浙河莊子云浙河之水是也又江之西爲錢塘縣曰錢塘江江之中有羅刹石曰羅刹江縣八景羅刹潮聲即此石巉巖數破舟五代時潮沙漲沒今已不見又有定山曰定山江定山亦名浙山屬錢塘縣湖衝山即回梁任昉濟浙江詩昧旦乘輕風江潮忽來往或與歸波送乍逐翻流上近岸無暇目遠峯更興想緑樹縣宿根丹崖頹久壞劉孝綽渡浙江詩秋季

茲望後輕寒朝夕殊商人泣紈扇客子夢羅襦憂
來自難遣況復阻川關日暮愁陰合繞林噪寒烏
濛漠江烟上蒼茫沙嶼蕪解纜辭東越接軸驚西
徂懸帆若馳驥飛棹若鶩鳧言歸游俠窟方從冠
蓋衢唐孫逖夜宿浙江詩扁舟夜入江潭泊露白
風秋氣蕭索富春山渚潮未還天姥岑邊月初落
烟水茫茫多苦辛更聞江上越人吟洛陽城闕何
時見西北浮雲朝暝深孟浩然濟江問同舟人詩
潮落江平未有風輕舟共濟與君同時時引領望
天末何處青山是越中薛據西陵口觀海詩浙江
漫湯湯近海勢彌廣在昔坯混凝融爲百川決地
形失端倪天色潸涀漾東南濟萬里極目遠無象
山影半浮沉潮波忽來往孤帆或不見棹歌猶想
像日暮長風起客心空振蕩浦口霞未收潭心月
初上林嶼幾邅迴亭皋時偃仰歲晏訪蓬瀛真游
非外奬劉滄浙江晚渡懷古詩蟬噪秋風滿古堤
荻花寒渡思萋萋潮聲歸海鳥初下草色連江人
自迷碧落晴分平嶂外青山晚出穆陵西沙邊一

見垂絲者○神隱舊居明月溪○盧綸渡浙江詩前船
後船未相及五兩頭平北風急飛沙捲地日色昏
一半征帆潮浪濕宋元遺山江漲詩江晴千里赤
一雨迴屋敗浙故以江名暴與衆聲會初驚洑石
捲稍覺川谷溢雷風入先驅大堤供一噫千帆鼓
前浪萬馬接後派崩崖不暇顧拔木無留礙憑陵
如藉勢洄伏各有態平分乍舒徐怒鬭忽碎壞雲
蒸楚樹杪雪映商嶺背恍忽千丈潮如與海門對
傾飛鬭蛟鼉燃犀出鱗介五侯當陰旗萬首露光
怪翠縋澹偃蹇鉦鼓亂硠磕永懷疏鑿力重嘆神
禹大乾坤海為壑未得變橫潰納汙非無
處流惡聊自快援詩與龍盟滌蕩煩一再

潮汐海潮晝夜凡再至朝曰潮夕曰汐卯酉之月特
大于餘月朔望之後特大于餘日大即洶湧卬高
十餘丈其非時而大者謂之海溢又夏則晝小而

夜大冬則夜小而晝大俗謂潮畏熱畏寒云
凡水之入于海者無不通潮而浙江之潮獨稱奇
初來僅若一線漸近則漸大頭高十餘丈亘如山
岳奮如雷霆銀崖横飛雪檻層起噌吰澎湃觀者
目眩涉者心悸漢枚乘七發所云觀濤乎廣陵之
曲江即此枚爲吳濞郎中浙江時正屬吳易吳曰
廣陵浙曰曲騷客語固然每八月十八日遠近人
聚觀之善泅者泝濤出没謂之弄潮
其候初一十六日子午末初二十七日丑未初初

三十八日丑未正初四十九日丑未未初五二十
日寅申初初六念一日寅申未初七念二日卯酉
初初八念三日卯酉未初九念四日辰戌初初十
念五日辰戌未十一念六日巳亥初十二念七日
巳亥正十三念八日巳亥未十四念九日午子初
十五三十日午子正杭人有爲詩括之者曰午未
未未申申卯卯辰辰巳巳午午朔望一般輪此
晝候也夜候則六時對衝其大槩如此（元）吳亨壽〈論潮書〉坎
本月之體月本水之精月與水一而已矣月一晝
夜凡一加子午故潮一日再生月一日退大十二

度十九分度之七故潮日遲於一日所以初三之
潮晝遲而入十八之夜十八之潮夜遲而入初三
之晝也一月之間生明生魄潮亦載盛焉生明之
潮則自前月二十六長水謂之起信歷臨朔至月
三日謂之大信初四潮勢漸殺謂之落信歷上弦
至月十日謂之小信生魄之潮則自十一始長歷
望至十八而盛自十九始殺歷下弦二十五而衰
其起落大小之信亦如之天下之至信者莫如潮
生落盛衰各有時刻故曰潮信月於一月之間漸
遲而縮一日潮於兩信之內漸遲而縮兩潮秋月
最明秋潮最盛亦其理然也或曰月之說然則潮
之候亦宜月半以前由微漸大月半以後由大漸
微今乃於明魄之生兩盛焉何哉曰月一月一周
天而一日之內則一加子一加午者也潮於月加
子午之時一日再至故亦於方生明魄之日一月
再盛月之一潮之再若不相似而實相感召井深
於理者未易語此龍圖閣直學士燕肅著海潮論
畧曰日者衆陽之母陰生於陽故潮附之於日月

者太陰之精水乃陰類故潮依之於月是故隨日而應月依陰而附陽盈於朔望消於朏鬼虛於上下弦息於輝朒故潮有大小焉今起月朔夜半子時潮平於地之子位四刻一十六分半月離於日在地之辰次日移三刻七十二分對月到之位以日臨之次潮必應之過月望復東行潮附日而又西應之至後朔子時四刻一十六分半日月潮水亦俱復會于子位於是知潮常附日而右旋以月臨子午潮必平矣月在卯酉汐必盡矣或進速消息之小異而進退盈虛終不失其期也或問曰四海潮平來皆有漸唯浙江濤至則亘如山岳奮如雷霆水岸橫飛雪崖傍射澎騰奔激吁可畏也其理可得聞乎曰或云夾岸有山南曰龕北曰赭二山相對謂之海門岸狹勢逼湧而爲濤耳若言狹逼則東溟自定海吞餘姚奉化二江侔之浙江尤甚狹逼潮來不聞濤有聲耳今觀浙江之口起自纂風亭北望嘉興大山水闊二百餘里故海商船佈於上潬惟泛餘姚小江易舟而浮運河達于杭

越矣蓋以下有沙渾南北亘起隔礙洪波蹙遏潮勢濁浪稚滯後水益來于是溢于沙渾猛怒頓湧聲勢激射故起而爲濤耳非江山淺逼使之然也宜哉燕公以大中祥符九年爲廣東提點刑獄又嘗知越州移明州故能攷論其詳如此〈明〉金華趙子漸觀潮賦〈有〉客來自山中觀潮乎胥江之滸時值中秋蓐收司矩凉風蕭條木葉盡下濤頭北來日正當午其遙望也倏焉如長虹之貫天衝慘焉若愁雲之閉吴楚白馬起立素車如舞隱隱兮走太行之輾馮馮兮鳴昆陽之鼓其小進也如踊如騰如沸如羹地軸震動雪嶺爲傾石觸之而墮岸齧之而崩踵不得移聆不及停威風漸息餘怒巳平若雲霧之乍捲見天宇之朗清極天下之壯觀紛可喜而可驚山中之客駭此奇觀旋舟返轡即錢塘主人而問焉余之居山也嘗觀於水矣高者爲瀑流者爲溪鬭者爲港深者爲池遇石爲瀨受風成漪以爲水之能事止於斯矣豈知江流之一渺變化之神機忽然而盈霅然而虧朝潮夕汐畧

刻不移且江漢之與溪澗同是一水其形容之異
有如此者此余之所爲疑也主人曰噫嘻水德靈
長五精之初貫通天津負戴寰區天機翕張有盈
有虛譬如元氣包絡形軀往來消息一吸一噓雖
大小之有異嗟理氣之何殊若夫隔以修岸限以
長隄是雖得水之名不能與元氣相通亦其勢然
也客又何疑乎客曰吾聞之海賈瀛渤之大浮游
汗漫汐落而不涸潮生而不洪是豈有修岸之隔
長隄之限胡爲乎此江之潮乃獨如是之悍也主
人曰子之言似矣而實非也海之爲海其東無東
其西無西載坤軸接天倪雖元精之開合人不得
而知也江之爲體海之餘支溲流涓涓止於江湄
蛇行蚓走百折透迤及其入江也海門峽之流沙
擁之是以擊而爲浪如蛟之馳如電之掣如鵠之
飛蓋物不激則不怒變不極則不奇此殆非水之
恒性乃擊搏之所爲客又何疑乎子之言善矣抑
吾觀之於人亦將有感於斯負陰戴陽並稱三才
朝而嘻嘻夕而怡怡不知乾乾之夕惕乃放逸乎

四肢是以憤啓悱發足爲進學之基貧賤憂戚足
爲玉成之幾然則吾之觀過有取於觀水之辭拜
手主人欣然忘歸〔唐李白詩〕浪打天門石壁開海
神來過惡風回浙江八月何如此潮似連山噴雪
來〔劉禹錫詩〕八月潮聲吼地來潮高數丈觸山回
須臾却入海門去捲起沙堆是雪堆〔羅隱詩〕怒濤
洶洶勢悠悠羅刹江邊勢欲浮漫道往來存大信
也知翻覆向中流任抛巨浪疑傾底猛過西陵似
有頭至竟朝昏誰主宰好騎赤尾問陽侯〔宋〕餘慶
詩木落霜風天地清空江百里見潮生鮮飈出海
魚龍氣晴雪噴山雷鼓聲雲日半陰川漸满客帆
皆過浪難平高樓晚望無窮意丹葉黄花繞郡城
宋范希文詩何處潮偏盛西陵無與儔詎能問天
意獨此見潮頭海浦吞來盡江城打欲浮勢雄驅
島嶼聲怒戰貔貅萬疊雲纔起千尋練不收長風
方破浪一氣自横秋高岸驚先裂群源却倒流騰
淩大鵬化浩蕩六鰲遊北客觀猶懼吳兒弄弗憂
子胥忠義者無復巨川舟〔又〕把酒問東溟潮從何

代生寧非天吐納長逐月虧盈暴怒中秋勢雄豪半夜聲堂堂雲陣合屹屹雪山行海面雷霆聚江心瀑布橫巨鯨連地震羣楫望風迎勇若蛟龍鬭奔如雨雹驚來知千古信同見百川平破浪功難敵驅山力可并伍胥神不泯憑此發威聲（蘇軾詩江神河伯兩醯雞海若東來氣吐霓安得夫差水犀手三千強弩射潮低萬人鼓噪懾吳儂猶似浮江老阿童欲識潮頭高幾許越山無數浪花中

浦陽江又名小江（東去縣四十里東南去縣一十五里南去縣三十里）其源出金華府浦江縣北流一百餘里入諸暨縣與東江合流至官浦浮於紀家滙東北過峽山又北至臨浦汪山陰之麻溪北過烏石山曰烏石江又北而東至錢清鎮曰錢清江即劉寵投錢處也又東

入於海明成化間郡守戴琥開磧堰通富春江合流入海塞麻溪爲臨浦壩以防內溢而江分爲二

〔明〕高啓泊錢清江詩夜辭西陵舘霜谷猿叫歇津卒未具舟天險不可越漁商雜候渡寒立沙上月蒼烟隱遙汀益覺潮長濶開橈散驚鳥海色曙初發朧朧前山來稍稍後嶺沒中流聞鼓角隔崖見城闕客路得奇觀臨風悶俱割〔又〕錢清渡頭船夜開黃芽苦竹聞猿哀客官釃酒水神廟風雨滿江潮正來蒸飯炊魚坐蓬底不覺舟行兩山裏棹歌早過越王城東方未白啼鴉起

浙漁浦在縣西南二十五里十道志云舜漁處也〔宋〕謝靈運富春渚詩宵濟漁浦潭旦及富春郭之句〔梁〕丘希範旦發漁浦詩漁潭霧未開赤亭風已颺櫂歌發中流鳴鞞響沓障村童忽相聚野老時一望詭怪石異象嶄絕峯殊狀森森荒樹齊淅淅寒沙漲藤垂島易陟崖傾

嶼難傍信是永幽棲豈徒暫清曠坐嘯昔有秀眉

治今可尚〔唐常建漁浦詩〕春至百草綠陂澤聞鶬鶊别家投釣翁今世滄浪情漚苧爲縕袍折麻爲長纓榮譽失本眞怪人浮此生碧水月自澗安流淨而平扁舟與天際獨往誰能名陶翰乘潮至漁浦詩纖棹乘早潮潮來如風雨樟臺忽已隱界峯莫及覩崩騰心爲失浩蕩日無主邳憶浪始開漾漾入漁浦雲景共澄霽江山相吞吐偉哉造化工此事從終古流沫誠足誠商歌調易苦頻因忠信全客心猶栩栩〔宋陸游詩〕桐廬處處是新詩漁浦江山天下稀安得移家常住此隨潮入縣伴潮歸漁翁持魚入船賣烱烱綠瞳雙臉丹我欲從之逝已遠菱歌一曲暮江寒

峽浦在縣南六十里

臨浦在縣南三十里即浦陽江水所經

捨浦在縣東南十五里

陸家浦在縣東三十里

河

運河在縣治北自西興鎮東至于縣又東北至于巨塘

又東南入于錢清江長五十里東入山陰明王稺登客越志西興買舟已在蕭山境上此地舟行如梭捲蓬蝸居不可直項插一竹於船頭有風則帆無風則縴或擊或刺不間晝夜十里抵蕭山聽潮樓甚偉日暮過耶溪山川映發水木清華映深堰曲清波蕩漾數十里皆作碧琉璢色新田綠漲若佛衣參差十樹一村五樹一塢門扉隔竹人面半綠憶吾鄉義興罨畫溪長若衣帶遊者比之武陵桃源而此處居人意殊不覺所謂司空見慣耳吾宗子敬謂應接不暇艮非過稱宜乎晉代名流考槃相望今其遺墟尚在精靈何之不知可能騎隺翩翩雲中下來否

雙河去縣東一里事詳陳公橋內

西河去縣西一百五十步南通崇化諸鄉之水北通運河東西兩岸相去約二丈

塘河在縣南一里北抵蘇家潭南抵白露塘

菊花河在縣南一百步受街衢之水南注蘇家潭今湮塞

新河在縣東六里　陣河在縣北十三里　蘆康河在縣北七里貼海塘

湘湖在縣西二里　四面距山缺處築隄障水別無民田跨由化夏孝長興安養新義崇化六都之地周八十二里中計三萬七千二畝溉九鄉田一千四百六十八頃泄水穴一十有八處詳見水利湖中生蓴絲最美明成化間邑令吳淑遊湘湖記蕭山縣西二里許有水一區可數十千畝水之周廻則界有山山之斷缺處則築土以補之山有泉源百餘處皆蓄于此以為灌溉者之資誌稱湘湖是也予以庚子莫春政事之暇風日和明乘小輿由德惠祠經隆興寺至于湫口湫為湖之東岸岸上即隆興寺山由茲山之

麓南十里爲柴嶺又四五里爲文峃之樂丘丘以南六七里卽石岩矣時湖水新漲沿山小路半已漫沒于是舍輿從湫口下舟循湖之北岸至湫口之西所謂菊花山者在焉山多佳菊而修篁老桂掩映左右乃泊舟岸側舉酒徜徉有不忍舍去意由菊花山之右轉而東也爲湖之西岸沿西岸行二里許爲黃家山山後卽桃花塢去塢五六里卽越王城城在山上山之下有邑姓孫氏家焉舟既至孫氏一父老年九十餘龐眉皓首迎見于水次遂指輿南行過一小澗有怪石數枚或立或仆于水中循澗之南涯步穿松林下小徑有雀一雙從樹林中望見人影卽長鳴飛去又行半里許乃緣石崖攀老藤而上路險且峻未十數步兩足卽酸軟不可支于是倚石偃卧筋力稍復復起而行行久之聞水聲潺潺然出于崖谷中蓋洗馬泉也泉有池池上有兩峯相合爲城門狀至此則地稍平坦可行復數十步乃至其巔山形四高壁壘宛然蓋烏喙棲兵之故區也其設險捍禦之迹歷歷

猶庵中岸有石生萬年松九節草青翠冬夏不變
石上竅如盃大泉恒滿俗稱佛眼泉是也泉之側
有供佛小屋數間一老僧可六七十歲煮筍作飯
時日已西落予亦精神倦極遂詣榻而休焉晨起
衣冠倚空長望則紅光燭于海底日上扶桑矣乃
振策周覽擊石浩歌取故道而下遂依山麓沿湖
行數百步至後黄寺背山面湖時桐花盛開香風
滿林齋几上有詩文一卷一夔徐先生手筆敬想
風韻邈不可及時日將辰命庖人具米粥爲晨餐
餐畢而去南經塘子堰左右皆山山最深入引湖
水爲一小浸尤可愛盤出嶺外經連山下有廢宅
舊礎無數露出荒礫中蓋南宋貴宅舊基也過此
爲河墅堰過堰爲楊岐嶺嶺有楊濟王冀王之墓
墓之左側有崇福院久壞存一僧住破房僅供香
火餘皆没于草莽自越王山至此歷二十餘里路
皆輿行而小舟則從湖心先至于沙闌嘴矣蓋自
沙闌嘴以上爲湖之南岸折而北始爲韓家嶺又
北始爲史家池路迂廻不便于是出崇福院百餘

步下沙閘嘴鼓雙棹由箬笠山趨于金家塘塘于史家池相去半餘里其盡處有石閘一座閘之上所謂石岩山者在焉閘與鳳林穴童家湫石湫周婆湫橫塘塘子堰河墅堰諸處皆洩湖水以救旱乾者之所實龜山楊先生之所創鑿與邑家宰魏先生之所經葺者由閘陟石磴數十百級過一岸有平石方可二尺築亭于上蓋以節遊者之勞之所據亭高坐則湖山之勝得其大都矣復陟數十百級望見麋鹿一羣或卧或食于林麓中時喉吻枯甚忽一僧披袈裟執手爐兩童子捧茶盒來迎遂躋于嶺曠然有平地十餘畝中有一小庵餘皆畦以種花木蔬果之類庵後有一軒軒外有一池池有金魚數尾軒之左右皆高丘丘上有匝竹梢翠色如鳳尾筍如龍角簇簇在根傍取長鑱斲而燒之以薦茶既而直登其巔崖縱目高覦心胸大開矣蓋自湖之北岸而來夾于兩山闊不數百丈至此軒然而起豁然而開山益高峻水益深濶洲渚島嶼之勝花木禽鳥之盛與夫雲烟變動宇宙

推移之迹凡得于斯遊者皆足以長吾胷中育物之機消吾事外營心之慮始而喜終而樂初不知天地之在吾身吾身之在天地也乃作短歌一章以寄意歌曰山叢兮湖水清麋鹿飽卧兮魚龍不驚坤實固脈兮天氣清明河洛標異兮岐山鳳鳴超越宇宙兮刮磨日月之精渴飲瓊漿兮饑餐玉樹之英將俾吾身兮與天地而長生歌竟而返（宋釋如蘭詩）藕花風起晚凉多高據柴床聽棹歌芳草不歸支遁寉白沙惟見右軍鵝人家隱隱連桑梓僧梵悠悠出薜蘿今夜湖中好明月相思其奈故人何（明劉基詩）君山洞庭隔江水彭蠡無風高浪起明窓曉晴圖畫開輿入湘湖三百里浙江兩岸山縱横湘湖碧繞越王城越王城荒陵谷在古樹落日長烟平遊子天寒孤棹遠七十二溪飛雪滿浩歌不見濯纓人沙寉野猿相對晚湖東雲氣通蓬萊我欲從之歸去來蛟龍塞川陸有虎兩臂無力令人哀（魏驥詩）百里周圍汪渺茫龜山遺愛許誰忘水能蓄潦容千澗旱足分流達九鄉荇帶

荷盤從取市蓴羹芡實任求嘗邑侯鄉老休輕視
圩岸時須督有方（府訓導戴冠詩）永興地瀕海浙
東一津隘中有百里湖風激水淘汰修築本龜山
其功亦允大灌溉資九鄉東西雜溝澮蓄洩無旱
潦田野多滯穗豈但足衣食子孫亦多賴維時秋
漸深霜降水痕退魚遊青鏡中鴈落長汀外斜陽
蕩微波萬頃金鎖碎田家酒初熟倚岸出青旆風
景如此佳水利未應廢湖上龜山祠居民時酹拜
誰能繼前修賴有文靖輩（鄒漁詩）湘湖蓴葉大于
錢千頃鷗波可放船一曲竹枝歌未了水禽飛散
夕陽天（郡守戴琥詩）湖上春風雨乍晴湖中風景
最關情雲山掩映尚書墓石磴縈迴覇主城二十
四塘春水足一千餘頃晚禾成循環導引均施利
石刻先賢有法程（邑令蔣星煒詩）草碧蘆肥浪自
輕刺桐花滿叫春鶯客從畫裏兼碁酒雲付遊心
雨復晴天外勞人西子黛空山弔古越王城摘來
蓴菜香如許敢
笑西湖漫得名

落星湖在縣西二十三里屬夏孝鄉周二十里溉田一百餘頃

舊志云後漢漢安二年星隕湖中久廢今夏孝鄉有落星坂

白馬湖在縣西三十里周二十五里溉田百頃舊有石姥

祠又名石姥湖

淨林湖在縣南十里一名杜湖周一十里溉田五十餘頃

瓜瀝湖在縣東四十五里屬鳳儀鄉一名臨江湖周五里今爲田

童湖在縣東四十里紹定間資利寺僧議作田一頃一十餘畝

牧馬湖在縣東四十里溉龕山村田二十頃

女陂湖在縣南二十里屬來蘇鄉一名孔湖溉田二百餘畝

鷹市湖在縣南十五里周三里溉田三百畝

通濟湖在縣南三十里屬苧蘿鄉周一十里溉田一萬畝

清霖湖在縣南二十五里

周家湖在縣南三十里周五里溉田六十九頃二十七畝五分二釐廢久嘉靖間里民王宸呈議令林策始改正之

楊家湖在縣南五十五里屬孝弟鄉周二里溉田八十五畝

桃湖在縣南六十里今爲田三千畝屬桃源鄉

大小湖在縣南六十里周九里溉田九頃

干湖在縣南六十里一名游湖周二里溉田二頃六十畝

徐安正湖在縣西四十里屬長興鄉周一十五里溉田三十頃

詹家湖在縣西二十五里周二里溉田五百畝

梓湖在縣西三十五里湖二十二畝溉田九十六畝

澇湖在縣東十五里其灘淺遇淫雨旋溢旋退屬由化鄉

卸湖在縣西三十里屬新義鄉周二里溉田一百五十畝

戚家湖在縣西三十里與湘湖接一名莊湖墾田二百餘畝

後山湖在縣東南二十七里今屬山陰縣　馬社湖在縣東南二十五里今屬山陰

西陵湖水經注西陵湖亦謂之西城湖湖西有湖城山東有夏架山湖水上承妖皐溪而下注浙江

又經永興縣南按新舊二志皆不收此瀆而府志採入必有所據然詢之耆舊莫知所在錄之以俟參考

溪州口溪在縣西南九十里

夏家溪在縣西南六十里

溪口溪在縣西南六十五里即州口溪分流

潭蘇家潭在縣南一百五十步俗名兵池本邑有大役劇船皆泊于此

池荷花池在縣北一里北幹山之麓

瀆祖瀆水經注浙江又東逕祖塘謂之祖瀆昔太守王朗拒孫策于固陵策數戰不利孫靜果說策曰朗負阻守難可卒拔祖瀆去此數十里是要道也若從此出攻其無備破之必矣策從之破于固陵祖瀆今無所見姑存其名以俟考

形勝 附景致

會稽佳山水王羲之傳西瞰浙江潮汐之雄放東攬會稽巖壑之奇秀倪淵儒學記越山近自湘湖分布而出若星離綺錯于會稽之陸而浙江則波濤洶湧潰潬汗漫兩山亭記青巖交暎夢筆橋記揖秦望爲後蔽聳天日爲前屏兩山亭賦爲東藩之喉舌兩山亭賦險據錢塘利

開湘湖北幹明月佳山青蕖紹興府志

景致舊凡八題曰湘湖雲影曰海門潮勢曰北嶺烟光曰西山月色曰祇寺霜鐘曰樵樓曉角曰漁

浦漁歌曰樂丘埋玉乃魏文靖之墓山正德改元
纂修者擬改亦八題曰湘湖雲影曰羅刹潮聲曰
書院遺香曰文峯拱秀曰北幹松風曰西村梅雨
曰清江月色曰漁浦烟光

蕭山縣志卷五終

蕭山縣誌卷六

文林郎知蕭山縣事鄒　勷
文林郎知蕭山縣事劉　儼　重修
邑文學蔡時敏
蔡含生　編較
張崇文重纂

古蹟志

嘗登龜山先生祠因陟淨土之巔詢所謂望湖亭則荒基漫漶不可識過秦君里徒沿其名宅竟不知何所若吳越兩山亭僅傳碑記詩歌而已今安在哉不禁低回久之嗟夫其人已往其跡已陳而

遊茲土者猶繫思若此豈非地以人重也哉

越王臺在城山唐李白詩西陵遶越臺

沆江樓在西興渡口久廢明弘治十年知縣鄒魯重建改名鎮海樓唐司空曙九日登高詩家九日憐芳菊逐客登高賦浙江漁浦浪花搖素壁西陵樹色入秋窗木奴向熟懸金實桑落新開瀉玉缸四子醉時爭講德笑論黃霸屈為邦明王益詩蘭芷浮香淑景暄畫欄高倚看朝暾烟邊綠樹分羅刹浪裏青山是海門別嶠重遮勾踐國春江曲抱苧蘿村登臨自喜添詩興幾度臨風倒玉樽張昺高詩獨上驛南樓憑高散旅愁江山幾陳迹天地一浮漚且復簪黃菊何須歎白頭長歌少陵句詩思滿滄洲又旭日動滄溟樓南曙色明烟霞千嶂合鐘鼓半空鳴天濶淮山迥雲連越樹平凭高屢回首不盡望鄉情王守仁詩越嶠

西來此閣橫隔波烟樹見吳城春江巨浪兼天湧斜日孤雲傍雨晴塵海茫茫眞斷梗故人落落已殘星年來出處嗟無影相見休教白髮生

吳越兩山亭在北幹山玉頂峯宋景德四年令杜守一建題曰知稼亭元令尹性修之改今名尋廢明嘉靖十七年令蕭敬德重建十八年郡判周表題成之今廢爲四望臺元國子助教貝廷臣記蕭山嘗刱于兵吏于士者率傳視州縣無堅守意官舍民廬壞而弗治尹侯本中始至德刑並施安輯流亡歲登時和疆場既固百廢俱興乃築亭于北幹山巔以爲泄煩宣滯之所題曰吳越兩山亭蓋自天目而來其支別爲岸江之山凡屬于吳者飛舞欄楯之外自秦望而來其支別爲岸海之山凡屬于越者環繞窓戶之間攢峯疊嶂重岡

復嶺或起而伏或斷而續大者如宗卑者如介靡
者如奔隆者如矗缺者如鑿銳者如削旋者如顧
拱者如揖出奇獻秀戟列筆立不可具狀者之紀
載越之始封北至禦兒則錢塘亦越也吳勝越而
取之然吳卒爲越擒越卒爲楚擒皆不能有其地
慨想夫大禹之勤太伯之讓高風偉績炳然在宇
宙而不滅者如彼後之人顛覆而不祀者又如此
悲夫今侯以鳴琴之暇登斯亭也豈將覽兩山以
寓懷古之思而已耶其亦觀山之不遷也思固其
守觀山之峻而極于天思崇其業觀其出雲而雨
六合思溥其澤於民其庶幾乎提學楊維禎記按
古吳越東南百粤之國皆在斗牛分野淮海之間
爲吳分自豫章東至會稽南逾嶺徼爲越分又按
夫差增越封東句甬西檇李南姑末北平原縱橫
八百里悉以屬越後越并吳則兼有其地六世無
彊楚威王盡取吳故地考烈王以吳封其國相春
申君秦併天下以吳越地爲會稽郡項羽封英布
九江王漢淮南封王子長及兒子濞以上三國盡

揚州之地吳與會稽皆在封域中至東漢永建間始以浙江西爲吳郡以東爲會稽郡今所名吳越兩山僅以浙東西者言之耳否則古吳越際齊楚而跨島蠻者亭之目力能窮而盡之乎若試與尹大夫談若名山於吳越者東眺塗山神禹氏走諸侯之玉帛而猶有刑塘以誅者何乎惡不可以化率乎宛委遁閣之秘今亦有元彝使者之獻而百川可理者乎苗爲祖龍望蓬萊之所其鞭石以駕海者亦可以威力迫之乎東山晉文靖公之故居小草一出微幼度八公草木之捷其能保江東正朔不繫秦乎西眺姑胥臺高見三百里而猶不見淺肅之兵在來溪乎施旦禍水果能沼吳之國乎陽山食櫓偷生比常膽食蕺者何如也石鼓鳴嘿以卜兵兆孫恩之亂其果誰兆乎包山石室之藏孔子決之爲禹文聖人之言亦不輕以詔人乎窮窿秦魚吏托赤松子之蟬蛻吾將訪張留侯之所從者尚可得而延之乎龍飛鳳舞之形勝霸有十三州者未足以應之而衆於炎運百五十年文物

之盛者其遂衰歇已乎是皆吾慨古君子之所遇
者吾觀尹大夫登覽之餘見於笑詠頗有感慨悲
歌之風吾與時過越憇亭相與釃酒賦詩其於兩
山悠然而得愀然而感者有以告我〔始豐徐一夔
記〕瀕浙而縣者東有蕭山西有錢塘按地輿志二
邑皆古越地自漢順帝肇置吳郡限以浙水錢塘
入焉後之人遂指浙以東爲越以西爲吳而自唐
以來騷人墨客率稱二邑之山爲吳山越山云吳
山則遠自天目飛馳而下若龍驤鳳翥於虎林之
區越山則近自湘湖分布而出若星離綺錯於會
稽之陸而浙江則波濤洶湧濆潬汗漫風驅浪船
上下若雲沙興水馬往來若螘而界乎兩山之間
夫天下山川之勢惟浙之東與江之南北相彷彿
故在茲山之杪以望浙西諸山而想五代錢氏之
保有南渡六帝之偏安亦猶行乎淮甸而望江南
諸山見鍾阜之岩嶤石城之嶄絕而想六朝之迭
王南唐之竊據也今也浙之東西雖殘山剩水無
向時清蹕之可玩然幸猶在天目照臨之末彼江

之南北方汨没于黃塵黑霧尚廓清之未覩志士仁人能不扼腕于斯乎明邑人田惟祜重建兩山亭記吳越兩山亭詳載邑志當時文人名士若楊廉夫貝廷臣徐一夔輩咸有詩文賦咏爲集行世歲久亭圮無能興復嘉靖丁酉歲邑尹太和蕭侯敬德考圖驗蹟力興復之仍扁曰吳越兩山亭工甫就而蕭侯去任府判太倉周表來署縣事時巡按御史傅公鳳翔臨縣駐節登山憩息亭中遐覽縱觀吳越山川舉在目睫謂斯亭據奇絕之境誠爲浙東勝槩第亭隘不足以容衆乃命周倅於亭後隙地樹屋三間以便行庖以休從人適郡守湯公紹恩偕二守孫公全推官周公鳳岐來縣樂觀厥成聯輿登覽因諏知立亭之始湯公乃書知依之扁于亭蓋緣知稼之義謂稼穡民之所依也元薩天錫詩幹山孤亭據磐石老我凭高興無極長松參天凝黛色空翠滿山如雨滴長江中斷海門闊兩岸連峯排劍戟或蟠卧龍形或鼓丹鳳翼仙乘縹緲東海東徐福樓船竟何益採藥人已陳聯

玉土有赤四海混一車書同形勝何須限南北吁
嗟霸業今誰在吳山越山長不改〔張憲詩〕浙江潮
汐界吳越兩岸青山如剪截會稽南去遠莫探天
目西來青不絕壺瓶塔下認宋陵玉笥峯前尋禹
穴千巖萬壑競秀麗鳳舞龍飛幾盤折勾踐嘗膽
於越强夫差棲面勾吳滅四世莫羨錢鏐雄一敗
徒嗟董昌劣纔聞彌遠勢薰天又見似道炙手熱
畫棟朱簾府第開瓊樓碧瓦宮庭列烟霞倏忽人
事異風水遷移時運竭氣數或與興與廢關形勢不
因成敗別變化滄溟山吐嵐消磨宇宙潮奔雪倚
檻凌空精爽飛捫蘿弔古肝腸裂柱杖曉來東眺
雲吹笙夜落西陵月天道無窮酒盞空人生幾何
屐齒折鬬鰲不補天柱傾煉石難填海門缺鄉人
秉筆固有情令尹作亭豈無說〔劉宣詩〕朝挹東山
雲暮看西山雨孤亭在中央相對如賓主矯矯卧
龍蟠軒軒飛鳳舞樹影各參差嵐光互吞吐吁嗟
吳越亡于今已千古不悟抉目忠詎知嘗膽苦登
臨撫陳迹淒涼與誰語白鳥烟中來長歌下山去

明高啓詩憶昔看山吳越遊酒酣鼓棹江中流左招舞鳳來百里右顧臥龍橫半州崢嶸兩勢不相下氣翳淨掃當高秋文身鳥啄昔分處有國本是東諸侯區區仁暴固無異朝吞暮併山應羞不知千載竟誰主霸氣倏與飛烟收邇來此地有兵甲風景頗似當年愁黃雲蔽天道路遠我欲再尋應無由聞君作亭壓此境坐獲衆勝非窮搜江長不隔飛鳥渡峯多欲障斜陽留廢興自古屬造化登臨未須生百憂但當矯首望東海一杯笑舉邀浮丘陳世昌詩亭南徑曲山之巔無數青山水眼前江流忽作地中斷海門直與天相連風帆颯颯暮潮裏烟樹漠漠春城邊無窮勝賞自多趣千載世事徒茫然山陰蔡宗兗詩兩岸江山誰領略入窓風月復裁成東驅陣馬簷前駐西駕羣龍海上行帆去帆來天地影潮生潮落古今情

高明境界年年在若個登臨一樣清

取石亭 梁會稽郡丞江革在官惟資公俸不納贈遺徵拜都官尚書還所乘舟輕易蕩江行

不得安臥乃取西陵岸石十餘片以實之後人梠其清風構亭于江岸曰取石亭設主祀之

麗句亭唐處士秦系所作在秦君里唐戴叔倫贈詩北人歸欲盡猶自住蕭山閉戶不曾出詩名滿世間

會景亭在溪口寺宋范仲淹詩求取會稽藏拙地白雲深處亦行春吳處厚詩會景亭高石作層

臨江亭舊在西興鎮久廢正德末知縣伍希周裁華稅課局更建今改爲河陽館又廢

望湖亭在淨土山今廢

莊亭今改爲西興驛舊題曰莊亭古蹟相傳以爲西施于此齋沐莊整而入吳不知唐人樟亭

驛題詩甚多在西岸今以此驛當之又訛爲莊

江聲草堂在西興鎮（元薩天錫詩）下居西陵下門臨大江皐江聲自朝夕豈獨喧波濤海潮作波浪山嶽俱動搖海潮有時息逝水去無極驚風吹浪花噴濺射崖壁萬籟俱澄心何必絲竹音月明歌水調驚起蛟龍吟

蜀山草堂今不知何在（元薩天錫詩）蜀山秀東國華山分蛾眉人傳西極來萬里如龍飛根盤大江曲終古不復移之子結茅屋開軒當翠微流水穿澗道白雲遶巖扉松葉釀我酒吉貝爲我衣山鳥或勸飲木客同吟詩造化縱前定榮名不可期終焉望嘉遯採藥復採芝

許詢園在北幹山下一云在蕭山舊志云詢嘗登永興縣西山築室其上蕭然自放乃號其岫爲蕭山詢詩蕭條北幹園（宋

王十朋會稽風俗賦云北幹隱兮明月在（徐天祐
詩）高樓不受崔書招北幹家園久寂寥明月空懷
人姓許故山
猶是岫名蕭

許徵士宅 今爲祇園寺
在城內清風坊劉眞長曰清風
明月輒思元度

江文通宅 捨爲覺苑寺今人猶謂之江寺在縣東
北百三十步（明江應軫詩）濱江十里文
通宅江上潮聲日夜哀彩筆已隨春蝶化遺文空
對野花開山川秀色誰應主宇宙閒身我亦來莫
怪風流憐宋玉夕
陽千古一荒臺

秦君宅 唐詩人秦系所寓（明楊得中詩）憶昔秦隱
士養聯在茲丘品題數百紙咸寓廡廊憂
人亡宅久廢尚有高名留
出生寄寥廓擾擾胡爲謀

荷擔僧宅在來蘇鄉今雲門寺相傳即其宅　厲大資宅在許賢鄉
張家府宋理宗勑建駙馬張復初第
宋王綵發地得一小青石板甚薄上刻詩三首入分小字甚工妙詩曰搖漾越江春相將采白蘋歸時不覺晚出浦月隨人又曰乘曉南湖去參差疊浪痕前洲在何處孤恨與誰論又曰家寄征河岸征人久遠遊不如潮有信每日到沙頭蓋唐人詩也見嘉泰志又有掘地得石刻爲詩四句曰疎散難成事風流不立身謹言終少禍儉用省求人蓋

古人堂中戒石也

交輝樓 在北山任長者舊宅永嘉高明寓此編琵琶記夜闌至賞夏齣燭輝兩合如虹橋因名交輝樓劉伯溫有記山上有石伯溫題曰邀月

怡怡山堂 又名蕭然山堂爲任長者別墅在北山劉伯溫基王子充禕多寓此皆有記

棣蕚軒 在招賢坊包家巷包大同舊宅大同兄弟五人在明初皆登仕籍劉伯溫爲作棣蕚軒記載文籍

御書樓 在通闤坊御史何善宅善當正統時受命清理鹽鈔暨見辭以本省上乃賜省親二字命兼理事善歸因建樓供二字于上名御書樓

桂香書屋 在縣西張幹山宅狀元費宏有記後幹山孫藎試皆登進士明經文學奕世尚盛

裕軒 王國言所築向在槐源白鹿山下

怡怡山堂記曰怡怡山堂者任君伯大兄弟別業之所也任君居越之蕭山家世讀書父母俱慶年

過七十而伯大亦年五十有餘矣乃以二親之命預卜塋地于北幹山之陽去郭四五里室其旁以爲遊息之地所謂怡怡山堂是也背崖面崗右廻左環泉木扶疎修篁迎風前遮平疇夏麥秋禾芃芃離離遥望越山觿若遊龍帶以長渠舟楫通焉匯以清池石泉瀉焉聽之泠泠如筑如琴赤鱗之魚汎濫藻荇憩之沉沉泳之熙熙景與心融莫知其疲於是天清日明二老乃泛輕舟乘板輿從以諸孫斑裳彩衣徜徉乎其中不知其忘晨昏而樂以永年也雖然此特其娱于外者也人徒見伯大之以是奉其親而親誠悅之謂悅親之道惟在是矣而不知伯大之兄弟友愛篤于心無間于家人之言以能稱父母之所願欲而父母無不悅者又何俟于此哉伯大之子原禮與余善邀予遊而請名其堂我故究其本而以怡怡山堂名之孔子曰兄弟怡怡詩曰兄弟既翕和樂且耽宜爾室家樂爾妻孥孔子讀而贊之曰父母其順矣乎宜兄宜弟事親之本也請以是而揭諸堂以示任氏之子

孫罕知其祖父家法之所自而則之倣之以世其德于無窮庶不爲無益而有助矣括蒼劉基撰

〔棣蕚軒記〕曰至正十四年春二月予以事至蕭山過故人包與與善留舍於其棣蕚之軒明日余還居越無何與善以書來言曰大同之先舊爲山陰人今徙家蕭山三世矣先人一身無兄弟而大同之兄弟五人先人因以棣蕚名其軒且卒遺命無負吾所以命名之意願先生爲我記之按棣蕚之義出自小雅周公不幸遭管蔡之變故作常棣之詩極天下之人情以致儆于世之爲兄弟者今包君之命其軒不亦遠哉夫兄弟一氣之分也兄弟不親亂之本也雖有室家將焉保之先王之教不行此義不明於人心久矣血氣之欲流爲忿爭簞食豆羹不能相讓由是干戈尋於門庭鬬鬩作于户牖然後手足化爲豺狼而人道絶矣夫父母之生子無不願其人人冒且臧也父母没而兄與弟不相容死者之目其不瞑於地下矣包氏兄弟能無忘其先人取詩人之旨而服膺焉去其所戒而敦

其所觀使祖考慰于上而子孫法于下吾見其他澤之未艾而方隆也昔者湯以日新銘其盤武王以敬義書其几杖器用朝夕見之以啓其心廸其德學聖人者師焉然則斯軒之扁當無愧于古人矣吾子朂哉劉伯溫基撰

〔桂香書屋記曰〕維揚衛侯張幹山有桂香書屋請余記夫桂異種香不凡世謂月桂高五百丈吳剛隨所斫隨合此荒唐說君子所不道也然古今上取科目者以之自擬理或然與昔竇諫議子稱五桂雖行善之報要亦學問中來幹山清秀氣宇岐嶷特出且與此桂相宜藏修遊息左右簡編殆弗能捨也時乎秋色平分天香滿屋香透卷書書含香氣香書體幽分外氤氳人知桂之有香而不知書之有香知書之有香而不知衣冠廬舍身心表裏無適而非是香若幹山者上有所傳下有所授他日嗣續名桂香之籍登天府之榮以所修者由家而國則聲名洋溢而香散天下矣何竇氏之多讓哉明狀元費宏撰

浙江固陵越王勾踐五年五月與大夫種范蠡入臣於吳群臣皆送至浙江之上臨水祖道軍陳固陵大夫種爲詞祝曰皇天祐助前沈後揚禍爲德根憂爲福堂威人者滅服從者昌王離牵致其後無殃君臣生離感動上皇衆夫悲哀莫不感傷臣請薄脯行酒二觴越王仰天嘆息舉杯垂涕默無所言種復祝之曰大王德壽無疆無極乾坤受靈神祇輔翼我王厚之祉祐在側德消百殃利受其福去彼吳庭來歸越國

孔靈符於永興立墅周廻三十三里水陸地二百六十五頃含帶二山又有果園九處見南史今莫知所在然所謂含帶二山則惟今湘湖有之及連山之陰冠山白馬湖一帶耳

黃嶺巖下貞女三鎮在長山鄉唐劉漢宏分兵據守之地錢武肅王將八都兵

自富春擊之漢宏退去尋滅

之置守至錢俶納土乃罷

蕭山縣誌卷六終

蕭山縣志卷七

文林郎知蕭山縣事鄒勷
文林郎知蕭山縣事劉儼　重修

邑文學張沛祥
張崇文　編較

物產志

蕭固會稽屬也詎必南金竹箭之所自出卽凡一花一木一蔬一果足以養人而利用者夫孰非地之良天之所鍾而顧薄其微末也而弗志歟

穀之屬五十日稻（四月種六月熟）　金成稻（俗呼早稻四月種七月熟米尖

長性硬　黃稑稻六月種八月熟　早色稻米圓白　銀杏白味香甘粒圓雪白稻品最高者　早晚白粒白　晚白稻　香杭氣香色斑粒細　烏嘴　老烏稻老則稃烏米不甚白稻品之最下者　羊鬚白芒長故名以上八種俱五月種九月熟　廣秈五月種九月前熟色有純白純紅紅白相間三種　上係杭稻宜炊

是陳糯四月種七月熟粒細　青稈糯四月種九月熟宜良田稃黃芒赤已熟而稃微青　臙脂糯稃紅粒白　白殼糯　細稈糯　瘦八尺雖瘠土而苗亦甚長　羊鬚糯　泥裏變以易晒故名　老少年熟則色紅故名　凹殼糯　蒲萄糯色似蒲萄故名以上九種俱五月種

九月熟 上條秫稻宜釀

麥之屬大麥毛光三種處暑下種十月熟喜霧畏霜 小麥俱冬間下種次年四月熟 蕎麥三稜而赤

荳之屬黃荳 赤荳 白荳 黑荳 褐荳 青珠荳 蠶荳又名羅漢荳 豌荳俗名眞蠶荳 刀荳莢長盈尺而厚形似刀醬食之甚佳 江荳莢長尺餘而軟俗呼裙帶荳短者曰短江荳夏月熟俱可連莢蒸食 虎瓜荳 羊眼荳即扁荳 飯荳 虎斑荳

蔬之屬白菜八月種九月熟即本草名菘菜用甕醃之曰醃白菜晒乾貯甕內曰陳乾菜愈久愈美 油菜即芸臺菜其子可打油春初食其心最美俗謂之菜汞汞水銀也凡草大

莘有禾故曰禾貢而上鉛沿而下冬〻十月種至四月收子

芥菜 有黃黑白細葉數種春冬〻俱有赤可醃藏禾長幹肥者不甚佳又一種名百箭芥矮小味極佳美

菠菜 種來菠稜國故名北人謂之赤根菜連根煮與子有刺

蒿菜 薤菜 蕹菜

莧菜 葉間有水銀

甜菜 有冬〻夏二種

茄 一名落蘇紫白花紅三色

葱 蒜 蘿蔔 又名盧菔苗亦可食下子而初起者爲佳葉細碎而根黃赤者曰胡蘿蔔

韭 薑 芋艿 黃芽菜 味極美 筍 茨°菇

果之屬楊梅 有椄種大而味佳有草種細而味酸色深紫出湘湖諸塢者爲勝又名線梅有紋隆隆如線故名實大而核小人多漬以糖或鹽爲案酒方其味甚熟以火燻之名楊梅乾味極佳盛時好事者以小舫往遊因置酒舟中楊梅與樽罍相間足爲奇觀又以雀眼竹筐盛貯爲遺道路

相望識者以爲唐人所稱荔枝筐不過如此北果品第一

梨　石榴　櫻桃　出夏孝鄉蕭山舊有櫻桃貢民甚苦之明正統間遣中使摘取多索常例知縣蘊琳抗不與遂與中使相格械至京蘊備言中使之擾害英宗薄責之令還職蘇曰臣甘受責但使櫻桃復貢蕭民死過半矣遂免貢宋宦者董清臣爲供奉官每櫻桃宴即于未出時遣人往越州買得百顆奏曰請賞櫻桃可知越州櫻桃美矣蕭山更勝他邑顆圓小色朱紅一二日即敗不可食楊梅亦然

梅子　李子　有五品曰鵝黃曰美人曰拏把曰清消曰麻葉夏至後與夏桃同熟

杏子　海杏實大梅杏實小

桃子　有五品夏桃五六月熟秋桃七月熟油桃實光匾桃其形匾雪桃至小雪後始熟味甚佳府志蕭山水蜜桃

柹　有三品綠柹方頂柹漆柹

棗子　有五品曰鹽官曰水團曰久蟲曰白滓曰馬矢惟鹽官最佳

橘子　綠橘未霜

時臍間一點先黃而其味已全蜜橘金匾橘金橘實小如彈丸味微酸其本高三尺許纍纍如金又癩頭橘 橙子 香櫞 柑子 蒲萄水晶紫色二種 栗子 銀杏俗呼白果 枇杷 天茘枝

瓜之屬 東瓜 西瓜出二都者最佳 南瓜 黃瓜 菜瓜 香瓜 絲瓜一名天蘿 甜瓜 蒲 葫蘆蒲

水之實 菱一名芰屈到嗜即此也說文楚謂之芰秦謂之薢茩武陵記四角三角曰芰兩角曰菱其花晝合宵炕隨月轉移猶葵之隨日也嘉泰志越人謂小者爲刺菱大者爲腰菱羅文菱今刺菱之呼猶昔而大者則曰大菱或曰老菱刺菱出湘湖夏晴最盛 芡實出湘湖 藕 葧臍又名地栗 茨菇 茭白本草名菰首嘉泰志謂之茭首蓋茭

心生臺至秋如小兒臂
其白如藕而軟美異常

溪毛之屬

蓴菜 出湘湖春盡夏初有之公安袁宏道曰蕭山櫻桃鷥鳥蓴菜皆知名而蓴尤美採西湖浸湘湖一宿然後美若浸他處更無味浸處亦無多地方圓僅得數十丈許其根如荇其葉微類初出水荷錢其枝如珊瑚而細又如鹿角菜其凍如冰如白膠輔枝葉間清液冷冷欲滴其味香粹柔滑略如魚髓蟹脂而清輕遠勝半日而味變一日而味盡比之荔枝尤覺嬌脆矣其品可以寵蓮嬖藕無得當者惟花中之蘭果中之楊梅可與類作配耳惜乎此物東不踰紹西不過錢唐江不能遠去以故世無知者余往仕吳問吳人張翰蓴作何狀吳人無以對果若爾季鷹棄官不爲折本矣然蓴以春暮生入夏數日而盡秋風鱸魚將無非是抑千里湖中别有一種蓴耶

荇菜 似蓴所結子爛煮之味甘

黄花菜 如蜜蒲人多不知此味

青木香
十大功勞
桑寄生
槐米
夏枯艸
淡竹葉

藥之屬白朮　茯苓　膽南星　芍藥　木瓜　半夏　枳殼　枳實　槐角　香薷　紫蘇　薄荷　蒲黃　扁豆　栝蔞　木鱉　香附　枸杞　陳皮　茱萸　青木香　天南星　蒼耳子　車前子　葶藶子　鼠黏子　草蔴子　地骨皮　五加皮　桑白皮　黑牽牛　何首烏　天花粉　金銀花　益母草　山梔子　桑螵蛸　露蜂房

木之屬桑葉可養蠶其木紋理縝密而黃色可愛堪爲器具　松　栢葉亦可以養蠶　柏渾側二種又有一片如手掌者名手掌栢東方朔曰柏者鬼之廷也故墓前多樹栢

檜　楢　椿其芽清香可食　檀　槐　樟酉陽雜俎江東人以樟爲船　梓即豫章樹又冬　桐　楦　楓　栗　楊柳易生亦易長有垂絲者婀娜可愛水邊多植之清明日各家門前插柳　橘　橙　冬青一名蠟樹又名萬年枝　黃楊　櫻　香槤　烏柏其葉至霜降後紅色可愛　木樨　銀杏俗名白果不華而實或云夜半一華即歛　虎茨白花紅子而于性甚堅嚴冬雪不能敗至百年止高二三尺

竹之屬

黃竹昔范蠡過蕭山遺馬箠焉後生筍爲林竹色皆黃　紫竹　桃枝竹　斑竹即吳地稱湘妃竹其斑如淚痕　鳳尾竹　苦竹筍味苦不堪食可爲紙但堪作寓錢耳　青竹　毛竹　早竹　石竹

美人蕉
玉蘭花
翠蛾眉
夜合花
玫瑰花
鬧楊花

金竹　慈竹冬月筍生竹外繞其母故又名孝竹又名王祥竹叢生於地

花之屬桂花　梅花　蘭花　牡丹花　芍藥花

芙蓉花　桃花　李花　粉團花　薝蔔花　玉蘭花　臘梅花　木香花有數種惟白花者爲最香馥清濫高架萬條坐若香雪　海棠花　薔薇花黃白雜色別有一種黃色者其葉稍異

紫荊花　百合花　紫薇花即百日紅　荷花　菊花種類甚多　山茶花　寶珠花　石榴花　山梔花

杏花　洛陽花　葵花有錦葵蜀葵秋葵向日葵數種秋葵色蜜心紫其花用香油浸之可搽湯炮火燒立效　罌粟花紅紫白數種其苗可食子亦可食性大熱

鳳仙花 紅白紫數種宋詩謂之金鳳花慈懿李后之生也有鸑鷟下儀之瑞小名鳳娘迨正位坤極六宮避諱稱曰好女兒花其花可以染指甲爲紅色古有紅指甲詩云一點愁凝鸚鵡喙十分春上牡丹芽嬌彈粉淚拋紅豆戲掐花枝鏤絳霞蓋美之也白花可浸燒酒逾夜酒紅其種甚賤易生

映山紅花 二三月滿山俱是故名

萱花 即宜男草一名鹿蔥花單瓣紅者可食色蜜者清香異常故名香萱

十姊妹花 花小而一蓓數花故名一蓓中分紅白紫淡紫四色楊孟載詩云紅羅鬬結同心小七莖參差弄春曉盡是東風兒女魂蛾眉一樣春螺掃三妹娉婷四妹嬌綠窗虛度可憐宵八姨秦虢休相妬腸斷江東大小喬

月月紅

萬紫千紅花

木棉花 爲邑之大出產因何不載

草之屬

燈心草 出黃門橋

莞草 可織蓆

茗草 可爲箒

金

線草　吉祥草不拘水土石土俱可種惟得水爲佳花紫蓓生然不易開如家居種之有花似於吉祥耳故名　莎草可以爲簑衣歲歲繁滋其根爲香附子沿沙地方所生惟灶戸得有其利　茅草　蒲草可以爲履亦可以爲屩　石菖蒲生石上節殊密今人以拳石或沙中種之爲几案之玩古人謂之蘭蓀能收火毒清目四五月亦作小叢花也　菖蒲　艾　老少年　十樣錦　雁來黃　芭蕉　鰨癢草　佩蘭草

蕭山縣志卷七終

蕭山縣志卷八

文林郎知蕭山縣事鄒　勷
文林郎知蕭山縣事劉　儼　重修
邑文學　張沛祥
　　　　張崇文　編校

風俗志

舊志稱邑風俗在淳漓之介因傷其日微嗟乎此百年以前之蕭也至今日而更微矣曩之患惡少蕩民家之產今民家之堪爲蕩者幾何也曩之患輿皂薄衿履弗憚今衿履之不自薄者幾何也至

童子試有司而競進貧者逋租負而反脅制其主訐詐成風江河之勢吾不知其伊胡底也若其防遏之使不流維挽之使漸返非官師之涵育與鄉士大夫之表帥將誰屬耶

風俗以舟楫爲車馬越絕書不以奢侈華麗爲事會稽志其君子質直而拙于奔競其小人愿慤而安于勞苦市井之民多便慧而或失之詐鄉遂之民多簡實而或失之愚依山之民尚氣而失之競依水之民尚謀而失之訐東土之民多敦朴而或失之鄙

瀕西土之民多缛禮而或失之虛文治生惟務稼
穡而少營商賈聯姻或尚門第而亦重財貨服舍
器用不務工巧宫室編民不自懸别好品藻而善
譏評喜生事而信浮説
歲時重物節（迎春日）競看土牛老稚集于街衢戶
以米粟撒于芒神土牛之身以祈豐稔（元日）邑人
無貴賤貧富潔衣服廳宇設供養焚楮幣拜天地
祖宗少長序拜各相祈祝畢然後出拜神廟先隴
及親族鄰里往來施報設餚饌以相邀飲（上元）邑

市通衢采松竹結棚張燈十三日試燈十八日收燈行遊五日而罷不能如此皆以爲不豐之兆清明是日插柳于門家家備牲醴掃墳祭畢燕飲而歸三月二十八日俗傳爲東嶽神誕辰蒙山有東嶽行祠先數日長幼男女樓船載簫鼓至祠拜禱歸船遊飲至二十八日乃止四月八日浮屠浴佛匄家施米穀端午是日家供艾及菖蒲于香案或懸艾人艾虎于門以祓除不祥親戚以角黍禮物相餽午時殺牲以祭磨雄黄切菖蒲黍角泛飲大

小胥慶女子以繭作龍虎少長皆佩之欲如龍虎之健見女輩綵索纏臂草粽繡符綴衣長者簪艾葉榴花以辟邪立夏忌坐門限謂不利於脚夏至各供茶曰夏至茶七夕爲乞巧會十五日僧舍各營齋供舉村薦亡作盂蘭盆會謂之鬼節小兒壘磚瓦作浮屠塔燃燈于中旋遶而戲中秋好事者具燕邀朋賞月潮會十八日少長男女攜酒餚作觀潮會重陽登高冬至各家用糯米粉麥麪裹肉餡相遺殺牲以祭祭畢而燕十二月二十四日俗

謂之臘月念四侵晨掃屋塵是夜男祀竈女子不至祀用糖糕以竈神言人過于天帝取膠牙之意名曰送竈至除夜復祀之曰接竈除夜換桃符以采箋書聯句以貼于門柱曰春帖以見除舊布新之意至夕爆竹各燃火爐于門外焰高者喜古謂之籸盆祀先設席少長男婦同飲曰分歲酒夜分起爆竹祀瘟神一歲風俗大畧如此

農家清明日始浸種穀雨撒種小滿始插秧較之山會特遲大率避水澇故也

邑距郡不滿百里過省僅隔一江諸詞訟奔控者
地處最便雖屢奉　上臺嚴禁而刁訟之徒每以
子虛烏有揑詞令沙日益以熾故輿地圖舊有好
訟言之説
冠禮不行久矣男子年十六以上垂髮總角長而
冠多於冬至或正旦加巾於首拜天地祖宗尊長
即是也
婚禮必用媒妁采聘必用實幣娶而成禮必用擯
相拜花燭牽紅纏席坐床合巹撤帳挑兜皆俗習

也女行時母屬皆哭而送之貧者較裝奩故有生女而不舉者相傳舊多山魈每遇娶婦羣聚奪去故用紅羅大袖以厭之今相沿成俗喪儀多具鼓樂齋酒以燕吊者備物洗洪則以爲能盡送死之道然亦各稱其家之有無富而不行者則誚之祭禮歲時設饌于中堂長者在前歷序亡者私謚子弟羅拜于下雖初喪亦行獻祝俗尚鬼多淫祀徼福浮屠道場雖士大夫家亦用之近有臺戲賽神願禁而未革

會稽志曰夫人之身有瘤也俗亦有瘤俗之瘤則

有丐丐以戶籍不知其所始相傳爲宋罪俘之遺故擯之名墮民丐自言則曰宋將焦光瓚部落以叛宋投金故被斥其內外率習汚賤無賴男子每候婚喪家或正旦則羣索酒食婦則習嫖或伴良家新娶婦又爲婦貿便覓竊攘尤善爲游言亂是非間人骨肉四民中居業不得占彼所業民亦絕不冐之男業捕蛙賣餳拘竹燈架編機扣塑土牛土偶打夜胡方言跳鬼女則爲人家拘鬟髻梳髮爲髢髻走市巷兼便所就四民中所籍彼不得籍彼所籍民亦絕不入籍曰丐戶卽有產不充糧里長亦禁其學四民中卽所常服彼亦不得服蓋四民向號曰是出於官特用以辱且别之者也舊志帽以狗頭裙以横布不長衫扁其門

以丐而籍與業至於今不亂服則稍僭而亂矣其詳載別賤錄丐以民擯已若是甚也亦競盟其黨以相訟僥必勝於民官兹土者知之則右民偶不及知則亦時左民民恥之務以所沿之俗聞必右而後已於是丐之盟其黨以求右民者滋益甚故曰丐者俗之瘤也雖然瘤卒自外於常膚也則瘤之也宜苟瘤者肯自咎曰我今且受藥且圖自化爲常膚烏用必瘤而决之哉經不云乎人而不仁疾之已甚亂也

蕭山縣志卷九

文林郎知蕭山縣事鄒勷　重修
文林郎知蕭山縣事劉儼
邑文學張沛祥　張崇文　編較

災祥志

春秋凡遇災則書之所以恤民隱議禳救以是爲天之譴告而兢兢側省之是務也至後世乃流爲妖祥之說矣傳有曰天下無災害雖有賢者無以施其材蕭瀕羅災固亦賢者施材之地也是烏可

以不志

唐開元中士人韋知微選授越州蕭山令縣多山魈變幻百端無敢犯者前後官吏事之如神然終遭其害知微既至則究其窟穴廣備薪采伺候集聚因環薪縱火衆持兵刃焚殺殆盡而邑中累月蹤跡杜絕忽一日晨朝有客詣縣門車馬風塵僕馭憔悴投刺請謁曰蘭陵蕭慥知微初不疑慮卽延入上座談論笑謔敏辯無雙知微甚加顧重因授館休焉客乃謂知微曰僕途徑峽中收得猴雛智

能可玩敬以奉覘乃出懷中小盒開之而有獮猴
大纔如粟跳擲宛轉識解人情知微奇之因攜入
誇異于宅内獮猴于是騰躍踴駭化爲虎焉扃閉
不及兵仗靡加闔門皆爲啗噬靡有孑遺
宋淳熙七年大旱
咸淳六年海溢新林被虐爲甚岸址蕩無存者
元元統春天大雨雹壞官民廨舍
明洪武二十一年大風捍海塘壞潮抵於市
洪武三十二年大水

景泰七年五月大水

天順四年四月大水

成化七年風潮大作新林塘復壞

弘治初西興石塘外距江濵十里許皆阜土田園地墓相錯其間居民蓋巳相忘其後海濤西嚙日復日盡淪諸江至石塘而後止前此雖父老亦不知有此塘也

弘治十八年地大震

正德三年大旱歲饑

正德七年七月海溢瀕塘民溺死無算居亦無存者
正德十四年西江塘圮大水饑
正德十六年二月地大震
正德十六年元旦五鼓餘西北有星砉然有聲流注白光二三丈許如疋練至曉而沒
嘉靖元年西北塘復圮
嘉靖六年六月淫雨西江塘壞瀕塘民居咸漂失人畜多溺死平原皆成巨浸
嘉靖八年立秋日蝗飛入境

嘉靖十八年六月六日西江塘壞縣市可駕巨舟

大饑

嘉靖二十四年大旱斗米一錢六分民多疾疫死

者盈路

嘉靖三十七年訛言馬道士至男女戒備夜不敢寢

隆慶二年正月民間競傳將選宮女婚配畧盡

萬曆二年六月日正午儒學西南浜中水忽沸騰

高三丈許俄有物大如荷葉隨風旋轉直上九霄

莫究所歸

萬曆十三年五月大雨周老堰潰西江水入城市其勢不減嘉靖中

萬曆十五年八月霪雨至于十二月禾稼盡腐饑僅荐臻塩價頓高十倍往昔

萬曆十六年自正月逮五月霪雨麥復不登米價騰踊一斗一錢八分丐人死者接踵所在盈起官設粥以賑民競就食多臥于道疫痢大作十室九空

知縣劉會議賑申文畧曰自經春以來專理荒政將通縣饑民審係極貧者縣以內則分三等煮粥五十日食粥饑民每日計四千餘人縣以外則分鄉都煮粥四十日食粥饑民每日計一萬四

千餘人其次貧不食粥者又立平糶法勸諭各大戶輸米公所知縣親爲定價監糶每日各有簿記共糶過一萬餘石如米價一斗一錢七分者每斗減價四分計糶者四萬餘人每人約二斗五升是一人受一錢之惠也又細訪有眞不舉火者數千人仍給米數升顧煮粥平糶之外別無餘策甲職日夜所以拊心也

萬曆十六十七年疫癘大作邑無寧居死者相籍于道令劉會選醫置藥物療之差衆僧人往西郊掩胔骼日報致憫恤云

萬曆十七年六月初九日颶風大作海溢鹵潮灌沒沿江一帶田禾四萬餘畝拔木漂廬舍

萬曆二十六年五月居民賈大經竈前湧出鮮血高至尺許巡撫劉元霖以地方異變事奏聞

萬曆三十二年十月戌時地動門戶皆響

天啓三年十一月念二日申時地震有聲

天啓五年七月大旱田起黃埃井泉俱竭

天啓七年秋長河冠山之麓曰茅山一夕忽光氣揷天往覓其所有石壁明澈如鏡山川人物無不畢照踰月漸晦今石尚存時有觀覽者或以爲邑紳來公宗道入相之兆云

崇禎元年七月連雨念三日颶風大作拔樹倒屋酉刻海水驟溢從白洋瓜瀝而入漂沒廬舍田禾淹死人民念九日復大風雨撫按奏聞蕭山淹死人口共一萬七千二百餘口老稚婦女不在數內

崇禎十一年戊寅六月十一日飛蝗入境山鄉田禾顆粒無收十二年春夏皆有之

崇禎十四年正月大雪逾旬饑民至富家搶米城中擾亂邑令郝愈公議煮粥賑之分縣爲六區每區以紳衿二人主其事各坊饑民咸就本區領粥

縣捐俸米二十四石其餘區中富戶公輸閱三月方止二月許三殺子而食官立斃之三係下鄉人寓西門外望湖橋側縫皮爲業四月疫癘大作死者相籍于道五月大旱米價湧貴米每石三兩三錢大麥每石一兩五錢

崇禎十五年五月大水西江塘壞田禾淹沒六月十六日大雨三日江水復進如前重種不苗又淹沒無遺道府及山會知縣看塘督修

國朝順治三年五月大旱運河盡成赤地至十月大雨始可行舟鄉民煮樹皮爲食米價每石四兩

順治七年六七等都大荒邑令王吉人賑饑擇耆民領儲米分都賑濟

順治九年二月十四日四更地震

順治十一年四月初六日辰時地震有聲如雷是日又山鳴

順治十七年二月念四日午時大雷雹雨黑水十一月初十日地動念一日地動念八日地又動

康熙六年丁未蝗蟲

康熙七年六月十七日戌時地震三四刻門壁皆

嚮三十日亥時地震　地生白毛亦間有黑毛
康熙九年二月天雨雪有紅光燭地其聲如雷六
月大水淹沒田禾臘月初三日連朝風雪寒甚錢
塘江船開渡一日商旅俱積是日午時人皆爭渡
而舟子利于滿載開船未踰百武風浪湧至舟巳
覆矣計溺死者七十五人以救得生者連舟子止
三人
督院劉
撫院范遣人撈尸給棺設醮超度覆舟之慘數百
年來未有若此之甚者

康熙十一年四月十六日卯時有赤光丈許經天移時墜地其聲如雷

康熙十五年夏雨浹旬五月十三日西江塘圮水淹田禾是歲半收　詳水利志

康熙二十年五月大雨臨浦塘壞楊家閘壞水湧入城市起水數尺數十年僅見田禾再種又被垂湮又遭蝥死顆粒無收　詳水利志

康熙二十一年五月連雨上江水溢西江塘沉城市起水丈許直駕舟楫往來禾苗淹沒廬舍傾倒

到處尸棺飄流畜產溺死不計其數六月江水復
進城市木亦如前田禾三種顆粒無收百年來未
見較二十年水災更甚　督　撫䟽題災荒蠲赦
本年錢糧一萬二千四百六十二兩零詳水利志
康熙二十二年春夏疫癘大作死者枕籍

蕭山縣誌卷十

文林郎知蕭山縣事鄒　勷　纂修　邑文學　張沛祥
文林郎知蕭山縣事劉　儼　　　　　　　張崇文　編較

田賦志

則壤成賦肇于有夏禹貢九等之法周官三易之田似難一律也明初以來田之則數不一其起科亦參差難合至戶有無糧之田亦有無田之糧公私交病莫可詰治嘉靖間沈太守履畝而丈量之

定爲三則而等其賦萬曆間馬知縣復履畝而丈
量之定爲五則而等其賦刷是戶有實田田有實
賦而公私稱便矣
國朝仍明之舊吏習而民安之康熙四年　詔天下
州縣各丈所轄田地山蕩造冊以進使吾　國家
周知輿圖廣輪之數幅幀所暨邑令徐則敏奉
詔益加厲翼黜浮崇實且以前則戶分低昂繁不
可核乃等其賦入鄉爲斷定爲十則法益簡密矣
但蕭田僅三十八萬餘耳濱于江海者每憂潮齧

于罔壟者輒患水淤歲久迹湮滄桑遞變卽載諸版籍者不無懸掛等弊則一成之法又不能無變而通之以盡制也若乃戶有益丁田有加賦而邑無增土無增民吾恐待哺者衆矣司國計者其審焉

戶口

晉太康間戶凡二千三百三十有三　唐開元戶部帳戶凡二萬三千八十有六丁凡三萬九千四百五十有二　宋大中祥符四年戶凡二萬三千八十有六丁凡三萬九千四百五十有三　嘉泰元年戶凡二萬九千六十丁凡三萬五千一百六十有八八不成丁九千四百七十有五　元至二十七年戶凡二萬九千六十有三

口凡三萬五千一百六十有三明洪武二十四年戶凡二萬一千四百八十有一口凡九萬七千七百四十有八永樂十年戶凡二萬一千五百四十有八口凡九萬八千一百七十有四弘治十五年戶凡一萬七千七百五十有八口凡八萬七千八百有一十正德七年戶凡一萬七千八百三十有六口凡九萬二千九十有三嘉靖元年戶凡一萬七千九百一十有七口凡九萬二千七百五十有八嘉靖十一年戶凡一萬九千四百四十有五口凡九萬二千八百六十有九嘉靖二十一年戶凡一萬九千四百四十有五口凡九萬二千九百有九十嘉靖三十一年戶凡一萬九千四百五十口凡九萬二千八百八十有四嘉靖四十一年戶凡一萬九千四百三十口凡九萬二千九百一十隆慶五年戶凡一萬九千四百二十口凡九萬三千

萬曆九年戶凡一萬九千四百三十口凡九萬三千一十有四　萬曆十九年戶凡一萬九千四百二十口凡九萬三千一十有五　萬曆二十九年戶凡一萬九千四百四十口凡九萬三千一十有五　萬曆三十九年戶凡一萬九千四百四十口凡九萬三千一十有七　天啓元年戶凡一萬九千四百二十口凡九萬三千一十有二　崇禎三年戶凡一萬九千四百三十口凡九萬二千九百九十有五　崇禎十三年戶凡一萬九千四百二十口凡九萬二千九百九十有五

國朝順治四年戶凡一萬九千四百二十有九口凡九萬三千一十有三

順治十年戶凡一萬九千四百二十有九口凡九萬

三千一十有三

康熙二年戶凡一萬九千四百二十有九口凡九萬

三千一十有三

明初列民戶軍戶匠戶竈戶官戶生員戶醫戶廚戶力士校尉戶補戶鋪兵弓兵皂隸戶水馬驛站夫戶外府縣寄庄戶僧戶道戶共十五戶自嘉靖間止列軍民匠竈四戶其官生員等戶總曰民戶一體辦課輸糧

國朝順治四年邑令王吉人編審見在輸糧十六歲成丁者共三萬三千六百七十八丁女口共二萬九千六百有奇

戶之數以世之治亂爲盈縮其載諸綱目者甚詳也嵊之戶口明洪武時稍盈至弘治反稍縮豈洪

武開創之日人不得隱戶戶不得漏丁而弘治久
安之餘戶雖得以分析而丁多得以攢頂故與然
戶口向有定額不容擅自裁損或者處災傷之後
上多寛恤之意而有司亦以保障爲念得損其戶
數未可知也今
國朝戶口較明季稍增矣邇來水旱相仍閭里多故
其當開造者將在所益乎抑在所損乎休養生息
日以繁庶是所望于後之君子焉
田土明洪武二十四年官民田地山池蕩浜瀝港漊

凡五千八百二十二頃九十四畝五分九毫六絲田三千六百三十三頃七十五畝三分六釐二絲地四百一十七頃四十三畝九釐八毫九絲山一千六百五十八頃九畝一分八釐五絲池七十四頃二畝六分四釐四毫蕩三十頃三十九畝一分三釐九毫瀝八頃九十一畝六釐二毫浜十七畝二釐五毫港十五畝漊二畝　官房屋凡四百五十七間半四十六披七帶　夏麥凡一千五百七十七石九斗九升八合六勺稅鈔凡一千二百七十八貫四百九十四文秋米凡三萬九千一百三十石九斗六升六勺租鈔凡三千一百五貫七百二十五文官房賃鈔凡二十六貫一十四文

永樂十年官民田地山池蕩浜瀝港漊凡五千八百八十八頃九十三畝四分四毫六絲　田三千六百六十六頃二十四

畝五釐一毫二絲地四百一十四頃七十七畝七
分六釐九絲山一千六百六十五頃二十六畝一
分五絲池七十五頃三十九畝八分二釐蕩三十
二頃五十七畝四分三釐九毫瀝一十三頃七十
九畝一分二釐二毫浜六十六畝一
分六釐五毫港二十一畝漊二畝　官房屋凡一
千二十九間半五十披一十三帶六所　夏麥凡一千五百七
十八石四斗三升五合三勺稅鈔凡一千二百九
十五貫二百二十二文秋米凡四萬八百二十八
石一斗三升六合六勺租鈔凡三千二百二十五
貫八百八十五文官房賃鈔凡一百三十四貫七
百五十文　弘治十五年官民田地山池蕩浜瀝港漊
凡五千八百八十四頃五十六畝七分四釐五毫
四絲　田三千六百八十二頃九十七畝九分四釐
三毫地四百四頃三十六畝六釐二毫九絲

山一千六百六十五頃二十七畝六分五絲池七
十五頃八十畝九釐蕩三十六頃三十六畝七分
八釐九毫瀝十五頃九十一畝八分九釐五毫浜
七十六畝九分六釐五毫港一頃九畝四分溇一
畝
官房屋凡一千二十七間半五十披一十三帶
三扇六所夏麥凡一千五百八十一石一升四合
九勺稅鈔凡一千三百三貫七百八十
四文秋米凡三萬六千五百五十九石六斗五升
租鈔凡三千一百四十八貫九百十五文官房賃
鈔凡一百三十
四貫五百廿文
正德七年官民田地山蕩浜瀝
港凡五千八百七十三頃九十三畝二分七毫一
絲田三千六百八十三頃六十八畝六分二釐七
毫七絲地三百九十四頃六十八畝六釐二毫
九絲山一千六百六十五頃二十七畝六分五絲
池七十五頃七十二畝四分八釐七毫蕩三十六

頃七十五畝九分八釐九毫瀝一十五頃九十二畝七釐五毫浜七十六畝九分六釐港一頃九畝四分五釐溇二畝　官房屋凡一千二十七間半五十披一十三帶三扇六所　夏麥凡一千五百七十八石四斗三升五合二勺稅鈔一千三百四貫一百九十五文秋米凡三萬六千五百六十四石一斗三升四合一勺租鈔凡三千一百一十九貫八百七十五文官房賃鈔凡一百三十四貫五百三十文　嘉靖二十一年官民田地山池蕩瀝浜港溇凡五千八百八十二頃四十二畝七分八釐一絲　田三千七百九十五頃三十四畝九分二毫五絲地三百九十四頃七十一畝九分九釐二毫九絲山一千六百六十五頃二十七畝六分五絲池七十五頃七十二畝四分八釐七毫蕩三十六頃八十四畝五分八釐九毫瀝一十五頃

九十二畝七釐五毫浜七十八畝九分官房屋凡
七釐五毫港一項九畝四分漊二畝
一千二十七間半五十披一十三帶三扇六所夏麥
凡一千五百八十二石八斗九升六合八勺稅鈔
凡一千三百九貫六百一十八文秋米凡三萬六
千五百九十八石六斗七升三合八勺八抄租鈔
凡三千一百一十九貫九百九十三文官房賃鈔
凡一百三十四
貫五百三十文嘉靖三十一年官民田地池蕩
瀝浜港漊凡五千八百九十九項五十二畝四分
一釐四毫田三千八百九十三項一十四畝三分
五釐二毫地二百七十四項二畝四分
五釐二毫山一千六百六十五項二十七畝六
分池蕩瀝浜港漊一百三十四項八畝一釐官
房屋凡一千二十七間半五十披一十三帶三扇

六所夏麥凡一千五百七十八石四斗三升五合二勺稅鈔凡一千三百一貫九百文秋米凡三萬六千五百六十四石六斗五升租鈔凡三千四百十五貫三百九十五文官房賃鈔凡一百三十四貫五百三十文

萬曆九年官民田地山池蕩瀝浜港瀁凡五千一百五十頃九十六畝三分六釐四毫田三千八百六十三頃九十一畝五釐四毫地二百八十六頃八十二畝六分五釐五毫山一千一百六十四頃三十八畝八分五絲池蕩瀝浜港瀁共一千五百四頃八十三畝八分五釐五毫官房屋一千二十七間半五十披一十三帶三扇六所東側一所混堂窰三分三釐夏麥一千五百七十八石四斗九升五合二勺稅鈔凡一千三百一貫九百文秋米凡三萬六千五百六十四石六斗五升租鈔凡三千

四百一十五貫三百九十五文官房
賃鈔一百一十四貫五百三十文

國朝康熙四年邑令徐熙則敏丈量清丈田土所以剔積弊甦民困然弊端滋起擾民實甚徐侯令民自丈吏胥不得上下其手有借端生事者許民赴愬時出履畝抽量自備饔飧戒飭徒役雞犬不驚視他邑紛擾者蕭民獨受其福矣官民田地池浜蕩
共五千五百六十四頃六十八畝四分六釐一毫
田三千八百六十六頃一十九畝二分八毫地三百三十八頃六十七畝六分四釐七毫山一千一百六十八頃五十四畝九分六釐五毫池浜蕩一百八十一頃二十七畝六分五釐三毫官房
屋一百四十一間通共科正糧折色銀四萬四
千二百三十三兩一分四釐七毫六絲三微米三

千一百七十三石一斗七升四合八勺四抄七撮
二圭二粟五粒今
康熙十年田地山池浜蕩以四年丈量爲準
田共三十八萬六千六百一十九畝二分一釐三
毫原額田三十八萬六千四百二十四畝二分一釐五毫康熙四年丈量其中坍毁荒蕪與自實
等相折筭外增田一百
九十四畝九釐三毫
地三萬三千八百六十七畝六分四釐九毫原額地二
萬八千六百六十畝一分三釐五毫康熙四年丈
量其中坍毁弁陞田者相折算外增地五千二百
七畝五分
一釐四毫

山一十一萬六千八百五十三畝九分五釐六毫

明初山額未詳據舊志一體科鈔自嘉靖二十九年倭亂始派兵餉山别花光稅分輕重其花山以五十畝折一丁與田同派均里民壯其光山仍舊科鈔自六都至十二都爲花山遇大造不得收出别都洛都俱爲光山任其開除花山原額五萬七百九十八畝五分二釐二毫康熙四年丈量缺山五分二釐光山原額六萬六千五十四畝八分六釐八毫康熙四年丈量增山一畝七釐八毫五絲

〔明萬曆十二年知縣劉會申詳浮山文畧〕爲請詳無名山稅以甦民困事本縣受册山共一十一萬六千四百餘畝每畝科抄若干山無異名稅無别爾此國初制也後因兵亂丁耗差役不敷議將前山分别花光光山無利照舊科鈔花山稍利故以五十畝而折一丁不復如舊科鈔此嘉靖廿九年制也後因老人孫寶稱縣志所載之山多于成書呈請加派遂于花光山内共增五萬八十餘畝因

名曰浮山一體折丁此萬曆九年制也因查志載山多五萬八十餘畝何科鈔僅一十五兩五錢成書所載少山五萬八十餘畝何科鈔亦一十五兩五錢且本司查發成化八年冊總比對相同安得謂成書山額尚缺五萬八千餘畝耶縣志不過紀事易至舛誤成書按據黃冊似應的當此浮山不當增也明矣彼孫寶者實喜事生端借公用私以投所好耳斷自今十年爲始就將浮折免派且候下次造冊盡行除出改正爲此具申撫

按批據申詳明依擬浮山候下界除豁

池蕩浜瀝共一萬九千一百二十七畝六分六釐三毫　原額一萬五千七百四十六畝八分八釐三毫康熙四年丈量增二千三百八十畝七分七釐一毫

康熙二十一年邑令姚文熊編審田地山池蕩瀝

悉准康熙十一年

康熙三十年邑令劉儼編審畧歷年奉築西江塘毀田共三百九十畝九分九釐四毫又先田今地一十九畝四分三釐五毫又先田今池三畝二分七釐三毫以上築塘毀田共四百一十三畝七分二毫應徵銀五十五兩六錢四分三釐七毫共差向例免值糧係各里得利田均輸前届重號田畝今據各產戶具呈查明豁除田共一百七十四畝四分四釐七毫今届編圖清出地池除抵花光山

原鈌額外餘銀抵毀田并告豁重號鈌額

田號康熙四年丈量田號由化一都一圖天二圖地

三圖元四圖黃五圖宇六圖宙　由夏二都一圖
洪二圖荒三圖日四圖月五圖盈六圖昃　夏孝
三都一圖辰二圖宿三圖列四圖張五圖寒六圖
來七圖暑八圖往九圖秋十圖收十一圖冬十二
圖藏　長興四都一圖閏二圖餘三圖成四圖歲
安養五都一圖律二圖呂三圖調　許賢六都
一圖陽二圖雲三圖騰四圖致　許賢七都一圖
雨二圖露三圖結四圖爲五圖霜　許孝八都一
圖金二圖生三圖麗四圖水五圖玉　孝悌九都

一圖出　二圖崑　三圖岡　長山十都一圖劍　二圖號　三圖巨　四圖闕　長山十一都一圖珠　二圖稱　三圖夜　長山十二都一圖光　二圖果　三圖珍　桃源十三都一圖李　二圖柰　桃源十四都一圖菜　二圖重　三圖芥　四圖薑　五圖海　辛義十五都一圖鹹　二圖河　三圖淡　四圖鱗　五圖潛　辛十六都一圖羽　二圖翔　三圖龍　四圖師　苧羅十六都一圖火　二圖帝　三圖鳥　苧羅十七都一圖官　二圖人　三圖皇　苧十八都一圖始　二圖制　來蘇十

八都一圖文二圖伐此圖宜字字因音重不便以代字代之而當時誤寫伐字故二十都六圖宜伐字反編代字三圖服四圖衣五圖裳舊冊三圖乃字四圖服字五圖衣裳兩號康熙四年丈量以十三都二圖有奈字號此圖衣裳兩號故去乃字以三圖編服字四圖編衣字五圖編裳字崇化十九都一圖推二圖位三圖讓四圖國崇化二十都一圖有二圖虞三圖陶四圖唐五圖民此圖宜弔字因弔字不佳故編民字六圖代詳來十八都五圖七圖周此圖宜罪字因罪字不佳故編周字八圖發九圖殷十圖湯十一圖坐十二圖朝昭名二十一都一圖問二圖道三圖垂四圖拱五圖平六圖章七圖

愛八圖肖九圖黎十圖首十一圖臣十二圖伏
里仁二十二都一圖戎二圖羌三圖遐四圖邇五
圖壹六圖體七圖率　鳳儀二十三都一圖賓二
圖歸三圖王四圖鳴五圖鳳　鳳儀二十四都上
一圖在上二圖竹上三圖白上四圖駒上五圖食
上六圖場下一圖化下二圖被下三圖草下四圖
木下五圖賴下六圖及下七圖萬

則例　明有官田有寧徽寺官田有永寧庄官田有名
慶寺官田有没官田有古官田有糙官田有老官

田有又老官田有抄沒官田有沙沒官田有續抄
沒官田有西興埸官田有才賦官田有三皇官田
有沙租官田有上則原官田有中則原官田有下
則原官田有永寧庄職田有白雲宗田有財賦田
有民沙田有抄沒沙田有湖田有抄沒湖田有續
抄沒官湖田有四都續抄沒湖田有民湖田有畋
正湘湖田有民田有僧免田有道免田有站田有
民站田有抄沒站田有續抄沒站田有官站田有
學田有附餘田有無補坍江田有續勘坍江田有

積荒田有四都積荒田有沙塗田有存田有自實田又有山有池有蕩有瀝有浜有港有漊亦各有官有民有僧道有續收賦則有麥有米有税鈔有租鈔有賃鈔皆計畝起科視則定徵十年則登其數于黄冊嘉靖二十七年知府沈啓均平後總曰民田分爲三則至萬曆十年又改爲五則曰全科田曰全折田曰量折田曰輕糧無折田曰新增輕折田今又以五則瑣細不便復總定爲十則詳載由單開後

由化昭名鄉一千二百八十六頃五十七畝一釐二毫每畝原徵銀九分四釐三毫今實徵弁九釐等銀一錢一分一釐四毫共該銀一萬五千六百一十八兩九錢六分一釐二毫五絲六忽八微每畝原徵麥五勺七抄今實徵米七合六勺一抄五撮共該米九百七十九石七斗二升三合四抄六撮三圭八粟共田在一都二都三都四都辛十六都來十八都十九都二十都二十一都若五都三圖六都四圖十五都五圖田坐河北亦得湘湖水利故

照則同科

安賢鳳儀鄉田四百八十頃四十八畝七分二釐六毫每畝原徵銀九分二釐七毫今實徵弁九釐等銀一錢一分九釐共該銀五千七百四十一兩八錢二分二釐七毫五絲七忽每畝原徵麥五勺七抄今實徵米七合六勺一杪五撮共該米

三百六十五石八斗九升一合四抄八撮四圭九粟其田在五都一圖二都六圖一都二圖三圖二十四都

許孝鄉田三百七十九頃八十三畝八分五釐九毫每畝原徵銀九分一釐四毫今實徵并九釐等銀一錢一分七釐五毫共該銀四千四百六十三兩一錢三釐四毫三絲二忽五微每畝原徵麥五勺七抄今實徵米七合六勺五撮共該米二百八十九石二斗四升七合七抄六撮二圭八粟五粒其田在七都一圖二圖三圖四圖八都九都

新義鄉田一百三十頃三十八畝一分四釐六毫每畝原徵銀八分二釐八毫今實徵并九釐等銀一錢六釐六毫共該銀一千三百八十九兩八錢六分六釐三毫六絲三忽六微每畝原徵麥五勺一抄五撮今實徵米七合六勺一抄五撮共該米

九十九石二斗八升五合五勺八抄一撮七
圭九粟其田在苧十七都二圖半苧十八都

苧蘿鄉田六十八頃九十一畝九分每畝原徵銀八分二釐四
毫今實徵幷九釐等銀一錢六釐一毫共該銀七
百三十一兩二錢三分六釐三絲七忽七微每畝
原徵麥五勺七抄今實徵米七合六勺一抄五撮
共該米五十二石四斗八升二合二勺五抄二撮
五圭五粟五粒其
田在苧十六都

新苧鄉田三百八十頃二畝六分四釐一毫每畝原徵
銀八分一釐一毫今實徵幷九釐等銀一錢三釐
一毫共該銀三千九百一十八兩七分六釐二毫
八絲七忽一微每畝原徵麥五勺七抄今實徵米
七合六勺一抄五撮共徵米二百八十九石三斗
九升一勺一抄一撮二圭一粟五粒
其田在十七都二圖半苧十八都

里儀鄉田三百八十六頃五十畝五分三釐六毫每畝原徵銀九分二釐今實徵弁九釐等銀一錢一分八釐四毫共該銀四千五百七十六兩二錢二分三釐四毫六絲二忽四微每畝原徵麥五勺七抄今實徵米七合六勺一抄五撮共該米二百九十四石三斗二升二合八勺三抄一撮六圭四粟其田在二十二都二十三都

長山鄉田一百八十五頃七十四畝五分八釐五毫每畝原徵銀七分六釐三毫今實徵弁九釐等銀九分八釐三毫共該銀一千八百二十五兩八錢一釐七毫五忽五微每畝原徵麥五勺七抄今實徵米七合六勺一抄五撮其田在十都十一都十二都

塘外不起耗田一百一十四頃一十七畝一分六

每畝原徵銀八分四釐一毫今實徵并九釐等
釐銀一錢八釐三毫共該銀一千二百三十六兩
四錢七分八釐四毫二絲八忽每畝原徵麥五勺
七抄今實徵米七合六勺一抄五撮共該米八卜
六石九斗四升一合六勺七抄三
撮四圭其田在沿江一帶塘外
桃源鄉田四百三十八頃八十二畝五分五釐一
毫每畝原徵銀五分三釐四毫今實徵并九釐等
銀六分八釐八毫共該銀三千一十九兩一錢
一分九釐五毫八忽八微每畝原徵麥五勺七抄
今實徵米七合六勺一抄五撮共該米三百二十
四石一斗六升五合六勺二抄五撮八圭六粟五
粒其田在十三都十四都田甚低窪常爲山水漂
没故糧特減半開造時不許收出別都
而別都田亦不得收入十三十四都也
輕折沙田并鳳儀告折田一十四頃七十二畝三

釐五毫每畝原徵銀五分四釐三毫今實徵弁九釐等銀六分七釐九毫共該銀一百二兩八錢九分五釐二毫四絲六忽五微每畝原徵麥五勺七抄今實徵米七合六勺一抄五撮共該米一十一石二斗一升五合八勺四抄六撮五圭二粟五粒其田三都六圖十圖十一圖十二圖四都一圖廿三都四圖

地三百八十八項六十七畝六分四釐九毫每畝原徵銀二分七毫今實徵銀弁九釐等銀二分七釐共該銀九百一十四兩四錢二分六釐五毫二絲二忽

山一千一百六十八項五十五畝九分五釐七毫

内花山五百七頃九十八畝一釐每畝原徵銀五釐今實徵銀七

釐二毫共該銀三百六十五兩七錢四分五釐六毫七絲二忽光山六百六十頃五十五畝九分四釐七毫每畝原徵銀一釐三毫七絲今實徵銀一釐八毫共該銀一百一十八兩九分七毫四忽六微

池蕩浜瀝共一百八十一頃二十七畝六分五釐二毫每畝原徵銀九釐一毫今實徵銀一分一釐六毫共該銀二百一十兩二錢八分七毫七絲四忽八微

戶口人丁三萬三千六百七十八丁口內市民人口九千九百九口五分每丁徵銀一錢三分三釐共該銀一千三百一十七兩九錢六分三釐五毫二十都二十一都并三都人戶俱爲市丁鄉民人口二萬

三千七百六十八口五分每丁徵銀一錢四分八厘共該銀三千五百一十七兩七錢三分八厘徵米九合七勺共該米二百三十石五斗五升四合四勺五抄

上共該糧四萬九千六十八兩七錢一分六厘二毫六絲三微　米三千一百七十三石一斗七升四合八勺四抄

蕭山縣原設版圖一百四十里今設版圖一百二十里　此係賦役全書總目

清丈田三千八百六十六頃一十九畝二分八厘

地三百三十八頃六十七畝六分四厘九毫

山一千一百六十八頃五十三畝九分五厘七毫

池蕩浜瀝一百八十一頃廿七畝六分五厘三毫

人丁三萬三千六百七十三丁口　科糧則例詳上

該額徵銀四萬九千六十八兩七錢一分六厘

一毫九絲七忽八微七塵五渺　加收零積餘

米改徵銀五兩三錢一分八厘七毫四絲七忽

二微二塵五渺　又加孤貧戶糧米改徵銀一

百八兩　又加顏料蠟茶新加銀四十四兩三

錢三分六厘一毫九絲七忽八微七塵五渺

通共實徵銀四萬九千二百二十六兩三錢七

分一厘二毫五忽四微
該額徵米三千一百七十四石六斗五升九合七勺一抄八撮九圭二粟內除收零積餘米五石三斗一升八合七勺四抄七撮二圭二粟五粒　孤貧戶糧米一百八石俱改徵銀每米一石減徵米三升五合六勺九抄四撮七圭六粟九粒六黍改徵銀三分五厘六毫九絲四忽七微六塵九渺六漠　實徵米三千六十一石三斗四升九勺七抄一撮六圭九粟五粒

外賦不入田畝科徵銀一百二十一兩二分七毫四絲 内 本縣課鈔銀二两七分一厘四毫六絲 油榨人戶出辦 歸經費用 本縣河泊所課鈔銀一十五兩三錢一分三厘二毫八絲 栽菱人戶出辦 歸經費用 匠班銀一百三兩六錢三分六厘 匠戶出辦 歸經費用

以上地丁并外賦通共實銀四萬九千三百四十七兩三錢九分一厘九毫四絲五忽四微 内

起運銀三萬四千八百二十八两四錢七分八厘二毫九絲八忽七微四塵四漠六埃九沙 鋪墊解損

滴珠路費銀一百七十兩九錢五分五厘七毫
三絲八忽九微八塵八漠八埃二沙
塩課銀八百三十七兩七分九厘三毫五絲七忽
車珠并滴珠銀一十三兩八錢四分六厘四絲
一忽六塵九渺
漕運銀六千四百四十四兩七錢六厘八毫一絲
四忽六微九渺六漠五埃八纖九沙
驛站銀四千一百七十九兩八錢九分九厘五毫八絲五忽
存留銀二千八百二十一兩二錢七分六毫一絲
湘湖周圍計三萬七千二畝零內原額有田一千
六百八十二畝一分五厘九毫明弘治十三年間

俱改正爲湖其田糧悉派于九鄉由化由夏孝長興安賢辛義來蘇崇化昭名所溉田一十三萬一千九百六十七畝二分一釐二毫內每畝帶科米三合五勺六抄今改徵折色銀

周家湖原額田三十四畝一分明嘉靖二十年間改正爲湖其田糧派于所溉田六千八百九十一畝九分五釐七毫內每畝帶科米一合六抄今改徵折色銀代納暨湖糧稅

按諸暨宣德志秘浦湖舊傳爲五十九都之地又傳爲水所瀦每歲霖潦泛溢水勢浩瀚至錢清江

逆潮汐動經旬月方退蕭山之田逾時則不可藝
因以湖瀦水乃可及時藝也元初遂以此都稅糧
責于蕭山蕭賦之重蓋緣于此又按舊志往時浦
陽江水從麻溪入小江有妨十六十七十八都之
農因近諸暨秘湖遂借以瀦水農乃利爲此代納
秘湖之糧是代稅之議自昔相傳也然成化間戴
公琥開磧堰江分爲二一水入大江直洩不致泛溢
則貯水無藉于秘湖明矣而糧之代納如故是不
可解也且聞萬曆間暨令劉公幸民直抉河流若

建鎮而下蕭之六七八都水患滋甚而西江塘從
此易決秘湖竟無勺水盡成腴田是在昔也浦暨
之水以秘湖爲壑今則秘湖之水反以蕭山爲壑
矣昔年受利代納湖糧今時受害糧仍代納何循
習之蔽錮不可破一至是耶或曰秘舊湖也從何
而稅即果有既爲湖必落其籍縱責賦下蕭明初
則壤成賦豈復仍一時之煩制耶然吾聞嘉靖間
暨豪據湖爲田彼民各告奏蕭令林策議復歸其
稅司府命勘之若湖糧未嘗代納則林公將何所

據以請之司府乎總之此稅徵于蕭歷三百餘年難于言復而蕭之父老毋耿耿言此故爲備論其始末以俟考云

均法　差役之法隨地異制非有定式可循也其間事有不均者由于戶田有多寡耳蕭山析里一百四十內二十都廿一都共二十四里爲坊長餘一百十六里爲里長自明季百年來豪强者田多役少庸弱者田少役多俱輪十年一差謂之現年又各里中有里長甲首之分里長雖田少必當差役而

甲首雖田多不役僅貼費而已是甲首有田而無
差里長田少而差重也更有宦戶掛田五六百畝
而不輸差役不均之弊莫甚于此我
國家奠鼎以來痛懲其弊順治十一年邑令韓昌先
編審里役不畏強禦不徇請託統計一邑田若干
畝除桃源七圖磽瘠之田共四萬八千餘畝例不
收過別都止于七圖均派以便分別其徭賦外每
都幾里每里十甲每甲各貯田二百五十畝零于
十年中輪差一年惟坊長二十四里每甲加貯田

四十畝共貼田二百九十畝零以供本縣鋪設酒席之費役櫃旣定十年之内田糧縱有收除而差役無遷易至于紳衿則議于戸内紳免差二十畝衿免差十畝以明

朝廷隆禮士大夫之意葢以各縣均有紳衿戸籍故也此法一行垂二十餘年庶無强食弱肉之患矣似當爲後之編審者法

泒法每歲布政司承戸部之會計府縣承司之易知由單將該縣某則田若干畝每畝徵銀若干徵米

若干池蕩山地等各若干畝每畝徵銀若干人丁若干内市丁徵銀若干鄉丁徵銀若干鹽米若干例免丁糧若干通共該徵銀若干内某項折色若干本色若干逐一派定一面開寫榜文張掛曉諭一面填註由單刊刻用印着該里長分給人戶照單承辦依期赴納

輸法明時除本縣存給外每遇輸解點現年里長貲銀領文起解每致猾者免脫愚者點差賠費浩繁解戶時有蕩產者

國朝立吏收官解之法凡有輸解僉佐貳官一員給
文領銀前赴所司交納責限獲批繳縣存覈自是
永免僉解之苦
徵法蕭山編民每苦現年差徭煩重錢糧催徵代比
賠累不堪中人之產每至傾廢邑令鄒勷爲行滚
單法令已完者交單未完者執以應比若復已完
又令交下如此依法遞及則完欠旣分輸納恐後
而現年庶免專受比責之累矣此良法之可永遵
者也

康熙九年　月知縣鄒勷申文畧蕭邑歷任催徵惟以專比現年專差衙役爲害不淺當此衝繁極疲之邑三空四盡之時雖不能寓撫字于催科亦應體輿情于博採紳衿公議皆稱前　按院牟滚單之法亟當循行因查滚單之法現年造一滚簿於每甲每戸開實徵銀若干初限若干次限若干又給小單一紙照滚簿内開明現年分給各戸俾其照單赴納完糧即繳不必候比不受需索之苦不爲包攬所欺如開徵之後初次未完者一圖幾次

二圖再加一圖是三圖已一月矣一月之外分毫不納方行摘拘以一儆百自是而各甲之花戶止令其遵依四月完半十月全完之部限陸續完納即便了事若夫各圖之現年分單傳知催比不及真所以寬現年而嚴玩戶也兩截已收成效錢糧俱已全完是不敢不以此爲永久之法伏候　憲裁

正賦農之賦曰夏稅麥一千二十二石四升曰秋糧米八千三百五十四石六斗二升二合九勺明時俱解

京庫倉嘉興倉常積倉廣豐庫照全書徵折銀起
解
國朝俱充兵餉夏麥每石折銀二錢五分京庫折銀
米七千八百九十八石四斗七升九合每石折銀
二錢五分泒剩米四百五十六石一斗四升三合
九勺内米一百九十七石九斗八升七合二勺三
抄五撮六圭每石折銀七錢又米二百五十八石
一斗五升六合六勺六抄四撮四圭每石折銀六
錢
傳之賦曰馬價計銀三百六十二兩四錢八分四
釐九毫六絲曰驛站計銀四千三百五十一兩五
分九釐五毫八絲五忽
兵之賦曰馬價計一萬七千八百三十一兩九錢

九分六釐四毫四絲遇閏加預備鹽米銀四十一兩七錢八分六釐七毫三絲一忽七微

戶之賦曰水鄉蕩價銀七百八十四兩三分五釐三毫零明初水鄉竈戶辦納後改徵于田輸鹽運司曰漁課共銀三十二兩九釐一毫七絲五忽本縣河泊所歲辦

口之賦曰丁糧銀四千八百三十五兩七錢一釐五毫有田則有戶有戶則有丁明時田有成賦丁無定額或田累數頃而丁口無幾或戶無寸土而丁口纍纍甚者田去而丁存人亡而丁在貽累里甲民甚病之

國朝順治年間撫院朱題請丁糧于田土照畝均派行之浙西諸郡大爲民利康熙十一年邑令鄒勷

俞士紳請照例遵行永爲定制曰鹽糧米計三百三十石五斗五升四合四勺五抄鄉民人丁辦納曰鹽鈔銀計四百八十一兩三錢七分有奇今改充兵餉起解戶部

里之賦明時有額辦坐辦雜辦名色

國朝總于田內帶徵起運各部寺銀計二萬六千七百一十九兩九錢二釐八毫五絲即額坐二辦全書載詳存留官員經費俸廩祭祀賓興雜支三年一辦等項驛站在外共銀四千六百二十九兩二錢三分七釐零即雜辦全書載詳曰月糧計銀八千三百二十九兩九錢

四分一釐一絲五忽七微

力之賦曰銀差曰力差明嘉靖間將二差一槩徵銀募役共計銀二千六百三十三兩九錢零

國朝仍徵銀僱募

外賦曰匠班銀計一百三十兩六錢三分六釐曰當稅曰牙稅曰雜稅無定額不載例于年終將收過數目造冊報司查核其銀起解藩司

鹽課竈戶辦納其糧不隸于縣另設大使主之原額煎鹽八百一萬三千六百觔原額配銷商引四萬六十八道配銷肩引一千道場原設六團永昌永泰永豐永寧永盛永盈每團額分十甲戶口三百二十六戶丁

二千四百八十丁額徵銀一千五兩二錢二分六毫五絲西興場徵解 國朝康熙二十八年隸縣徵解計場課銀一千五百二十八兩六錢八分七釐六毫有奇新增稅銀一兩一釐三毫有奇

課程 本縣課有油榨碓磨課鈔茶株課鈔官樹株果價課鈔窑竈課鈔茶引油工墨課鈔凡二百七錠七百三十文折銀二兩七分一釐四毫有閏加鈔八錠二貫三十文折銀八分四釐六絲油榨人戶出辦歸經費支用

本縣稅課局課有商稅課鈔門攤課鈔契本工墨課鈔酒醋課鈔凡四千四百二十錠二貫七百七十三文折銀四十四兩二錢五釐五毫四絲六忽

有閏加鈔四百三十四錠三千三百一十二文折銀四兩三錢四分七釐六毫二絲四忽

漁浦稅課局課有商稅課鈔門攤課鈔契本工墨課鈔几七千五百四十八錠九百六十文折銀七十五兩四錢八分一釐九毫二絲有閏加鈔七百二十錠五百六十七文折銀七兩二錢一釐一毫三絲四忽以上俱均徭內編撥兵餉

本縣河泊所歲額徵課鈔一千五百三十二錠一貫六百四十文折銀一十五兩三錢一分三釐二毫八絲有閏加鈔一百二十五錠三貫五十七文折銀一兩二錢五分六釐一毫一絲四忽栽菱人戶出辦今歸經費支銷

帶徵河泊所額徵課鈔六百四十

一錠三貫八百文折銀六兩四錢一分七釐六毫有閏加鈔四十錠一貫三十四文折銀四錢二釐六絲八忽

貢法

農桑絹　荒絲　翎毛　麂皮　雜皮　桑穰

半夏　茯苓　芍藥　乾木瓜　南星　吳茱萸　白朮　皂角　天門冬　黄藥子　丹皮

紅花　梔子　洗花灰　靛青　白礬　黄丹

弓　箭　曆日紙　水牛底皮　胖襖　桐油

段疋凡貢課之坐辦

役法

皂隸三十名本縣一十六名縣丞四名典史四名西興場大使二名漁

浦巡檢二名　西
興驛驛丞二名

門子十三名本縣二名　縣丞一名　典史一名　儒學五名　布政分司一名　按察分司一名　府館一名　抽分厰一名

民壯五十名　馬快八名

庫子四名　布政司解戶二名

斗級四名　獄卒八名

巡鹽應捕一十名

弓兵三十八名白洋巡檢二十名　漁浦巡檢十八名

五鋪司兵二十五名鳳堰鋪　沙岸鋪　十里鋪　新林鋪　白鶴鋪　每鋪各

五人

夫四百五十四名本縣燈夫四名 本縣轎傘扇夫七名 縣丞馬夫一名 典史馬夫一名 本府通判轎傘夫七名 儒學齋夫六名 膳夫八名 西興館夫十二名 岸夫八十四名 水夫九十八名 絳夫一百三十六名 渡夫二十四名 馬夫一十五名 中卜河船夫三名肩輿夫十名 傘扇夫二名 探聽夫一名 在縣承值長差馬夫八名

蕭山縣志卷十終

蕭山縣志卷十一

文林郎知蕭山縣事鄒勷重修
文林郎知蕭山縣事劉儼

邑文學張沛祥
張崇文編較

水利志　舊本訂正

蕭邑三面襟帶江海中瀦諸湖以防旱潦楊文靖經畫于前魏文靖踵事于後水利事述一篇已具載之矣至閘塘堰壩要皆因高視下以節宣諸水而裨益斯民者也其利害之大者惟西北兩塘蓋

西江塘受三衢徽婺諸府之水而會于蕭西塘國則蕭邑先受其利而山會亦旋被之西塘傾則蕭邑先受其害而山會亦併及之至于北海塘爲海水出入之衝其爲蕭邑之利害僅數鄉而已在山會則兩邑之利害實係焉是二塘之所關匪細也以時補葺容可緩與若夫山鄉池湖以納諸富二縣谿谷之水又或竇通大江春潮春雨兩相激盪爲害良多故各鄉居民或築塘以禦横流或開壅以納潮水無非爲救生計而行萬不得已之事也

爲之上者可不急爲左右哉

諸湖水利 附運河紀家滙

舊志載湖在邑東者四邑西者八邑南者十每湖不過周數里溉一鄉田耳若周八十餘里灌輸九鄉者惟湘湖明正德後奉旨立法罔有顯然侵佔者然近地居民不無私霪盜溲一遇亢旱不遵則例時刻惟强有力者先得之不均之弊當事者宜嚴飭焉至瓜瀝落星諸湖屢廢屢復今盡廢爲民田其舊址不復可考也

明嘉靖十三年邑令王聘纂修水利圖志其目曰河渠曰營轄曰水則曰文翰而因賦其端賦曰蕭邑水政敝也久矣適我監司朱公夙夜咨諏荒度底績土用作乂水歸其壑民以敉寧聘忝下吏承休讚德作賦以敘賦曰漫餘暨之作邑跨東越而稱雄生阜所鬱茂百城而晻藹水陸所輳萃兩浙而豐隆大江奔騰泙湃而環其外湘湖浩漾長河縈紆橫亘而瀦其中蹉錢塘之瀥滐旁通婺睦之萬水儵春夏之霪滂濫奔潰而末已或胥臣怒而揚沃日之濤或天吳吼而蕩頹山之汜刓鏐箭之西射陽侯避而東逝吁茲邑之衝鋒如貔貅百萬之方至鈎援輣車塞川蔽野而我以孤城腹膺其虛駭形勢之若是那生靈之免魚化歷陽波濤之墊蕩蒙古龍蛇之墟茲蕭邑水害之當驅除者也維湘湖之澄泓仰龜山之芳蹟瀦萬頃而爲淵滋五稼以流澤于是湧其遺波蘇蘭荄于九鄉溲其餘瀝蔚頳苗

于葛陂何必魯國焚巫邀龍宮之降雨樊君設奇灑蜀都之飛墨至于長河連屬江湖控引南北經營乎州郡徑複乎四城蓄洩波流旱不竭而澇不盈流營舟楫往者過而來者續茲蕭邑水利之當修復者也維公智行無事謀圖有成西洛神龜啓元營之秘蒼昊玉女授疏導之經啞周丹之未工誚劉彝之多拙錫元圭于燕臺按水利于吳越厥庸丕哉緊蕭邑言之築西北二塘以捍江湖之虐兮則乘高如虹用子瞻之功覆釜如山試廷俊之奇而崚嶒鞏固可以遏洪流之險巇修石巖諸堰長山諸閘臨浦諸壩以沃湖河之壤兮則隄防孔固陋女媧之積灰啓閉惟時法文莊之遺制而吞吐輸納可以沛百里之霑濡眠庸遠于沉溺懋于灌溉降丘宅土野有來蘇之歌化凶爲穰室無懸磬之害彼茂陵之雄傑兮力回天而倒海斬淇園之萬竹兮窮南山之崔嵬竟莫能塞瓠子之方割徒投文而寄慨維姒氏之神聖障九川而寧坤輿叱黿鼉而沉困鞭蛇龍以放菹地平天成兮黎氓

奠乎厥居惟公之遐軌兮藐異代而同轡某屬馭于末乘兮覩河洛而思烈吾將獻茲于太史兮與夏貢乎

同書

湘湖宋神宗朝居民吳氏等奏以崇化等鄉有田高阜兩岸皆山連雨則水散漫下流由化鄉濵浦趙墅五里等地低窪受浸乞築爲湖上可其奏政和二年楊龜山來蒞政視山可依度地可圩以山爲界築土爲塘均稅于得利田內民樂從之名曰湘湖　宣和間有建湘湖復田之議民咸不可遂寢乾道中頑民徐彦明獻計恩平郡王請以湘湖爲

田邑丞趙善濟力爭之時史彌遠帥浙東榜禁不許事寢　嘉定六年郭源明來爲邑加疏鑿之功以防旱虞

淳熙十一年邑令錢塘顧沖湘湖均水利約束記云謹按圖經湘湖在縣西二里周圍八十里溉田千餘頃水之所至者九鄉紹興二十八載縣丞趙善濟以旱歲多訟乃集塘長暨諸上戶與之定議相高低以分先後計毫釐以約多寡限尺寸以制洩放立爲成規人皆悅之八鄉既均有未及者若

許賢居其旁不預後有告于上者雖得開穴以通其利卒用舊約垂二十有餘年莫之重定淳熙九年沖濫邑宰適丁旱傷之餘知其湖有利于民甚博旣去其奪爲田者復謀于衆取舊約少損八鄉以益許賢利始均矣九鄉管田一十四萬六千八百六十八畝二角水以十分爲準每畝合得六絲八忽一抄積而計之以地勢高低之異爲放水先後之次分爲六等卿塘最高故先黃家窪最低故後其間高低相若同等者同放此先後之序不可

易者去水穴一十有八每穴濶五尺自水面掘深三尺並樂尺其旁甃以石底亦如之非石則衝洗深濶去水無限矣水已放畎澮皆盈方得取之先者有罰私置穴中夜盜水者其罰宜倍昔召信臣居南陽作均水約束刻石立于田畔以防紛爭後人欽慕之兹以放水穴次時刻開列于後第一柳塘溉夏孝鄉范巷村二百二十四畝一角四十步得水一釐三毫七絲七忽放四時一刻止閘婁湫溉夏孝鄉杜湖村六百五十畝得水四毫四絲二忽放一時三刻止歷山南溉安養鄉孫茂村一千四百九十七畝三角得水一釐一絲九忽放三時止歷山北溉安養鄉

孫茂村一千四百九十七畝三角得水一釐一絲九忽放三時止

第二黃家湫

溉夏孝鄉斜橋村一千七百五十五畝杜湖村六百五十畝共得水一釐六毫三絲七忽放四時九刻止

金二穴

溉夏孝鄉寺庄村一千五百一十六畝二角四十步得水一釐三毫二忽放三時一刻止

楊岐山穴

溉新義鄉前後峽村二千三百五十六畝一角三十步得水一釐六毫五忽放四時八刻止

河塱堰

溉安養鄉百戶村二千三百四十二畝三十步長興鄉河塱村一千六十四畝二角黃山村五千八百三十七畝一三角山北村九百三十六畝一角夏孝鄉許村一千九百五十三畝三角二步共得水八釐二毫六絲三忽放二十四時八刻止

第三東斗門

溉昭名鄉縣東村一千二百八十五畝由化鄉澇湖村二千四百三十畝北幹村六百四十二畝去虎村一千九百八十三畝安射村一千六百三十六畝長豐村一千六百二十六畝共得水七

釐二毫一絲一忽放二十一時六刻止

石家湫 溉由化鄉北幹村六百四十二畝長豐村一千六百二十六畝安射村一千六百三十六畝澇湖村二千四百三十畝去虎村一千九百八十三畝共得水四釐三毫四絲五忽放一十九時止

劃船港 溉夏孝鄉寺庄村一千五百一十六畝得水一釐三絲二忽放三時一刻止

亭子頭 溉新義鄉前峽村二千三百五十六畝一角三十步共得水一釐六毫四忽放四時九刻止

許賢壟 溉許賢鄉羅村六千三百三十七畝三角二十步荷村三千三十七畝二步朱村三千四百六畝一角六步共得水八釐七毫三忽放二十六時一刻止

第四童家湫 溉崇化鄉黄村七千一十畝百步村二千八百五十四畝徐潭村八百三十一畝來蘇鄉孔湖村三千八百二十畝共得水九釐八毫八絲四忽放二十九時六刻止

第五鳳林穴 溉新義鄉莫浦村三千八百畝前豪村三千八百二

十九畝何由村七千二百四十一畝穴村五千一百七十三畝共得水一分三釐六毫四絲九忽放四十時九刻止

横塘

溉夏孝鄉斜橋村一千七百五十五畝杜湖村六百五十五畝范巷村二千二十畝一角共得水四釐五毫一絲三忽放十三時五刻止

石巖斗門

溉崇化鄉史村三千三十三畝徐潭村八百一十三畝社壇村一千三百一十七畝二角趙村二千二百五十三畝陳村三千八十二畝二角昭名鄉龔墅村三千四百一十二畝五十步縣南村七十六畝二角社頭村一千五十四畝二十步南江村三千一百六十四畝二角一十步由化鄉五里村七千七百一畝一角四十步趙士村一千四百六畝二角濆浦村二千一百二十九畝共得水一分五釐三毫三絲一忽放四十二時止

第六黄家窪

溉崇化鄉趙村二千二百五十三畝史村三千三十畝徐潭村八百三十一畝社壇村一千三百一十七畝二角陳村二千八十畝二角昭名鄉龔墅村

三千四百一十一畝二角社壇村一千五十七畝二角縣南村七十六畝二角由化鄉五里村一千畝九百六十畝二角四十步濱浦村二千一百二十九畝趙士村一千四百六十畝二角一十步共得水一分五釐三毫三絲一忽放四十六時止

明洪武十年邑令張懋爲湘湖水利圖記

湘湖西去縣治僅二里四面多山麓地勢高廣築塘瀦水而成湖周圍八十餘里所以蓄水而防歲旱者也水利可及者凡九鄉溉田一千四百六十八頃有奇以所溉田驗其遠近高低均泒湖稅則湖水之尺寸皆入貢賦矣湘湖塘自宋紹興間縣丞趙善濟繕治始完至淳熙時邑宰顧冲立法始備度地勢之高下議放水之後先時刻分毫各有次第勒記于石以示久遠自宋歷元迄今幾三百載民守其規無少間焉予忝民社之寄來治斯邑首詢風土躬歷湖岸視其放水之穴甚均獨顧公所立碑石毀裂無存旁

求得其舊本所載九鄉放水之穴十有八所班班可照其立約束之法尤明誠有不可易者予特慮舊碑既沒愈久而失其眞奸民得乘隙而更變或通私霔以洩水或倚堤而田或漄岩而漁培高抑下適已自便必致害湖之利九鄉之田一遇旱虐得無憂乎于是乃述顧公舊製約束之記謀及丞簿重鐫于石以垂不朽仍戒飭居民增築隄防以禦泛濫弁去私霔以除盜洩禁遏淸佃以杜侵奪民利務使九鄉之田均受其溉而無旱荒之虞上不失公務下可厚民生則湖之爲利博矣既而邑之士庶復請繪圖刻石以爲民鑑吁予雖不敏嘗聞爲政之道要在事約而施遠也昔鄭大夫子產以其乘輿濟人於溱洧孟子譏其惠而不知爲政爲其施之不能遠爾若夫我邑前賢約束水利之法其庶乎得爲政之要矣予故重復斯言俱爲民勸宜爾九鄉之人追昔會討之功視今緝繪之意永示約束

之法云

永樂間奸民豪族多以湘湖近山地墾田起科以妨水利宣德中魏文靖公白有司盡革之著水利事述公卒其弊寖復附湖小民月白冊自實佔佃幾半弘治初年邑御史何公舜賓率耆老清理湖地被奸民搆陷死十二年其子庠生何競復仇因奏聞先後差法司覈實盡行改正乃以洪武間起科幷白冊自實之糧重派各鄉惟許賢六七都水利不能及故不派其池蕩米仍舊存焉改正湘湖勘結云草蕩魚池俱在湖底于水無碍蕩地每畝科米二升五合池地每畝科米五升若欲盡行分派又恐向

後人民取魚草花利無主必爭貽害無窮今米悉派于得利田畝

正德十五年湖民吳瓚等佔種湘湖田時巡撫許光庭委副使丁沂勘邑人都御史張嵿備言興廢改正之由利害之實榜禁之無復侵冐（張嵿復湘湖水利節要曰蕭山地瀕江海水無泉源每苦于旱縣西南一隅有田三萬七千二畝四面多山地勢高仰宋徽宗時楊龜山知縣事經始以山爲止山斷處築堤名曰湘湖蓄水以溉各鄉田畝其原糧加于得水利之田孝宗時知縣顧沖以放水約束繪圖作記刻石樹于縣庭現存又著水利事蹟至明永樂間奸民蘇原九韓望以巳田坍江妄告開湖之高處爲田起科輸補所坍之數沿湖之民緣此侵佔盜洩湖水而龜山成規幾廢景泰中邑人魏尚書驥目睹其患因著水利事要以發明之成化初民

感龜山之德奏請立祠賜名德惠魏尚書汲民亦
感之奏以配享繼有民汪輔韓稱吳子信孫全等
飛詭他稅朦朧升科官湖佔爲私業者幾半弘治
九年邑人何舜賓任御史謫戍遇赦還家率鄉人
赴訴當道被孫全等結搆知縣鄒魯謀害伊男何
競伸奏二次欽差給事李舉郎中李時御史鄧璋
陳廷大理寺正曹廉布政楊峻按察孫需等腐別
知府伍符胡晃推官華烈等并本府縣臨湖踏勘
明白改正通將諸奸先後妄科田畝改正爲湖原糧
重派九鄉弘治十五年大造黃冊扣派開收結絶
正德以來豪横吳景琛等日漸織侵繼乘江西逆
濠事變料官司無暇究理放乾湖水大肆耕佔詭
情具告水利道批府梁通判見行拘審又貪緣喇
虎張奇充爲水利老人并買串老人沈鐸等人户
曹陽周堂等扛幇妄訴此係一縣水利興廢之機
民生休戚所關惟望廉明軫念吾鄉民瘼先賢遺
澤痛爲釐革
不勝幸甚

國朝

康熙二十八年八月湖民孫凱臣等機乘歲旱湘湖乾涸不遵先制私自築堤架橋南自柴嶺北至至湖嶺約有三里許駕捏僧人莘弘名色以便商旅往來爲稱邑令劉儼到堤親勘按律定罪督令剗削隨申本府轉詳藩臯二憲檄行永禁且勒之石碑記

邑令劉侯斷毀湘湖築堤碑記邑西之有湘湖也周八八十里溉夏孝安養等鄉田一十四萬六千八百有奇先是湖未剏時蕭固瘠土也雨則澇旱則涸歎多而豐少宋政和間文靖楊公知蕭事睠崇

化等鄉有高阜數十頃倚山可障度地可圩奏爲
湖水得蓄而不洩旱得灌而不枯九鄉無旱乾之
患放水先後不無異同淳熙間邑令顧君冲定水
利約束先柳塘最後黄家霪其間高低相等者同
放至今爲則湖之四際以金線爲限金線者黄土
也黄屬民青屬湖少有侵佔寘于法故明孫吳二
姓有犯者邑文靖魏公白有司大創之載在志書
可考也康熙二十八年八月旱久湖涸奸民孫凱
臣等不鳴官不謀衆糾聚族黨築堤架橋南自柴
嶺北至至湖嶺巧借僧人萃弘名色以便行旅往
來爲稱典史劉烱職司水利謂湖主蓄泄不主行
走牒文到縣邑令劉以事關重大責令合縣紳衿
里遞公議是否有利無害公而慎也日久未覆會
湧湖居民蔣棫等以恩循舊例事籲公蓋謂湧湖
爲東流之極湘湖放水必由石家湫穿城而始達
湖堤一築水勢遲緩他鄉雖受其害爲害尚淺獨
湧湖之害爲最深其詞切其爭之甚力公乃上其
事于府畧云湘湖刱自先賢設施必有深意于百

年來歷無增損突今僧人萃如及奸民孫凱臣等未經呈禀竟爾築堤此一舉也或係民便而先賢立法恐從斯紊事干地方制度關係民生應否任其所便或仍舊制云云府憲檄行咨詢父老踏勘妥詳公遂單騎至堤相其形勢但見新堤自南至北幾三里許南北皆山非商賈必經之道況多築一堤則少蓄一堤之水而放洩亦加遲緩允屬有害無利勸令剷削案未結孫凱臣等又買親屬楊升等扮作九鄉居民以披瀝公鳴恩留萬代事籲公併控府府發覆勘拘審閭邑紳毛奇齡等以公籲事具呈內稱孫凱臣等不遵先制私自築堤如鬼如蜮奸黨百出以孫吳二姓之人而駕爲九鄉以在俗之人而駕爲僧人以孫氏所建之橋而駕爲先賢以兩姓相通之路而駕爲通衢以姻婭賄賂之黨而駕爲公呈且有五害四不可之論詞甚懇摯又有去虎村居民張堯等以公籲毀塘事來告其一都三四五圖居民亦如之其二都一二三四圖居民亦如之公乃奮然曰爲民上者利則行

之害則去之毋偏聽毋姑縱唯其當而已今湖堤之築不過孫吳二姓稱便耳任一二姓之私何如合九鄉之公今九鄉多稱未便其事難可游移也況此堤一築青山石巖將有覬望而起者撫此湘湖不至瓜分瓦裂不止履霜堅冰至其漸不可不杜也于是嚴行刻削按律定罪一覆府一詳藩臬二憲蒙憲檄行永禁且勒之石于是九鄉民踴躍歡忭相謀樹石以垂永久余值家居且夙受湘湖之利者不辭鄙拙爰爲之記竊思爲治之難在明與斷明則見事確審利害而所慮者遠斷則毅然行之獨立而不回當此堤之未毀也有曲爲調護者有執兩可之說者有陽奉陰違遷延歲月者公不顧情面不持兩端兢兢先賢恪守而九鄉均受其利一何明也一何斷也自茲以往奸民不敢壞法而古制犁然于以追蹤楊顧遺規萬世不亦康乎公諱儼號鉅夫順天景川人由官監涖蕭十餘年百政興舉于湘湖西北兩塘水利尤所加意云原任大理寺寺丞邑人任辰旦撰

周家湖明嘉靖二十一年令林策改正周家湖民感之立石記其事置于通闤坊寅賓亭

邑人毛公毅
改正周家湖記

周家湖記者記周家湖之改正也正之者誰我邑宰丹峯林矦也湖在苧羅鄉去縣三十里肇建自宋嘉祐中邑人周姓者族衆繁衍貲產饒裕環是鄉田屬于其家者居多然其地連山延谷未始有湖故旱潦相仍往往被其害焉周人苦之聚鄉人合謀相度山形酌量水勢各捐巳田濬而深之邀衆流而納諸中以備灌溉而周家湖成矣南渡以來尚未倣也洎至勝國入于國初周姓日益替而居于其鄉者亦死徙靡常于是向之所謂湖其名雖存轉展貿易貪緣侵佔先之以奸民之填塞繼之以豪右之兼併誣起則例混報升科蕩然無復舊觀宣德至今極矣去任錫山張侯東阜王侯每常究心于此力欲釐正之適以遷轉之速功未就緒以去于後隨革隨僭法莫有禁之者乃幸丹

峯林侯來宰茲土，興衰剔蠹，百廢具舉，深知白湖者爲民屬階不淺也，躬履其地，諭告諸鄉民曰：昔人棄田爲湖，乃今易湖爲田，豈昔人之見出汝輩下哉？其所慮誠遠也。然竊怪前有司者不塞其源而逆禁之于其末，不豁其升科之稅而徒有偕種之罪，是使奸民有辭，莫之禁以甚焉。于是委陰陽訓術田玹等按圖籍之傳，稽額例之舊，丈量其涯岸而新之，正其界者，裁其竊據者，剗其壅塞而田者，釐其妄科而誕漫者，自是無廢前業，而規制猶宿昔矣。計其廣四百一畝九分八釐零，豁其稅原額九石二斗二合，妄派二石二升七勺，約十有一石二斗二升七勺，均派本鄉，每畝代輸一合六勺一抄，嚴其洩放，以利及爲準，先後次第，各有規則，毋致紛爭。又慮塘圩弗禁，啓閉無方也，委耆老予猶子毛官者鳩鄉夫運土累石，築以塘垣，設以版閘。工告成，且僉塘長三人管束，爲久遠計，申諸當道，以昭大工。侯之惠民，可謂宏且遠矣。猶子毛官以德政不可使泯也，請言志諸石。予惟侯之德政存于湖湖存萬世則澤流萬世鄭國白公可知也巳奚侯予贊若湖之興廢彼惡害巳者利于速去其籍不有言以昭諸永久則繩約弛而防範疏法禁隳而勸懲廢歲月流易耳目改觀後之人安知其有今乎是使侯之德政不行于世世也斯則不可不記也巳故悉其始末以示方來侯諱策字直夫丹峯其別號也閩之漳南人以名進士來行有公輔之望云

白馬湖 宋紹興間沈綜以白馬湖中地三千餘畝獻之行在寧壽觀充長生田朝廷下轉運驗視禁不許未久又為李直殿張提舉所佔淳熙十年冬蔣正言奏蕭山連年旱傷民用艱食因加詢訪聞縣有白馬湖三千餘畝自乾道九年李直殿張提舉

包佔廢湖爲田水無所蓄難以禦旱朝廷委本路提舉開掘復爲湖事詳蕭山水利事蹟

落星湖宋熙寧九年以落星湖地高許民開田止存低處瀦水

乾道九年盡以落星湖賜歸正大節度使張氏以湖千水利乞還民間後又爲介福宮通神菴所佃

淳熙十年朱察院朝陵過邑審干民生休戚上聞復之

慶元四年臨安府龍華寺僧寶法乞落星湖爲田

豪右孫華兩姓利其有從臾成之六年張察院澤奏請復湖還民從之俱詳蕭山水利事蹟

詹家湖長興鄉有詹姓者有田六百畝缺水灌溉歲幸不稔聚族謀以百畝爲湖疏受白馬湖水謂之湖妳詹氏後衰族屬散徙有詹入百者獻之知宗趙承宣爲田淳熙十一年鄭六四訴戶部復爲湖事詳蕭山水利事蹟

淳熙間邑令顧沖改正湘湖白馬湖落星湖梓湖詹家湖瓜瀝湖股堰臨江堰鄭河口之侵佔者著

爲水利事蕢爲之引曰紹興府蕭山縣瀕海枕江
地皆斥鹵厥田惟下下有湖蓄水以救旱有堰泄
水以防潦歷年稍深强有力者悉據爲田一遇旱
潦無不束手以待枯腐不知其害何時而可去耶
淳熙七年大旱八年大水百里之内爲江湖魚鼈
之鄉壯者流移四方弱者轉死溝壑民之憔悴莫
甚此時沖九年上計來任邑寄不量綿薄慨然欲
去其害入告笑其愚未幾郡太守欲移檄部使者
欲按奏將行而止未上而寢是憐其愚不忍使其

去也亦不忍農民苦于旱潦而終不復也淳熙十年十二月九日蔣正言論白馬湖十一年十一月朱察院論落星湖二湖既復不三年間湖堰皆得如舊非人也天也今具六湖二堰鄭河口事蹟詳載蕭山水利事蹟

運河宋嘉定間汪綱知紹興府府志云汪曾任暨蕭二邑令以蕭山舊有運河西通錢塘東達台寧沙漲二十餘里舟行苦膠乃開濬八十餘丈復創牐江口使江潮不得入河水不得淺淤塗則盡甃以達城闉十里

創廬一所名曰施水主以導流甚便綱運民旅者

利或云古驛道由漁浦渡入浦陽江宋南渡攢宮于會稽乃取便道絕流渡江抵西陵發舟因通此河及考夢筆橋記建于天聖二年則南渡前已有此河又諺云丞相掘官河恩多怨亦多此指史彌遠開通西興一帶而言也今志云汪綱豈綱開後復淤塞而史再爲通浚且此前加寬廣乎

紀家滙　宋乾道八年諸暨水溢詔開紀家滙浚蕭山新江以殺水勢邑令張暉力爭以地形水勢列疏上之謂諸暨地高而蕭山地低山陰則沿江皆山故有小江以導諸暨之水欲浚新江其底石堅不可鑿若開紀家滙則水遷衝蕭山桃源苧羅許賢

新義來蘇崇化昭名七鄉田盧俱成巨浸時安撫丞相蔣公主諸曁之請揮力爭有頭可斷湖不可開之言議遂寢馮駒作記以著其實

附浜蕩議

邑中水道旱則藉以溉田澇則資以容水所係匪淺邇來士民輒請自實叅浜蕩糧薄輸納甚省得利頗羸動以納糧爲名人不敢詰自實一分必侵佔數分以之植菱畜魚停污積垢日漸壅塞甚且以土築壩閉遏舟楫阻隔通川壅涸莫救職此之

由一經自實遂謂已產凡民間引水取泥捕魚一
切禁止小民莫敢誰何嗟嗟以通邑大共之河一
旦據爲已有使水旱災傷合邑坐困是何心哉至
城河更爲城守所係尤宜清理司民社者愼勿徇
庇而久爲民毒也

塘

蕭山塘之最要者二在縣之西曰江塘江受金衢
嚴徽諸府之水其上源高勢若建瓴一遇淫潦漫
溢橫潰惟藉土塘捍之故先朝黃進士九皐言其

厥委甚詳謂塘之易圯水之易決有五害三蠹誠不易之論也其塘跨苧羅辛義安養諸鄉橫亘五十里起于臨浦歷富家山漁浦以下極于四都褚家墳修築派于由化由夏夏孝長興來蘇崇化昭名里仁鳳儀安賢諸鄉并苧十六都三圖苧十七都二圖三圖苧十八都（後因鳳儀二鄉受海塘患偏切議者僉里仁鳳儀二十五里聽修海塘而西江塘止派由化等鄉修之）縣之北曰海塘為潮水出沒之衝自長河西興長山以至瓜瀝龕山等處約六十餘里俱係逼近江海故一帶有西興塘北

海塘龍王塘巨塘横塘瓜瀝塘任家塘總謂之海塘而西興塘自萬曆十四年改建石塘以後頗稱鞏固北海瓜瀝諸塘原派里仁鳳儀二鄉修築前三十餘年沙漲成陸自塘至海口約長十餘里塘可無事矣

康熙三年後忽潮汐大至瓜瀝一帶沙地蕩嚙無存海水直抵塘岸雖改建石塘而衝激猛迅隨築隨坍修築之役歲費不貲議者謂宜照西興塘式疊石板層砌庶可稍抵狂瀾耳

江塘

西江塘在治西南三十里跨苧羅新義安養諸鄉横亘五十里計有十六處各設塘長看守諸暨墳潭頭　上塘嘴　開家堰　項家缺　於家池　張家堰　上落埠　汪家堰　大門桕　吳家堰　方家堰　周老堰　傳家山　義橋　新壩

明正德十四年六月西江水溢塘傾邑市浸者數日司府以鄉官錢玹議發倉粟募民築之饑者亦賴以濟

嘉靖十八年六月水決塘壞山會俱爲巨浸蕭山大困邑進士黄九皐以書上巡按傅鳳翔傅爲感

動移文藩臬行府縣大興塘工檄通判周表督其事山會協力築之基濶七丈收頂三丈身高三丈有奇南起傳家山嘴北盡四都半爿山橫亘二十餘里

（進士黃九皋書）切觀蕭山地方紹興府之內北隅錢塘江之東南濱也傍江為縣隄東南自桃源十四都臨浦而至四都褚家墳南北四十里所以防上江之水在縣之西謂之西江塘江至四都則折而東矣故自四都而至龕山東西六十餘里所以禦大江之潮在縣之北謂之北海塘皆沿浙江為之也浙江上流蓋自三衢之水東流龍游經蘭溪嚴州桐廬富陽直抵蕭之地名漁浦而滙于錢塘此上江之經流也其所受支流尤多金華溫處之水自蘭谿入嚴州之水自嚴州入新城分水之水自桐廬入皆東注之漁浦之南則梁浦江也受諸暨浦江義烏之水經臨浦磧堰而北注

之漁浦又合諸府山水曲折而北經四都西北十
餘里則又自北而東滙于錢塘是謂浙江蕭人呼
爲大江蕭山正在其東南轉屈之間此江流之曲
逆水勢所必衝其害一也大江兩涯相去一十八
里江面汪洋水有休息故左右游波寬緩而不迫
上江之面不盈一里則窄隘而不容及漲溢而難洩
此上江之不寬水勢所以必溢其害二也蕭山在
江東南地頗低窪杭嚴徽信金衢溫處八府在江
之西崇山峻嶺凡遇霪雨山水奔騰而東俯視蕭
山若建瓴然此地形之高卑水勢所必趨其害三
也方山水之初漲也西江塘面去水無幾杌棿之
勢惟恐不支然山水自上而下海潮自下而上朝
潮夕汐應時而至勢如排山逸于奔駟東風駕濤
一息千里時方小信猶有落水之候若遇大信潮
水有升而無降山水有加而無已上下衝激彼此
怒號頃刻之間沸湧尋丈塘土幾何而能當此此
際既無洞庭彭蠡之滙則必有衝潰泛溢之勢此
潮信之加漲江塘之反卑其害四也國初上江洪

流在漁浦西北十餘里東北入大江若夫槩浦江
之水經臨浦麻溪是謂小江東至三江入海大江
在縣西北小江在縣東南縣以一江爲界素不相
涉成化間浮梁戴公琥來守紹興見山會蕭山三
縣之田歲被小江之害且小江兩涯皆斥鹵之地
萑葦之場可以田而耕也相度臨浦之北漁浦之
南各有小港小舟可通其中惟有磧堰小山爲限
因鑿通磧堰之山引槩浦江而北使自漁浦而入
大江由是槩浦江與大江合而爲一乃大築臨浦
之麻溪壩使槩浦江之水不得由小江而下以爲
山會西北蕭山東南之害又于濱海之地修築三
江柘林夾篷福拖四所陡門節潮水之上下由是
附近小江之民反藉小江爲利而兩涯之斥鹵者
今民居矣萑葦者今桑田矣戴公之功也小江居
民實受其福而西江水患從此滋甚考工記曰善
溝者水齧之善坊者水淫之盖謂上水湍流峻急
則自然下水沙泥齧去矣戴公之初心惟恐漁浦
磧堰之沙不能一朝齧去以通槩浦江之水而濟

滌之尤莽莽焉豈知數十年來日漸月洗決嚙流移漁浦江塘屢被衝壞日徙而東曠爲巨浸里冊之坍江不知凡幾貧民之賠米了無紀極戴公豈知有今日哉漁浦受累蓋亦久矣是以上江洪流亦徙而南泯爲一區以漁浦爲滙國初洪流之在北者漲爲高沙乃在錢塘縣境今之所謂新江嘴俗呼爲米貴沙即此地也自磧堰既開江流日剝而東南其害五也受此五害蕭民日以西江爲患蓋嘗訪之江濱西江之塘從古有之不知其始自四都至漁浦十五里古塘也古塘之式崇高三丈基濶五丈其面半之間有內外溝港抵塘之處甃以巨石輔之木樁樹之榆柳聯之民居歷代雖久尚有存焉若漁浦而至臨浦麻溪壩二十五里則磧堰既開之後江水泛溢所以戴公彷古式而爲塘崇廣之數一如古焉是皆謂之西江塘也夫何時平法玩歲久不修而塘之三蠹生焉一則蠹于私窪之穴窟也二則蠹于側塘以通貨也三則蠹于上都之偷掘也蓋近塘高田凡遇旱乾則撅塘

甃甓以通車戽汲引江水以灌田禾苟辦目前之
急不虞身後之患江流漲時窪穴通水涓涓之泉
勢將滔天禾固無收而家亦蕩廢矣此爲塘之蠹
者一也在臨浦義橋倪家霸則有木簰引鹽之出
入在汪家堰楊家浜聞家堰則有薪柴磚瓦之出
入射利商人削去塘土以便搬運凡此之地不知
幾所客貨既過而塘土不增但知用時而不顧後
患矣此爲塘之蠹者二也久雨之後西江水漲大
信之後江濤沸湧時有桃源鄉田在西江之西爲
水注溺計出無奈則百十爲羣夤夜偷掘江塘使
水從內而灌桃源始得蘇息不知一鄉之害雖去
而三縣之害無紀極矣此爲塘之蠹者三也凡此
三蠹塘長知而不敢言告諸官而不加禁一經淫
雨三蠹畢生卽出不意踰塘而入自正德巳卯大
水入嘉靖元年水再入六年丁亥水又入十二年
癸巳水又入今年六月大水又入凡江漲也必以
梅雨水之入也多以六月自巳卯至巳亥首尾剛
二十年而爲大水漂流者五度矣是豈水之罪哉

地勢卑而不振堤防決而不修三蠱集而不知人心懈而不守遂使滔天之勢排空而入不惟巨浸蕭山而且流毒山會茫無垠岸連爲一壑流徙我桑田漂泊我盧舍汨溺我士女損蝕我農工斯民之不爲魚鼈者能幾何哉惟時蕭山山會三縣洩水之處惟三江陡門而已連年陡門久閉海道湮塞我府尊篤齋湯公移置三江城外建應宿閘多張水門二十八洞賴此而水有所歸始易疏洩然是閘也本以疏內河之水當洪水大發之時猶懼患難盡去計出無奈則決北海塘許家缺二都蘆康河三都殷堰大堰等處分殺水勢徐俟旬月然後水落土見降丘宅土而一年之生理去矣交秋之候買苗插田而播種失時必無西成之望卑濕沮洳疫疾繼發而無和藥之需待哺嗷嗷羣聚爲盜而無垣墉之蔽家無儋石野無青草服食之物腐爛一空啼哭之聲達于四境目擊其害誰不痛心然則西江無塘蕭民難保其生塘弗崇廣猶無塘也十年之前憲副丁公沂僉憲蔡公乾相繼來

督水利慨然動慮加意窮民乃準近年之水痕尋
先朝之故迹謂塘非高三丈不足以當江漲也謂
基非濶五丈不足以爲巨防也乃出舍于江皐責
山陰之助役又作樣塘十餘所制準架一座頒斯
塘成之後使人挽曳而前有不如式即治其罪甚
盛心也民方樂于赴功擬觀厥成不意二公陞秩
繼去執事之人人不皆二公之心竟托空言良可歎
也嗣後張侯選王侯聘相繼來尹蕭山愷悌之心
民豈可忘而工役浩煩非一邑可辦措置艱難而
銀錢有限督理心勞而民力易窮是以塘之高廣
不如古式而補塞罅漏終非永圖故曰不一勞者
不永佚不暫費者不大蠲然則大典工役必何如
而可葢西江之害小江之害移之也然西江塘決
朝浸蕭山而夕達山會脣亡齒寒裘破而毛無所
傅害每相因竟未嘗免蕭山既爲山會而受害則
山會當助蕭山而築塘近聞小江新漲之田年來
三縣從輕科糧漁浦之民欲將此糧湊抵西江之
坍江今非所及也亦且未暇以小江之利爲辯近

年湯侯之築三江塘閘也本在山會之地而蕭山水利亦賴疏洩是以民皆樂從而助費助工未嘗有失今西江之塘雖在蕭山而山會之民同其休戚然則築西江塘之費應倣三江閘之故事而行之夫豈不可益三江閘三縣之下流也水患所由洩西江塘三縣之上游也水患所由來水脉流通本同一地利害相因事同一體防江捍海罔非民功我往彼來罔非已事請以蕭山山陰會稽三年連年庫存患塘銀兩僱倩築塘丁夫并力合心共興大役分授地里各效其能在山會所不能辭在蕭山亦不爲泰理所相應情所必至也恭惟明公在上俯念斯民之窮彌縫天地之缺尋按舊跡講明古今利害之原相度原隰務爲萬世永賴之利以三縣之田丁與四十年之工役秉獨斷以致決而百堵皆興禁三蠹下將萌而五害屛息是謂逸道使民雖勞不怨慎終如始不惡而嚴其間經畫宜處之方明公自有成算奚俟于贅辭哉（兵部員外郎武林吳尚重建西江塘記畧）蕭山邑于紹興

府之西鄙北濱鉅海南當太末東陽富春諸川下流西漸錢塘江水波尤惡前代三面環設長隄以防患亦隨時救弊策也然隄外諸暨之民利于隄壞則彼無壅閼田多收往往竊來毀隄隄故卑薄又若商旅負載蹊躪不戒爲日久矣嘉靖十八年夏五月天連雨至于六月上游諸郡水大至咸滙于下流江海溢溢決壞西江塘四十餘里水高于防三倍湛溺官寺人民廬舍田稼畜藏無慮數千萬百姓嗷嗷流散懷襄之勢未止時部使者應山傅公按越聞之瞿然失席曰天實以儆我二三有位何敢不傾府庫平繇作堙塞洪流以紓元元之命乎顧兹役甚大惟通判周表職司治水宜益奮貞亮秉節爲民禦患于是周君日夜圖上方畧愼簡諸執事而傅諮于鄉士大夫深論便宜分別利害擇善而從衆獻議曰計築西江塘萬有百餘丈程之合役六千人人三十日日受平價不過費白金百二十鎰亦可以事諸失業浮民衣食縣官而爲作治兩便五堰通商尤爲要害計作石隄勢必

完安發邑中諸豪坐法者代買薪石贖罪大喜免刑辱而自爲除疾亦人情也其董役官各有分地庶可考驗成功議上報曰善亟行之乃閏七月朔周君如筴率吏民事事凡八旬西江塘成崇于故防四之三基廣于舊十之四其綱二丈屹如崇牖限隔江海越民知免于昏墊矣

知縣劉會築塘議畧

蕭山爲塘者二分捍江海向並時葺彼北海塘無論已若西江塘者時値波安吏民恬習如慮近塘惰夫濫冒築費修築科價徒叢奸弊一旦難作悔何及哉竊謂此役終不可已在矯其弊而救之耳莫若派該圖得利田戸身操版鍤定其所分遇大造而更則事有專任如慮丁夫削舊

塘昌新功莫若分都搽里修葺工竣輙以石表識其處責有所歸如慮梅節洗出居民拾之爲薪莫若僉近塘殷戸爲長察之某工洗出卽責某工復之不惟斷拾取之弊而塘日益堅矣如是則里長各保門戸知利害且葺塘卽自葺稼也設有不虞一呼卽至孰有惰窳敗事者哉

萬曆四十年議築江塘患缺（邑生任三宅議）西江塘年來嚴築堅固獨有舊稱患缺幾處亟宜增修所謂患缺者由內邊池蕩或接河潢外既衝激內復不支塘上日薄漸以成缺故池蕩不塡塞河潢不塡瀾則雖用節石障之于外泥土培之于上目前或幸無事一遇淫

潦仍復傾圮矣某親閱此塘惟方家塘孔家埠汪家堰張家堰逼處泄河塘土漸薄當急議修其他可稍緩耳（附呈詞）爲照西江塘共有四十餘里受患處僅一十五里之内隨時修築亦易爲力但各奸視爲利數交相欺盜不論塘之堅坍一槩請修遂里泒築遠鄉不便勢必包與附近奸民勒其厚値抵塞了事拆塘做塘無益有害至于石塊側在嚴灘裝至塡節俱有石價今則惟拾塘下舊石入節外露石而内實泥價歸奸腹塘工已完餘剩竹節折價入己塘長通同乾没蠹弊百端不可枚舉惟祈洞悉民艱止令丈修患缺可以十省其九築塘有節石人工三項各鄉里遥雖多路遠不便赴工或令泒出節石二項近塘里遥雖少水害先臨且使應役或令出辦人工誠爲兩便不則照田泒銀發與塘長僱募修築亦可也

崇禎十五年五月梅雨江水泛溢壞西江塘田禾

盡淹六月十六日復溢道府及山會兩縣親勘塘

飭督修

國朝順治十一年西江塘坍缺甚多邑令韓昌先集

議分段修築自汪家堰至大門相爲一段丁家庄至于家池爲一段楊樹灣至聞家堰爲一段潭頭至諸暨塡爲一段其甚患處則汪家堰至大門相也

順治十七年修西江塘自大門相上落埠至於家池

止

康熙四年江水泛溢大修江塘

周之晃議西江塘爲金衢嚴婺暨陽諸水所經易于衝決前人言之詳矣而獨惜其無永久之策何

哉邑之捍海塘最爲要害然潮水平漲雖澎湃而不傷其根故易土以石可一勞而永逸矣西江之水發若建瓴每遇屈曲則回湍激射旁擾下注輒成潭穴深至數十尋亘數十尋雖上有堅砌之石僅等飄萍敗葉耳故即易土以石不難言底績也然今日之患更不在湍激之難防而在修築之無實往例西西塘派各都里長分段修築但苟且塞責無實心實力之人以任之值全坍者費百餘金不能成功徒相爲欺隱值稍坍者僅賄差役以免苛責所以小民歲有修塘之費而無修塘之功僉謀有識謂莫若于得利田畝派出樁部人工之費公舉誠實耆民專任修理不用催督則人有專責而無差役之需索里長金錢一分有一分之實濟一歲省數歲之虛糜塘政莫善于此然而此法多不行者則以縣間恐受加派之名里長率多頑抗之輩輸將不前任事者不能爲無米之炊耳夫修築江塘費無額設不過以蕭山之民力禦蕭山之水災原非加派亦何嫌何忌也試使縣父母加意嚴儆

孰敢怠玩但可異者蕭山得利田原有定額而數年之間缺額至萬餘畝豈日悉變滄海耶猶當嚴諭總書確合其實毋使規避斯爲盡善耳

康熙十三年項家缺圯周之冕躬任督建凡一帶塘有狹處缺處盡行修葺從來修築計畝內得利田若干畝分段若干丈椿竹節若干個里長不能親工包與附塘居民潦草完事每年修葺而塘終不堅固周之冕躬任其事議按畝輸錢計工給銀包役無所肆技數年來亦無大患

康熙十五年夏雨五月十三日江水泛溢張家堰楊樹灣于家池塘坍二十七日上落埠塘又坍共計一百三十餘丈各里于得利田按畝徵錢建築

計費二千餘金督修邑紳周生泰里民張逢翼

康熙二十年五月大雨十四日臨浦塘圯楊家浜閘壞江水湧入內地城市起水數尺楊家浜自來無閘康熙十八年五月開地方居民韓姓等於楊家浜造一閘引水灌溉辛十六都三啚田畝是年閘壞水進淹沒禾苗里遞人等因害流三縣控告詳憲禁止

康熙二十一年五月連雨大水十七日陳塘潰衝沒山陰高田臨浦塘廟西塘圯十九日江水直衝諸暨坟王家池潭頭片時塘上水逾四五尺塘遂圯二十日聞家堰周家堰楊樹灣塘亦圯以繩探底深合

六七十丈許方家塘富家山孫家埭相繼塘圮城市水高丈餘禾苗盡爲淹沒六月初六日江水復進如前災更甚爲本縣申報上司議令得利里民捐輸先築王家池潭頭閘家堰患缺約費工銀二千二百餘兩時　督撫親臨踏勘檄行道府山會兩縣躬詣塘所酌估修築九月紹興府及山會蕭三縣集紳衿里民會議於郡城之城隍廟以塘雖在蕭山而利害實關三邑歷來山會原有協濟之例公議築工約需一萬二千金蕭山獨任其半山會合

濟其半蕭山任築諸暨玟王家池潭頭閘家堰一帶大患缺處山會分築周老堰方家塘孫家埭上南一帶自十月興工至二十二年春工尚未竣而民力已竭福建總制姚公啓聖念桑梓故地連歲洊災民艱粒食慨然捐貲興築移文　督撫停止三邑輸助將已經修築用過工費計算還民其未興工地方命其介弟別駕姚起鳳親督畚鍤缺者補之隘者廣之傾者堅之窪者平之延袤數十里爲費萬有餘金閱四月而告成眞有大功德於民

者士民立碑臨浦官塘
康熙二十五年六月上江洪水泛漲西江塘之張家堰坍毀周圍一百二十餘丈邑令劉儼捐貲一百二十兩先爲工費補築隨即申詳各憲　撫院金檄本府并山會蕭三縣會議脩築隨議得蕭山于得利田輸銀二千兩山會協輸銀二千兩其不足者　撫院念紹郡連年旱澇民力不堪倡率各官捐輸　院司道共輸銀一千四百兩紹興府輸銀一百兩蕭山縣輸銀八十兩山會二縣各輸銀

六十兩移關鹽運司護理鹽院印務事輸銀二百
兩北關輸銀一百兩俱解董理本府總捕廳馮協
一收給于康熙二十六年正月興工三月告成
康熙三十一年六月西江塘之楊樹灣於家池項
家缺三處塘陷共三百二十八丈二尺邑令劉先
捐貲一百兩預築小塘以禦水患隨申各　憲蒙
知府李公鐸捐銀五百兩　部院典　撫院張　藩司蔣檄
行署知府事處州府總捕廳夏宗堯山陰知縣遲
燾會稽知縣王風采蕭山知縣劉儼會議另築備

塘公議得山會協築一半該一百六十四丈一尺
蕭山應築一半該一百六十四丈一尺其工作俱
出得利田覆　憲允詳檄行本府水利廳岳峻極
董事經歷司張嗣位監率其督工者山陰縣丞莫
夢生會稽縣丞孫世寧蕭山典史劉炯也于十月
十六日興工十一月十一日完工塘脚闊七丈塘
面闊二丈塘身高一丈五尺

海塘

西興塘治西十里錢武肅王鏐建

洪武三十二年江潮壞堤田廬淹没主簿師整增築堤岸四十餘丈

嘉靖三十一年沙荐坍及石塘至四十三年後江潮撼激塘石飄捲漸齧内地

萬曆十四年七月十八日海潮大作洗入沙地千

餘丈室廬衝壞者數百間邑令劉會力請改築石塘其制先滯土三尺每丈以松樁徑七寸長九尺者五十根花石砌土尋以羊山等宕石廣二丈厚八寸兩塊連接丈有六尺鱗次直壓樁上爲脚石疊至十六層高一丈二尺九寸每二層縮尺許至塘面廣一丈用縱石蓋下每層止用兩塊直接自官巷至永興閘用此制自閘南至官埠俱因舊塘基增築不用樁石用八尺者直疊十六層自官埠至股堰北偏仍用樁疊石一如官巷制特每層縮

八寸作階級以便上下官巷中衙口塘外何蕩漲樁二匝共長六十餘步計塘延袤三百三十二丈工費計一萬六千一百六十八兩樓閘等費在內其費請于朝取諸倉穀及庫羨并派蕭山田每畝徵銀八釐山會田每畝徵銀三釐兩院復捐贖銀數百助之（巡撫溫純記）在越紹興郡蕭山縣西十里許爲西興鎭鎭被錢塘江江被海而起鎭以達郡者運河也錢武肅王鏐故建塘其鎭海潮日再至歲久寖決寖修丙戌大決民居漂數百家江且及河害且及郡郡守蕭良幹邑令劉會上狀因集衆議大畧言越蓋東南一都會也西興實其門戶故名固陵以可守故越生聚教訓廿年竟以沼吳以此鎭也漢買臣稱一夫守險千人不得上晉元帝稱浙今之關中亦以此鎭也無塘無鎭無鎭無越爲塘而庶幾其有越乎一利也江入河卽蕭山

西興以水不可居山陰會稽以鹵不可田爲塘而蕭山西興安于居山陰會稽安于田二利也余于是開直指使者傅公好禮李公天麟請于朝而各以贖鍰佐之發郡若邑倉粟半不足取于山會蕭田畝不滿升量工授食以卜判鍠總領郡幕陳策縣丞王箕典史徐閔分任其事六閱月而工竣又復故鎮海樓余渡江中流而觀塘壁立樓峯峙而榜人則指中流謂余此錢氏故塘所也余悵然低徊嘆而不忍去者久之既登岸還武林署會有客過余言塘自武肅歷宋守吳芾氏而來畚鍤之役畧可得而言洪武中遣尚書郎暨藩大夫治而周文襄公功最著于宣德間至于今彼流極矣石非因于故也而下木以爲楗韓下則潮夕推之夕下則潮朝推之雖輙之長不及馬腹毋論武肅舉一國力捐數百萬緡集强弩射潮即洪武之役取材他郡藉力他邑而文襄周公便宜括贖鍰數莫可詰難矣皇上神靈秩嶽瀆而左右相之守祭潮潮退判令幕丞身橇檋經營費不盈二萬工不及

時人力不至于此豈禹陵廟在越而陰以濟川刋木之烈導耶何成之易也越自是有裨而公中流嘆者何余應之曰若謂越而有此塘乎胡不求錢氏塘以觀之也今天下大患在失時在誘事孔子曰使民以時其以農隙解者語時一端耳及時則事半功倍踰時則事倍功半不待智者而後知也而事半功倍或不以功名事倍功半則以其勞苦費多而功之矣是以漢廷有曲突徙薪焦頭爛額之喻今之守令無能名一錢費以萬計不效則有文法效則亦有唇吻以故事即不可已苟可緩目前即遺大費于後曰後之人之責也文法唇吻我無與耳今日之役蓋迫于江且及河害且及郡而爲之也亦會今之守若令皆任事人也語曰蟻穴不塞將成江河夫人而不蟻穴忽也費或無事于萬而錢氏塘與西興數百家居在今以往有不蟻穴忽者而越庶幾其有此塘乎不然余恐後之覩此塘亦猶今之覩錢氏塘也而越奚稗余故不能不臨流而嘆客曰善故記此以告後之守令因以

目瞽事固有類此者其昧孔子時使之言鑒失時諉事之弊察蟻穴江河之戒毋若此役之迫于江且及河害且及郡而爲之也（餘姚趙錦記畧）越負海之郡也東起勾餘歷虞會山西抵于蕭凡五邑地皆瀕海未有不恃堤以爲固者然其壖地尚廣民居未迫海無大故尚爲安流至于蕭之西與則海折而南與江接矣江之流至此漸以大海之委至此漸以狹蓋江海之交而西直武林路當孔道兩涯之民櫛比以居海之潮汐自龕赭二山而入激于沙潬而起其勢之來比之他處獨猛若山岳之爲崩而雷霆之爲吼不西撼于武林則東齧于西興蓋以會省之孔道櫛比之民居而當江海之交會孔棘之潮汐苟非有以捍之則其害之大陸阻于行水阻于運民不可田蕭固受害而山會並罹其災矣其所恃于堤蓋又有甚焉而不可緩者堤之始治傳自錢氏嗣而葺之代有可紀然皆未嘗無得失其間而不能歷世以滋久也萬曆丙戌九月堤復大壞淹民廬舍以百計不治將害于山

于是郡縣亟上其事撫按輔闓于朝作石塘三百三十丈有奇又作鎮海樓益弘于舊以爲一方之觀閱六月而告成吁其可謂成而速也巡撫溫公自爲文以記而郡守蕭公蕭令劉君復屬言于余益溫公推言司議執事者之勞而不自以爲功郡縣之意以爲非三臺力主宰作于上且出贖鍰以爲之先則今日之功何由以成成亦何由以速閒嘗誦韓愈氏之言曰天下之事成于自同而敗于自異今一方之病一役之興而主其議者能洞悉利害而持之力任其事者能曲盡隱微而美其成此成之所由以速而善也而上下不自以爲功濟濟相讓如此此尤足爲後來作事者之式抑古人有言千丈之隄壞于蟻穴又曰涓涓不塞將爲江河蓋古今善禦患者未嘗不在于豫防而善爲防者未嘗不在于能守故能守則瑕者亦可以爲堅不能守則堅者亦未免復于瑕況茲塘之成不在曠野而在廛市則于守爲尤易試爲之法使分任而責成隨隙而輒補則更千百年猶一日亦可也

若成之後漫不加意坐視其旣極徐起而更張之豈惟于計爲左民之受其患者亦必多矣此温公所以惓惓于事半功倍之説而不倦亦再以申言于永俾後之有事兹土者思前人締造之維艱而所以防其微漸者不可不謹之于平日也

會稽侍郎羅萬化記畧蕭之西與外匝浙潮之衝内爲鑑湖八百洩潦之一道故有石隄里許隄之缺爲龍口塞以大堰堰左上有樓樓前沙渚彌望蓋西興雖越之鄙江之壖實浙東第一關隘也嘉靖壬子沙蕩坍及石隄甲子隄亦盡且及内地矣樓亦尋圮而龍口堤塞鬼祠矣視昔何莽莽哉萬曆丙戌秋潮大作漂毁田廬及堰旁地將穿内水混鑑湖矣邑尹劉侯告災於上因集郡守蕭公良幹通判卜公鑑議石隄障潮并公費焉侯曰隄固石矣顧何所藉手如採舊基築起則浩漫靡就如塹内地則易就而棄地轉多其築水涯乎而費則取之丁力不可取之蕭之獨力不可當與山會利

鑑湖者共之蕭公善其言上之撫臺溫公巡臺傅
公李公會議題請得吉檄侯亟隄而侯乃領山會
助費并本縣派徵具辦十月三日告江始事而侯
以爲難之不能我困也昕夕淬厲指循工匠毋聽
政於權樶間人不敢玩愒六閱月而功成侯笑指
新隄曰蝘蜓若遊龍顧可復使無首乎於是葺舊
石臺加隆四尺架樓三楹其上重簷閣道迴廊柱
石翼以碑亭屹立江表壓怒潮矣已復爲內涝備
易堰以閘閘門丈有四尺撤鬼祠開龍口爲閘渠
兩涯叠石三層底石二層横丈有六尺縱五十步
又闢以補隄之缺閘外左右各石級十二丈石底
十餘步捍入江防放水衝嚙也計費八百七十四
兩爲碑以記守令績而侯不自有也然侯之績終
不掩漸被者之口矣康熙十二年龍陣迅發暴雨
烈風樓之廻廊簷閣俱被損壞鄉邑耆老傳述劉
公會建樓之事預憂塘患蒙寧紹巡憲許弘勳餙
募重建適軍務倥偬未及修舉至十八年樓盡頹
倒隨於十九年西江塘決二十年又遭洪水倒塘

至廿一年五月十八日潮乘水湧江塘盡倒衝入腹地未及半月患又如前相傳塘以捍海最急而難緩樓以鎮塘似緩而實急樓爲龍首塘爲龍身龍首不昂龍身自潰士民來雲銘等倫陳鎮潮始末以塘樓合築具呈　督院李公又以山會兩縣利害同受移關合建因連歲災荒尚未重建云

萬曆元年六月江溢漂溺人畜三年潮勢東奔西興古塘盡坍四年署丞來端操建興勝塔以厭之

北海塘　在治東北一十里許西自長山之尾東接龕山山之首跨由化由夏里仁諸鄉橫亘四十里

自龕山至新龕河塘三百八十丈新龕河至丁村塘二百八十五丈丁村至陳家塘三百丈巨塘至三神廟塘三百八十丈三神廟至橫塘三百三十丈橫塘至唐家埠塘一百九十丈唐家埠至莫家港塘二百八十九丈莫家港至金家埠塘二百十四丈金家埠至蔣家埠塘二百十四丈蔣家埠至

橫塘二百四十丈共分十二段每段設塘長一名看守修築泒里仁鳳儀二鄉不及諸鄉

宋咸淳中捍海塘爲風潮所嚙盡圮于海越帥劉良貴移入內田築之植柳萬餘株名曰萬柳塘宋通判黃震記錢塘江濤之壯名天下其東自海門分而入長山龕山兩崖之間者實趨越之新林其地瓠以曲長風巨浪日夕舂撞其下豈惟居民凜凜動與天吳海若爭疆界越東南大都會爲畿內輔藩今又爲帝鄉往來行都者總總無不由此途出其所關係又豈偏州下邑利害止于一方者比哉咸淳六年庚午秋海溢浙東新林被害爲甚岸址蕩無存矣太守劉公具以其狀聞朝廷亟爲遣吏經度議欲築新塘計費用石當緡錢三百萬用公費十之一公以力未及石請用土而故地莽爲一壑潮

汎翕忽土立輒湍去公親按禱之神曰此朝廷所加念者願有以相之未幾沙果驟漲始得立巨松數萬如櫛爲外捍吏民驩噪舂鍤雲興四閱月而工役就其高踰丈其廣六丈其長千九十丈橫亘彌望屹若天成公率僚吏行塘上釃酒相賀曰非朝廷之賜不及此而川后效靈其志亦不可忘也命立之祠且植柳萬株大書其扁曰萬柳塘以冀歲久根蟠塘以益固旣而念不可忘曰葺也復請之朝籍新林寨兵屬之西興都巡檢使任責焉葢公雖力未及石而塘之堅緻殆不減石矣然聞自昔帝王之建都定邑未有不因長江大河之勝而自昔水勢之衝橫侵軼反多見于盛帝興王之時是豈有他哉水之東西靡定本其常性世治日久則瀆淮皆生聚故水至輒易爲患如河決然不聞于他時而獨聞于商周西漢及我朝之隆是其證已我朝自駐蹕錢塘距水彌切樓臺百萬多疇昔海變桑田之地凡司爲隄障者葢無所不用其極越去行都咫尺實共此江濤洶湧之險水性匪西

即東害每相關又宜何如其爲隄障哉頃歲庚子潮齧錢塘輂石後奏全功今歲在庚午逾三十年是爲天道一小變今日又東齧新林即前日之西齧錢塘者也雖賴餘福之覃魚龍百怪𢖫怗息必欲爲久安計尚惟後之人因公之志續公之功輂石如錢塘耳公名良貴東嘉人

明洪武二十二年捍海塘壞鹹潮湧入害民禾稼直抵縣城知縣王國器奏聞命工部主事張傑同司道督修易土以石令衢嚴輸椿木本府入縣輸丁夫本縣辦石板石條自長山至龕山塘成計四十餘里

明魏驥築堤謠

天吳苦作孽壞此長江堤淤壞變斥鹵平地成深池況值天雨雪正及農興時凶年轉豐歲須在人維持顧此長堤壞不葺害無涯鄉老訴縣官縣官惟戲噓至委十大戶大

戶不敢違大戶雖竭力十家豈能支椿石且不備夫匠尤甚虧葺寸反壞尺可奈心不齊欲求官總督總督刑必施刑施先姦頑姦頑生怨咨于是果何若只願天垂慈山水勿潮湃江潮勿奔馳移沙與換港扶桑吐晴曦天

昊速悔禍庶免民流離

正統末新林凌家港等處壞潮入之巡撫侍郎周忱具奏重築令本省徒流贖罪以備木石

弘治八年潮齧長山堤幾圮太守游興以聞事下參政韓鎬議屬同知羅璞督工築爲石堤（僉事山陰陳壯記略蕭山縣東北十里許曰長山直抵龕山舊皆土隄隄內乃運河外國日本番舶畢獻方物浙東溫台寧紹等府衛所官民商賈所必經之處良田民居比比緣海門以爲之障沙漲壅恒十餘里近

海水泛溢濤山浪屋雷擊霆斫無間日月弘治
八年秋潮齧長山堤幾圮居民惶惑將扶携徙避
先是紹興守三山游公興以屬縣水利開事下分
守盧氏韓公鎬報至韓公疾馳視齧處經畫久圖
欲易以石鳩工庀材諏日始事紹興貳守吉水羅
公璞實專任焉羅公夙夜憂悸百物所須百方營
備量地之遠近分人以董其役掘去浮沙易以堅
石令行禁止工不後期不數月而隄迤邐垂成當
途鄉君魯來令蕭山首曰此吾責也無苦土人爲
相度已成之功益弘久遠之規湫隘者高廣之衝
突者縈紆之而石堤煥然一新矣君子之作事固
貴乎始謀精審尤貴乎規制弘遠蓋作者未始不
欲久久存而繼者常至于怠廢使繼者有人隄石幸
久不朽則諸君之惠利于人物者可歲月計哉是
役也患塘延袤五百二十五丈價費五千七百緡
役夫七十萬工經始于弘治八年成于次年

萬曆三十四年北海塘圮協同山會修築邑人周

國城捐貲助築府縣旌其義

萬曆四十一年復修北海塘〔任三宅議〕我蕭捍海土堤近十年來費緡錢不啻千百曾兩派山會協濟銀四百餘兩二縣或以害不及已求助無名由今思之未盡然也常爲臚陳其害在我蕭什之三在山陰什之七在會稽什之四在餘上新嵊及寧台溫什之六何言之我蕭彊域共止二十四都自五都至十五都縣西南境也有浦陽富春二江限隔于外海患絕不相及自二都至四都十六都至二十都亦縣西南境雖無二江限隔而去海尚遙亦無潮患獨縣東境廿二都新林諸村落正當潮水之衝耳即旁溢不過一都內之一二圖廿一都內之一二圖廿三都內之一二圖耳而廿四都更在鳳凰山迤北海與山隔潮不能入其無害明甚且水性東流勢必不逆折而西此所謂害在蕭什之三也邑東小江南岸非山陰十餘都所橫亘耶潮自新林衝入小江

自小江衝入十餘都則十餘都桑田淪而爲滄海者殆不知幾萬頃也十餘都居民斥鹵不可耕殖殆不知幾萬家也吾蕭有若是甚乎此所謂害在山陰什之七也會稽又居山陰東界離海頗遠然由山陰達會稽共一水道潮勢東奔不極不止亦必有斥鹵苦鹹之患此所謂害在會稽什之四也海塘内即運河係浙東四府之人往來會城及兩京各省孔道舳艫相望近年因運河爲潮所齧假途西江水徑紆迴絶無縴路操楫之勞幾倍疇昔客商以僱值頓增行程復緩彼此稱苦然猶曰小江可行也使後海沙日壅洪流漸成涸轍則陸行甚艱剝淺不易道路爲梗行旅增憂此所謂害在四府之人什之六也故前賢蒞蕭者灼見斯塘之害不啻一方爲力疏于朝而均其役非僅沠山會而已何近年吾蕭專受此役之苦也萬曆十四年潮齧西興舊堤請沠山會協築三院俞請奏開更發司道贖鍰及郡邑倉粟之半事乃克濟此可目所覩記未聞吾邑專在其費也今者浙東郡邑晏

然而山會僅輸協濟尚謂無名狩遇興作蕭獨受殃當事者能勿懍然動念乎　又議覆耆民汪源等因連年修西北二塘責重塘長而空名應役漫不經心以致漸成大患愈難捍禦呈院乞將附塘殷實戶丁報充塘長十二名每名即于帶徵七分之內取給工食七兩二錢量分塘岸着令巡管遇坍便修如遇風潮叵測照縣例分築而宅以爲未盡善也夫北塘之所禦者海也海沙旋漲輒十餘里潮遠不及而塘自不坍往歷數十年可以無議修築迫海潮對塘一衝則沙泥蕩漾而塘即潰壞延袤幾千餘丈邇來頻年修築官費其一民費其丁度支奚下萬金即今名曰告成方且役民增補嗣今而後不知作何底倘海沙仍漲而塘果不坍天之賜民之福也雖不設塘長不給工食無害也倘潮又對衝而塘又決天之災民之禍也必非十二名之塘長所能支吾以捍禦也爲今之計廿二都廿三都附塘居民似不當槩責以西塘之役以瘠殷實遞年令其專力分管北塘遇有線隙隨即

修葺捍禦風潮大患自當通力合築并移山會協濟不可專責管塘人戶也　邑紳王三才致楊縣尊書曰敝邑三面距江潮水湍激北海一塘最爲民害塘壞水溢蕭之受害者僅鳳儀等兩都而其水直注於山會等處與蕭之上都毫無干涉蓋今雖湍甚未有逆流而上者倘恐內河渗洩則於新林地方築一土埂不過彈丸可塞而內者不洩外者不入蕭之安堵如故夫何以塘爲焉特以地在我蕭勢難坐視故山會往往推委攀扯顧勢勢蕭民自救不暇安能竭自已之脂膏爲他人堪巨浪乎即仁者亦不應如此之愚矣累歲小小土築費已不貲隨築隨塌民窮財盡則工築之無益明甚民力之不堪再舉亦明甚惟望主議題請創建石塘悉發公帑不煩民力是爲上策若欲計畝而派萬惟相地形之高下酌被害之重輕而大爲低昂其間山陰作一股而會稽與蕭山作一股庶人情兩平其所造福無涯矣況北海之患原無涉於蕭而派修之費不獨重於山會誰則甘之敢僭陳其

舉若此其中曲折自有通一
國之公論在惟照察幸甚

瓜瀝塘在治東北四十里鳳儀鄉二十三都四五圖地方

明崇禎元年七月二十三日颶風大作海水泛溢由
白洋入瓜瀝漂没廬舍淹死人民無算府道俱臨
塘親勘議築撫按奏蕭山海水泛溢淹死人戶共一萬七千二百餘老稚婦女不在數內
崇禎九年秋潮衝瓜瀝塘壞縣令顧棻議建石塘
二百餘丈申請各憲着里仁鳳儀二鄉共二十五
里歲修海塘

國朝康熙三年八月初三日海嘯塘坍二百餘丈田廬漂沒邑令徐則敏于要害處築石塘一百丈里仁鳳儀二鄉每里派築四丈康熙九年塘復壞又建石塘塘外沙土壅壞鳴字田六百八十餘畝邑令徐造冊送司達部改入輕折其編役派田俱准照桃源例

內地諸塘

邑自西北諸塘外所有土塘皆係內地障水出入以便耕植使稍加修葺自無大患即令本都圖里長修葺無容外派也

湘湖塘治西二里跨夏孝長典安養諸鄉周圍八十餘里其一帶地方東陡門　盛家港　橫塘　柳塘　塘子堰　石岩堰　施家河　史家池　童家湫　鳳林穴　秦家堰　潘家疾　黃竹塘　楊岐穴　許賢霪　河墅堰　石鮨口　共十七處皆設塘長看守先是湫口洩水未經設閘明崇禎閒邑人蔡三樂捐貲建閘又助修西北兩塘撫按旌獎

黃竹塘治西南二十里義鄉橫亘三里　新塘之內外皆河因行舟者取便多挽舟過焉塘漸低薄屢年沖決國朝康熙九年塘復壞邑令鄒勷議修築易土以石

橫塘治西三里

柳塘治西四里橫亘三里餘以上二塘名雖不同總屬湘湖塘內

白露塘治南二十里設塘長看守

荻徑塘苧羅鄉橫亘四里元王宵詩古塘頽荻徑秋來荻花盛留得荻花根能保蒼生命

周家湖塘治南二十里苧羅鄉周圍二里

橫塘治南五十里孝悌鄉橫亘一里

蘆康河塘治北七里貼近海塘

蕭山縣志卷十一終

蕭山縣志卷十二

文林郎知蕭山縣事鄒勷重修
文林郎知蕭山縣事劉儼
邑文學張沛祥
張崇文編較

堰閘壩

凡堰壩所以障水之出入而不以時啓閉者也又有閘焉則時慮内水之滂用板閉之以障外水之入或慮内水之旱復啓板以引外水之入者也先年積堰未開麻溪未塞蕭邑迤東諸鄉患浦陽江

水由麻溪而東北經小江又東北經龕山閘入海
則必溢入內河害不可言所以山會懼其東溢于
錢清鎮壩以截其衝而傍逼東西小江通口處必
築堰閘又于內河處加築堰閘無使溢入而後已
及戴公開磧堰築麻溪則浦陽江水北合富陽江
水直入大江以趨于海即西小江亦內河耳不更
爲害所以錢清壩大開而單家堰徐家閘諸處皆
廢無復議修築矣至林家㕮堰等閘在未城之先
各鄉水溢一時莫禦故于要處各設閘堰以抑横

流及施公既建邑城而各鄉水困于城禦不能泛溢故諸閘堰亦改作橋梁矣若今所存堰閘俱江塘湖水所關甚匪淺鮮修飾之功毋視泛常可也龍口閘長山閘龕山閘原爲去水所建今龍口閘有港以通大江惟長山龕山二閘沙漲湮塞必宜開掘葢因山會蕭諸水共由三江一閘出海水盛不能卽退遂成澤國近年屢被其害使各分流則水易退而民亦甚便議水利者善蓄尤貴善洩也此爲蕭邑第一要務當事者審諸

堰

章家堰在治東三里

孫家堰在治東二十里

楊新堰在治東二十五里

沈家堰在治東三十里

衙前堰在治東三十里

石湫堰在治東四十里

蔡家堰在治東四十里

季家堰在治東四十里

單家堰在治東南十五里今改橋

丘家堰在治南二十五里明萬曆十四年西江水溢衝爲澶邑令劉會修築

奏堰

大堰其石路省祭周鳳揚砌

磧堰在治南三十里有塘長看守明天順間知府彭誼建議開通磧堰于西江則築臨浦蕭山麻溪山陰二壩以截之

既改其上流又于下流築白馬山閘山陰以遏三江之潮汐故知府戴琥水利碑曰積堰決不可修三江決不可開鑿磧堰築麻溪此山會蕭山一大利害也昔戴公不知用幾許心力當時應有核文碑記而郡邑誌俱載之不詳豈世久無復存焉者乎　按天順年間三江口潮汐衝入但宜遏而不宜開所以築白馬閘于三江口近地使山陰蕭山水東趨下流不得因潮汐衝入增瀰漲之患故水利碑云磧堰決不可修三江決不可開此載浮梁非無見之言也及湯篤齋來時三江口並無潮汐衝入但見東流下趨決當由三江以入海而不宜塞矣所以建閘啟閉百餘年但見開之利而載浮梁之言反不驗正所謂時異勢殊當爲之變通故也

王家堰在治西一里宋志名鄭河口宋令顧沖水利事蹟云蕭

山自西興閘至錢清堰計四十五里中有運河河之南有湘湖河之北是由化夏孝二鄉每遇歲旱各得湘湖水利如欲取水先于運河兩頭作壩方決望湖橋下壩引水入運河復開鄭河口壩流入二鄉望湖橋乃水之所自出鄭河口乃水之所自入其水已足然後去兩壩復塞望湖鄭河口二壩

股堰在治西十里元里正楊伯遠妻王氏割股投水堰得以成因名股堰魏文靖公水利事述云宋淳熙八年諸暨水自南衝下本縣新林海水自東衝入

二水相合浸沒田畝一縣盡爲魚鼈是時富人徐氏集夫數百人破堰放水而入浙江人始得平土而居今雖沙漲去江頗遠遇水患亦不可不講究開滙自明萬曆間將大堰基址改建永興閘水澇可洩殷堰似可緩議

大堰　在治西十里明萬曆十五年令劉會改建永興閘

汪家堰　在治西南三十里

張家堰

方家堰

聞家堰　在治西南三十里

吳家堰

周老堰　以上六堰俱沿西江塘一帶俱設塘長數名看守

塘子堰　在治西十五里

石巖堰在治南一十五里

秦家堰

河墅堰以上四堰防湘湖水俱設塘夫數名看守

陳家堰

閘

新河閘在治東三里

澇湖閘在治東十里　昭名崇化由夏諸鄉之水會焉一入于澇湖一入于山北河會于長山閘又北入于海

麻車閘在治東三十里　節鳳儀鄉之水南注于運河

許家閘在治東二十五里　捍北海之水南溢于里仁鄉

徐家閘（在治東南十二里）元邑人戴成之建明景泰間縣丞王璡重修以禦小江之水（今改橋）

螺山閘（在治東南二十里）明天順間知縣梁昉重建以禦小江之水坊昭名崇化二鄉凡旱南引江水潦北决諸渠行之于江

林家閘（在治西四百步舊志云南北約濶三丈）西受夏孝長興諸鄉之水南受新義苧羅諸鄉之水會于西河達于運渠東經丁錢清又東入于江後閘或廢或存兩岸多爲居民填廣架屋漸至淺狹舟不能通民病之

明弘治十四年屯田僉事張鸞開浚亦不能復舊

萬曆十一年邑紳張試重建橋稍廣之

【村口閘】在治西五里【貧福閘】在治西八里舊志村口閘貧福閘外另有清水涵水二閘今查清水閘即村口閘涵水閘即貧福閘非有四也並以瀦湘湖白馬湖詹家湖之水以坊旱孝長興二鄉凡穀雨後閉閘秋分後開閘俱設閘夫看守　或云清水閘在西興倉橋邊今稍移進爲貧福閘渾水閘以受江水故名今稍移出近江爲龍口閘

【永興閘】在治西十里俗名龍口閘閘基故大堰外障江潮內節運渠二百里之水道時鑑湖霪澇逆奔于蕭昭名崇化由化諸鄉滙爲巨浸鄉民爭開大堰放水入

江頋潮汐奔潰塞之甚難明嘉靖三十年士人郟鬼祠于堰外塞龍口水無從洩轉于殷堰洩之塞之尤難萬曆十五年令劉會因石塘功畢計羨銀二千餘兩貯府庫酌請閘費八百七十四兩零改堰為閘二座以洩諸鄉水澇且便啟閉焉

吳家閘 在治南四十里 節孝悌諸鄉之水

霪頭閘 在治北十五里 節由化鄉之水北注于運河

長山閘 在治東北一十里 明成化間郡守戴琥重建東北樂游西南節由化由夏二鄉之水歲澇則出諸鄉

之水東北入海按魏文靖公水利事述云長山閘其港直通大江自古通客商船隻往來之所近因沙漲淤塞旱澇無濟崇禎十四年大水集民夫濬掘今又沙塞水患猝至無由放洩是宜與龍口龕山二閘同爲開濬啓閉則水患可弭也

龕山閘在治東北三十里明成化間郡守戴琥重建東北禦海西南節鳳儀里仁鄉之水歲澇則出諸鄉之水東北入海今歲久築塞不力漸就廢

明大學士吳寬紀畧

紹興地介于江海之間潮至則海沙漸壅而水不通故雨霪則江流暴漲而田皆沒其患豈無自而

至者常考之郡誌有漁浦有磧堰凡水自山陰天
樂慈姑麻溪而來與金華義烏諸暨之水合流于
江者足以障之入海而不使分殺其勢則沙涸不
能滿湃矣夫水道無阻則澇易泄而旱有濟其爲
利莫大于是自堰之廢農人始以爲病久之莫有
爲民慮者浮梁戴侯廷節由監察御史出知紹興
之三年政既有成益留意水利旣相山陰境內置
五閘以洩江南江北之水矣他日行蕭山問民所
苦縣令陳瑤亦以苦水對侯遂與之行水梧龕山
斷處曰是獨不可置閘乎乃以委陳君陳君爰集
父老沈珪等經度材用而命司稅凌禎宣義郎汪
富督工工旣訖因名之曰龕山閘仍設卒守之相
時澇旱以爲啓閉自是水有節宣田無汚萊農人
復以爲利閘之制爲門二中施橫木深若干尺廣
若干尺傍列石柱上架石梁各四其材用木爲椿
三百石爲丈六百灰爲斤三萬五千其工四千五
百六十起于成化十一年乙未之四月訖于
是年之十二月又三年戊戌七月戊子記

黄公閘在治南六十里桃源十三都諸暨坑塢山水注于桃源里亭湖江湖田萬餘畝盡被淹沒潮水泛溢時又從橫江而進邑鄉賓俞繼捐資置閘至今民受其利鄉人立祠于閘上尸祝之又方家閘謝鷹閘俱俞繼建

墻裏童閘順治十年間墻裏童姓與大橋瞿姓爭水訐訟共愬于鄉紳來集之因問其由皆曰于墻裏童設一閘則天旱時不須爭水可以無訟遂爲築閘

鳳堰閘在治東四百步閘受崇化鄉弁芹沂陸家河之水自鳳堰經入廟橋河自築城後水由運河出東門

南經城濠始入廟橋河又經東塘河至徐家閘東流以達螺山閘並入于江　明弘治七年邑人任邦瑞重修（山陰郎中高瀾記（畧））蕭山襟花溪磧堰西帶錢塘北瀕大海霪雨浹旬遂至泛溢高亢彌月即爲赤地蓄難涸易旱潦相仍民多病之宋楊龜山先生來宰因鑿湘湖爲瀦蓄之所其溝瀆運河皆爲堰閘而因時啓閉焉鳳堰閘亦其一也今歲自春之夏霪雨凡三閱月是堰傾圮田禾淹没邑士任邦瑞乃率其子曰鳳等出私帑白于縣令以鳩治之令嘉其尚義助以夫力蓂莢一更厥功告成嗣此汚窪高阜皆爲膏腴其利于蕭豈淺鮮哉

壩

錢清壩　在治東四十里以禦小江之水自開磧堰築麻溪遂廢

倪家壩　在治南三十五里

義橋壩在治南三十五里　新壩在治南三十五里

盛文壩即東壩俗呼新壩治東五里　明萬曆四十四年邑令陳如松講求地方利病于霪頭閘橫築一壩以防潮患壩上建文昌閣開雙河墜通運河以便舟楫建橋一大通橋傍搆塔一座共費銀二千餘兩不動公帑舟行紆回視舊遠二里後崇禎間于壩北首開通運河建橋二所舟由壩北一折直抵東門前陳公所開之河惟天旱由之

臨浦大壩在治南三十里

臨浦小壩爲西江之內障明正德以來商舟欲取便乃開壩建閘甚爲邑害嘉靖十三年邑令王聘塞之十五年令蕭敬德因建亭曰民造爲文勒石使不可廢

記曰民造亭何重民造而作亭也重民造而作亭何亭據要害之地作亭民造關焉鈞轄于蕭莫匪地也而獨作亭之地爲要害何蕭過遭阽海北築塘禦鼈子門之潮令劍牀以虜矣西築塘禦臨浦悍潝雨霆洪漲金衢嚴上流之水灌臨浦港襄陵而入挾海之鹹潮澎湃演溢湌民居盪穡塲民用昏墊穡事弗登壯者散老者轉死民之造關水之害厥惟甚哉故築黃樓以捍河流而彭城之民奠厥攸居若今臨浦之小壩是已壩廣不踰三尋外通港港逼大江內防浜浜逼令境故壩塞則洪漲暨鹹潮俱不能爲之害民用安焉曰塞壩特百人之力一勞永逸而慮怨其事

何曰蕭人之壩嶽人之利也故錢之泉勝于海之
患蕭吭于浙東魚鹽木植與夫諸貨之貿遷必由
于蕭西來自西興而達運河東來自東關而達運
河鮮弗四通突蕭人非必障而厲之也商人取捷
徑必欲由江入臨浦港由港決壩衝腹心以直遂
雖蕭人胥溺僅利厥載亦恐爲之矣曰是鈞商人
也而必曰嶽人何曰魚鹽木植之大賈十九爲嶽
人嶽人培厚貨錢本神徽人又神其術故牧民者
不服計大禹胥溺之心而惟通徽人恐絕曰臨浦
之人亦若是恝乎曰臨浦之人衣食于嶽人且樂
爲之囮媒曰吏茲土者豈無蘇東坡之爲勞者乎
曰有之而念未遑耳東皋王子以司諫責判太倉
遷蕭令涖任即嘆曰蕭之利害莫有大于海潮者
北臣塘西臨浦其要害之最者乎遂峻禁商人百
計壞之而卑請于憲臣者益懇誠有如已溺之之
心因得允命立亭勒碑以爲永禁事未成而東皋
擢南京地官正郎去任蕭子以承乏至嘆曰予毋
過彭城登黄樓而羨東坡曰茲殆非禹之徒與東

畢玆舉歸諸之逕續民命可也爰爲之立亭勒石以濟美焉因名其亭曰民造使人知重民造必不至于毀亭矣不毀亭則壩吾知其無恙矣壩無恙民造其有永哉商人雖有呂不韋之知之貨不復于此居其貨焉亭礱石甃甓經始于嘉靖丁酉十月廿有二日落成于戊戌十一月廿有六日亭修十尺廣加修五尺築如廣之數

麻溪壩 在治南三十三里謹按麻溪地屬山陰天樂之西南邊境非吾蕭所轄也曷爲築以石壩而令蕭輸其工費哉葢蕭山東南境外有鑿浦江者源出金華浦江縣北流一百餘里入諸暨縣與東江合流至官浦浮于紀家滙東北過峽山又北至臨浦而注于山陰之麻溪北過烏石江又北至錢清鎮曰錢清江乃東入于海此江對富春大江而言名曰小江在府治西曰西小江在邑治東又曰東小江計此江經流麻溪之南岸以達于錢清者皆山陰地也經流麻溪之北岸以達于錢

淸者皆蕭山地也水害宜均受之但南岸皆山延袤至于錢淸而未斷山爲阻截被害之田土猶少若北岸並無山岡阻截一望平田而且多通江之水口一遇泛溢平田以内皆江也即不泛溢而江水由各河以入浸淫洋溢無一田廬非江也蕭山苧羅鄉來蘇鄉由化鄉里仁鄉鳳儀鄉被害尤劇宋元迨明設策備禦但于各河口多築塘閘壩焉堰則有單家堰丘家堰奏堰大堰衙前堰沈家堰曹家堰楊新堰孫家堰章家堰鳳堰以遏江水内溢之勢閘則有徐家閘螺山閘以時啓閉節水之流又時築龕山石閘以爲江流入海之道壩則有臨浦大壩小壩又特築錢淸大壩使江水東奔山會而麻溪要害處尚未築壩江水猶多衝入雖有諸堰閘壩害猶未除弘治間郡守戴公琥詢民疾苦博採輿論相視臨浦江邊北有一山在江中名日積堰因鑿通積堰令浦陽江水直趨積堰北流以與富春江合並歸錢塘入海不復東折而趨麻溪遂令蕭山于彼麻溪營築石壩横亘南北石壩

以内殆無江水衝入南岸山陰田土固不受害而蕭山北岸汚萊悉成沃壤矣其餘諸堰閘可不復議修築也又嘉靖間太守湯公紹恩築三江閘以洩下流而水益不爲害蓋弘治迄今一百六十餘年無水患者皆麻溪壩之爲利也萬曆十六年邑令劉公會加石重建以杜禍源惟懼壩漸湮圮以踵前慮何今日突有開壩移建之議也以爲此壩不開則害及天樂鄉一都有半之民夫此一都有半之地在壩外東南貼近猫山閘至鄭家山嘴大塘者也澇固可通溝道由閘以洩其水旱尤可資江水由閘以灌其田于壩無甚利害也卽使有害而困此山陰天樂一都有半之田土孰與于困夫麻溪北岸蕭山苧羅諸鄉所跨之土田也二者較量孰多孰少且先時建壩之初明達如戴公夫豈不軫念此一方民也良亦利害有輕重地勢有緩急故不得不就築于麻溪耳且開壩之害不可勝言就蕭山言之麻溪未築之先屢有小江之患而不至剝膚者以有塘閘堰壩爲之屏翰也今盡廢

久矣使此壩一開既無關堰之防又無興復之費脫有不虞將如生靈何豈獨蕭山即天樂迤東沿江諸鄉水害孰與禦之其橫溢錢清以北奔注于三江口者勢將倍于曩時一遇霪霖泛溢橫奔山會將並受其害詎止一邑之殷憂也爲民牧者其審諸崇禎六年任三宅議

湘湖放水壩 東陡門盛家港閘湖放水東陽橋一壩二都二圖東門吊橋一壩廿一都六圖新壩二壩一都五圖霪頭閘一壩一都六圖澇湖閘一壩一都四圖陸家閘一壩二都六圖學前一壩總甲西門二壩二都三圖 石巖閘湖放水張龍橋一壩來十八都一圖趙家堰一壩來十八都五圖徐家閘一壩廿一都八圖水仙廟東一壩來十八都四圖張家堰一壩一都一圖塘裏陳一壩一都一圖八里橫一壩一都一圖霪頭閘一都一壩二圖八字橋一壩一都三圖上洋一壩一都二圖新壩一壩一都二圖後八字橋一壩一都二圖 皆先秋而築届白露而

隨毀

周家湖放水壩

橋梁

橋　跨運河者江寺前曰夢筆橋　齊建安中建（宋葉清臣修橋記）昔者昭明

綴集里巷開于東府子雲著書亭榭揭乎西蜀庸前修之能事崇近古之殊稱此賢者所以飛令聲布嘉躅也若夫景星著象牽牛列于闢梁周官分職司險達于川澤觀天根而壯事聽輿謀而順圖此作者所以啟上功廣成修也其或流風可挹遂泯滅而無聞陳迹有基忽廢墜而不舉斯亦平津之館永嘆于屈甕宛丘之道深譏于單子者已浙江之東偏會稽爲古郡伯禹啟書而興夏句踐保栖而伯越青巖交映佳山水之秀奇茂林森鬱美竹箭之滋植地方百里者八而蕭山居其一焉縣

目伽藍者五而昭慶第爲甲焉夢筆橋者乃直寺門絕河流而建之也初齊建安中左衛江公皈依法乘脫略塵境捨所居宅爲大福田則斯橋之與與寺偕始其賦名索義亦由此物也自會昌流禍池臺起傾平之愴大中再造土木極文秀之華惟造舟之制曠日不復物豈終否有時而興天聖紀號之二年冬十有二月隴西李君以廷尉評實宰是邑君明習吏事詳練理體牽絲訟牒至必連綴批郤導窾居多餘地其始至也去害吏撫瘵民激揚頹弊悚振紘頌越明年政以凝民用寧訟無留牘漁不征夜于是以成法視文奏以服刻起隳圮位署必葺邑居維新一日周爰井疆鋪觀圖籍感釋子之能志惜江氏之寢微且懼乎褰裳厲深爲斯民病漸惟涉難貽來者蓋乃諭居僧俾募信施其坐堂上之客必得邑中之豪寺僧知明等同與是謀式幹斯蠱三四佛之攸種咸植善根百千金之所宜悉歸寶塔府帑不費里旅不煩山虞致木而叢倚郢人運斤而風集經始不日而功用有成

晴虹倚空而半環浮鼉跨波而欲渡雕楹矗而巃聳鈎楯繚而横絕肩摩轂擊控曳路而下馳飛艫鳴舸貫清流而直逝以材之豐羨稽工之間隙又作駐楫亭于橋之北涘艇子兩槳足以憩行者之勤虹霓一梁誠可免涉者之病是知創橋以表寺先賢之遺懿益光由亭而視橋上人之用心兼至建一物而二美具故君子謂李君爲能若乃度羣迷超彼岸演竺乾之筏踰從善政均大惠易國僑之輸濟又豈止題柱仲馬卿之志躡履紀黄石之書臨淸水以締材徒言呂母架渭河而建利止號崔公而已哉李君謂余春秋之流可紀歲月之實折簡馳問托辭傳信愧無馬遷之善敘聊傳丘明之新作云陸放翁詩夢筆橋邊擁鼻吟壯圖蹭蹬老侵尋不眠數盡雞三唱自嘆當年起舞心華鎮詩綠波照日情無奈碧草連天恨未消 惠濟寺前欲問夢中傳彩筆柳絲低拂曲欄橋

曰惠濟橋郎鳳堰橋 城東門外曰東賜明嘉靖癸巳築城民多借用橋

石乙卯慮倭人直薄城下拆毁丁巳令魏堂督民
重建
國朝順治年間重修新壩曰文昌橋曰會龍橋十五
里曰瑞蓮橋明萬曆間邑女子蔡瑞蓮建俗呼姑娘橋瀵下陳曰北海
橋莫家港曰鎮海橋過東數里曰新發王橋新林
鋪前曰石橋舊名浮橋一曰木橋架木爲梁每壞與山陰均葺之明弘治七年山陰周
廷澤易之以石北海塘傾橋亦就隳守道楊一葵
于萬曆四十二年修塘而橋復建〔陸放翁渡浮橋
至錢清驛待舟詩〕潮生林沙岸雲薄漏月明江頭
朧色動鴉起人未行扶携渡長橋仰視天宇清遙
憐繫舟人聽我高屐聲冰鑑得少憩一笑拄杖橫
澄漪弄清影微風吹宿酲湛然方寸間不受塵事
櫻寄語市朝人
此樂未易明白鶴鋪前曰白鶴鋪橋吳越備史
唐光啓二

年錢王鏐以錢爽守雙童宋之問詩溪邊逢五老橋下見雙童李紳詩未見雙童白鶴橋明萬曆間施良貴修錢清鎮曰雙峯橋又曰方家橋歲久斷圮宋郡守汪綱重修寧宗御舟經行撤而復葺城中便民倉前曰倉橋西曰貞濟橋一曰都亭橋俗名市心橋又西曰永興橋一曰新橋俗稱西橋城外鳳堰鋪前曰永壽橋又西五里曰弘濟橋邑紳張幹山建橋邊有井來端蒙端操重修俗名嶽廟橋又西四里曰板橋西興鹽課司前曰倉橋又曰官橋邑紳戴光建又西半里曰屋子橋板橋橋上建屋康熙年間重建石橋治東城內曰鳳堰閘橋未城之先爲閘明嘉靖間建城改爲橋東城外曰弔橋百步曰陳公橋明萬曆四十四年邑令陳如松掘通

與河塗折運河水使南注因建橋焉
國朝康熙五年建祠于橋上
凡九里許曰東仁橋十五里曰驅虎橋里有虎患故名邑人來端操建二十里曰興隆橋邑人吳士駿建在螺山寺邊曰螺山橋
三十二里曰施家橋三十五里曰沈家橋曰路西
橋四十五里曰鄭家橋又里許曰畢公橋差折而
南曰八字橋
治南城內曰保壽橋邑典膳張臣建曰興仁橋又曰府橋今廢東
南曰芹沂橋舊志云宋儒學故址在縣東南有芹沂橋存焉城外曰廟橋
縣社頭廟曰道源橋元戴成之建四里曰羅婆橋明萬曆間趙汭重修

五里曰王家橋，曰大通橋舊名板橋，因大通和尚改建，故名。明萬曆二十二年，邑州判陸道徵加修，并築縴路。十里曰楊公第一橋令楊鐸建。十二里曰惠津橋邑人蔡應山、周有科等建。十五里曰漁臨關橋邑人田惟祐記畧：蕭山爲紹興屬邑，密邇省治，而濱江瀕海，西通衢、婺、徽、嚴諸郡，凡商販竹木簰筏，自上江順流東下，經富陽入小江，悉集蕭山漁臨二浦，故工部分司雖總設于杭，而于蕭山漁臨則亦各置榷場焉。每竹木到浦，分司主政渡江蒞縣監視抽分。縣之來蘇鄉地濱東小江，名單家堰，江之東西爲山陰、蕭山之界，而抽分廠則在小江之西，通山、會、諸暨數縣及商民往來。永樂間有木橋跨江以渡，尋廢。歲久民病徒涉，代以舟楫，不便。嘉靖壬辰，工部主政薛公移木關于此，商民往來者尤衆，公議建石橋，未果而去。民架木梁以渡，而江濶水漫，危險可畏。今歲六月，衢、嚴洪水泛溢，逕趨蕭山木梁衝漂無存行者患之值工部主政林公臨縣詢知民病遂決前議疊石爲梁列五洞跨江東西以丈計者十餘通計費白金若干兩皆公自處給並無干民肇工于七月十九日迄工于十一月二十日規制崇廣甃築壯固絕長流而橫亘凌深波而隱起如晴虹下垂浮鼉欲渡不惟一時觀瞻稱美誠俾萬世往來稱便公之功詎不偉歟 二十五里曰小江橋曰王村橋西南里許曰惠政橋（元簿趙誠建） 三里曰清冷橋十里曰長寧橋（舊名欒大橋明成化丙午令朱栻建嘉靖丁巳令魏堂重修） 十二里曰東平橋（邑主事黃九皐題） 十六里曰新橋（邑紳黃三尚倡建） 三十里曰埭上黃家大橋（工部主事謝體升朱惟一爲同寅黃九皐建） 三十五里曰峽山橋 二十五里曰公孫橋（舊朱村木橋甚）

秋有墮死者明隆慶間邑人華實改建石橋十五洞未就其孫華壁續成之凡廿一洞費千餘金鄉人義之故名國朝康熙元年邑人王承宗修築三洞約費六百金四十里曰觀音橋四十五里曰石葢橋五十里曰新橋坍毀已久居民建木橋濟渡橋狹江濶每有墮死者國朝順治年間鄉賓單人英捐貲重建石橋六十里曰濟遠橋又一里曰太平橋又一里曰天濟橋曰峽浦橋又曰蔣家橋舊名沈家橋明萬曆間洪水衝決居民架木爲梁行者多不便國朝康熙六年重建石橋邑人王之冩有記又五里曰順濟橋令魏堂建正南十里曰毓秀橋俗呼莊潘橋

治西城內百步曰儒林橋即北淪橋蔡萬善修曰惠民橋即南淪橋舊惠民藥局在此曰清風橋在祇園寺側俗呼寺前橋國朝順治年間重修曰會龍橋即林家閘基未城之先爲閘明嘉靖建城後改爲橋邑人林可山建明萬曆七年邑紳張試捐資修改今名城西城門外數武曰望湖橋舊志揚郭二先生祠在湖口民登望之故名國朝康熙六年重募修又里許曰盛家橋曰村口橋俱里人來士建鄉（會稽陶承學詩）黃龕山下行人急白馬湖頭水更寒共說褰裳愁落日可能驅石駕迴瀾俄驚斷峽空中下笑指雙龍望裏蟠銀漢近知秋色淨濤時題柱定誰看曰南寧橋曰南淦橋八里曰村口閘橋十里曰資福橋曰

望海橋舊名王家橋邑宦來端本建　曰應道橋舊名光濟橋邑生來援同來應期建　曰江龍橋舊名湯家橋來端棠端操建　曰三中橋舊名孫家橋來日升來端容建　曰海山橋來保來湖建以上五橋皆令魏堂督修海山又圮涉多溺死來士建重鄒　曰萊竹山橋里人來弘輝鄒孫來士建重修凡橋梁傾圮者弘輝皆爲修理巡按舒汀奬于旌善亭　曰東湖鎖翠橋邑宦來端棠建　曰飛虹橋

治北城內一里許曰永封橋明嘉靖戊午張封君翼孫封君煥開堰立橋令魏堂定以今名因記曰宋時令顧冲云運河之北爲由化夏孝鄉舟運歲旱引湘湖水由鄭河口入以資灌溉則鄭河爲通渠舊矣近私販鹽徒幸由之有居民王姓者私鹽事發官司遂堰其口因名王家堰今築城後其河之北口亦塞一經霖潦民稱弗便者三歲矣余尹蕭見學宫頹圯欲建

尊經閣以存典籍但近城無地取土築基邑民張燈衆推董事進言曰王家堰爲禁鹽設城築而堰可廢矣于此取土既成學基復通舟楫去水患一舉而三善兼焉余曰開堰可矣更橋之以通往來闢之以時啓閉斯爲全善乃濬之其深欲與運河底平後浚方尺許兩岸巨石山積于是燈之父翼率族捐貲建橋適孫君買宅北城亦助工費橋成予因題之曰永封用表二封官且啓後焉愚又慮此河深濶後有淺而狹之者因識其丈尺于左闊內濶二丈者長二尺五寸次濶一丈八尺者長十五丈次濶三丈者長四丈四尺次即舊堰後有犯者里老呈究曰雲津橋曰望峯橋今廢曰張家橋曰金家橋曰普惠橋舊名和尚橋令魏堂修

二里曰東百石橋里人丁應雷助建曰西百石橋三里曰施家橋五里曰郎家橋曰高遷橋十道志云董襲見孫權于此吳

志云孫策入郡郡人迎之于高遷東北五里曰廣濟橋舊名涌橋今魏堂修

跨江者曰浮橋去縣五十里其江曰橫江東爲山陰天樂鄉南爲桃源尖山埠明時

上有義渡船

國朝順治三年王師達閩始建浮橋共船一十六隻山陰蕭山兩縣均泒每年修築不泒別都

跨西小江者其先爲渡自磧堰通後悉改爲橋舊志猶載渡內今改正

治南三十里曰王灣橋舊名王灣渡東爲山陰西爲苧羅鄉差折而西二里曰汀頭橋舊名汀頭渡南爲山陰北爲來蘇鄉又折而北三里曰所前橋東爲山陰西爲來蘇鄉又北五里曰鳳仙橋舊名周家渡今俗呼金雞山橋東爲山陰西爲來蘇鄉又折而東十里曰江橋

舊名檜浦堰南爲
山陰北爲里仁鄉

蕭山縣志卷十二終

蕭山縣志卷十三

文林郎知蕭山縣事鄒勷 重修

文林郎知蕭山縣事劉儼 邑文學張沛祥

張崇文 編較

學校志

學之建所以正人心端風俗儲養人才而貢國用也故上自京師下逮郡邑莫不有學靈臺矢泳泮水載賡所從來矣蕭之學昔在雷壤宋紹興末移置邑之西南隅西山右障源泉左環淵渟嶽峙毓

秀鍾奇其間偉人輩出樹崇勳而名當世者歷歷可數也地之靈誠使然哉今詳其顛末著于篇

儒學在治西南文明門內宋初在雷壤東距治東南里許卽今芹沂橋紹興間令陳南徙置今所中爲明倫堂三間堂額朱晦翁書堂之東掖爲學倉一間西掖爲神庫一間堂後爲川堂曰崇正今廢又後爲書房扁曰育才清署三間堂之東偏爲會講堂三間今廢連於南者爲敎忠齋三間今廢由堂前路差折而東爲道義門一座又南爲中門三間今廢門之左間爲祇候廳右間爲土地祠兩門內之東偏爲號房樓房上下各十四間中爲麗澤

堂前間爲門今廢更造祐文祠三間中塑文昌像左一間祀土地之神右一間爲報功祠祀歷代之有功于學者中門外有橋下通泮水橋之南爲外門一間門之外有池廣十畝許曰璧月池池之左有溝通内小池達於西河上架雲龍橋嘉靖三十九年令歐陽一敬建

先師廟凡五間在明倫堂前舊名大成殿明嘉靖十年正祀典去累朝封號易以今名廟之左爲東廡右爲西廡各十二間南爲戟門提學汪文盛題曰聖門門之左爲祗候廳一間今廢右爲神厨一間今廢左右交於兩廡有披屋各一間神厨之西爲宰牲廳今廢門之東

偏爲名宦祠西偏爲鄉賢祠詳祠廟前爲泮池池之上有橋三座橋之南爲欞星門三座籩豆罍爵鉶簠諸祭器具有記籍詳學志

祝文 惟師德配天地道貫古今删述六經垂憲萬世惟茲仲春秋謹以牲帛醴齊粢盛庶品祗奉舊章式陳明薦以復聖顏子宗聖曾子述聖子思子亞聖孟子配尚享

啓聖公祠三間在教忠齋東即舊射圃觀德廳明嘉靖十二年肇建其祭先于文廟者

祝文 惟公誕生至聖爲萬世王者之師功德顯著茲因仲春秋謹以牲帛醴齊粢盛庶品式陳明薦以先賢顏氏先賢曾氏先賢孔氏先賢孟氏配尚享

御製七箴碑亭在啓聖公祠前今廢

教諭廨在明倫堂北有堂有書房有寢有厨　訓導廨舊在各齋後明嘉靖十八年潰水侵圮令林策徙西廨改建於明倫堂東制視教諭廨　國朝初年裁訓導一員康熙二年盡裁訓導康熙十六年奉復一員

三元閣明萬曆四年令王一乾建樓三楹于雲龍橋之東名雲龍閣萬曆十年令馬朝錫改建八角樓周以石欄易今名（山陰王國禎雲樓閣記）嘉靖甲子秋狀元南明諸公會元星橋金公道蕭謁先師大相黌宇以爲天非人不成苟起峯于巽民以鎭東臂則人文大興稽堪輿之說少補偏闕闢小南門以開離象建魁星亭以奠元居穿左膊水建石梁以旋遶榜巳肇有雲龍橋戊辰春榜一科而登第者二三人郎其一驗然西山虎踞而龍跛于東震生之氣未足也萬曆甲戌秋一吾王先生來署蕭庠兼通九流閱是基信孕秀也而蒼龍之首大宜建植樓閣以爲東鎭二公之見誠然于是

集議司訓雲池呂先生參松李先生欲建樓于左畔諸鄉士大夫欣欣然咸樂義功稟命於養初王公公即慨然身任其事易居民地以廣其址鳩工聚材經始于乙亥冬落成于丙子之夏立扁曰雲龍閣閣高四丈有奇榱桷翬飛丹楹煥彩巍然大觀爲東方左臂盤踞之勢斯無偏畸矣事竣叅松先生求記于予予惟聞之易曰雲從龍夫龍之爲物至神也而雲則從之亦以見龍之飛見皆以類相應利見於大人文明天下之象也士之龍德變化出潛離隱乘雲而興者何異於是是閣之建所以廣南明星橋二公之意其命名則期蕭之士膺雲龍之會快物覩之期輔君德濟民生名顯當時休光後世耳諸士其勉之是役也計費二百金乃養初公捐俸二尹謙所三尹斂齋協成其事師生亦以多寡出貲及鄉士大夫春元上舍所樂助分毫不取諸民爰勸其名于碑之右云訓導龍訓三

元閣上梁文伏以山拱潮趨地軸枕越邦之秀邑分校設人文開東浙之雄宮墻綿固以中函自昔

禁祐萃止樓觀鼎新於外構斯今氣槩稱衡標茲
巽位之虬昂配彼坤巒之虎踞青雲象逈肅髦俊
以彬遊珠斗芒寒棱文昌而煥仰展也創經之良
畫偉哉前哲之洪猷寧期任術未精稍迷圭臬遂
致向方爭利偶挫科名天擾蕭庠之文運時逢邑
宰之神明情比文翁道希中立朋簪方聚崇朝之
議君公輙來多助之金師儒類舞躍以同聲者達
咸趨蹌而恊力揣規制量事期效謀者取諸衆共
討徒庸慮材用助義者各有司存卜順陰陽詹尹
推靈而告吉功求俄頃匠石聲呼而景從象欲凌
虛作銳高矗台垣度因改方爲圖上符奎璧瞭入
紘以立極圜同而衡忌皆除燭萬象以騰文總攬
而光明具達蓬萊掩映春暉晃盪生麓天柱迢遥
瑞靄飛攢綵擁日月星七政交麗象之常新解會
狀三元湧聲華之疊起彼岳陽黃鶴勝矣秪登遊
觀若井幹麗樵崇然何關教化詎若斯役之華就
不系儒學之離光素王廟貌繇茲翼翼增嚴黎獻
瞻趨允爾巍巍示重將期鏖戰之歌凱先覩翬飛

之落成勸激庶工用揚膚頌梁之東扶桑日上海波紅湧出靈山鼇背客先馳雲路馬蹄風梁之西廣寒直上倚丹梯借回舊夢文通筆共識新秋錦字機梁之南離光灼爍焰文山五車飽貯羣英腹萬里風雲足不難梁之北星輝聯貫宸辰極人才幸偶令公賢鼓舞飛騰功倍赫赫梁之上經營締構疑天匠儒髦端提薦明時從此梯階登輔相梁之下遊者勉旃觀者化雍雍濟濟振衣裳美玉沽諸令有價伏願上梁之後八風納氣萬戶通祥青衿豁眼濯舊見以來新彩筆抽毫脫陳言而寫麗鼓篋者駢肩有造取應者接武與賓絃歌樂育誰不儆變豹遊鯤際會昇平俱可依祥麟威鳳文學如田如顧纍纍踵掇元魁功名希魏希張炳炳班留尸祝不特衣冠鄉井實將梁棟邦家凡我有衆公私肖勝歡喜

祝禱之至

尊經閣在明倫堂北教諭廨後明嘉靖三十七年令魏堂建閣高四丈四尺上下各五間四

[illegible]

門一座路出教忠齋廊下今廢

聚奎亭在尊經閣後明嘉靖四十年令歐陽一敬建狀元諸大綬會元金達借謁廟觀亭命名今萬曆四十二年教諭何舜齡修亭置魁星像

學自宋令陳南徙今所嗣後宋敷姚元哲張稱孫王振崔嘉訥踵事增修規制頗備張公復築崇岡于其地以壯形勢

宋莫濟重建學記

浙河以東郡縣之衆甍宇之壯舟車之雜集大哉縣也近而且大宜有卓異秀頴之民出乎其間而末之見三歲應令不越二十餘輩紹興二十有六年夏四月丹陽陳南來宰是邑告至于先聖顧瞻黌宇陋其制之卑下與其地之囂塵也用震悼於厥心已而屬其民而告之曰天子厥崇儒教四方萬里靡不餝學

校而典絃歌吾邑乃因陋而弗圖豈惟在位者之羞爾民得無恧乎吾觀南門之外地廣以平環羣山而帶流水其定遷焉聞者咸無異言乃以冬十有一月令役于邑中明年秋移病以歸常山宋敷實嗣之嘉陳之爲惜其不就請于郡守趙公令趙公曰民不可勞也學不可廢也出公帑錢八十萬以佐其役冬十有二月文學於是始成前伉重門中嚴廣殿有横經之堂有肄業之齋既用幣于先聖先師以濟之分教是郡也使來請記濟謂俗無美惡而教有興廢厥今文風之盛稱關蜀其初實皆僻陋乃賢郡守倡其教至追齊魯而與之侔矧今明天子在上教行自近始郡守縣宰相與奉承而宣布之編民爭遣子弟列諸生惟恐居後今之蕭山安知其不變而至道也且是縣江山之勝名天下吾意夫橘柚羅綺之美不能獨當奇也蘊而在人者特鬱而未發耳守宰三君子則既發之矣被其賜者宜若之何毋怠荒暴棄毋惑乎異端而蹈乎非彝不惟以對三君子庶無負天子樂育之

意云（宋馮平國重修學記）聖朝文星奎聚學校徧寰瀛六飛南渡吾邑密拱京畿首善風化斯文霑洽異於他邦龜山楊先生嘗憩召棠而鼓宓琴迨今祠之于學學之舊址在雷壇東偏紹興間令尹陳公南卜遷于茲碧流帶環來自蒼龍角面峯文筆巍標插天得地之勝遊歌其中者率多擢桂握蘭地靈人傑相爲符印寶慶丙戌郡帥汪公綱闢治之餘歲月逾久垣墉日寖頹圮廩入寡羸僅能苴漏大成有殿廼奠尉嚴祀之地棟橈支傾久圖葺治賫浩莫舉寶祐丙辰新安太守扈卿秋巖張君稱孫時適錦居力任鼎新季春壬寅卜云其臧鳩工雲集太師嗣榮王轅車經邑捐金以相其事越帥殿撰厚齋李公鏞時建庾臺亦爲歛助計使耑明存齋王公克仁自邑令俱爲局給在學執事駿奔効勞迄役于夏季之庚申廟貌翼翼妥靈揭虔慶成而讌于堂右司雲湘趙公希鎤時在賓席揚觶而言曰輪奐乎大成殿之告成也非秋巖張公倡其始王公大夫致其助疇克底績盍勸堅珉

以示方來扈卿歲舉鄉飲禮古儀豐資相小山厲公文翁亦致餽焉衿佩鏘鏘文容濟濟觀鄉者莫不美而誦之既又築崇岡于學宮之後以壯形勢悉張君美意也邇者聖天子日新文化增置縣博士官以淑秀乂月書季考視儀上庠鋪張揚厲詎可缺諸僕鄉閭晚學嘗聞諸先君武博昔者鄉校汨於潦像設湮晦扈卿大父府博時皆肄業相與募以新之既而踵遊辟雍登進士第今張君克紹祖芳文闈榮雋卿月輝煌蘭砌詵詵聯鑣薦鶚爲龔世科儒效於此乎可見矣學之諸賢雋曰樂石已備請書其事墨逕雖荒何敢以寡陋辭披文相質愧不能工若夫朝夕遊焉潛心道閫慕智聖條理之科中金石聲振之節德成應聘席珍則庠序諸君事也相與勉旃以副成人有造之意元張伯淳重修學記縣有學學有大成殿凡皆然不特蕭山也蕭山爲邑西瞰錢塘東接千巖萬壑之秀宋紹興間建學文筆峰前拓址恢規自昔爲諸邑最絃誦聲日相聞名公鉅卿彬彬輩出皇元混一以

來士由學者咸給復部使者往往能以宣明勉勵爲巳任以故飭弊植僵覗前勿替當至元壬辰歳廉訪副使東平王侯既宏闢郡學行有餘力重建斯學時教諭山陰王酉發亦能營治如家不日而成當有紀其事者惟殿之成欲速不遑擇木曾未十稔腐弗克支大德戊戌縣尉大名王振麟伯教諭天台陳處久德可四明陳適文卿首議撤而新之既而尹燕山王琛君寶來至慨然謂宜主簿太原王泰亨仲通與達魯花赤可馬刺丁咸是其議顧力有不逮會是秋副使拜降公僉司事王公奐循行至邑奠謁巳諸君闔辭進曰殿不稱學不亟圖之將壓焉矣止藻芹顧瞻若是爲士者獨無愧乎二使者作而曰是予心也若所言犂然有當謀既僉同於是邑令提其綱尉相其役教諭傾廪以經其始諸生莫不輸材薦力起巳亥歳夏四月至秋八月告成易腐木以堅改舊觀而新民不知役士無異論奐然翼然過者駭目洞心於乎盛哉竊謂士君子之於學患不固耳思必精辯必明行必

力然後見諸日用而不悖猶之農鹵莽滅裂而種其報亦將鹵莽滅裂向使當時工善度材官不肯速效殿雖歷千載猶一日也欽惟制詔屢頒崇尚孔子之道有地治者莫敢行其胸臆以壅皇澤士何幸然士所學何事如徒切切然求以復其身而其所以自立則惟苟且是務殆與前所謂腐木者奚以異可不懼哉德可於伯淳爲中表道其修建顛末爲詳惟麟伯儒而通見義有勇故於是役宜力靡不至文卿名家子敏而好修心惟身任蚤夜弗少懈令佐皆知所本故能底于成然則豈偶然哉衿佩來遊知其成之不易而責效之不可以速則在我者必將求爲可久之道是豈施於繕修一事而已邑之官若士謂伯淳曾職太史氏言或可信後求文以垂不朽因述所見聞云然尚相與勉脩德可昔嘗有位于朝不特可稱云（元胡長孺重建學記）大德三年八月辛亥哉生明越五日朝成翌日丁巳釋奠于新廟用幣縣長貳師弟子咸在既受福東序還位揖于庭曰美哉廟厥亦勤恤匪

易皆敦讓言罔敢以爲功亦既伐石門外右畫壁
輸材氏名寘諸石陰適來請記故廟在雷壖東偏
庳下陋隘賢令陳公南相方度宜以徙置于茲土
後百廿年張公稱孫貴盛爲山疏溝復作廟又後
三十有七年當至元廿九年廉訪使者行縣戒學
官作廟堂門廡始訖丹漆黝堊事蠹蝕材且盡處
久適懼弗即就請用良易蠹尉奮曰厥初擇材弗
于其良今弗良圖疇克久語合尹意長官主簿暨
典史陳英咸贊尹自調工材所出營度畧定廟即
日撤去故材蠹中罔有膚寸完張公孫堅先輸其
良以勸羣士代木薦材以後爲址復合師弟子月
入粟布用佐餘費範金斲木與日出入尉日至臨
視適程督益虔靡間暑雨成廟之改月處郡洪天
澤代處久任猶未塗暨芙天澤緒成諸廡基匪堅
址又將推方議葺廡外內且完尉亦歲滿受代去
長孺曰作新廟用材暨工有弗獲罔克臻厥成弗
錄何勸爰作記以貽後廟記翰林直學士張君伯
淳所作是爲處久私親昆弟厥事核故不復書元

倪淵重建學記紹興路蕭山縣當元統甲戌之春天大雨雹壞官廨民廬十八九幸學之大成殿巋然獨存三四年來弗克葺治日以摧敗後至元戊寅雲内崔侯嘉訥來令兹邑慨念先聖綱常之主朝廷教化之宫崇奉弗嚴何以示民所趨向於是討學廩之舊儲節浮費收宿逋掄材度庸不貲于上不役于民教諭天台趙公孟善暨邑耆士董之始作於是年之春畢工於明年之冬禮殿翼翼論堂耽耽靈星嚴竦泮水潔清從祀之像晃黼鮮明肄業之齋窔几靜好垣墉丹艧倉庚庖湢莫不完整侯之爲是豈直以觀美哉誠爲令者之宜上德化臭此爲急而獄訟賦租簿書期會特餘事耳蕭山西瞰浙江湖汝之雄放東攬會稽巖壑之奇秀英才雅德前後相望昔者龜山先生楊文靖公嘗宰于兹其爲程門主敬窮理修巳治人之學先輩當有得其傳者矧今科舉之制復行後生子弟必能翕然興起以應賢令作新之意雖然先生之言日辯晰之分善利而已使世無科舉而不學如是

而不爲跖之徒也幾希斯言甚有警于吾黨士之爲善不待科舉之復第講之未熟鮮有不以利爲善者邑士重侯之嘉惠于我求文以記之余謝不敏而請之不已惟崔侯可以爲凡縣令者法不固以鄙陋辭邑士當知侯之修學不區區望于歸美其功所望者亦猶先生之意欲邑之士皆爲舜之徒也尚有以勉之若學之創始遷易顛末前記已悉茲不贅

明洪武間學仍舊制永樂初令張崇曾永聰相繼崇飾弘治十四年明倫堂圮令楊鐸朱儼重建正德八年御史張元德以學宮傾側且南逼於民田令邑令吳瓚拓而新之工未竣吳以秩滿去令王瑋踵成焉（無錫邵寶重修儒學記畧）惟道術裂而學無恒宗於是乎有師人材雜而士無恒途

於是乎有諸科庠序廢而士無恒居於是乎有諸院舍慨自周衰至于宋其變不一其大較可知也明之興鑒於前代而先王時若學必本諸經說經者必本諸程朱氏而道術之裂者合士遊庠序比年有貢三年有舉而人材之進者專自郡徂邑命官簡徒宫居廩食山林湖海罔有逸遊而庠序之廢者興大哉聖謨實參天運道久化成蓋有出於司存之外者若其屋廬之敝則新圖焉非良有司其誰任之非賢典學其誰倡之今夫學必有堂堂之榜皆曰明倫蓋取諸孟子而孟子則聞諸舜之命契蓋萬世教學之道莫大於是先聖先師盡是以則則祠而奠焉經訓典籍載是以傳則閣而尊焉師以是授弟子以是受體是爲德貌是爲文缺是爲病惟德輔世於學成矣而文盧病廢雖學焉君子謂之非學今是學也基缺于南衆以爲病也則圜而方之必截然畫一而後爲稱矧吾所謂倫者而或缺焉可謂之學乎此教焉者與學焉者[illegible]也非有司所與力也雖然此猶其常耳若夫時有

升降世有隆汚窮居達用我秉吾倫危險荐臻厥或病之則固有君傚風雨振陵我殿宇敗壞我像設者矣儆焉而支之勉焉而復之以無敗厥常此之致力於物者其艱爲甚此固學者之事也又非教焉者所與力也而奉詔作人者固有厚望焉徐君學政最諸藩其屬斯記也豈徒欲成功之書哉實不敏蓋亦嘗與聞是者請以是爲諸生告

嘉靖十八年西江水溢壞學宮解宇令林策修之移置西訓導解於東偏增建會講會饌二堂及號房〔提學僉事山陰蔡宗兗重修學記〕蕭山吾越之巨邑嘉靖庚子春漳南林公策由戊戌進士筮尹茲邑其邑地瀕大江上接歙睦衢婺萬山之水秋霖彌月大江潰入平陸水溢丈許學宮正迎湏洞捲波濤而混泥沙者塌如矣公節縮浮費遍融羨餘具呈監司王公紳臬司張公鏊蕭公一中鳩

集木石簡餙工徒慎選監督而身先勞之工力有不及者間出俸餘助之經始于庚子孟冬落成於辛丑春暮塌如之境坦如凳如歸如律如黝如堊如翬如翼如殿堂廡宇橋門綽楔鉅細之宜立者無一之不立矣今年春林公過訪山人于鏡水告山人曰敝邑學宮幸復完立有司常職不足言也當道作興曷敢忘之願先生記諸石以勸來者并求務學之道以世勵我諸士山人曰吾聞能樹學者必能教士幾及三載願善言無隱公曰聊無他能惟不忘大學之教耳山人喜其言之有本深得致道之旨也遂從而闡明之曰大學之道有所謂明明德者統言之也下分格物致知誠意正心修身五者缺一皆不足以明明德也有所謂新民者合言之也下分齊家治國平天下三者缺一皆未盡乎新民也明明德止於至善則新民自止於至善矣明德外五者而爲學皆無益之學未有能明其德者也明德之事即新民之事新民外明德而有事皆無本之政未有能新其民者也故修巳惟在

于明德新民必本于明德聖賢之所學者學此而已帝王之所教者教此而已天子恭已于上者此也大臣盡忠于下者此也勳烈之所以光大文章之所以烜赫者此也至簡至易實千載相傳之心法萬世不易之王道士友毋以爲常談服膺而身踐之斯不負令尹建學之深意當道作興之盛心而自視亦不爲小矣有不遠到者乎蕭人世仰乎龜山敢致龜山之懇視龜山之心即林公今日之心也

嘉靖三十六年學宮復頹俶令魏堂重修先師廟庭增築露臺甬路門廡廊屋交帶聯屬朔望行禮陰雨無愆儀又葺祗候廳以爲更衣之所建訓導廨以居師儒

翰林院編修錢塘金璐重修學記蕭山縣之有儒學舊矣昔嘗改建今址

于宋紹興間迨今正德癸酉嘉靖庚子載行葺治事具邵公寶蔡公宗兗記中亦甚詳矣嗣後歲侵風雨淬潦衝齧完者圮新者敝棄而弗治此固有司之責也甲寅冬魏侯至首謁學宮仰瞻儀位會諸生于講堂喟然興感曰茲學之修越茲幾載今復若此何以妥神靈宣教化會計餙復我不敢後乃以倭寇犯順擾我江防軍興未遑而侯之心則常汲汲焉者今茲邊隅警息財力可資殫厥心思用申前議鳩工于丁巳孟夏甫三閱月而告成焉上自先師廟庭下至門廡堂室齋祠靡宇咸葺而新之丹堊重輝臺堦峻潔遠近愽觀爭傳盛事夫自聖天子視學育才聿修文教乃用輔臣議以上易像亦以吾夫子春秋之義去其王號尊爲帝師追復三代禮樂之嚴一洗先朝非分之陋則固無間然矣而宮墻蕪穢見者興嗟亦何以仰承德意大抵爲主司者來去靡常率多引嫌委之未暇或視官府如傳舍計日待遷于士于學弗少經意亦或委任非人怠于稽察隨補隨敝殊罔顧惜其弊

若此不獨一方爾也侯乃不然力與茲舉用才若干緒日加省視第其工力勤惰而上下之餼廩稱能百工胥勸民不告勞成此偉績維時縣傳林君則時徐君演既相厥事爰命徐生大夏鳳來輩乞言史氏立石記之璐常有聞先王建學將以明倫敦化儲養人才資世用也故爲政之要莫切于此侯能于瘡痍甫定之初節用撫綏不傷民力而爲此振揚風教之舉自非學有定力而知所先務者念不及此也豈不足以爲諸郡諸邑之勸哉自今以往尚冀我諸士體侯修治之意修身以崇德修辭以廣業交相砥礪以昭國家文明之治茲固報德崇功之典其有利於天下後世遠矣因著于篇以告後人之從政者使有所考

萬曆三年學又圮令王一乾加葺焉（左布政使錢塘陳善重修學記）蕭山自建學以來代有興舉宋以前無論已明興二百餘年文教隆洽治政聿興而蕭邑之學

所爲飭治更新者凡六七作永樂間一修弘治間再修至正德癸酉乃拓地增植規㮣前制嘉靖癸卯戊午重加繕治萬曆甲戌邑侯養和王君一乾崇禮右文留意教化顧視學宮日就圮壞乃白于當路鳩工修葺巡海西蜀劉公樂兹美舉捐貲助役始事於仲秋之朔竣于孟冬之望由是圮者振頹敝者完汚漫而剝落者煥然改觀宮墻若益峻泮水若益澄庭樹澤芹隱隱生色而絃歌講誦之士有所托處焉邑博豐城黄君時濟來請予言以爲記予惟今之作室者内施堂棟外列藩垣限以堦序經以楹軒品式周詳器物完具而後衣冠揖讓錯綜交布于其間苟棟折宇傾階序蕪穢藩垣崩弛即使褒冠博帶戴纓衽衿之士日濟濟于庭亦無以備禮容而告成事矣學校者士人之室家也聲名文物於此焉出道義名節于此焉生夏絃春誦于此焉寄而黌宮齋序過時弗修使俎豆委諸草莽而敬業樂羣者無所栖托即國家造士育才之意安在哉此縣大夫所以憂也聞侯之治邑

也清獄訟平賦役節財省力去奢崇儉而獨于學校修葺以時可謂知所務者是宜邑博諸士子感君作人之盛而樂觀厥成也雖然禮義者世之棟幹也教化者俗之隄防也廉耻者士之藩翰也今學宮之棟幹植矣隄防嚴矣藩翰固矣諸士絃于是講于是出入敬業于是將必有觀輪奐之美瞻堂墉之固勉思自植圖與維新者斯誠縣大夫邑博士所爲惓惓屬望于諸士者也若弁髦禮器翱狥絲簧瀦爾澤宮蕪爾齋舍以自毀傷其薪木撤去其藩垣將使吾身之堂棟日就圮焉豈惟師世教者之憂抑亦
諸士子之羞

萬曆三年教諭黄時濟以儀門道義門俱卑陋欵仆重議修構各增高二尺餘於尊經閣設木主祀
朱子貯五經其中

萬曆十四年西江水溢學宮墻垣多毀西廡頽仆令劉會屢葺之

萬曆三十一年邑令程再伊重修

府尹王三才記　夫士宗道道宗儒宗孔聖之外無道焉由則其正路也居則其安宅也出入則其禮門也進而升堂深而入室郎欲項刻離之不可則吾徒之仰視聖宮不啻宗祠堂宇然顧可視其傾圮而恬不知怪乎自世道喪邪害正習染智昏學士編氓往往弁髦禮義而宄析虛無故望而蓮甍畫棟堊壁丹垣赫然耀人耳目者必緇林梵宇也其頽于風雨鞠爲茂草而環堵蕭然不蔽必吾夫子之宮也嗚呼入者宗之出者仇之以此較彼判若蒼素舍吾宗而仇是崇甚相軋而反不能相敵此無他故父兄之教不先子弟之率不謹正學寖滅而人心莫知向方耳蕭之有學舊矣攺修自正德癸酉迄今多歷年所舊貫相

飭隨廢隨葺大都補苴罅漏粉飾觀美而止久之墜者瑕隆者撓正者欹不治將崩崩難圖也諸士子振懼相視而莫可誰何海陽程侯筮尹茲邑袪左道崇正學慨然以作興斯文爲已任周覽而太息曰此吾名教之宗祠堂宇也何忍一圮至此且廟者貌也貌不肅則心玩學者肆也肆不扃則心放玩而放安論教化此非可苟且應故事已也遂與司諭鄭君司訓張君陳君謀所新之度其費且不貲而府藏又告匱則酌發鍰金若干不足因各捐俸金佐之鳩工聚材擇吉經始計日次第調停以給不欲妄有徵發而鄉之紳衿暨耆老之好義者靡不翕然嚮風爭效銖兩凡費四百餘金歷工半載而告成適余奉命回祇謁廟宇煥然一新因有感焉夫吾夫子之道平平無奇耳非有三途四智之說鼓動人心也非有德水福田之徵忻艷人心也而以程侯之躬先若此都人士之嚮應若彼觀若輩捐宅沈寶修果人天者大有逕庭不亦見善教之入人深而正道之在民心者果未嘗一日

猥耶試令諸士子仰視榱題俯視筵几燦而青黃
穆而莊嚴恍然如挹盛德之容而聞金玉之聲前
日之玩心得無啓而肅放心得無歛而戢乎即此
心也可以証聖克此心也無難入聖矣君子以是
知程侯之能爲父母也其崇正也善作人也博士
之能爲師也其樹表也尊吾道也吾鄉人之能爲
弟子也其不惑也知向方也今聖天子廣厲學宮
申飭諸士異說有禁左道必誅欲揭聖學于中天
而一軌乎正則是學也未必
非風敎之一助云故爲之記
天啓二年學宮久傾令陳振豪捐俸二百五十餘
鍰以倡紳士新文廟兩廡堂齋及啓聖祠名宦鄉
賢二祠尊經閣魁星亭復建文昌閣土地祠報功
祠門墻甬路次第咸葺命諸生何汝尹丁協兆董

其役大學士來宗道爲之記
天啓四年陳侯復修學宮大學士來宗道建鄉賢
祠
崇禎間教諭屠肇芳見學宮頹缺復爲修葺于是
廢者咸舉
國朝順治四年學宮自兵燹之後隳者過半邑令王
吉人重修（進士來集之記）學宮者所以正人心而
盛衰興廢之故則莫不由乎其人漢高祖過魯以
太牢祀孔子于綱目大書于冊于今以爲烈夫以伯
王之畧屈尊師傅英主皆然而獨稚美漢高者謂
其雄蹤嬴項于干戈甫定之中即興禮樂文章之

化如所先務故終西京之世文學彬彬吏治猶美也吾蕭江海滙靈湖山競秀為之宰者自楊龜山先生開其道源居是邦者則魏南齋先生振其學脈雖蕞爾荒陬而文物聲教雅與諸郡邑相望去年江上環兵介冑徧于閭閻而明倫之堂鞠為茂草矣父母王侯來宰是邑下車之日則正烽火徹天戎馬四馳之日也城闉以內巷無居人死亡載道殘燼騰烟侯睠焉四顧為之招撫流移收瘞齒骼不數日而市墟如故巷轍相摩也爰念學宮既荒則學殖俱落曷怪乎士無恒業而邦有奇衺之民首捐俸金為之經始屬學博林桂天袁元生兩先生董之命茂才數人匡之翼之閱月而美輪美奐翬飛鳥革者忽焉再覩蓋惟佚使而勞不怨故身先而成不日耳予惟唐李華之言曰文教失宣武臣用奇漢司馬相如之言曰父兄之教不先子弟之率不謹則是兵革之與絃誦雖運數相為循環而教育之與誅督功效相去天壤故以刑戮化盜賊不若銷刀劍以歸之牛犢也以令甲繩子弟

不若飭頻林而示之以詩書也今而後蕭之息士
睹宫墻而知聖賢之路之有在即蕭之黔首習禮
容而知格鬬馳騁之習不可一朝居矣潛移默奪
非我侯其誰與歸夫斯民何常之有方其罹水火
也求脫水火已耳既脫水火矣俄而思衽席焉既
登衽席矣俄而思揖讓文飾焉上焉者亦復施有
次第寬以歲月漸且生之漸且安之養之而又漸
且敎之有如斯之甫脫水火即享衽席之安方給
衣食又與揖讓文飾之美侯眞春風之吹萬彙元
氣之行百昌乎由前言之蕭之遭亂害爲諸邑最
由今言之蕭之返治學爲諸邑先去其
亂以抵于長治則又非我侯其誰與歸

順治十一年聖殿棟傾折令韓昌先捐俸百金易
之

順治十四年廟門摧敗十七年邑紳朱懋文捐貲

重建

康熙八年聚奎久圮教諭俞穎湄與諸生王伯璠張士鯤王壇沈煌等捐貲修葺後將圮二十一年秋張士鯤等復重修

康熙十一年教諭盛旦同郡庠生周之冕重建明倫堂生員張文起修建儒學大門

康熙十六年監生丁士俊庠生丁鳴俊三俊重建

泮橋三座

康熙十八年教諭盧宜紳士吳希聖周生泰重建

啓聖公祠

康熙二十二年教諭張𤣷訓導姚德堅重建

聖殿久爲蟻蝕加以二十一年夏江水泛溢學
聖殿宫盡圮適教諭張𤣷甫任牒呈本縣申詳　各
憲飭議重建諸生單國禮張崇文周嘉模張廷玉
等因工費浩繁非數千金不可議各里按畝輸錢
重建呈本縣詳允　督撫四月二十八日張𤣷捐
貲起工值邑令劉儼到任加意董率訓導姚德堅
亦復捐貲助建遂成大功生員張文起捐大木七
十株有奇入報功祠董事者周生泰其監工者張
逢翼
也

五月教諭張𤣷重建
聖位煖殿并

先師廟匾額　教諭張獬記畧蕭庠自明嘉靖十年欽
正撤像去累朝舊封號易用木主改大
成殿額爲
先師廟自嘉靖歷今
皇清康熙幾三甲子矣廟宇傾圮供王之寢殿盡屬
腐朽而
先師廟匾額腐壞無踪獬擇吉於五月八日起工其
規模悉照舊式遵先制也其丹艧稍加輝煌崇觀
瞻也約費三十餘金計百有二十工俱獬　又捐俸
自捐俸也而告成時癸亥閏六月朔日記

修本學文昌閣土地祠
訓導姚德堅捐建訓導官廳三間後廳一間平屋
四間頭門一間
康熙三十年明倫堂蟻蝕坍毁邑令劉儼倡率訓

導姚德堅重建後教諭沈節到任重建後廳三間

學池

廣拾畝許名曰璧月池池之前貼小南門有小池與民家曹姓共焉曹居其一學得其三折而西爲池之右甬至諸生任池而其近城連學河一小河則民間徐業也浜內涯曲處爲徐浜外直流即學皆有舊界定業池之左甬近三元閣上建雲龍橋云

射圃

在舊號房久廢術者以巽方不宜空曠建立文昌閣土地祠以壓之諸生賀登田五畝九分正當文廟對衙耕種污褻甚屬失禮明隆慶四年教諭雷治捐銀五十餘兩買義立射圃不果仍爲田今數十年不耕種廢爲閒地不能改建射圃一無失買時之初議一使士子騎射之有地在今之司鐸者

加意亟
行耳

學基

自聚奎亭後垣起至三元閣計有二十七畝七分
七釐六毫

學田

明隆慶四年令許承周斷出孫坤顧科等買求田
二十畝

萬曆四年令王一乾斷出已故張十九田七畝九
分六釐係無主之業作學田

隆慶三年監生倪世達義捨學田五十畝磽瘠少收貽累賠課令王一乾廉得其實具申學憲給還原田着世達量發價銀二十五兩貯庫以資易置他田萬曆九年令馬朝錫捐俸六兩紙價四兩併發前貯庫銀凑買張燁田九畝七分六釐三毫已上田俱縣收租申學道支給

隆慶四年諸生以邑氏賀登田正直文廟當陽播種時糞田汙穢學諭雷沛因醵諸生金五十兩買之計五畝九分零有碑記議爲射圃萬曆三年學

諭黃時濟復開田畝許歷爲鄰人取土給用田就

坍沒（雷沛記）蕭山浙東首邑學宮自宋紹興間徙奠茲里左大河右西山文峯拱前龜山峙後形勝得十九焉俊造之奮項背相望名宦鄉賢代不乏人自嘉靖癸丑建城度地薄于宮墻之陽前厄文明之路選舉遂減于昔群議有歸時則江右栢庵歐陽令詢于太史南明諸公星橋金公相方經理建魁星亭以奠元居闢文明門以來旺氣鬯雲龍橋以通龍泉浚月牙池以滙泮水規制聿新風氣丕暢科名頓倍于昔惟池之上有田桑麻蔽翳田之傍有屋溷厠穢汙事屬相沿久矣余于隆慶戊辰冬來署教事矚目興思冀展一籌未及也庚午歲當大比諸士子告于邑令見魯許公欲官易前田經理以開鄰象而適值大祲弓晋諸生語之曰時詘矣不可以舉羸累公惟各捐爾貲以成事可也二三子受命惟謹計所裒總八十餘金召田主賀貿易以五十金有奇計田五畝九分餘廼

伐桑去梗徹屋毀厠東西十丈南北十步曠然開明襟袍疏潤昔之湫隘今始闢矣予因命四週植桃李桂栢使春秋吐芳華隆冬不凋落表多士濟濟蹻春官桂廟堂而秉節不可奪也中則儲築射圃爲觀德之地以所餘金修尊經閣臚兩腋水改樹興賢坊濬雲龍橋之積土塡月牙池之左肩規制斬斬不勞官民而集事美哉斯舉入文之貢端有望矣僉請立石請記予不辭僭言如此而以諸生之捐貲者計多寡序後先題其姓名于左共垂不朽若夫修舉廢墜以狀往績于將來克協地靈以繼前修于弗替是所望于後之人也

萬曆十七年署丞來端操輸田五十畝爲學田來端

操田五十畝伐字號二坵計九畝六分二釐五毫羌字號三坵計十畝一分四釐遐字號八坵計十一畝八分二釐每畝租一石率字號二坵計十七畝三分五釐每畝租一石零五升共田十五坵計

租米五十石零八斗官召佃戶種熟收租歲歉踏勘照例分收糧差俱於租內輸納米隨時糶貯在學每歲終令通學諸生公舉諸生中果有貧乏當給者酌量分給餘即給各生燈火若自行告濟俱不准支本縣本學俱無别項支用之例

萬曆二十年義民蔡應山輸田二十畝爲學田皇字號一坵二畝二分九釐一坵一畝九分五釐六毫一坵一畝七分三毫一坵二畝八分六毫人字號三畝二分七釐一毫官字號九畝二分九釐內除一畝二分淨得八畝零九釐六毫通共田二十畝一分

內田三畝零原係生員傅承宣納銀十兩送貯縣庫萬曆三十六年正月縣庫止發銀六兩四錢次年教諭尤扳俊修理支用訖

萬曆二十四年邑侯沈鳳翔案斷張應尚田一十畝八分五釐二毫爲學田一段田四畝二分九釐六毫一段田三畝八分四釐六毫一段田二畝七分一釐俱坐二都倪家坂

萬曆二十九年撫院劉元霖發價買田一十二畝四分七釐一號九畝二分七釐該米一十二石七十一號三畝二分該米四石六斗二升

萬曆三十三年推府何三畏發曹十九宮田一十八畝零荒瘠薄收山五十畝量納花息

萬曆四十三年邑侯楊惟喬發姚捨寧孔惟一絕甲田計二十三號醎字六百二號田三畝零八釐六百六號田一畝六分二釐六

百十三號田一畝三分三釐一毫六百一十二
田二畝二分二釐二毫鱗字五百八十一上
畝六分一釐八毫六百十九號田二畝
八百三十六號田二畝一分七釐八百一
田三畝零六釐九毫一千四十三號田下
四毫一千四十四號田三分一釐六毫一
五號田五分六釐一千十二號田二畝二
二毫五十一號田三分一釐六毫五十九上
分九釐八毫五十號田三分四釐九毫上一號田
五分八釐八毫六百二十八號田二畝零七釐一
千三十五號田二畝三分三釐又畝鹹字二千
三百五十六號地二分一釐共田三畝零一分
九釐地二分一釐每年收租米給貧生膏火之資
外鱗字五百五十二號田一畝二分六釐六百五
十八號田一畝五釐二毫二
號共田二畝三分一釐二毫

社學　明洪武八年二月詔天下府州縣每五十家建一社學後皆廢今林策郎鳳堰市舊有明

序改建一所凡三間嘉靖三十五年盡圮令[illegible]
重建以其西隙地易田㺯地建駐節廳順治[illegible]年
令天下復立社學
載在學政全集中

道南書院距縣西二里在德惠祠右廳三間左右夾堂各二間成化二年令寶昱建今圮

紹興大典

史部

康熙蕭山縣志

2

中華書局

蕭山縣誌卷十四

文林郎知蕭山縣事鄒　勷
文林郎知蕭山縣事劉　儼　重修
邑文學　何文煒
　　　　丁夢芝　編較

祠祀志

國之大事在祀其義則見於禮之祭法守土者遵古制奉王章恪恭祀事率民祈報有事守焉外此而村社各有祀則官師所不與也官師所不與而聽其祀焉或亦古者咸秩無文之意歟故志之而寺菴者二氏之祠宇也亦附見焉

壇壝　社稷壇在治西二里　明洪武元年令府州縣各祀事

壇壝制壇而不屋東西南北俱二丈五尺高三尺四出陛各三級北向為前前九丈五尺後旁各五丈繚以周垣四門丹油北門出入石主一長二尺五寸方一尺埋於壇南正中去壇二尺五寸下入土中上露圓尖神牌二以木為之硃漆青字高二尺二寸博四寸五分厚九分趺高四寸五分博八寸五分厚四寸五分一書縣社之神一書縣稷之神臨祭設於壇中置案上祭以春秋仲月上戊日

禮用三獻壇之東爲庫房西爲神廚爲宰牲房南爲齋宿房左爲水池今並廢惟存水池

風雲雷雨山川壇在治東三里明洪武元年令郡縣祀山川明年令有司以風雷雨師爲一壇祭於城南六年令以風雲雷雨山川之神合爲一壇尋以城隍合祭之壇制崇二尺五寸方廣二丈五尺四圍各一十五丈四出陛惟午陛五級子卯酉皆三級壇之東南爲燎壇祭以歲春秋仲月上旬擇日設三神位位風雲雷雨於中山川居左城隍居右餘

制並視社稷之壇而不用石主出入以南門祭器牲幣則加社稷一壇改望瘞爲望燎今存壇

邑厲壇在治北一里　明洪武八年令府州縣每歲春清明秋七月十五日冬十月一日祭無祀鬼神壇設於城北制周圍五丈五尺崇二尺四寸前出陛三級繚以周垣南爲門壇之東南隅爲齋宿房爲宰牲房左右各有廂房今並廢　祭先期三日主祭官詣城隍廟發告文至日設城隍位於上無祀鬼神於下牲用羊豕各二解置於器羮飯以次鋪設祭餘

羨飯則散諸邑之無告者

國朝制同

鄉厲壇與邑厲壇偕始每里各一凡一百四十所周以土垣而不屋里中父老率錢備物與邑厲同日祭其鄉里之厲諸儀視里社今久廢

祠廟

名宦祠在先師廟戟門之左祀宋令二人楊時郭淵明尉一人游酢元簿一人趙誠明令四人蘇琳朱栻王聘施堯臣

國朝令二人韓昌先賈國楨歲春秋祭先師畢主祭官即曷

常服以祭文曰卓哉羣公懋修厥職澤被生靈功垂社稷〔又〕天生賢達蒞于茲土士之典刑民之父母滾滾後塵誰能步武

〔鄉賢祠〕在先師廟戟門之右祀晉孝子一人夏方唐孝子一人許伯會宋名臣二人張稱孫張叔椿處士一人郭原平明共祀三十一人顧觀朱仲安姚友直殷旦魏驥張崀翁文翁五倫來勵來天球來三聘王三才來經邦倪朝賓來嘉謨戴尚志陳伯龍來立相來立模來斯行王思孝韓振强蔡繼曾來繼韶來方煒何兢張維翰單道吳士駿盛瀧楊密國朝共祀十一人朱世學王九思周維屏任振龍來集之韓日將丁師孔戴鋐曾毛秉鏡蔡士京周之麟

祭同丁日其文曰於惟羣公孕秀茲邦懿德卓行
奕世流芳（又）花封鍾秀篤生諸
公堂堂之行烈烈之風
出處雖異流芳則同

卷十四

太守祠在錢清鎮北祀漢會稽太守劉寵唐封靈應廟宋改靈助侯元至正間帥周紹祖重建祠有殿有左右廂儀門外門歲久盡圮明嘉靖三十六年民方氏假邪神依附言禍福以惑人因創淫祠一所令魏堂毀之撤其材以修此祠仍罰方氏修所未備殿及外門惟葺舊兩廂儀門周垣皆改作增置蓬軒露臺甬路馬道凡祭以春秋仲月祝詞曰惟公昔典斯郡政化有成擿發奸貪號稱神明仁閭漢室惠及越氓民不識吏犬不夜驚將作之徵復

歸漢庭龐眉父老出餞江城一錢强受匪汚廉貞名垂竹帛江水同淸某等緬懷令德敬弔儀刑躬率僚屬祀事孔明

（元陳世昌記）昔漢桓帝時劉寵爲會稽太守有惠政被徵有老父五六人出若耶山谷間人齎百錢送寵辭謝爲人選一大錢受之而投之江因表曰一錢太守地曰錢淸其事距今殆千年矣元至正二十三年實皇帝御極三十一年也時江浙行省平章李公來鎭會稽山川羣神罔不虔祀而寵廟舊在舄會寨廢既久無以鎭明祀乃謀作而新之會元帥周君紹祖分守錢淸因以其事委之且曰錢淸以寵而名者也地夾壇而南北之衝在焉於茲餝廟以事神其有不可乎既出粟若干以給工役之費而江南諸道行御史臺移置紹興實專紀綱之任於是周君以平章之命來請而臺議以劉寵嘗庇其民而於報祀爲宜也乃捐貲以爲之助焉周公既奉

命度地庀材量工命日計專而事勤夙夜匪解經始於二月畢以閏三月廟成正堂中峙以安神棲翼以兩廡其西曰景行之堂以待使客過謁祠下而止息者其東曰樂育之堂將延師爲義塾以教鄉之子弟垣墻四圍門闥洞起翬飛藻暎蓋秩秩乎其有序者矣自海内用兵凡祀典之神山川祠廟之所在鮮不罹於兵燼之厄乃今劉寵獨以其人而克新廟貌何與天理之在人心猶元氣之周流萬物隨時發見不擇地而生也寵以廉而得名後千百年猶能使人知所興起天理之存其不可誣也如是哉予於是而有所感矣周君以其事來告俾予文諸石以永其傳乃爲要其始末復作送神曲以貺之辭曰風嫋嫋兮青蘋神君降兮汀之濱朱旛導兮兩輪齊四牡兮駪駪文茵兮綴席進椒漿兮糈食神之監兮靡有所嗜我民之報兮無極俯仰兮千年山崔嵬兮水潺湲神之德兮斯在流遺愛兮不昧桂棟兮蘭橑作新廟兮巍巍冀神兮來享爲福澤兮永綏（明季本記）蕭山縣東五十

里里曰錢清故有祠祀漢會稽郡太守劉公也公名寵東萊牟平人初以明經舉孝廉除東平陵令以仁惠爲吏民所愛母疾棄官去百姓送者塞道車不得進乃輕服遁歸後四遷爲豫章太守又三遷拜會稽太守尋徵爲將作大匠累官至司徒太尉自郡邑薦歷卿相廉約終身家無餘積即其平生守己愛民可以見明經之實學矣其在會稽[illegible]遷將作大匠也山陰五六老叟自若耶山谷間[illegible]人齎百錢送之公勞父老皆具言公治狀公[illegible]不忍拂爲人選一大錢受之至前途投其錢于[illegible]以故名其地爲錢清而公之遺愛久且不忘[illegible]其地而立祠以祀之禮也祠自國初以至弘治閒代加修葺故至祠下者莫不瞻謁焉中葉以來日就頹圮迄於嘉靖甲寅歲六十餘年而峴山魏侯來尹茲邑慕公清風慨然興修爲己任邑方多事時不暇爲侯既調兵拒寇戰勝龕山又以財力窘詘取貲爲難需遲久之適民俗有爲師巫者立淫祠塑神像以邪術惑鄉民侯親履其地毀之以其

材爲公祠而他所經費亦貸羣邪之尢罪者量其輕重而處給焉正祠暨外門各三間皆葺售也儀門暨左右景行樂育二堂皆新作也墻垣甃砌稷然整齊志有在而事竟成力不煩而功易集侯之爲政可謂欲而不貪勞而不怨矣侯名堂湖廣承天府人由明經癸丑進士故常仕優而學　崇重學宮補修邑志以其所輯家禮會成教百姓類非俗吏所爲在邑三年百廢具舉内常自足無所避嫌也至于劉公祠之修則其風又足以興仁立懦有裨于世教不小侯之明經殆與劉公同効者歟昔魯僖公修閟宫史克以其有志於周公也故作頌以美之今侯雖有慕劉公之志愧予不能頌也上舍周君沛春元李君存中爲予言狀俾書之以詔來者

（元中書參政王叔能詩）劉寵清名與世傳至今遺廟在江邊近來仕路多能者也學先生棟大錢

（邑人沈環詩）古廟小江邊穹碑記一錢清名垂竹帛遺愛豈蒲鞭犬卧花村月人耕綠野烟千秋承血食誰復繼前賢

〔德惠祠〕在湘湖　成化元年賜額祀宋邑令將樂楊時舊有楊郭二長官祠在湖口自德惠祠祀楊不祀郭而湖口廟無復舉者後以邑人吏部尚書魏驥同祀祠有殿有儀門有外門儀門外有池池之南有宰牲房殿西有曠地廣十畝許凢祭與太守祠同祝詞曰惟神道德兼隆功業咸著開湖溉田禦災捍患闔邑之民永沾惠澤時維仲春秋祗脩祀事靈爽如在尚祈饗之〔提學副使劉釪記〕德惠祠者朝廷從蕭山邑民之請而建以祀宋大儒將樂龜山楊文靖公也公政和間爲蕭山令多惠政而其大者水利焉蓋爲民嘗苦旱公相邑西南多山地勢高亢平曠乃築堤延袤八十餘里中計三萬

七千二畝瀦水曰湘湖利及九鄉溉田一十四萬
六千八百六十八畝有奇其地之入於湖者則驗
所獲利之田而均其稅仍因時以爲水之蓄泄雖
大旱而邑田之稔者常過半湖中多產魚鮮又有
蓴菜其根潔白可炊以療飢凶歲隣邑亦賴以濟
民感其惠立祠湖上曰楊長官祠又加圖其像祀
之歲久祠廢而遺澤未泯也朝廷景泰初南京吏
部尚書邑人南齋先生家居謂是湖爲邑無窮之
惠亟與有司講明修治水之利又加於昔又謀諸
縣令朱玉縣丞李孟淳得湖東百步許廢寺山麓
以復其祠先生之子完即承其志率邑之尚義者
捐貲肇建甫成先生奉詔進一品階命完謝恩闕
下被留入翰林預纂修事邑民張文何賢等請曰
祠雖復恐久且廢欲如漢會稽劉寵例乞入祠典
且公親承二程先生道學之傳當從祀孔庭先生
然之令疏其事達于分巡憲僉吳公立紹興郡守
東莞彭公誼以聞斷自聖衷賜額曰德惠聽于蕭
山立祠仍於公故郡延平立祠賜額曰道南以其

徒羅仲素李愿中配俱令有司春秋祭祀之儀所以答邑民懷感之義慰後覺景仰之心也命既下成化二年六月彭公請祀祭謁以爲卑隘不稱與邑之官僚人民謀新而大之衆既悅從乃於其中擇善效勞者張文沈宜賀惠方募匠掄材鳩工而彭公膺山東方伯之擢以去今郡守京口吉公惠爲上虞令時以公事至聞之即捐俸以助及陞爲守益力綱維其事而浙藩方伯西蜀張公清暨舒咸致力焉民之趨事者恐後中爲堂左右翼以兩廡前爲儀門前右爲道南書院以彰當時四方學者從遊之跡右爲庖湢之所右前爲外門恢弘壯麗規制一新越明年六月訖工邑庠生何舜賓者民童子李王方徐敷謂茲盛舉不可無述以傳相與詣予請記勤諸石適監察御史張公敎按部於浙余具道所由公曰爲學爲政若文靖公者眞後學模範朝廷既褒崇之記何吝爲惟公實南方道學之倡其含蓄廣大造詣精深觀其著述布在方冊可見已至於裁決危疑經理世務如燭照數計

尤其所長其令瀏陽餘杭皆有遺惠在民不獨蕭山也其緒餘見於爲邑且如此使得志於天下何如哉或者以蔡京之召議公且謂其晚年之出無大建明是不然孔子於佛肸之召欲往柳下惠援而止之而止在蔡氏固不能浼公也况當京用事之時國勢危急公之德望四方推重因客張𧷤言宋社危在旦夕宜亟引舊德老成以維持之京問其人𧷤以公對京乃薦之會給事中路允廸使高麗其國王問龜山先生安在允廸言於朝特召公爲秘書郎則京之薦公非其本意公之出亦非以京薦也及出則言王安石學術之偏追奪其王爵罷配享孔子力排和議極言京蠹國之罪與夫三鎮不可棄之類凡所論列皆切世道又得謂之無建明耶使當時能委國以聽必多救正柰何雖立要地皆不能專且久而公年已邁爲可惜也公之學得之河洛而傳豫章羅氏延平李氏以及朱子其自程門歸也明道送之有吾道南矣之稱伊川自涪歸嘆曰今之學者多流於異端惟楊謝二子

長進朱子祭延平亦稱公承兩程之緒則王學之
脉實賴公以傳豈惟蕭山慕之在天下後世聞其
風讀其書得不興高山景行之思哉南齋先生一
代耆舊老成惪行文章視公無愧蓋不獨仰公遺
澤而尚友於三百餘年之後有神交而默契者故
拳拳以闡其道復其祠欽崇皇上大昭崇儒重道
之典而從斯邑民秉彝好德之心之請褒崇之者
抑豈偶然耶繼自今湖之水利公之廟食殆與天
地相爲悠久而登斯祠以瞻仰者可不考公之實
德實行以激厲奮發暴白儒者之功哉因倂記其
始末爲來者告祠西向面湖蕭山帶其南闢道通
河經其北前後董役者府知事歐琛大使魏賢而
從吏其事則知縣竇昱也南齋先生名驥字仲房
南齋别號其時年九十五云（大學士劉珝撰魏文
靖公配享德惠祠記蕭山四圍皆山海居民告水
旱宋政和壬辰龜山楊文靖公尹縣時浚治湘湖
蓄泄有則利及九鄉民感其惠立祠私祀國朝成
化丁亥有司備民情上請禮部復以爲言上命學

王劉定之議法應祀勅賜德惠祠許春秋祀景泰改元邑人魏文靖公時繇吏部尚書致仕歸里第覩楊公舊規隳廢年久設法添築塘高廣内增築臥羊坡抵避湖中風浪栽柳於塘使其堅久其時鄉老口碑作頌有過於昔華除占瀾爲田七千三百一十八畝及江海無塘障衛民罹水旱致徙他方鬻妻賣子憂形於色勸率官民子孫同躋患害處所修築復舊塘閘堰壩一十二處歲歲如此是以連得二十餘年豐稔民感其惠薨後失於預防辛卯秋風潮衝入縣境淹死人畜田禾塞港顆粒無收比昔尤甚上勤聖慮遣内外大臣撫按賑恤適其子先遵其遺言辭免營葬省銀一千七百餘兩轉濟饑民槩縣之民感公生前歿後之惠合章上請立祠報祀命下廷臣議曰公劭由文學歷官中外清慎德望受知列聖致位通顯歸休林下監察御史梁昉言公有惠有壽請如漢故事優禮之上特降勅云卿以醇篤之資正大之學歷仕累朝官登八座歸安田里壽屆百齡進退從容體履康

裕綱維風采嘉嘆不忘之論特遣行人存問賚以羊酒有司月給俸贍之及聞家居恆以邑環江海多水患爲憂以楊龜山湖堤遺跡閘堰塘瀝倡率修築著水利切要以發明之德惠昭昭宜從所請禮部擬宜作主入於德惠列於楊時之右令祠祀之章入上曰魏驥惠及鄉民准入祠祀祭法云法施於民則祀之又云能禦大災能捍大患則祀之此之謂也珝生也晚自羈貫時仰止迨長出仕叨職禁近一止一動未嘗不以公爲師法而公之孫婿洪君宜之門人徐君公溥又能以公立心光明爲學正大之旨每每談及二君皆秋官員外也及考夫商少保葉文莊二公誄公事行尤悉珝以是愈得其詳而心愈有所慕其實宜乎鄉民感公之德之深而懇請報祀以垂不朽惟公之孝友忠信清修苦節文章事業著在天下自有信史書之顧斯不足以盡特記配享德惠之實耳蕭山令宜興吳君淑求爲之記故不辭而書之公字仲房初號滴居又號南齋晚年門生孫尚書原貞出鎮兩浙

取書平格之義尊稱平齋爲作平齋記以紀其實所著有松江志南齋集素履集理學正誼水利切要等書傳於世云（魏文靖公詩）寒雲古木草離離典故前朝有孰知義辨三經防道否惠施一邑救民饑苔生石鼎香誰爇蠹食松堂壞不支安得陳詞達天聽孔庭陪祀復何疑（大宗伯增城湛若水詩）始聞湘湖勝三夜夢見之先拈龜山香乃敢陟湖堤傍湖山氣合山與雲天齊漸進迷遠近愈深遂忘歸

城隍廟 去治南百五十步 梁開平二年吳越王錢鏐奏封爲崇福侯宋紹興三十年顯仁皇后靈駕渡江無虞加號忠順乾道五年加號孚應八年加號顯惠洪武三年詔去前代封號祀於山川邑厲二壇有

司朔望詣廟行香以道士一人守之

寧濟廟在西興鎮沙岸之東祀浙江潮神宋政和三年賜今額六年高麗入貢使者將至而潮不應有司請禱潮卽至詔封順應侯紹興十四年宋徽宗皇帝靈駕渡江加武濟忠應公三十年顯仁皇太后合祔加武濟忠應翊順公淳熙十五年高宗靈駕之行顯應尤異先數日太守侍郎張公杓躬詣漲沙淤御舟入浦去處盡護以紅竹詰朝方集萬夫迓潮落沙已蕩盡水去所立之竹纔尺許及虞祭畢沙

後漲塞莫不驚異於是詔加武濟忠應翊順靈佑公慶元四年憲聖慈烈太皇太后歸祔永思將渡江會大雨震電隨禱而止遂賜王爵是爲孚佑王明興令有司常以八月十五日致祭祝祠曰一氣逼候百川孕靈勢傾山岳聲震雷霆素車白馬出沒杳冥實錢塘之壯觀固海若之憑陵時維八月天高氣清某等躬率僚屬駿奔靡寧釃酒臨江伐鼓以迎神其來格慰我凡誠

護堤侯廟在長山之麓　宋時建以祀漕運官張行六五

咸淳間賜額祈禱甚應尤有功於海堤今俗謂之長山廟又謂之張老相公廟凡歲春秋以有司致祭後又別建廟於新林舖之北謂之護堤侯行宮有司即祭於其所又沿山水橋閘要害之所皆有行宮民各私祀之

按王多吉集張氏先塋碑記云吳越王時刑部尚書張亮厥後一傳護堤侯十一稅院襲爲長山海神則前行六五者即指十一言也郡志云神諱夏宋景祐中浙江塘壞神時爲工部郎中受命護堤置捍江五指揮各率兵士四百人採石修塘隨損隨築人賴以安郡人爲之立祠朝廷嘉其功封寧夏侯又云山陰三江閘有廟稱英濟侯王不知何代所錫封號然本邑諸廟皆稱英濟侯天啟時封靈應英濟侯又曰神好觀戲有疾病災患則以戲券於神祈福祐謂之戲文願有司屢禁不能止也

私祀在縣北有關王廟直治解之北有巷若箭射衙
士云不利乃管是廟以厭之
又一在演武塲東南隅明萬厯二十
八年令程再伊建皆割官地以建者在江寺有江
丞相祠湘湖濱有楊郭二長官祠西興鎮有江公
祠祀梁會稽郡丞江革在慧濟禪院之左即取石
亭舊址宋楊文靖公祔復明魏文靖公重修萬
厯間邑令沈鳳翔易亭爲閣曰清風閣後圮鼎革
時爲隣僧海厯侵佔里生戴鏡曾等合詞控道府
復之并給帖以禁佔毀里人王余高記畧按梁史
公諱革字休映考城人少孤貧力學有節槩厯官
中外武陵王紀在東州頗驕縱除公長史會稽郡
丞行太守事公門生故吏多家於東聞公至緣道
餽迎公一無所受在官惟資官俸食不兼味郡境
殷庶訟賦交錯公正巳裁物事無凝滯民懷吏畏
姦贓吏望風解印綬去王敬憚之因更耽學遷官
之後將還都吏民戀惜爭致贈遺公不納惟乗臺

所給一舸舸艚偏欹或謂當徙重物以迮輕艚公既無物便令於西陵岸取石十餘片寘之以渡後人思公建取石亭宋楊文靖公即亭址立祠以祀公明魏文靖公復葺焉此西陵岸之所以有公祠也後遭兵燹爲隣僧所侵毁祠址湮没里中文學之士咸憤惜之控於督學使者復舊址餝材鳩工構樓於其上屬予爲記予生長西陵岸棹舟於江風急雨冥波濤怒乘險往來有年矣聞有舟重水逆舍卒不自持而溺者未聞有舟輕處險取石鎮之以無恐者此蓋越吏民愛公之深冀以此動公受其贈遺之私而公不欲逆其意姑取是石以解之郎劉太守人受一錢之意而公更深遠矣嗟乎公之清操自厲矯矯不可易者不於是而可見耶後之君子服官來是邦者瞻公之祠感公之事以思比蹟乎公者其必有取於此矣（里人王余高記）

有西興城隍廟

廟號永固王亦稱城隍者當是吳越時於此建城故有此稱至今相沿不改舊在江塘（邑紳朱懋文）徙建大街北

王氏廟　在西興鎮股堰元時里婦王氏割股投水事載列女志按禮祭法能捍大災禦大患則祀之匹婦一念之誠至格天地捍災禦患至今堰以股名東與娥江北烈祀之宜矣然雖有鄉民之祀殊缺當事之旌或有待後舉者爾

在北幹山有武佑廟又名厲將軍廟〔按輟耕錄〕至正丙申歲大旱方士陳希微禱雨於武佑廟累日俄降筆云吾秦人厲狄也與項羽起山陰雖功不竟而死然有德於民其父老不忘我者俾血食於此爾來幾千五百年世代雲變遂湮我姓名至蔑焉無聞故以相告耳至今人呼爲厲將軍廟〔明誠意伯劉基記〕餘曁東北百里爲蕭山縣其山曰北幹之山浙水帶其陰湘湖匯其陽東望會稽至於大海日之所出其上爲星紀婺女之辰故其神甚靈能祛疾厲作雲雨人有所祈必應立廟於其山尊其神曰北嶺將軍歲時祀焉宋徽宗時方臘反睦州自睦入杭其舟將渡江吏民大恐怖相率禱於神比寇至即有風

逆其舟且見甲士列岸上甚衆乃止不敢渡寇平知越州劉韐上其績於朝賜額曰武佑廟後封顯應侯有元至正十二年江浙行省烽火通於蕭山百姓驚駭奔竄市井皆空主簿趙君誠至縣甫八日即自往西興募民禦寇而沿江守兵甚寡弱無賴子皆競起爲剽刦且應賊衆洶懼君詣廟卜於神神許之吉衆心稍安君乃分遣人捕無賴子爲剽刦者悉誅之有自賊中來言賊欲遣兵攻浙東江岸列甲卒旗幟如睦寇欲渡時寇以故畏憚無東心及賊退邑人皆德趙君君曰吁茲惟神之功予何庸焉明年夏大旱君往禱輒得雨衆益信神之靈而大敬趙君之能以誠感神也元統甲戌之春天大雨雹廟毀惟神所居室獨存君每至廟謁念無以報神既乃以其俸錢作新廟邑人大喜爭先致助十有五年春廟成爲堂三間三門兩廊像設器用備所獨存室仍其舊繚以周墉甃以厖石楹以嘉木丹堊輝暎於是吏民趍走誠祀益肅以虔時三月壬寅予自杭還越過蕭山而廟適以日

成故趙君請予記按祭法有能禦大災捍大患則祀之今神能降雨澤蘇枯槁又能以陰力卻賊以保全其民物所謂禦災捍患孰有大於此哉廟而祀之誰曰不宜趙君愛其民故能以敬祀神而獲其祐可尚也已予故喜而爲記復爲之歌俾祀神焉其詞曰青山兮幽幽綠蘿含烟兮樹木稠望夫君兮悵悠悠巖阿寂寥兮使我心愁雷爲車兮雲爲馬輕霞動兮江色赭神之來兮風振野吹竹兮彈絲女巫舞兮紛陸離奠芳醴兮薦潔粢留雲旂兮畀純禧驅颰蜮兮逐狠虎弭毒厲兮時暘雨禾麻成兮息桴鼓物既備兮禮無愆和熙洽兮洞淵元爲城爲柱兮式恒且堅保祐我民兮樂以永年

又有崇眞道院一在錢清鎮

航塢山有白龍王廟宋紹興三年建廟中有龍井石壁下有龍湫凡旱禱雨輒應

在鳳儀鄉有祔平侯廟

有冥護廟紹興十三年賜額

在孝悌鄉有南殿保國資化

威聖王廟漢乾祐元年吳越王建在治西有西殿寧邦保慶王廟隋大業中有孔大夫者爲陳杲仁裨將討東陽賊婁世幹降之立廟黃山唐光化二年吳越武肅王上其事封惠人矦後加封今額有昭佑廟宣和三年賜額有崇安保善王廟有助勝矦廟有破敵矦廟有嵩山東嶽行宮明邑人來廟詩嵩山遺跡幾千年今日登臨思惘然鶯困落花紅墮雨蝶迷芳草綠浮烟笙歌奏處成懽飲泉石閒中儘醉眠自古英雄總塵土不如騎鶴訪神仙宮之左又有劉李二相公祠在昭名鄉有社頭廟

陵墓

漢朱雋墓　會稽太守在洛思山

唐衡墓　在鳳儀鄉

晉曹亮墓　在昭名鄉

郭璞墓　在孝悌鄉或云郭母

許玫墓　詢之父在鳳儀鄉

夏靖墓　會稽內史在螺山

山遐墓　簡之子濤之孫東陽太守在由化鄉

六朝陳休墓　在鳳儀鄉

羊元保墓　本郡太守在長典鄉

勞流墓　在鳳儀鄉

唐徐鴻墓　兵部尚書過鎮使在長山鄉

羅隱墓　在許賢鄉

五代張亮墓　刑部尚書在北幹山下

白敏將軍墓　在許孝鄉梁大同間人捨宅為寺名白墅寺因葬其側

宋許珪墓在鳳儀鄉　沈衡墓職方郎中在鳳儀鄉

王弗墓侍郎在長山鄉　魏常墓武德大夫在鳳凰山

顧大中墓在崇化鄉　厲大資墓在郭母山石獸俱存

張秋巖墓保章閣待制在龜山石獸俱存　洪駙馬墓

鄭駙馬墓在皇御鑿名珪　華郡王墓在長典鄉

王恩墓在崇化鄉　王絲墓兵部侍郎在碑牌嶺

楊齊王墓在楊岐山東塢　楊冀王墓在楊岐山西塢

錢冲之墓敷文閣學士在夏架山　英濟侯墓在大虎山之陽舊志作護處侯

徐端臣墓宣義郎在螺山

留夢炎墓在黄龕　元趙誠墓在北幹山之陽

任長者墓在北城内　明姚太卿墓在桃源鄉

何景源墓贈御史在文筆峯令陸光憲記　張與甫墓在西城外嶺始祖

魏文靖公墓在湘湖胥家塢公存日自營名曰樂丘

董高士昭憲墓在孔湖　張尚書墓在覺海山諱貴

王侍郎墓諱三才在溪頭塢　華布政墓在青山洪武時人

賈侯墓諱爾壽葬崇化鄉　朱仲安墓在鳳儀鄉

何孝子墓在二都高田　來少傅墓湘湖井山

國朝周通政墓諭祭葬在來蘇鄉

義塚漏澤園宋制在北幹山麓明嘉靖十一年改置於淨土山麓周繚以垣上覆以石北置門初設門子一人守之今廢

義門張氏義塚在東嶽廟山東首明邑人張仲義捨係盈字一百八十三號山五畝零弘治八年郡守游興記畧曰越人之貧者乏葬地死或委之道塗予守紹興心甚憫之顧政有未暇及乙卯春行縣至蕭山視義塚一區於蒙山其石表題曰義門張氏訪之則今之訓術維翰焉因加賞勞登之高可尋丈許廣可若干畝葬者纍纍流寃有托且聞歲時祀之義聲之振殆可為諸邑倡也夫掩骼埋胔孟春月令之政責在我守斯土者維翰乃能以義倡之予復何憂哉維翰先曰仲義曰景常曰珏累世義舉有義井義田義學衣食藥櫬凡十餘此特其一耳沒故旹授郎秩而珏又以孝慼見褒因系之詩曰黃金買地為憐貧列葬纍纍宿草新五世郎官褒大義一門繼述欲同仁

知君不是法名者，此地應無委壑人。老我行春看碑在，覺來腔裡動津津。

又西邊義塚　張仲義五代孫徵辟訓憚繼祖志，於崇禎七年續置東岳廟西邊地七分零，盈字六百六十一號，後捨爲義塚。邑令劉一滙上其事於各憲，俱旌奬之。其地東至廟西，西至孫地，北至官塘，南至廟地。

西典董家潭義塚　邑官來端棠捐田爲之，每清明十月朝煮米飯，倩僧道演法撒祭之。

北門外義塚　在北門外稍西。明萬曆十七年，邑人蔡應山捨田四畝爲之。邑尉青陽徐本勝無歸，葬此。連年饑疫，應山廣施棺具，又捐穀於預備倉賑濟，分守道激縣旌其義。

掩骼坎　在漏澤園側。萬曆十七年，邑人丁元慶剏并修園墻。

寺庵

余見緇黃者流徃徃瑰麗其宮尊崇其號使天下奔走如騖此豈其教果足爲世法歟夫民生之愚非一日矣申庠序之訓督之弗率提土師之法怵之弗動爲之陳冥報而悚臨質則咋指慄股惟恐其巳譴也故二氏之說能令齋者施悍者懾而佛老之廬遂遍天下記曰有其舉之莫可廢也先王神道設教以易民者然歟否耶爲述寺庵而以仙釋列於後

邑之禪寺及菴舊凡五十有二其爲叢林者十有三其歸併者四十有七曰祇園寺去縣西一百步東晉咸和六年許詢捨宅建寺號曰崇化唐會昌中廢宋建隆元重建寺有閣藏仁宗御書後歸寶文閣治平三年改賜祇園寺元至元三年本寺僧道拳重建佛殿舊有寶塔四座 國朝遇天壽聖節正旦冬至慶賀俱於本寺習儀所併入曰廣法寺在西興鎮後唐天成元年建名六通救苦禪院宋祥符元年改賜今額資福寺在西興鎮周廣順元年建名妙福院宋祥符元年改今額正宗菴在崇化鄉元至元間建先照菴石巖山上宋紹興中建〔元〕樓立可詩峭壁高攀象緯躋遥岑疊疊浪痕齊一杯俯挹江湖窄雙彈旁挑日月低鳥背蒼烟時拂袖羊腸曲梵每交藜此來已出巖崖上直到雲間别有梯明魏文靖公詩蘭若巖石巔夌虚倚寥泬陽烏忽東

昇流光每先得，孰知照無私。須史備褒揚。陳敬宗詩：扶光光出海底，山寺先得之。處高地極崇，草木被恩輝。入座居樂丘，危然與之齊。

圓通庵　在西山下，宋紹定中建。

陸墳庵　在西山，宋紹興中建。明邑人沈環詩：鵠鵰互啼楊柳垂，海棠競吐紅參差。白頭老翁學年少，爲花來赴花朝期。琵琶新翻玉連鎖，醽醁滿酙金屈卮。安得長繩繫西日，盡懽盡醉歸遲遲。

曹林庵　在湘湖南，宋咸淳中建。明錢塘洪鍾詩：逶迤小徑入林間，野寺蕭蕭枕碧山。與客登臨且乘興，浮生能得幾時閒。邑人徐洪詩：住近清湘咫尺間，半生今日始登山。夕陽野寺題詩去，未識何旹再得閒。新建伯餘姚王守仁詩：好山兼在水雲間，如此湖須如此山。賸有卜居陽羨興，此身爭是未能閒。上虞徐子熙：自種長廊松老，獨坐閑房草深。幾點白雲幽夢，一池明月禪心。又：因向山中行，偶與山僧識。相緣入精舍，爲我供香積。談圓日未竟，虛室漸生白。池月與天雲，往來無遺跡。邑人陳臯詩：尋幽湖上抑禪

扇路迤青山入畫屏騷客有詩多刻竹老僧無事只看經青案落翠香蘄簟綠樹團陰冷越瓶頻有支郎能愛客笑談不覺日西明

〔中隱庵〕在西興鎮宋至寶中建

〔曰覺苑寺〕在夢筆橋北南齊建元二年江淹之子昭元捨宅建唐會昌中毀大中二年重建賜名昭元祥符中避國諱改今額宋張即之書江寺二字扁於山門〔元趙貫翁覺苑寺興造記〕覺苑寺僧有成介其邑士張君堅來請曰師志堯上人嘗摶衣鉢之羸新作寺門矣又作圓通閣於圮廢之餘閣成而師示寂懼無以垂戒來世請爲之記以昭示不朽焉余受言而作曰蕭山古永興繄邑覺苑爲江文通宅南齊建元二年文通之子昭元捨宅爲寺距今九百有餘歲矣迄唐及宋易昭元爲昭慶香火不泯治平三年再易覺苑之名吳越錢氏嘗綱紀而興造之矣迨熙寧初可榮法師作千手眼大悲菩薩閣〔錢塘沈遼爲之記〕一時壯麗爲杭越往來偉觀至大德十年丙午歲寺耆舊德彌闢閣爲三楹以宏其

規元統二年甲戌春風雹大振閣竟摧小時有衆師像儐之北甓牖內固勢必壓焉已而視之像在閣外林下若神物擁護之者志堯於是傾資囊市材鳩工大建傑閣邑令崔侯嘉訥聞而是之迺捐其役經始於至元三年丁丑歲十二月踰年而告成翼跂翬飛過者洞心駭目視舊益崇敞矣始余以公事至覺苑見堯上人塵衿淖屨敦匠於門語余以興作故余喜而復之曰勉爲之余記無難者及茲再至十有七年矣門與閣皆巋然堯不可復見俛仰之間已爲陳迹雖然堯不有其蓄而建永久功有成成能嗣其業又有以緒成先績皆可書已若樹塔寺西爲法衆歸藏之所是又堯之隱行也區區得於見聞不敢以固陋辭謹爲次第之而系以銘曰伊昔文通國之善士居爲名藍可謂能子會昌中毀祥符屹起猗歟熙寧輪奐完美榮功遂筆表表愈偉德彌充拓雹沴近止不有志堯孰任經紀昔高者宏昔大者侈殫吾之贏奚有諸已八表永歸功崇弗毀成也嗣之勿替其始幹山人簾

背濤穿市善頌無涯庸勒桑梓（明邑令林策重修覺苑寺記）凡天下名川奇岫遊覽之勝必藉金仙以顯幽異其達人名士稠衆之拔必托有爲以擒結用故陵谷遷變井邑改徙不知其紀而佛剎甍棟飛接金碧輝煌類數千年如一日者亦以其地與人之異相寄以成久遠耳蕭之覺苑寺南齊江文通之寓第也建元二年其子昭元捐爲寺大中初賜名昭元治平三年賜今額宋張郎之以寺所田復扁爲江寺直前有橋號爲夢筆俱以文通而得名耳夫文通濟陽之考城人仕齊爲吳興令時往來寓此意考城治第當不下此數區今詢之邑浙滅無聞獨此故迹長存使昭元不捐爲寺能復有今否也蕭爲越之上流寺居邑之勝地文通昭元二世相成歷唐及宋中經吳越錢氏李宋卿僧知源可榮諸人嗣而綱紀之有釋迦金剛殿大悲圓通閣浮圖山門載之舊記者俱足爲一時偉觀自宋而元世代推移風雨震撼嘉靖以來殿閣相繼摧仆像設淋漓不蔽殘垣斷址不爲莽榛者無

幾矣寺僧懷瑯崇教而知書者也志圖興復而工費浩大苦於不給於是謀諸緇衆欲先建大雄殿以崇香火餘乃漸次而理盡探衣鉢之羨不足則變易私產不足則廣募緣信誕乃伐材埏土鳩工聚石不徒衆協於從役邑人樂於施財展轉數年元功奕見其殿即釋迦殿之址而成之爲屋一十楹廣六丈四尺高三之二傍建江公祠祖師堂階簷垣宇煥然一新始於嘉靖壬寅二月迄於癸卯二月邑人樂觀其成也太守聽齋毛公東源田公判薄鳳橋任公咸謂茲役糜費不貲歷一年而告成瑯之堅志殫力爲可嘉已爲之具狀請記予謂支遁六朝之偉士也其餘韻足起千載下茲得僧慕著真跡如是不亦稱與公侯將相之家其[illegible]姓嗣續姚祖不一再傳無有肯構而堂者今浮圖託大義以承繼而能世廣基構光拓舊業如瑯者亦無媿於衣鉢矣且大雄氏之教也以三乘四果爾綸世戒其說謂一切諸善皆由信起百福之報由莊嚴起莊嚴以起信沙門之所世守也使嗣是俱如

璁焉興廢起隳則大雄之教可禪於無窮而文通之名借之不朽矣（餘姚王守仁詩）獨寺澄江濱雙刹青漢表攬衣試登陟深林鶩宿鳥老僧丘壑癯古顏冰雪好霏霏出幽談落落見孤抱雨霽江氣收天大虛月色皓夜靜臥禪榻吾筆夢生草（海鹽董澐贈僧懷璁詩）短棹來江寺高僧見雪峯其如清入妙恨不蚤相逢月立梟頭鶴雲蟠鉢底龍笑予參句法倚遍兩三松（邑人蔡振倫詩）叢林傍市塵偏遠故宅濱江跡未堙在昔詞人元假寓至今緇客自真如筆花落夢春雲杳塔影橫空夜月虛莫向登臨歎蕭瑟齊梁池館幾樵漁

所併入曰正覺寺在通闤坊東唐天成元年吳越武肅王錢鏐建名十善院宋祥符元年改賜今額

惠濟寺在鳳堰橋北俗稱竹林寺晉天福八年悟真師於古崇寺址上建名資國看經院宋太平興國七年改賜惠通院宋理宗朝醫僧淨暹有功掖庭改賜今額其術至今傳之（重建竹林寺碑記）距邑治而東有古刹曰江寺爲江文

迥故宅江寺又東則有竹林寺寺舊名惠濟五代石晉朝天福年始建其名竹林則不知始何時矣渠以醫著在南宋時封十世醫王自天子以至公卿自禁中以至濱海罔不盛稱功德凡瞻禮如來輿誦念藥師者蓋七百有餘載適當明季四方雲擾兵火不戒延及上方遂使丈六金身既餘舍利形骸土木復見荼毘雖萬緣皆幻不妨空諸所有而慕道來歸者如迷失故途無所望以至止於是王僧咨謀邑父老庀材鳩工始爲大殿繼爲天王殿釋迦中座諸佛左右僧廬藥舍繚以周垣然後菩薩低眉金剛努目復還舊觀而士女之所皈依疾瘍之所問療者亦遂如晉宋當日嗚呼以古佛爲醫祖以靈鷲爲上池以四十二章經爲素問以十大弟子及衆沙門爲盧扁仲景不亦千百年來民無夭札物無疵厲也哉王僧即空名紹鍾善詩及書醫不在時師下所與遊多四方名士其重建斯刹夙興夜寐埏埴丹堊多取諸醫金所積累蓋幾歷歲月日矣（本邑孝廉王鴻烈撰）邑人來天球

詩〕聞說竹林宜避暑與客登之真可人一觴一詠動高興且眠且坐方怡神紫竹成林色弄晚黃楊蟠翳陰如春淵明不作虎溪笑千載蹤跡俱成塵〔吳鄰〕王守詩〕停車古寺竹林幽石壁雲霞潑素秋趺坐觀心禪榻靜紫薇花上月華浮〔邑人孫學古詩〕青山傍郭啟珠宮元巷衡橋鎖玉虹殿上欲巢雙白鶴竹間時過五花驄翻堦仙藥香風遠入座天花法雨空憲使頻過揮翰墨少陵今復遇吳公

〔瑞峯庵〕僧如本真息建

〔明化寺〕在西興鎮唐長興三年吳越王建名化度院宋景德三年改今額〔宋陳益公重建接待院記〕本院迺唐安國禪師道場隸越之蕭山西興鎮據錢塘要衝實兩浙往來一都會迅風駕濤日夕澎湃阻未得渡者於茲憩焉接待之名遂昉於此中更兵焰化爲埃塵乾道三年雲僧德休相廢基而興之寺得不滅淳熙實老聿來斯宇經久是圖揮衣鉢募衆緣獲緡七百餘緘既供齋粥然土壤窪瘠水潦頻仍每歲所入僅了科役繼者交病相率逃去堂寮

蘭草香積無烟僧不遑安於人奚望故擅遷之徒
風帆浪泊倏不相値則相顧失色無所寄足是名
爲接待實安在哉寺之廢興利害所關抑可知已
逮我前寧肇新大化君相明良蠲弊飭百司庶
府與緇黃之宫在在處處易舊而新毓德鄉木
朝覲所從寺之親衣繡裳光輝者再世顧瞻夙址
恢拓經營詎容以汗漫視之嘉定十四年慈覺大
師宗明來自劍津遊會稽探禹穴偶經斯寺訊崇
興之巔末慨廢墜之繇元發慈悲心作根固力罄
巳囊橐爲治棟梁增至高田餘六百畝越二年今
丞相魯國公聞之曰嘻吾志也爾能探吾積良足
嘉尚爾其爲山主人因大出餘金俾竟其事宗明
奉命惟謹善念孚感人競樂輸度土裁基鳩工伐
木門廊廡觀不日而成獨正殿擇方巨棟尚缺其
二凡材莫有工師旁午茫然無措忽寺傍渾水閘
現起膚寸視之則木引而裁之二棟天成經圍尺
度不爽毫末自非陰界神授奚以獲此吁亦大異
矣殿既崇成復建坊於寺前扁曰施水供行客以

湯茗祁寒盛暑者勞者獲息渴者獲飲大慈道場善
事具焉宗明諗於衆曰斯寺創於唐燬燼於兵革
興於休與與實中又衰絕及是復新揆厥所元皆今
大丞相圓成之力也曩寺之廢實弊於征斂之繁
宗明因聞諸府自府而部自部而省朝旨既頒州
家奉行每歲征稅所輸絹一十二疋二丈五尺二
寸紬二尺五寸綿一十二兩二錢苗米六十石五
斗六升其諸科役折變敷借夫脚僧正司差攃非
時騷擾及過往官吏需索一切禁止寺成而人安
法具而弊絕居者行者各適其欲又今大丞相外
護之賜也此恩此德宜如何報晨香夕燈惟祝壽
祺與國同休吾徒職也衆曰善請以寺爲史魯國
公府功德寺接待十方雲遊僧宗正得以董正而
董葬之顧不偉歟求志其實余謂佛以濟人利物
爲念雖投身餧肉以餧饑餓猶所不靳矧與廢植
僵開方便門使人天境界莊嚴振起獨非國王大
臣所爲動心乎今丞相現宰官身正法眼藏分粟
施金了此一大因緣宗明心領意會慨然承當張

願綱作佛寺踵遺規而增大殖勝果於將來寺成之後遂舉明化付越僧淨蓮罟無顧惜如孤雲出岫來非有意去亦何心善始善終可書也已

其所併入曰景福庵（在由化鄉元大德中建）

善化庵（在新義鄉元至正中建）

施水庵（在西興鎮宋寶慶史惠王捨宅建）

明榮國公長洲姚廣孝詩

槃廬臨古渡結社擬東林花雨飄閑徑香雲護遠岑蘭燈秋烱烱蓮漏夜沉沉集衆人如玉經行地布金長齋神自衛深定怪難侵願我精三業從師淨一心

僧玘大璞詩

上人住處足幽尋精舍近開湘浦潯花落聽風苔徑滑綠肥春雨藕池深影堂無路求遺跡淨社何人解正音握手過溪成笑倒東林風致古猶今

竹林庵（在孝悌鄉元正中建）

曰崇福寺（在孝義鄉宋嘉定二年改賜今額）

所併入曰顯教寺（在文筆峯下宋乾德二年建名崇福院治平三年改賜今額元至元間毀明洪武間重修）

淨惠寺（在長興鄉

湘湖濱晉天福八年建名妙緣院宋祥符元年改賜今額曰延慶寺在長興鄉宋淳祐元年建所併入曰興法寺在航塢山梁大同三年建名大湖寺隋大業十三年毀晉天福八年重建吳越改寶乘院宋祥符元年賜今額明邑人周郁詩巘路盤盤出紫霞石林深隱梵王家樓臺勢逼層霄近鍾鼓聲催落日斜雲氣遠床龍在鉢天香滿室雨飛花松窗夜宿難成寐明月團團照海涯開善寺在航塢山晉天福元年建名資化院宋祥符元年改賜今額元末兵燹明永樂初重建隆興寺在金泉井東晉將軍隆吉建題曰隆興後名接待院宋乾道五年僧請於府乞以舊額歸焉至正間毀永樂初重建後廢康熙七年海明重建廣恩寺在孝悌鄉玉峯山下梁大同三年建名安禪寺隋大業十三年廢晉天福七年重建吳越改保安禪院宋景德二年改廣惠禪院元末明初久圮今康熙二年僧燦雄重建寺多勝槩名人皆留題其中寺西

有會景亭〔宋〕柳永題云分得天一角織成山四圍

〔宋〕范仲淹詩〕越中山水絶纖塵溪口風光步步新求取會稽藏拙去白雲深處亦行春〔葉〕清臣詩雲中老樹冷蕭蕭溪上僧歸倚畫橈誰爲秋風乘興去松窓先聽富陽潮〔元〕絳詩〕雲外軒窓切斗牛候然山路亦生秋青山屈曲無重數拘束溪光款款流〔錢〕彦遠詩〕寺跨長溪山四圍松杉微徑盡莓苔門前潮上不須看常恐塵埃隨水來〔刁〕約過寺贈躬師善寫眞詩〕賞遍林泉去未能郤來溪口訪巖僧爲觀遠景尤奇處更陟危亭最上層〔又〕詩〕雲呈前峯疑霈雨泉飛別澗旋凝冰陋容憔悴煩躬筆待結錢塘九老盟〔唐〕詢題廣慈躬上人房詩〕溪口櫚傳地最靈其間風物與人清鐘聲夜到江頭盡雲氣朝從檻外生幾幅輕綃供畫筆一林秀竹寄閒情閒閉門終日無塵事臥看南窓日晩明

淨圓庵在夏孝鄉湘湖濱宋寶慶中建

普福庵在西興鎮宋寶慶中建今廢

冠山寺在冠山上宋咸淳中建〔明〕邑人來汝賢詩〕龍影

方塘日正中友人高興偶相同酒生綠鬢頰看井
茶映青松合座風禹穴自來留絕巘堯天何用問
宴游放開湖海收詩袋明日潮頭勢逼空來端人
□秋來山氣轉清幽極目千村翠欲流巖頂埋雲
霄漢接尊前落日大江浮心清仍得香泉滌地迥
何妨野鹿遊世事悠悠真夢覺蒼烟白髮對虛舟

曰慈雲寺在許賢鄉宋天監十二年僧寶志於許元度基上建名開善資寶寺唐會昌間廢晉天福三年重建宋祥符元年改賜今額所併入曰白塈寺在許孝鄉梁大同二年白敏將軍捨宅建名淨土院唐會昌間毀咸通九年重建宋祥符元年改賜今額曰六和寺在雲峯山下宋乾祐元年號六通興福院治平三年改賜今額所併入曰和慶寺在許賢鄉大洪山下唐天祐六年丁文靖公璞捨基建名龍門院宋祥符中賜今額建炎間燬元至正間重建明邑人丁伯耕詩茅屋石田峯外峯天開萬朶青芙蓉寒鴉徧州晚風起紅葉

點山秋色濃危磴新躋迴巘展長溪流水急村春攀蘿記得曾來處未許閒雲晝日封曰廣福寺在龍門山後唐同光元年建龍門護國院宋祥符元年改號廣福院建炎間毀紹興二十九年僧妙通重建所併入曰崇因寺在許賢鄉漢乾祐二年名崇明院宋治平三年改賜今額慶遠庵在龍門山宋乾道中建曰靈山寺在孝悌鄉周顯德六年建名郭峯院宋治平三年改賜今額外有塔一座所併入曰法印寺在桃源鄉峽山周顯德二年建名法華院宋治平三年改賜今額棲眞寺在白鹿山漢乾祐二年建名福安院宋治平三年改賜今額元末毀明洪武初重建普惠寺在桃源鄉唐天祐二年建名華嚴院宋祥符元年改賜今額曰重興寺在鏡臺山下晉許詢建名巖下寺唐會昌開毀咸通十四年重建改今額所併入曰興教寺在佳山唐天祐二年建名靈峯

院宋祥符元年改賜今額**曰資教寺**在螺山晉開運三年建名崇真院宋祥符元年改賜今額（邑人張子俊詩）樹晴春歸後鳥啼山自幽溪風清洗耳林靄翠凝裘僧扨乾坤老人非歲月流平生霄漢志翻惜利名浮（錢玹詩）東風吹騎入禪關坐擁毘盧訪大還謾有新詩留古壁何須玉帶鎮金山漁舟欸乃蒼茫外僧磬悠揚紫翠間杯酒坐高溪上月蒲庭風露竹珊珊**所併入曰覺海寺**在苧蘿鄉浦陽江濱唐會昌元年建名正信寺五年廢晉天福四年重建宋祥符元年賜今額**濱浦庵**在由化鄉元至正中建**曰真如寺**在航塢山宋靖康建（薩天錫詩）絲蘿巖下叩禪扉一路盤盤遶翠微空際瀑流如電急山頭雪擁似雲歸松風灑面來終日花雨無聲點客衣一老叟瞳秋水碧總來談笑總忘機**所併入曰資利寺**在龕山舊名白鶴接待院宋紹興十五年改今額**瓜瀝庵**在航塢山宋靖康中建**曰聖**

果寺在靈峯山唐咸通九年建名靈峯萬壽院宋治平三年賜今額明洪武二十八年毀永樂元年重建所併入曰

廣化寺在新義鄉浦陽江濱梁大通二年建名法興寺唐會昌間毀咸通十二年重建宋治平三年賜今額

慈濟庵在長興鄉宋咸淳中建

黃山庵在長興鄉元至元中建

淨土寺在淨土山唐開寶五年即舊善名寺遺址建名彌陀院宋太平興國七年改號淨土寺後山有塔每夜令行者募油錢燃燈至曉不滅江海道塗之人望以爲號紹興中塔上燈至二更忽滅寺僧疑行者乾没油錢問之左右咎曰每夜至更盡時則有如人形一羣飛自西來啾啾呼嘯集塔上燈即滅寺僧疑其言次夜登塔俟之至更深見一羣約千餘人來塔上各蘸油傳瘡僧直問之衆叩曰某等乃淮上陣亡卒也見三寶慧光乞油傳刀箭瘡痕即愈便可托生僧問此畨生何道衆作四隊前後應答後世當生富貴人只得此燈油瘡痕平愈便超

度矣僧多買油更益燈蒲塔上每夜鬼衆仍集取油傳瘖半年漸少久之不復來矣明永樂初寺塔俱廢萬曆間善者於山麓創屋六楹仍曰淨土寺

貞濟寺 在長興鄉武德七年建會昌廢晉天福六年重建吳越文穆王給寺禪院額宋太平興國七年復賜貞濟院至正間毀其寺院址皆民佃明天啟四年耆民來孔約買復前址重建邑令陳振豪立今扁額

興善院 在錢清鎮晉天福三年建名新興院宋治平二年改興善院元大德間廢至正二十四年易置搬運米倉今改造錢清鹽課司

其創建及改造者曰

兜率禪寺 在長山鄉道林山明崇禎十四年僧離愚鏡愚創建居士俞聖芳徐振聲捨基

慧濟禪院 即西興茶亭在沙岸鋪右明嘉靖年間僧道能建冬夏施茶不絕

竹隱庵 在許孝鄉狠嶺宋紹興三年建久廢明萬曆五年僧成慧重建

慧照庵 在頭湖明嘉靖三十七年邑人任何二家建

織履

庵在孝悌鄉九都東山康熙五年僧源建 旋庵在長山十都順治五年僧蟄鎮建 雙林

庵在長山十一都 龍巖庵在長山十一都道林半山 松隱庵在長山十二都巖上 便

飲庵在東門外任長者裔孫佐乾築外有亭爲行人憩所今重造扁曰千里停驂 靜寄庵

在長興鄉禪僧靜得寄機募建邑進士來集之即採二僧名題此庵 興隆庵在北門外因地屬興

隆坂故名萬曆年建崇禎末毀節婦張氏徵士訓惲之女儒士何執憲之妻也於順治三年捐貲贖地重

建并捨園地二畝供僧令收葬城下暴骨 巨川庵在苧蘿鄉至正間毀 雲門寺在來蘇鄉

相傳爲荷擔僧宅 濟生院在縣南十里金西橋東 萬葫蘆在孝悌鄉炭竈戶夫縣五

十里 鐵佛庵在白露塘北苧十八都明崇禎元年僧會心興復 石壁庵在長興鄉邑紳

來集之建 古竺庵今所稱延慶寺乃古延慶寺之鐘樓基也此庵則正當延慶寺址焉柱礎大不

尚存康熙十年僧■募邑紳來集之捐貲助建在長典鄉

臺華庵 安曾班翔建又捨田六畝在長典鄉

閘上庵 在長典鄉黃山閘上

鎮潮庵 在西江塘塘外

太平庵 靈瑞**庵** 二俱在長典鄉

護生庵 在崇儒坊任四郡捨基庵僧智悅募建

白傘庵 在縣治東一里邑貢士蔡忠思建牖下嘗產白芝

靈鷲庵 在城儒林坊賀運昇捨基地僧實覺於康熙二年募建

長生庵 在九都郭墓岑下徐甫捨基周維乾捐貲生員何之法捨田二十畝僧妙湛建

感應塔四座 治西祇園寺方塔二座在正殿前梁岳陽王蕭詧建圓塔二座在金剛殿

前吳越監軍節度使渤海公建沈仁泉記昔者瞿曇氏之化天竺也將弘妙法式振辯才既演暢於嵋山俄湧現於靈塔久居多寶契乎宿因纏作之瑞斯可見矣洎無憂王之治閻州也冥搜舍利遐搆佛隨括囊於入國之中經營於一日之內被乎世界爛若星羅鬼國之夏憂斯可見矣由是教傳東

國法仰西方伊塔廟之聿興遂支提而浸廣徵諸善者可得言之晉義熙二年隱士許詢字元度拂衣俗態脫屣浮名捨第宅兩區建伽藍二所其一則營於鏡水號曰祗洹其一則立彼蕭山目之崇化迺於餘衍樹以浮圖唯乏相輪未全香剎旋於中夜忽爾飛來既道俗而式瞻且規矩而暗合未幾有竺僧邂逅繞塔踟躕或問其來非無所以乃言國爲天竺寺實菩提遽失相輪遍搜印度遂杖錫跋履尋光現貞衆復詰之奚以爲證詎以七寶營構諒匪五金作爲驗之不誣信矣何爽元度載發弘願當冀來生果克爲王重建是塔浮世空嗟於閱水善根有若於移山逮夫梁武受圖蕭氏命族至嶽陽王詧除會稽郡守將欲理棹訪於諸公歷彼川塗訣之休咎乃曰今之分命蓋還舊居請詢曇彥上人在彼香嚴精舍無何法眼早已經心遂約緇徒佇迎元度數日嶽陽適至盡集爰來夫彼彥師已伺門首乃謂曰許元度來何暮昔日浮圖今如故嶽陽王應之曰弟子姓蕭名詧豈許元

度耶彥師旣知宿命未通豈造次能喻於時延入虛室遽爇名香乃以定慧加之於是斯須恍若豁開疑網頓悟前生洞究因緣了在心目俄命同載適彼蕭山爰止舊廬遂禮遺像旣觀塔中舍利兼騰基上神光仍於龕室之間探出斧鑿之類且悲且喜於載於三尋率俸金別營鴈塔不日而就異世合符稽彼感通有如影響爾後年祀寖遠世故推遷緬層構之冀存顧基坰之空在累代而下一簣不留遐考厥由宜乎有待吳越監軍節度使渤海公文武傑出忠孝罔生實惟霸王之心腹久居元舊之爵位中立無倚出言有章多重寶緣求紅蓮得爇吾春風夏雨綵衣炳煥棣萼芬芳虞纆養堂莫能比輿陸凱侯族未足矜誇而能屬意眞筌靈衿道樹側聞往事載動信心遂與屬國夫人敦琴瑟之情表金石之固同發誠願結彼勝緣務捨珍財再崇瑞相而乃磨礱文石陶埏磚瓦起自戊午年秋初訖於巳未歲冬首甃成雙塔並建五層其制超今其高邁古事符感徹妙盡雕鏤東則璀

璨巇巘樹嶽陽之善本西則晶熒赫赫表元度之艮因其第一層則儼天人師列大不像其第二層巳上則湧起千佛面於四方衆寶莊嚴五綵繪素聳鏤輪而萃漢懸金鐸以鳴風臺類須彌狀侔阿育晉代之高蹤不泯梁朝之餘烈重光愚切思之信可徵矣若非公纘許詢前誌應蕭晉後身則何得契彼三生成茲萬善夫如是亦何必志公復出曇彥重來舉而論之固其宜矣樹德之盛積善攸歸雅述徽猷稱乎琬琰仁衷才疎頌魯學媿游梁摛藻騰芳徒懷烏鳳激波飛譽曷比魚鵰誰謂餙揚罔遺荒墜退讓弗克僶俛何多雖銳意於枳園必貽譏於畫虎其詞曰粵靈塔之穹崇兮肇多寶之踴現剏阿育王之鬼功兮示闍浮之神變禮一念之勤拳闢萬善之關鍵由感應之不誣遂祖述之斯蕭有許詢之曠達樂蕭山之葱蒨捐爽塏之華居聿莊嚴於祕殿營窣漢之俄成慊相輪之未建忽中夜而飛來實衆目之咸見冀後世之再逢俾負風之重扇造梁朝於帝族封蕭晉於禹甸問

所適於誌公遍宿命於曇彥果弘誓於疇昔襲洪因於周遍洎年代之屢遷念頹毀之誰援誕明公於海嶽列羣辟於方面鼓琴瑟之克諧捨金玉之靡倦樹雙標之聳拔表三生之勇健燦煒煒之金容累層層之玉現振象教之罔細開龍華之方便輾不退之法輪正無漏之高選惟大上今人間受豐報之弘願〔唐〕丘丹詩東晉許徵君西方彥上人生時猶定見悟後了前因靈塔多年古高僧苦行頻碑存纔記日藤老豈知春車騎歸蕭登雲林識許詢千秋不相見悟定是吾身〔綦〕母潛詩寶坊求往跡神理駐沿洄雁塔酬前願王身更後來加持將宜合朗悟豁然開兩世分明見餘生復幾哉僧澤方詩問寺何名許當年捨宅基兩生元度塔千古嶽陽祠樹老梁朝檜苔封晉代碑自嗟生太晚不識彥禪師

江寺塔二座天聖二年建

興勝塔　在夏孝鄉邑宦來端操捐貲建崇禎萬曆四年山陰吳兌有記邑紳來日昇捨地基郎建文昌祠

陳公塔　治東三里大通橋之左明萬曆四十一年邑令陳如松建故名記曰予旣南徙河自大通橋遶北復郎其地塔焉層以七級費至千金亦不用帑錢也橋水最深始闢主和尚獨力成之茲適當水口五十年前和尚造橋五十年後宰官建塔天時人事葢若有待可無記與其塔基三畝一分係貢生張炳祥捨

仙釋

宋聖道　紹興初居淨土寺日乞食於市夜隨寓而止口每吐一珠如彈丸大光奪琥珀出玩掌中人欲攫取則復吞之一日至山下指田中一穴謂從遊項姓者曰此有酒可飲項飲之甚甘洌囑覆

之無竊發項思飲往取之穴中皆水也忽一日乞薪寺傍卽謂媪曰我將去矣叩所之不答乃於常臥處火薪自焚人卽其地甃之後有見之於蜀者歸發其棺則尸解矣

武元照　方在女孩其母茹葷卽終日不乳及菜食乃乳母異之後長議適人女不從忽夜夢神人告曰汝本玉女坐累暫謫塵世可絕食及覺欲不食母強食之又夢神怒曰違吾戒也剖腹滌之因復授寶法自是以符水療人疾一日請數十處聚語復往其家訪之已羽化矣驗其請之日卽尸解之日在宋紹興十一年也見浙江通志志詳載夷堅志

大義　徐氏子生而英特十二從釋於山陰靈隱寺凡閱梵典開卷卽悟臨終時咸聞空中有天樂之聲

大眼　宋人晝夜不寐目睛愈光因以大眼目之

法華從朗　居祇園寺年踰百歲門常晝掩身誦蓮經衆烏啣花匝座有潘朗者謁之乃閉門不納留詩於門上云門掩多年上綠苔想師心地似寒灰勞生擾擾休來此我是閑人尚不開

佛

智端裕禪師　邑人吳越王遠孫祝髪於大善寺得法於圓悟禪師狀貌瓌異鬚髮不受刀但以小剪去之不然則出血亦異事也

妙通　廣福寺僧境多猿猱數百爲羣食菽粟爲民害即誦神呪遣之一日盡去民有疫亦以呪療之

義圓　漁浦開善寺僧釋機敏捷事見傳燈錄

下巖　上董人諱元長號無名姓董氏少慈慧從諸父曇芳學佛於富陽法門院後入武林受業於中峯禪師居靈陽山中乃歸天龍東庵有虵日來環繞師爲說法虵拜而去由是聲光日顯乃入烏傷之伏龍山遂卓錫巖際元至正間數遣使降香賜法衣號佛慧圓監大元普濟大禪師云

荷擔僧　姓賀父名彪早亡母趙氏七歲出家爲僧日擔其母念經乞食蕭有荷擔僧歌今來蘇鄉雲門寺即其宅

明無爲心禪師　鄉賢來勵之次女也初字於湯未歸而夫天遂矢不嫁持齋禮佛結庵於

六和塔下老僧來度有隔竹眠之偈成化間宮中多妖疫詔求天下有道術者有司敦遣入宫疫者接談立痊孝肅太后賜號無爲心禪師賜氅衣珠樹淨瓶金盃等物臨化作一偈云八十六年活計今朝撒手歸宗受盡無邊三昧依然明月清風結跌而逝火浴得舍利甚多小塔父墓之側

蕭山縣志卷十五

文林郎知蕭山縣事鄒　勷
文林郎知蕭山縣事劉　儼　重修
邑文學　何文煒
　　　　丁夢芝　編較
張崇文重纂

武備志

古人云兵可百年不用不可一日忘備蕭蕞爾邑顧安所事備哉然其襟江環海爲越之門戶若其列江而戍則旌壘必嚴沿海而防則墩臺必飭諸如弓弩甲楯戈船樓櫓等具皆專閫者所必究也

是用講克詰之政以固東浙之藩爲志武備

戰事

魯哀公元年勾踐與吳戰於浙江之上石買爲將斬殺無罪人不自聊子胥爲奇謀或北或南夜舉火擊鼓晝陳詐兵越師潰墜還報其主王殺買謝其師棲於會稽之上

漢獻帝興平二年孫策引兵渡浙江太守王朗拒策於固陵策數渡水戰不能克策弟靜曰朗負阻城守難可卒拔査瀆南去此數十里道之要徑也

宜於彼據其內所謂攻其無備出其不意者也策然之夜多燃火爲疑兵全軍投查瀆襲高遷屯朗大驚遣周昕逆戰策破斬之查瀆無考高遷屯邑之東北五里有高遷橋疑在此

齊明帝永泰元年會稽太守王敬則舉兵帥實甲萬人過浙江平東將軍張瓌遣人拒之聞鼓聲皆散走瓌逃民閒

隋文帝開皇十年楊素擊高智慧於浙江智慧據厈爲營周亘百餘里船艫被江鼓譟而進總管來

護兒曰吳人輕銳必死之賊難與爭鋒公宜嚴陳以待之勿與接刃請假奇兵數千潛度掩破其壁使退無所歸進不得戰韓信破趙之策也素從之護兒以輕舸數百直登江岓襲破其營因縱火煙熖漲天素縱兵奮擊大破之

唐僖宗中和二年越州觀察使劉漢宏與杭州刺史董昌有隙漢宏遣其弟漢宥等屯兵西陵杭州都指揮使錢鏐率八都兵渡江竊敵軍號斫其營營中驚擾因焚之漢宥等敗走漢宏復遣將黃珪

何肅屯諸暨蕭山繆皆攻破之
明嘉靖三十二年倭賊蕭顯沿海來犯叅將湯克寛邀擊於鱉子門敗之　三十四年六月倭寇自上虞流刼蕭山叅將盧鏜敗之於新林賊首六十四人突圍去至勝山龜鱉洋復追敗之十一月倭寇又一枝自餘姚流刼蕭山盧鏜敗之於丁村提督胡宗憲自統兵壁龕山之巔令親兵往襲之不數里遇賊大敗之倭循海而走匿於龕山坡下小堡我兵圍之賊登屋投瓦繼投槍刄皆盡乃下死

守我兵急攻破之倭寇殲焉

守地

固陵越絕書曰浙江南路西城范蠡敦兵城也其陵固可守故謂之固陵

西陵城錢武肅王屯兵之所即固陵遺址今西興鎮是也在縣西十里

西興捍江營

西興都巡寨

西興寨俱宋時置

越王城吳伐越次查浦勾踐保此拒吳在縣西九里夏侯曾先地志曰越立城以守查吳作城於浦東以守越今城山是其地也邑西九里爲越王城又名城山山岡廻合矗起勢尚

如城也

防鳴越所以遏吳軍也在縣東四十里

錢清北堰營宋時置在縣東四十里與山陰界

錢清城元末張士誠守將呂珍所築跨江南北東西兩頭作木柵爲浮城於江面下通舟楫

新林宋時置寨在北海塘南縣東二十里

龕山浙海之門錢武肅屯兵於此宋時置寨久廢明嘉靖時以倭警復置寨有委官一員軍一百名守之後裁革在縣東北五十里

漁浦 宋時置寨今設巡檢司 在縣南三十五里

黨旗嶺 昔鄉兵監旗拒寇處 在縣南六十里

額兵 宋時兵額與後代殊異宋有營有寨故兵數多後代營寨俱廢則幾於無兵矣然有事則抽鄉兵無事則有民壯弓手等民兵皆兵也四時訓練而以時閱之枝擊精金鼓習隊伍明安在非六千君子之遺耶

宋額 西興捍江營二百八人 錢清北堰營五十八人

西興都巡檢寨一百三十八人 西興寨一百三

十二人　龕山寨一百三十二人　新林寨一百人　漁浦寨四十八人　按宋營寨額兵如此多者蓋南宋駐蹕杭州則蕭邑乃左輔之地故多設防衛以壯聲勢易世之後遂俱裁革　本縣弓手七十人

明額民壯一百五十人後裁止百人　巡鹽應捕十人　白洋巡檢司弓兵原額七十人後裁止二十人　漁浦巡檢司弓兵原額四十人後裁止二十人　快手　凡民壯弓兵初皆以徭戶充之後俱官募人給工食

鄉兵明嘉靖三十五年令魏堂增置在城六百人

西興四百人長山二百九十人各有百長伍長副長以千長一人領之龕山二百四十人各有伍長副長以百長二人領之平時聽其各務農商操練日則量給賞勞有事防守則計日給工食是時以連年倭警故設後俱革

國朝額民壯五十人　白洋弓兵二十人　漁浦弓兵十八人　快手十二人　砲手十人工食取給現年

徭戶

駐防兵官一員　兵丁二十人係府鎮標下暫撥不在本縣額內

〔軍器〕軍器有解府轉解之額銀而本縣無額器何從辦然前令創爲之矣器不用則徒敝四時訓練或小警時聞則出器賦士卒事畢而仍歸於庫安所謂不用者耶敝又改爲但實心爲國以籌之何患無赤堇之錫若耶之銅

〔軍器庫〕在治廳左　鐵九龍銃　銅佛郎機　鐵銅鳥嘴　噴筒　鐵噴筒　銅連珠砲　銅碗口砲　銅鋤頭銃　鐵托叉　竹長鎗　線鎗　鈎連鎗　弓　箭　皮箭袋　錫彈　皮彈袋　連珠砲木

楔　火藥　硝　琉黃俱明令魏堂製

今軍器守城大砲十門　民壯軍器俱領工食自辦

烽墩舊二　一在龜山一在荏山俗名長山後增一在去虎山今革

教軍場舊在縣治西湘湖岸甚湫隘嘉靖三十五年令魏堂於便民倉北隙地增高三尺又增三尺爲廳基建廳及夾堂於上東夾堂前爲土地祠一間祠左爲退廳三間退廳前爲屏墻屏墻外爲將臺前仍爲門三間內設中軍大纛一面將旗一面五方旗五面令旗二面點閘旗二面傳報旗二面巡哨旗二面民壯哨長黃旗二面隊長五色旗繡甲乙丙丁等字爲號共二十面鄉兵千長黃旗一面百長紅旗六面伍長藍旗二十四面副長白旗一十四面大金一副並架立鼓二面並架

東西墻下各房十間即倉廒凡練兵收糧皆在此
用武職衙門事例遇霜降日於此迎軍器祭旗纛

兵船　明制每歲仲春發省營兵二千防汛用船載至曹娥取諸里甲船不足掠山會客船補之甚妨船戶商旅嘉靖時魏侯堂以西興鎭爲停舟要會編立八埠船總董率厥差然船戶多山會人去留靡定計可叢出萬曆九年王侯一乾與山會公議船駕蕭山營趂應代蕭山載兵然必專有所屬然後能稽其弊而各船必投店戶貿易識認乃立一十四家以管攝之令其公報船戶姓名編册貯縣

仍置木牌一十二面居民九十六名輪班總率縣
以號票給之驛驛給之總總給之店戶店戶給之
各船按月輪值間年一差不應差者管趂自若而
從前取里甲掠商旅之患皆息官民兩便永爲定
規

蕭山縣志卷十五終

蕭山縣志卷十六

文林郎知蕭山縣事鄒勷 重修
文林郎知蕭山縣事劉儼
邑文學何文煒 丁夢芝 編較
張崇文重纂

職官志

史遷傳循良而不及令唐傳儒林而不專博士此
國史法也而邑則非令丞師儒奚志焉蕭自設官
立師以來即代有隆污要于政教之責則均也今
故爰列先後自陸凱以逮今茲摭聚簡牒表列其

人而錄其績之尤著者别爲傳略令觀者有所則倣焉

吳令

陸凱 吳郡人有傳

晉令

王雅 東海剡人泰和年任有傳

宋令

羊恂 景平年任

劉僧秀

齊令

李蕚 永泰年任

唐令

韋知微 開元年任

李士約

葛君

宋知縣

杜守一 景德二年任有傳

穛壽 武功人大中祥符二年任有傳

李宋卿 隴西人天聖二年任有傳

王式 四年任

苗振 景祐五年任

許暘 丹徒人元豐六年任由貢士知蕭山縣入爲大理寺正權少卿秦檜譖岳飛下大理必欲文致以謀反暘不可出知南劍州卒

俞昌言金華人大觀三年任由進士　楊時將樂人熙寧九年任有傳

曾喜靖康元年任　陳南紹興年

宋敷　顧冲錢塘人淳熙年任有傳

張曄有傳　郭淵明嘉定六年任有傳

姚元哲十七年任　高曆剡人寶祐二年任

金炳　胡雲龍咸淳年任

元

達魯花赤號曰監縣主縣事兼勸農收掌縣印

司馬剌丁　亦馬丁至正元年任

縣尹號曰司判正官封署縣印

裴思聰至元年任有傳　崔嘉訥居延人至正元年任有傳

華凱會稽人有傳　於善

尹性有傳

余讀元志有王琛李適衛應昇趙鎧蘇友龍咸任

邑令然其受任年代皆湮沒無攷故不敢妄列焉

明知縣總治縣事

張懋洪武十年任有傳　王谷器徽州府人十九年任有傳

姜仲能四川人二十二年任有傳　湯義二十五年任

彭彥彬吉水人二十七年任有傳　張崇建安人永樂四年任有傳

曾永聰八年任　吳汝芳撫州人宣德元年任有傳

胡景仁三年任　李珙泉南人正統二年任

楊勝陽城人二年任　蘊琳蒙陰人八年任有傳

鄧十三年　楊景泰元年任

朱玉二年任　葉芳天順元年任

梁昉順德人四年任有傳　竇昱河南人成化二年任

李鑒武陟人七年任有傳　陳璐全州人十年任有傳

吳淑宜興人十二年任有傳　朱栻崑山人十八年任有傳

趙鑑壽光人弘治元年任有傳　于宏六年任

鄒魯當塗人九年任由御史　楊鏵莆田人十三年任由進士

朱儼莆田人十七年任由進士　吳瓚休寧人正德三年任由進士

王瑋江浦人七年任由進士　伍希周安福人十年任由進士

鮮瑚四川人十五年任由舉人　高鵬蘄州衛人嘉靖元年任由進士

秦鎬三原人二年任有傳　張選無錫人八年任有傳

王聘利津人十二年任有傳　蕭敬德泰和人十四年任由舉人

林策漳浦人十八年任由進士　王世顯長洲人二十三年任由舉人

施堯臣青陽人三十年任有傳　魏堂承天人三十三年任由進士

歐陽一敬彭澤人三十九年任有傳　趙睿涇縣人四十一年有傳

李文餘平和人四十五年任由進士　許承周崑山人隆慶三年任有傳
王一乾泰和人六年任有傳　陸承憲華亭人萬曆五年任由進士
馬朝錫新繁人八年任由進士　劉會惠安人十二年任由進士
陳其虞同安人十八年任由進士　秦尚明太康人二十年任由進士
沈鳳翔上元人二十二年任由進士　程再伊二十七年任由進士
紀三才上元人三十三年任由舉人　林有臺福清人三十六年任由進士
楊惟喬玉山人四十一年任由舉人　陳如松同安人四十五年任由舉人
劉安行襄陽人四十八年任由進士　陳振豪無錫人天啓元年任由進士
余敬中進賢人六年任由舉人　劉一淮進賢人崇禎四年任由舉人

顧棨無錫人十年任由進士　郝愈筠連人十二年任由副榜

蔣星煒武進人十六年任由舉人　賈爾壽北通州人十七年任由貢

國朝

王吉人清源人順治三年任由貢　王運啓濰縣人六年任由進士

韓昌先遼東人九年任由貢　孫昌猷安化人十三年由舉人

黃應宮舒城人十四年任由貢　趙秉和永城人十六年任由貢

何璉保安人康熙元年任由廕生　徐則敏應城人三年任由貢

賈國楨曲沃人五年任由貢　鄒勷撫寧人七年任由貢

聶世棠江陵人十一年任由恩廕　姚文熊桐城人十五年任由進士

劉儼景州人二十二年任由監貢

唐縣丞

李令思開元年任

宋縣丞

趙善濟四明人乾道年任

方信孺開禧年任有傳

元縣丞僉署縣事

明縣丞僉署縣事

崔權洪武十二年任

黎淸吉安人二十七年任有傳

熊以淵靖安人三十二年任有傳

劉得遠永樂十二年任

石麟岳陽人四年任

李孟淳

王瑾

于友八年任

何鋹弘治二年任

焦玘十一年任

李孟春正德五年任

董信嵩縣人十五年任由監生

劉贅清和人二年任由吏員

潘坤山陽人十四年任由監生

張旺德州人十九年任由歲貢

姚義天順四年任

劉瑩成化九年任

李鐸鳳陽人七年任監生

倪洋安仁人十四年任由監生

阮璉南陵人八年任有傳

吳嵩吳江人嘉靖元年任由官生

潘棠宿遷人八年任由監生

楊喬鉛山人十七年任由歲貢

閻中倫潁州人二十年任由監生

徐端武城人二十四年任由吏員　萬鵬合肥人二十九年任由歲貢

華崙句容人三十六年任由歲貢　張儀懷安人四十年任由吏員

陳第江都人四十四年任由監生　鄭鷹石城人隆慶五年任由歲貢

王嘉賓沛縣人萬曆元年任有傳　黃希周羅源人四年任由恩貢

陳理青陽人六年任由監生　張愷豐城人九年任由吏員

黃裳南城人十一年任由監生　王鎮海澄人十三年任由監生

沈秉正上海人十七年任由監生　王載弘九曲衛人十九年任由歲貢

龔大進永福人二十一年任由歲貢　曹鯉上海人二十三年任由監生

熊汝璞黃梅人二十八年任由歲貢　呂成聲無爲人三十三年任由監生

劉廷獻寧都人三十七年任由歲貢　胡良材祁門人三十九年任由監生

許必爵山陽人四十三年任由監生　林春階閩縣人四十七年任由監生

應懋欽南平人四十八年任由歲貢　廖希潼徐聞人天啟二年任

唐樂行新鄭人三年任由監生　吳一鯨如皋人六年任由歲貢

謝錫命平遠人崇禎二年任由監生　徐朝晉永定人四年任由吏員

程家祥休寧人十年任由監生　黎儆淳興化人十四年任由監生

李多識

國朝縣丞

梁弼河南人順治六年任　張霄大興人十一年任由貢

周三進淮安人七年由貢

汪慶星涇縣人九年任由貢

李拱徽鑲白旗監生二十一年任

徐秉政鑲黃旗官監二十二年任

元主簿

王亨泰

周彥祥至順年有傳

劉伯煥至正元年任

趙誠宛平人十二年任有傳

明主簿僉署縣事

張執中洪武十二年任

師整汶上人三十二年任

李翔永樂十二年任

周仁南昌人正統八年任

徐訥江陰人成化二年任

商顯宗洛陽人十年任

管智二十三年任
史彪弘治六年任
劉守□泰安人十七年任由監生
羅志程番府人正德二年任由監生
蕭綱五年任
任俊九年任
葉芳金山衛人十二年任由監生
高仲芳宿遷人嘉靖八年任由監生
鄭沂武進人十年任由監生
王良弼西安人十六年任由監生
王九敘陽曲人十九年任
王尚志永城人二十年任由監生
劉應科西和人二十五年任由監生
張塘陽城人三十二年任由監生
程堂黃梅人三十六年任由監生
吳臬餘干人三十八年任由吏員
俞鉞常熟人四十一年任由吏員
張沛嘉定人四十四年任由監生

胡祥霽上游人隆慶二年任由歲貢　祝廷實荊州衛人五年任由監生

朱煥章六安州人萬曆元年任由監生　胡元學黟縣人五年任由監生

康承學祁門人八年任由歲貢　朱登墀上猶人十一年任由歲貢

孫音錫婺源人十五年任由監生　汪桓休寧人二十年任由監生

周武成南昌人二十三年任由監生　傅金臺高安人二十五年任由監生

狄期進溧陽人二十七年任由監生　張廷華南昌人三十三年任由吏員

彭啓江上饒人三十六年任由監生　許簫鳴廣德人三十九年任由監生

許經邦廣德人四十一年任由監生　孫尚賓江都人四十三年任由監生

汪應瑞歙縣人四十七年任由吏員　朱尚賢晉江人天啓二年任由監生

李先先臨川人四年任由吏員　呂應鯁旌德人五年任由吏員

魏思信徐州人七年任由吏員　陳可羨六安州人崇禎二年任由吏員

傅調元豐城人四年任由吏員　吳三省休寧人十四年任由監生

陳隆極十六年任　林日升

國朝主簿裁革

唐縣尉

丘丹臨平人開元年任

宋縣尉

宋昌朝天聖四年任行縣尉兼主簿　游酢建陽人元豐六年任有傳

丁大全寶祐二年任後以戚里擢侍御史尋拜相

元縣尉僉署縣事

王振大名人大德年任有傳　陳英二十九年任

明典史專主關署公牘

陸靖江洪武十二年任　李應斌永樂十二年任

陳徹吏員　謝昂成化十二年任

皮隆靖江人弘治六年任由吏員　張典十四年任

吳傑正德十年任　鄒仲和嘉靖元年任

劉恭七年任　陳吉豐城人九年任

陳舉　懷遠人，八十四年任
周雍　信陽人，十九年任

李銓　安仁人，二十一年任
龔綬　丹徒人，二十四年任，由吏員

王元貞　盱眙人，二十九年任，由吏員
秦大艮　臨淮人，三十五年任，由吏員

張奎　巴陵人，三十九年任，由吏員
陳清　莆田人，四十二年任，由吏員

朱會　莆田人，四十四年任，由吏員
魏冕　南昌人，隆慶元年任，由吏員

蔣思澤　全州人，六年任，有傳
任涔　豐城人，萬曆五年任，由吏員

徐本勝　青陽人，七年任，由吏員
王朝賓　閩縣人，八年任，由吏員

杜邦　無錫人，十一年任，由吏員
徐閔　吳江人，十三年任，由吏員

俞朝器　福清人，十七年任，由吏員
魏邦謨　十八年任

蔡璟 鎮東人十九年任　　嚴思忠 吉水人二十一年任

吳棟 海州人二十三年任　　徐懋德 華亭人二十六年任

陳棱 懷寧人三十年任　　劉繼先 南陽人三十四年任

馬元圖 溧陽人三十六年任　　陳所聞 五河人三十八年任

陳九思 陽翔人四十年任　　龔誥 高郵人四十三年任

周應寵 南陵人四十六年任　　嚴有威 吳縣人天啓元年任

李有實 莆田人五年任　　郭尚德 吉水人七年任

龔文斌 邵武人崇禎二年任　　林棲鳳 南城人十一年任

余烇文 德興人十四年任　　顧天源 崑山人十七年任

國朝典史

白琦順治四年任　姚修實十三年任

張志道青陽人十八年任　繆有慧大典人康熙十二年任

張嘉楨十七年任　劉炯山西太原前衛人二十二年任

元教諭主管學事

王晨山陰人至元年任　陳處久天台人大德年任由舉人

李自强餘姚人延祐二年任由辟舉　趙孟善至正年間

戴子靜本縣人至正年任由舉人　趙子漸金華人有傳

王應中諸暨人

明教諭 總署學事

朱右 臨海人洪武十二年任

周巽 湖口人二十年任

陳顏仍 廬陵人宣德元年任有傳

商瑜 黃梅人三年任由解元

劉寬 泰和人有傳

王讓 姑蘇人天順四年任由舉人

葉藻 山陽人成化九年任

石正 金陵人十年任

鄭遷善 莆田人二十二年任由舉人

林有言 莆田人弘治九年任由舉人

張桓 儀真人十三年任由舉人

梁魁 武進人十八年任由舉人

楊武 嘉定人正德七年由舉人

萬楷 武陵人十五年任由舉人

蕭仁 長沙人嘉靖五年任由舉人

方傑 新建人十三年由歲貢

丁奎 華容人二十三年任由舉人
周易 貴溪人二十五年任由歲貢
朱垍 建安人三十一年任由歲貢
林則時 懷安人三十五年任由舉人
陳僖 廣德州人三十八年任由
成果 盐城人四十一年任由舉人
鄔惟疆 江西新昌人四十四年由歲貢
雷沛 江陵人隆慶二年任由舉人
龔明 邵武人四年任由歲貢
黃時濟 豐城人萬曆二年任由舉人
莊重 長洲人五年任由舉人
何艮勳 黃巖人九年任由歲貢
應楠 慈谿人十一年任由舉人文學模範足稱
魏艮翰 德州人十六年任由歲貢
張汝聰 上海人十七年任由舉人
陸光家 蘭溪人二十年任由舉人
汪道充 婺源人二十三年任由歲貢

王學孝龍溪人二十四年任由舉人　金殿上元人二十六年任由歲貢

鄭宗岳浦江人二十九年任由舉人　尤抜俊崇德人三十二年任由舉人

汪一蛟臨安人三十八年任舉人後中進士

何舜齡臨海人四十一年任由舉人　孫希賢壽州人四十七年任由歲貢

張汝醇浮梁人四十八年任由舉人　阮夢日於潛人天啟五年任由歲貢

熊夢登進賢人崇禎元年任由舉人　朱國華海鹽人五年任由解元

屠肇芳秀水人九年任由舉人　吳興選十三年任由舉人

潘允濟新城人十七年任由舉人

國朝教諭

林喬枝 慈谿人順治三年任由訓導陞　高駿發 秀水人三年任由舉人

朱世英 秀水人十一年任由歲貢　殷森 平湖人十二年任由舉人

史惟傑 衢州人十四年任由舉人　俞顓渭 鄞縣人十五年任由舉人

盛旦 嘉興人康熙十年任由舉人　盧宜 鄞縣人十一年任由舉人

張翀 臨安人二十一年任由舉人　沈節 嘉興人三十年任由歲貢

元訓導 分掌學事一人

陳適 四明人大德年任由舉

明訓導 分署學事二人

周郁 本縣人洪武二十三年任由制舉　屠任 嵊縣人二十五年任由明經

阮端卿 本縣人二十六年任由制舉　王鼐 如皋人三十二年任有傳

徐端蒙　　高震華陰人永樂元年任由儒士

陳起本縣人八年任由舉人　　錢復亨十二年任

祝以中南昌人十六年任　　張璘

嚴衡嘉定人　　賀圭天順四年任

曾本宣七年任　　李渤浮梁人十年任由舉人

丁昊長州人二十三年任　　查庸太倉人弘治五年任

蕭綬姑蘇人　　李塤鄱陽人六年任由舉人

劉用姑蘇人十一年任由舉人　　李遇春遼陽人十八年任由舉人

宋綸上海人正德二年任由歲貢　　何重四會人五年任由舉人

余蘊 饒平人八年任由舉人
高明 十年任
吳昂 休寧人十三年任由歲貢
劉禎 十五年任
蕭瑋 太和人嘉靖元年任由歲貢
任柱 東莞人二年任由舉人
龍輔 新淦人八年任由舉人
阮文塤 羅源人由歲貢
王鑾 衡陽人九年任由歲貢
劉滌 三水人十四年任由歲貢
周建中 曲江人由歲貢
楊銳 沅陵人十八年任由歲貢
蔚楷 合淝人二十年任由歲貢
楊琦 廣昌人二十三年任由歲貢
姚仁 華亭人由歲貢
劉宗文 邵武人二十六年任由歲貢
吳采 仁壽人二十九年任由歲貢
徐演 邵武人三十一年任由歲貢

朱金徐州人三十七年任由歲貢　黎仲時桂陽州人由歲貢

沈鍾慶麗寧人三十九年任由歲貢　王師禹貴州人四十二年任由歲貢

卞邦顯武進人四十四年任由歲貢　張維表長樂人隆慶元年任由歲貢

朱艮相徐千人三年任由歲貢　寶守中壽光人四年任由歲貢

呂端性永康人六年任由歲貢　李早連城人萬曆元年任由歲貢

羅胤克四年任　馬一化五年任

解子愚卽墨人七年任由歲貢　李懋仁太倉人八年任由歲貢

龍訓長興人十年任由歲貢　楊季天台人十二年任由歲貢

邵元寵長泰人十三年任由歲貢　傅楠臨川人十五年任由歲貢

吳一豸麗水人十八年任由歲貢　侯維祺臨桂人二十一年任由歲貢

高本麗水人二十五年任　陳興賢黃岩人二十七年任

徐樹六合人三十一年任　王事逢南康人三十二年任

許宗太湖人三十三年任　朱子爕歸安人三十六年任

張可憲於潛人三十七年任　徐元輔常山人三十九年任

高薦餘姚人四十一年任　莊儀惠安人四十四年任

王世魁金華人四十五年任　趙希夔南官人四十八年任

阮夢日於潛人天啓元年任　江養潛定海人五年任

潘堯臣平湖人五年任　周日章崑山人崇禎元年任

譚希天茶陵人四年任　陳邦綸高安人

熊鍾鼎　錢孔芳桐城人十三年任

張一焜十四年任　張鯤

林喬枝慈谿人十六年任　許士龍

國朝訓導舊二員裁革一員

陸可教順治三年任　周嗣愷衢州人九年任

周昌魯鄞縣人　劉敦吉慈谿人十六年任

馮人龍平湖人十九年任　姚德堅烏程人二十二年任

國朝

漁浦司巡檢

徐王衜　順治七年到任　　諸思孔　康熙二年到任

婁九德　新泰人康熙七年到任　　苗如蘭　城武人康熙十二年到任

童昌齡　如皋人二十八年任　　張名海　齊河人三十一年任

西興驛驛丞

丁起龍　順治三年到任　　王星彩　康熙九年到任

徐浩　順治十四年到任　　常毓俊　康熙元年到任

曹養載 瀋陽人 康熙四年到任
韓毓慶 富平人 十五年到任
馮士傑 定州人 康熙二十年到任

西興場大使
鄭士達 徽州人 順治四年到任
周國楨 陝西人 順治六年到任
阮玄惠 徽州人 順治十四年到任
楊傑 陝西人 康熙四年到任
陳捷 康熙十三年到任
張國昇 青陽人 康熙二十年到任
趙文傑 真定人 三十一年

蕭山縣志卷十七

文林郎知蕭山縣事鄒勷
文林郎知蕭山縣事劉儼 重修
邑文學 何文煒 丁夢芝 編較
張崇文重纂

選舉志

蕭自設科以來或薦辟或貢舉或進士其途不必盡出于一要之際會風雲作賓王國其彪炳一時後先相望焉譬之梓材川輸嶽貢殊質異文其裨于作室則一也若乃設制科以待非常闢武闈以

招雄傑金馬虎賁賢能蔚起余用表而列之以著
朝省右地之望云

薦辟

吳　鍾離牧　有傳

宋　孫處　有傳

齊　戴僧靜　有傳

唐　許伯會　玄度裔舉孝廉有傳

沈融　籍佚舉秀才

進士

唐賀知章 有傳

按宋有制科有舉人有進士元承宋制有歲貢有舉人有進士今制科歲貢多漏失無可考僅著宋進士凡三十七人元舉人凡二人

宋 進士

馮鍇 太平興國八年王世則榜

王綵 大中祥符八年蔡齊榜鹽鐵判官有傳

卜伸 天聖二年宋郊榜

沈衡 景祐元年張唐卿榜郎中有傳

汪泌 慶曆二年楊寘榜

王霽 皇祐元年馮京榜綵之子校書郎

顧沂 嘉祐六年王俊民榜光祿大夫有傳

沈街 熙寧三年葉祖洽榜衡之弟

沈義熙寧六年余中榜衎之子

鄭知微

王彥昌

沈箋衎之子會稽籍中式俱余中榜

吳孜元祐元年李常寧榜

方喆崇寧二年霍端友榜赫之兄

方赫霍端友榜喆之弟

孫寶著大觀三年賈安宅榜宜教郎

孫忻賈安宅榜

王致柔政和五年何㮚榜

吳康年紹興二年張九成榜

張震張九成榜金紫光祿大夫吏部尚書

顧宣紹興三年梁克家榜

張孝伯隆興元年木待問榜有傳

王日永乾道二年蕭國良榜

王日新

卜芸乾道八年黃定榜

方秉文淳熙二年詹騤榜

徐邦傑淳熙五年姚潁榜　張叔椿淳熙八年黄由榜有傳

吳雲淳熙十一年衛涇榜　張叔陽淳熙十四年王容榜

馮大受慶元二年鄒應龍榜　張炳

方秉成秉文弟　方秉哲嘉太二年傅行簡榜秉成兄

戴鯨紹定二年黄朴榜迪功郎　張飛卿通直郎有傳

張願孫寶祐四年文天祥榜　張理

元　薦辟

張祉賢之孫中統四年舉賢良任興國知州

舉人

樓壽高至正四年戊寅　戴子靜至正七年辛巳本縣學教諭

鄭福至正年甲申杭州路推官

明　薦辟

洪武元年詔禮部行所屬選求民間經明行修賢良方正材識兼茂及童子科

沃野三年舉明經科溫縣知縣卒祀名宦　周服

包大本本邑訓導陵縣知縣弟大全大用大同大中並登薦辟任知州教授等職官

戴謙四年宿遷知縣魏文靖公外父　陳旺

五年詔科舉暫且停罷令有司察舉賢才　王士喆五年舉秀才荔浦縣丞

王士貞六年舉秀才給事中改御史　陳近智十三年舉

俞朗 丘縣知縣
鄭思敬 遷江知縣
張叔剛 松江知縣
黃琮 已上俱十三年舉
韓參 十四年舉
沈惟慶 吉安府同知
陳本
何遜 德化縣典史已上俱十四年舉
陳韶 十六年舉山陰訓導
張本清 十八年應聘雲夢知縣
洪海 十八年舉懷才抱德鳳翔府推謫縣丞
華克勤 十九年應孝悌力田聘山西布政使
朱義道 十九年舉孝悌力田慈利知縣
趙原德 由儒士九江府同知
張圻 二十三年舉人才長山縣丞
周郁 由儒士本縣訓俱三十三年舉
張經 舉明經國子助教有傳

方□規二十四年由儒士廣濟教諭善詩文足稱名家

張原二十四年舉稅戶人才龍江河泊所使

陳仲淳二十五年舉經明行修工部員外郎

阮端卿二十六年舉經明行修本縣訓導

魏希哲三十年舉老成上高知縣文靖公本生父

趙善三十一年舉秀才工部郎中　張箕三十二年舉人才光祿典簿改東宮內傳

史選三十二年由營州戎籍從靖內難任戶部主事至山西布政使

徐端蒙三十三年舉明經任本縣并仁和訓導爲人嚴正教訓有方

永樂元年詔內外諸司文職官於臣民中有沉滯下僚隱居田里者各舉所知

秦豫 舉秀才　韓景生 十六年舉人材益陽知縣

王平 二十二年舉楷書臨清縣丞　張子俊 二十三年本清十舉經明行修吏部主事

翁文瑶 二十三年舉人材遷安縣典史　沃能 宣德元年舉明經禮部主事改審理歷蘇州漳州通判

汪景昂 正統元年舉楷書由中書舍人至太常寺少卿浩子

張玘 成化元年舉經明行修平原蘄水縣丞　王鎬 元年舉秀才贊黄知縣

魏完 驥之子舉楷書序班陞寧國知縣　張序 二十二年太醫院御醫

蔡友 弘治元年由懷才抱德授延平府教授　童瑞 嘉靖七年由楷書選禮部儒士中書舍人左遷辰州經歷

孫學思 十八年由楷書選儒士陞中書舍人大理評事禮部郎中

童鑑 十九年由楷書任武英殿序班陞中書舍人　童儒 二十九年由善書任武英殿序班陞鴻臚寺主簿

方直三十五年由楷書選禮部儒士鴻臚寺序班　曹嘉賓三十七年由楷書鴻臚寺序班陞順天府知事

韓繼榮三十八年由楷書鴻臚寺序班陞兩淮運司知事

童仕隆慶元年由世業武英殿序班　童偕元年由世業武英殿序班

曹大至萬曆七年由楷書鴻臚寺序班

崇禎八年詔舉賢良方正京官三品以上各舉堪任知府一人五品以上并翰林科道各舉堪任州縣一人

張訓懌試之子應舉屢徵不就有傳

國朝康熙十九年詔舉博學宏詞

毛奇齡現任翰林院檢討

明歲貢

洪武十二年　孔麟　傅霖

俞叔珪
十七年蔡民永豐知縣
十九年徐應節
成以仁祁縣丞
二十四年蘇壽兵部主事
二十六年王仲謙漳州府知府
二十八年王濟
三十年史巳安龍岩縣丞
三十二年方儒監察御史

十六年奏准天下府州縣學自明年爲始歲貢生員各一人
十八年王震福建都司都事
二十年殷輅
二十年詔天下縣學三年貢一人
二十五年詔天下歲貢縣學一年一人
二十七年陳晃都督府都事
二十九年賈德善寧德知縣
三十一年張顒
永樂元年鄭堅監察御史謫盧州府通判

二年詔天下歲貢用洪武二十五年例

三年 周能 應楷書監察御史

四年 鄭陞

五年 張質 興化府同知賢之世孫

六年 吳崖 應楷書吏部主事任鎮江府知府

七年 湯裔

八年 施安

九年 孫忠 吏部主事

十年 賈復

十一年 何善

十二年 陸本道

十三年 賀隆 刑部員外郎

十四年 何濬 山陽知縣

十五年 王信 福建市舶提舉

十六年 董驥 辰州府知事

十七年 婁轅 建德主簿

十八年 顧諟

十九年詔天下歲貢用洪武二十一年例

十九年　毛序　鹽運司同知
二十一年　張璣　昌平知縣
二十二年　金蒙
宣德元年　黃道吉　廬州府知事
二十三年　金祐　睢寧訓導
五年　曹寧　鄭州知州
七年詔天下歲貢用洪武二十五年例
沈宿　興國州判官
九年　徐益　南陵知縣
正統元年　王臣　鎮江府學訓導
三年　朱瑛　鎮江府學訓導陞同安知縣
五年詔天下歲貢二年一人
[illegible]　顧讓　政和知縣
七年　方膺　常熟晉江縣丞
九年　俞能　辰溪知縣
十年　徐貞
十二年　趙昇　羅源知縣
鄭甫　星子訓導

韓瑱　廣東鹽課司提舉

十四年　嚴端　貢元荊門州同知

朱願　直隸上元籍慶都知縣

三年　張瑺　瀧水教諭賢之世孫

六年　張紀　陽武知縣

三年　胡旭　英德知縣鎮寧知州

六年詔廩增四十五歲以上者俱貢

王謣

王夏　典寧知縣

十三年　成賢　東平州判官

景泰元年　方正　江西都司經歷

二年　楊瓘　彭城衛經歷

四年　徐藩　寧化知縣

天順元年　王康　靖州學訓導

五年　何評

沈俊　彭城衛經歷

林華　榮縣知縣

王勉　九江府檢校

倪杲　俞振黄岡縣丞
張霖　朱淮寶慶府經歷
沈清江西按察司知事　金玉歸化知縣
汪士昂廣德州判　沈恭
八年俞完　王廣
成化二年黄傑袁州府通判　四年楊昇九江府學教授
六年毛淵石阡府學教授　八年來寧
十年何淮望江縣丞　十二年李欽政和教諭
十四年毛吉廣州衛知事　十六年朱諫仲安之孫祥州吏目

十八年 陳殷 師宗州知州鰥介之操老而彌勵

二十年 童顯章 廣德州訓導

二十二年 俞檜 河間府訓導

弘治元年 俞霙

王達右 萬承州吏目

三年 李璋 程番州吏目

五年 王所

七年 王鈍 邵武府檢校

九年 秦准今年起至十三年每年貢一人

孫昱 萬載教諭

十年 沈瀜 莆江教諭

十一年 張軒 荆門州學教諭

十二年 趙鏡 光澤訓導

十三年 沈鍙 璟之子陳州學訓導

十五年 沈沔 鎮遠知縣

十七年 沃寬 南城教諭

正德元年 何舜卿 威海衛學教諭

三年 楊理 潮州府通判

五年盛瀾新野王府教授
七年丁洪浦城訓導
九年翁文河南府學訓導有傳
十一年王宏興化府學訓導
十三年任沛貢元
十五年徐行
十六年黄裀上饒主簿
嘉靖元年陳欽鄰水教諭
二年何大猷長汀訓導
三年韓遴宜章教諭
五年陳讓尤溪訓導
韓昆靈璧訓導
九年蔣錫茌平訓導
十一年來膺薦密雲知縣
十二年來觀伊府教授敏悟而教有力
十三年何仕植衛輝府學教授
十四年祝禮松江府通判
十六年徐旭清河訓導陞崇明教諭以孝友溫厚見稱

十八年黃當學宿松訓導

十九年支澤國子典簿陞通判

二十年徐景元青縣訓導

二十一年吳瑞單縣教諭質直而有守

二十三年張瑛紀子灤州訓導淹貫經史事繼母以孝聞

二十五年樓祁蕭縣訓導

二十七年徐楩

二十八年王汴

三十一年黃九功無爲州訓導

三十三年孫勳平和教諭陞審理

三十五年徐卓建昌知縣陞萬州知州

三十九年汪耀

翁復明清河教諭

四十一年徐大中新興訓導

四十三年毛瑚福安訓導

四十五年屠瑾新淦訓導著書經研幾錄

隆慶元年黃九川懌之子六合教諭

登極恩詔天下府州縣學考廩膳生員內貢一人

二年來三聘

三年沈杏宋之弟萬載訓導

五年徐大夏　初建德訓導上饒教諭金華府學教授孝友模範均有足稱

六年施一言　潛山訓導

萬曆元年來文英　高安主簿

三年來士賓

五年蔣育賢　沅州判官

七年蔡應選　縣丞

九年丁鳴春　滕縣訓導歷任教授

十一年樓宗周　三河訓導

十三年吳應桂　瑞之子定海訓導歷教授

十五年黃世濟

十七年陳言　西平訓導

十九年來汝順

二十二年曹樹聲　選貢孝江令

二十三年張諒　承天府授處家孝友教子義方訓臨海旱禱有應具載台嶺人文志

二十五年黃師賢　選貢後更名可師詳進士

二十七年戴文明　南陵諭

二十詔天下廩生二十八年年以上納銀充貢

徐希龍 大夏子青州府判

張維垣 羅定州同知

二十九年 來士學 睢州判

三十一年立皇太子恩詔天下府貢二人州縣一人

俞世推 府貢海鹽訓導

朱仕能 海寧訓導

三十二年 蔣育秀 新城訓導

三十四年 黃三策 延平府教授

三十五年 黃朝策 荆州府教授

三十七年 來立相 入鄉賢祀有傳

三十九年 鄭舜尚

四十一年 黃三尚 順天中式

四十三年 徐希轂 衢州府教授有傳

四十五年 來艮相

四十七年 張訓程 諒子性秉方直學究程朱於綱常有擔當爲督學劉所獎後爲淳安教諭

天啓泰昌恩詔天下府
元年貢二人縣一人

來維觀 恩貢大埔知縣

施所學 福州教授

二年 登極恩詔天下廩生二
十人選其優者一人

來佑之

三年

鄭文兆 舜尚子宣平教諭

四年

田有本 順天選貢

五年以大工廩
納銀充貢

蔡一信

蔡忠思

六年

陳邦教 太學充貢

王思孝 歲貢廬陵訓導有傳

七年

田有封 臨安訓導

陳邦政 纂修恩貢

崇禎登極詔天下府縣
元年廩選優者一人

汪之度

來騰鴞 副榜拔貢

張雲鵬

四年　黃守邵　　六年　朱襟

八年　來紹曾崇德訓導　　黃金星順天鄉試副榜充貢

八年停納監生詔天下各府州縣選廪生一人入監　　來集之貢元詳進士

沃懋材順天恩貢清河知縣　　沈振龍

十二年　張炳祥　　田萬鏞平湖訓導

十四年　黃可賢　　十六年　翁德洪

十七年　張祖壽宣府籍通州學正　　十七年　來爾昌方煒子部議廪科舉四人以上者入太學

來埕聖國子監選貢方煒子　　來道馨

來勵之　　來道程

施是龍　王之祚

國朝

順治三年來鎮之例貢泰州同知

四年周一甲鄖州判　單繼周恩貢台州府授

詔歲科首名次名准貢入監　史廷桂禹州知州

黃儒珝　賀繩芳昌平籍霑化知縣

五年王朝宗臨洮同知　六年張際龍恩貢入監江寧知府

七年毛萬齡仁和教諭　八年管鳳來松滋知縣

九年詔以科舉首名充貢入監　張佩綸長興教諭

任雨蛟平湖教諭

十年 郁憲章東陽教諭

十一年部以廩生中選其優者一人 賀昌圖

十三年 任起蛟

十四年 趙之雋易州籍例貢

十五年 陸國藩

十七年詔各學生員納粟充貢入監 來式銓長沙府通判

韓必售 吳任聖考授布政司經歷

十八年以登極詔天下府州縣恩貢廩生一人

朱燾 來逢時

康熙二年 周維岳

五年部議廩生不准歲貢盡行停止

八年部議仍復歲貢　鄭淵

十一年　韓球見任仁和訓導

詔天下府貢二人縣貢一人入監　來孫謀府學乙卯經魁

陳捷見任嘉興訓導

十二年　王宗益寧波府訓導

十四年　郁彪温州府訓導　王凝遠平湖訓導例貢

十五年　蔡溥仁　來載之府學

十三年詔天下廩生納銀三百兩增廣生納銀四百兩附學生納銀五百兩充歲貢叙用

丁景龍候補國子監學正　周起莘見任宣平教諭膺舉博學鴻詞

蔡　琛候補翰林院孔目　朱錫吉

陳國雋　來圻聖

十六年　郎中岳　十七年　吳　鼎

十七年　蔡遵生見任遂昌教諭

十七年部鄉試副榜十名充貢入監　沈士本

十八年　胡如春

任　埏　蔡含生

二十年　張　逵　王壇先吉子副榜貢入國學正藍旗教習

二十一年　吳　觀　二十二年　何文煃

二十四年　任亶林　吳樞 考授訓導

詔天下府學拔貢二人縣學拔貢一人入監
如康熙十一年例

周韓 府學　吳沐

二十六年　方錫珙

二十八年　丁夢芝

三十年　吳楷　趙文琳 仁和籍

明舉人

洪武三年詔各省開科取士以今年八月爲始

韓守正 詳進士

四年詔各省連試三年自後三年一舉著爲定式

十七年頒行科舉程式于各省凡三年一舉

二十年

朱衡 江陰教諭

顧觀 解元詳進士

二十三年

葉林 經魁詳進士

朱仲安 河南按察司有傳

陳安 刑部郎中左遷鎮江府同知

二十六年

胡嗣宗 詳進士

張貞 詳進士

湯本 故城訓導

二十九年 姚文直 詳進士

應琚 延平府通判臨江知府

王觀 詳進士

三年 魯琛 詳進士

錢巽 漢府長史坐累籍沒

六年 陳起 本縣訓導

九年 沈寅 監察御史

十二年 孫敏

十五年 倪溥

三十二年 孫完 詳進士

永樂元年 魏騏 希哲子詳進士

俞昞 詳進士

殷旦 詳進士

魏驥 希哲子南京吏部尚書有傳

方寶 禮部主事

衛恕 詳進士

戴宿 應天中式宿遷知縣

曹得 詳進士

何善順天府中式詳進士　十八年　沙安亞魁順天府治中
陳廣興化府通判　史佐漳州府學訓導
徐海四川僉事　二十一年　王政建寧教諭
黃琮武進教諭　宣德七年　張輅經魁葭州學正
十年　王毓太常寺典簿　屠黼魯府長史
正統九年　汪浩順天府中式嵩縣知縣　十二年　韓祺解元詳進士
張靖胙城知縣　景泰元年　倪敏經魁侯官教諭保定通判
傅珍閩清教諭精書義是邑多得其傳　沈環寅之子南安教諭
沃乾贛榆知縣　楊文天順七年禮闈焚死賜祭葬贈進士

天順六年 徐洪 詳進士
成化元年 蔡瑛 兗州府通判

四年 何舜賓 詳進士
富玹 詳進士

沈恭 應天府中式常德府同知
十年 韓立 寶應太平知縣

孔斌 以遼東戎籍中山東式詳進士
十三年 沈鐘 廣信府通判

沈淳 鐔之侄湘潭知縣
黃鼎卿 什邡教諭

十六年 來登
葉清 詳進士

呂調陽 雲南經魁黃陂知縣
王世禎 應天府中式濱州學正

十九年 張嵿 詳進士
二十二年 來天球 詳進士

泖彬 順天中式安之孫
弘治元年 韓憲 萬載知縣

胡昉詳進二　朱彩衛武推官

五年錢玹詳進士　朱珙程鄉知縣

張實漳平教諭　八年孫鳳

徐瓚沙縣知縣　沈文滂靈璧教諭

陳璠封川知縣　十一年戴光饒州府通判

毛公毅汀州府同知　十四年田惟祐解元詳進士

盛瀧詳進士　蔡璧永豐知縣

顧通長樂知縣　孫光徐州知州陞襄府長史

十七年曹楫九江府推官　沈治淳之弟

沈璇雩都知縣
韓洲立之子福安知縣

正德二年　周憲詳進士
五年　黃懿萊蕪知縣

八年　王鏞亞魁衡水教諭
徐守洪子潮州府同知

徐官洪子詳進士
黃懌初知安谿終常州府判有傳

十四年　沈宋鐔孫
嘉靖元年　王艮相順天府中式

四年　來汝賢經魁詳進士
來應山天球子故城知縣

七年　孫宗器寶坻知縣
黃九皐懌之子詳進士

黃德賢南康知縣
十年　戴維師光之子詳進士

十三年　來日升亞魁興化府判陞師宗知州
翁五倫文孫詳進士

十六年　韓廷　洲子棗陽知縣
黃世顯　潁州知州

十九年　張燭　詳進士
楊應元　以甘州戎籍中陝西鄉試詳進士

來端本　順天府中式松溪黃岡知縣
二十二年　孫學古　詳進士亞魁

王仲山
二十五年　張誼　詳進士

黃世科　世顯之弟
韓惟論　政上知縣有清似水明如鏡之謠

三十四年　李存中　鳳陽教諭
何世學　善從孫詳進士

三十七年　來經濟　天球孫詳進士
黃世厚　九皐之子江夏知縣

四十三年　王景星　詳進士
蔡萬里　詳進士

來必上　河南中式桐廬教諭觀之子
隆慶元年　張試　誼之弟詳進士

黃世雍

五年 來三聘 應天府中式

萬曆元年 來士賢

任宗湯 黃縣知縣有傳

四年 楊道南 經魁杭州籍

戴尚志 雲南按察司副使有傳

七年 來士賓 應天府中式授平遠令遷汝南教授

湯有光 應天府中式

十年 王明宰

張應桂 青州府通判

單有學 新化州知州

十三年 來遇龍 沙縣知縣

來行志 知縣

二十二年 倪朝賓 詳進士

陳伯龍 詳進士

二十五年 王三才 第二名詳進士

二十八年 來朝聖 興寧知縣

蔣汝礪 育秀子太平知縣

三十四年　來宗道　詳進士

三十四年　來斯行　詳進士

王命禹　詳進士

黃師賢　順天入名　詳進士

四十年　來道沾　士學子太和教諭

四十三年　黃三尚　北闈中式山西平定知州

四十六年　蔡一嵩　應天中式象山教諭

周三台　北闈中式永康州知州

天啟元年　韓日將　詳進士

來煥然　六合知縣

來方煒　詳進士

黃希元　世厚子南闈中式

孫徹奇　仁和籍

朱國泰　北監順天籍

朱之宸　北監順天籍

四年　王鼎鉉　詳進士

沈應節　仁和籍

七年　徐明徵　慈谿教諭

崇禎三年　曹振龍解元　蔡一鵷

十二年　夏有奇詳進士　來集之南闈中式詳進士

十五年　王鴻烈　來驤

國朝

順治三年十月浙江開科照前朝壬午例

任雲蛟嘉善教諭　方明龍山東冠縣知縣

周纘烈京闈中式詳進士本姓賀

順治八年

張洪一名　丁克揚經魁詳進士

順治十一年甲午　恩詔照丙戌例增十名

黃邵士　詳進士

來式鈺　方煒孫原任衢州教授

魯艮禨

順治十四年丁酉

韓燦　經魁詳進士　本姓任

張際鵬　詳進士

周之麟　詳進士

沈完龍　應節子京闈中式　酉安教諭

順治十七年庚子照丙戌例減半浙江中五十四名

倪涵　經魁

傅宗

康熙二年以登極恩詔炤丙戌例增十五名

來垣 方煒子詳進士

康熙八年己酉

王先吉 詳進士

來咨匡

來燕雯 集之子京闈中式

潘錦 閩闈中式

康熙十一年壬子

李日焜 同榜日燿弟二名

任乘畯

李日燿 日焜兄

韓日昌

康熙十四年乙卯

來孫謀 二名　周國龍 仁和籍

康熙十六年丁巳詔監生另開科一次

王遠公 經魁　周斐成

康熙十七年戊午

毛文

康熙二十年辛酉

沈士本　孫謀嘉

康熙二十三年甲子

陳瑞鯤　王士仁 仁和籍

袁定國

康熙二十九年庚卯

毛遠宗 經魁

三十二年癸酉

毛文輝 仁和籍 陳至言 何垣

三十五年丙子

王德炘 錢唐籍

三十八年己卯

單國球 來楫 蔡承恩 任蘅

四十一年壬午

壽仁侯 任雲 來珏

明進士

洪武三年詔凡鄉試中者行省咨中書省判送禮部會試

洪武三年庚戌吳伯宗榜

韓守正 利津縣丞

十七年凡鄉試中式舉人出給公據赴禮部會試以次年二月爲始

十八年乙丑

顧觀 大理寺評事有傳

二十四年辛未韓克忠榜

葉林 以進士副御史按淮楊民苦

二十七年甲戌張信榜

胡嗣宗 山陽知縣 張貞 漢陽知縣

二十年丁丑陳郊榜

姚友直太常寺卿有傳

三十三年庚辰

孫完吏部主事任福建僉事

永樂二年甲申曾棨榜

魏騏刑部主事降泰寧教諭　王觀靈州知縣

四年丙戌林環榜

殷旦監察御史官至副使有傳府志入忠節傳

七年己丑蕭時中榜

魯琛 監察御史

十三年乙未陳循榜

俞廷輔 初名昞欽改今名兵部主事河間府通判

十六年戊戌李騏榜

何善 監察御史有傳

十九年辛丑曾鶴齡榜

衛恕 庶吉士詳府志官至參政

正統十年乙丑商輅榜

曹得 監察御史改四川僉事

天順元年丁丑黎淳榜

韓祺監察御史

成化五年己丑張昇榜

何舜賓行人官至監察御史

十一年乙未謝遷榜

徐洪二甲二名刑部員外郎　孔斌

十七年辛丑王華榜

富玹刑部主事湖廣福建僉事

二十三年丁未費宏榜

張崀右都御史南京工部尚書有傳葉清太僕寺丞左遷潁州同知改知通州

弘治三年庚戌錢福榜

來天球工部主事官至陝西按察使有傳

六年癸丑毛澄榜

胡昉工部主事改刑部

十八年乙丑顧鼎臣榜

錢玹吳江知縣

正德三年戊辰呂柟榜

田惟祜刑部主事官至潯州知府盛瀧太僕寺丞官至南寧知府有傳

十二年丁丑舒芬榜

徐官 刑部主事官至廣西僉事有傳

嘉靖二年癸未姚淶榜

周憲 寧國府推官

十一年壬辰林大欽榜

來汝賢 鄉會俱第二名禮部主事有傳

十四年乙未韓應龍榜

翁五倫 監察御史陞福州知府有傳

十七年戊戌茅瓚榜

戴維師監察御史官至四川僉事　黃九皐工部主事終魯府長史

二十三年甲辰秦鳴雷榜

張燭刑部郎中　孫學古東莞知縣附傳　楊應元登州府推官

二十六年丁未李春芳榜

黃世科

三十二年癸丑陳謹榜

張誼都察院觀政十二歲舉奇童會試冠本房有文學名

隆慶二年戊辰羅萬化榜

張試刑工二部郎中官至撫州府知府有傳

何世學　常州府知府有傳

來經濟　四川副使

萬曆二年甲戌孫繼臯榜

王景星　河南府推官左遷五河知縣

五年丁丑沈懋學榜

蔡萬里　邵武府同知

十一年癸未朱國祚榜

李三聘　合肥知縣歷任江西布政使有傳

二十六年戊戌趙秉忠榜

倪朝賓 湖廣按察司有傳

二十九年辛丑張以誠榜

王三才 二甲二名應天府尹贈南京工部侍郎有傳

三十二年甲辰楊守勤榜

來宗道 少傅文淵閣大學士有傳

陳伯能 刑部主事

三十五年丁未黃士俊榜

王命禹 二甲二名工部郎中

來斯行 福建布政使有傳

四十四年錢士升榜

黃可師 貴州府知府

天啓五年乙丑余煌榜

來方煒吏部員外郎有傳

崇禎七年甲戌劉理順榜

王鼎鉉工部主事

十三年庚辰魏藻德榜

來集之兵科給事中

韓日將推官

十六年癸未楊廷鑑榜

夏有奇知縣

國朝

順治四年丁亥吕宫榜

周纘烈 刑部主事

十五年戊戌孫承恩榜

黄邵士 沂州知州

十六年巳亥開科徐元文榜

周之麟 通政司通政

丁克揚 現任通城知縣

十八年辛丑馬世俊榜

何兆理復姓潘

康熙六年丁未繆彤榜

來垣萊州府同知

韓辰旦復姓任大理寺丞

九年庚戌蔡啓僔榜

王先吉內閣中書

十二年癸丑韓菼榜

張際鵬

二十四年乙丑陸肯堂榜

沈士本 現任屏山知縣

詞林

明顧觀　洪武二十年解元明年成進士太祖甚愛之日侍左右遇有咨訪呼曰小翰林

姚友直　洪武三十年進士拜司經局洗馬進左春坊左庶子

張經　洪武中以明經舉累官國子助敎

魏騏　永樂二年進士授翰林院庶吉士

衞恕　永樂十九年進士選中庶吉士

來宗道　萬曆三十二年進士選中翰林院庶吉士官至大學士

國朝

周之麟　順治十六年進士選中翰林院庶吉士官至通政使通政

毛奇齡 康熙十九年舉博學宏詞科授翰林院檢討

特用

國朝

朱懋文 任兩淮運副　　丁成名 鳳翔府知府

周師忠 陝西布政　　曹五典 桃源知縣

沈振豪 戶部員外　　來慶 琅井提舉

董文鼎 安慶府教授

封贈　附恩廕

張彦暉以子贒貴贈同知

明姚道孫友直貴贈雲南布政司左參政

姚叔遠子友直貴贈雲南布政司左參政

朱宗辰子仲安貴贈行在山東道監察御史

吴元振子崖貴贈吏部郎中

何景源子善貴贈交阯道監察御史

史本孫翼貴贈河南布政司參政

史樞子翼貴贈河南布政司參政

魏毅孫驥貴贈南京吏部左侍郎

魏伯雅繼子驥貴贈南京吏部左侍郎

魏年驥孫恩補監生蒼梧縣丞

屠敏學子黼貴贈魯府長史

曹佛子得貴贈南京廣東道監察御史

沈大江子俊貴贈府軍前衛經歷

楊務本子璀歲貢貴贈彭城衛經歷

徐鼎寧子洪貴贈刑部河南司主事

何璧子舜賓貴贈南京湖廣道監察御史

富景先 子玹貴贈刑部雲南司主事

施伯睦 子隆吏員貴贈辰州衛經歷

來景稠 子恩援例貴贈和陽會經歷

盛楠 子瀧貴贈太僕寺丞

張清 孫嶺貴贈都察院右都御史

張弁 嶺繼子恩補監生鄖縣知縣陞府通判

孫臣 子光貴贈安州知州

童顯章 訓導子瑞貴贈中書舍人

張翼 子燭貴贈刑部郎中

來雍 子天球貴贈工部都水司主事

胡永芳 子昉貴贈江浦知縣

黃璋 子郁貴贈西城兵馬司副指揮

俞深 子相貴封裕陵衛經歷

張孔殷 義官子嶺貴封上饒知縣贈右都御史

田鑑 子惟祐貴贈南京刑部郎中

瞿杭 子廷顯援例貴贈南京留守衛經歷

翁堯 生員子五倫貴贈福建道監察御史

孫煥 子學恩儒士貴封大理寺評事

童瑤子鑑貴贈中書舍人　童金子儒貴封中書舍人

曹鉅子嘉賓貴封鴻臚寺序班　韓志民子繼榮貴贈鴻臚寺序班

樓宗誥子良材貴封鴻臚寺序班　來端容監生子士官貴封南京後衛京歷

來騮子弘遂吏員貴封驍騎尉經歷　項錄繼子祥貴贈京衛經歷

項欽子祥貴贈京衛經歷　何瞻子世學貴贈都察院經歷

蔡時滂子萬里貴封撫州府推官　俞環子榮吏員貴京庫大使

張廷柱生員子試貴累贈奉政大夫　來捷生員子三聘貴封合肥知縣累贈參政

沈澧實應縣尉以子炳恩封鴻臚寺主簿　來鰤孫三聘貴贈參政

王一和生員孫三才貴贈山東布政使　王嘉聞生員子三才貴贈山東布政使

倪大經 孫朝賓貴贈苑馬寺卿

來應元 曾孫宗道貴贈文淵閣大學士

來經邦 生員子宗道貴封翰林院檢討累贈文淵閣大學士

王三畏 子命禹貴封工部主事

來嘉謨 生員子斯行貴贈廣西按察使

來端操 山東布政司經歷子自周貴贈楚府長史

何世科 太常寺典簿子汝敷恩贈光祿寺署丞

傅百年 子以昭貴贈昭勇將軍都指揮僉事

王思孝 廬陵教授子禹鉉貴贈潮州府推官

倪鳴臯 子朝賓貴贈知府累贈苑馬寺卿

來聞凱 生員子經濟貴贈太僕寺丞孫宗道貴贈大學士

陳津 生員子伯龍貴封寧國知縣

來萬程 孫斯行貴贈通議大夫廣西按察使

戴朝陽 子尚志貴贈瑞州府知府

於逕 以子斯盛贈鴻臚寺序班

傅沛 孫以昭貴贈昭勇將軍都指揮僉事

來立模 生員子方煒貴贈吏部員外郎

來繼韶 廪生子集之貴贈文林郎安慶府推官

丁　琥子元吉貴累贈太僕寺主簿　黄初元孫[illegible]師貴累贈刑部主事

蔡應恭子繼曾貴贈羽林衛經歷　來　蒐以父燕禧功世襲杭州前衛鎮撫

來咨諏生員以父宗道廕尚寶司丞　王命伊生員以父三才廕歷任廣南知府

徐子允生員孫敷奏功贈昭勇將軍　徐士寧生員子敷奏功封昭勇將軍

田大計子有本貴贈中書舍人　李　軻以曾孫元功贈都督僉事

李大春以孫元功贈榮祿大夫都督僉事　李顯名以子元功贈榮祿大夫都督僉事

任宗正以子三揖封京衛經歷

國朝

史繼法子廷桂貴贈肥城知縣　朱懋武以兄懋文廕考授通判

周維屏子之麟貴累贈左僉都御史　沈志堯以子振豪貴贈大理寺左寺正

張天柱生員子際龍貴累贈刑部郎中　何之標生員以子文烈功封明威將軍

王九思以子先吉貴贈中書舍人　任振龍以子辰旦貴贈上海知縣

趙應榜以孫文璧功贈通議大夫　趙之鼎武舉人以子文璧功封通議大夫

邵一恒以子士貫封山陽知縣　徐兆熊以子經功贈武德將軍

張一德以子朝琮貴封文林郎　戴琮曾以子一津貴封州同

毛秉鏡以子奇齡貴贈翰林院檢討　蔡良栝以子安仁功贈武德將軍

丁鳴俊增廣生員以子文龍功封明威將軍加一級　周萬鍾孫之麟貴累贈左僉都御史

武勳

明

成化年　王琚　大漢將軍

嘉靖年　張維翰　係生員立功任楊州衛指揮使

嘉靖年　曹南金　由生員立功任福建都司都指揮僉事

隆慶年　曹南濵　由生員立邊功任浙江左游擊將軍

天啓年　來燕禧　貴州游擊世襲杭州前衛鎮撫有傳

李承芳　廣州府守備天啓四年勦沉香山賊有功後七年復征長樂縣賊殁于陳欽恤　都司僉事

崇禎年　傅以昭　昭勇將軍都指揮僉事

張文元

李元功 字龍門精象緯之學由粤東備倭累陞至中軍都督府右都督僉事

周懋勲 由三科武舉累建功陞兩廣總督中營總兵有恩䘏

黄明卿 以生員入監改授武職陞浙江寧波副總兵

陳振範 崇禎年間總兵有傳載瀝湖陳氏宗譜

武舉人

明

嘉靖年 金實

四十三年 戴景升

萬曆元年 曹體仁

四十年 蔡繼高 詳進士

四十三年 徐勇曾 大厦孫希龍子官至參將博學好古有儒將風

天啓元年 周之鼎

七年 任邦憲

魯繼芳 詳進士

徐敷奏 京闈中式以軍功累陞都督僉事

崇禎 陳遴 詳進士

沈至緒 山東籍詳進士

崇禎十五年 丁久徵 解元詳進士

沈三奇 壬午科舉人授四川西冲縣守備

國朝

順治五年　童維祚 密雲中衛籍詳進士　十一年　何文炳 詳進士

何文烈 現任湖廣都司　張文達 詳進士

蔡龍驤 詳進士　李森 甲午宣大中式任宜興守備有德政卒於官

田彪 甲午盛京累任陝西西守備　十四年　趙之鼎 丁酉盛京解元誥封通議大夫

李彬 丁酉北闈舉人　十七年　徐經 勇曾孫

蔡浩 繼高孫　趙天錫

李鐵　陳子錫 守備

康熙二年　蔡安仁　蔡恂仁

童鼎　盛顯

康熙五年　蔡日恒 徇仁弟　蔡隹 有傳

任兆昌　林廷顯 本姓瞿

張雄基　王先采

八年　章彪 本姓蔡隹之弟　王國相

瞿球　單文煥

十一年　趙文璧 之鼎子　沈琮

十四年　章元功　張璟 杭州學

丁文龍 詳進士

凌達 鄞學　丁廷策 仁和學

何鎣

十七年 瞿天策　王國珍 國球兄

王國球 國珍弟　童時則

王遇 會稽學

二十年 來維墉 解元　趙文永

蔡熹　瞿佑文 天策子

蔡文俊 仁和學　童時英 時則弟

蔡顯威

武進士

明

萬曆四十四年 蔡繼高 寧波守備軍容嚴肅士卒感奮竟卒于軍

崇禎四年 沈至緒 辛未殿試第四名歷任鄖陽都司流賊犯疆受憲命爲前鋒初戰焚賊營報捷再戰被執逐觸石而死朝贈昭武將軍其女雲英别有傳

七年 沈鎮東 授平壑守備歷任右軍都督同知

十年 沈如懋 任廣東白鴿寨守備死于流賊之難

十二年 沈奇勳 廣東惠州守備陞游擊值虔漳巨寇合黨數萬圍惠城奇勳率步卒三百人突衝賊營斬首甚衆賊走百里外復合兵重圍七日外援無至內糧已絶單騎奮擊鋒鏑逼

身墮馬而死撫按以孤軍獨戰等事具題贈
驃騎將軍蔭子麟爲百戶妻倪氏年二十六
守節事姑撫子萬苦千辛于兵戈離亂之中
扶柩歸里尤世所難父鎮華乳源知縣絕食
而死母朱氏同妾董
氏咸以完節著聞

曾繼芳 上元衛指揮　沈襄

十六年　陳有達 廣西潯州府參將澇湖人　丁久徵 揚州守備

國朝

順治六年　童維祚 臨清城守都司　何文炳 山西潞澤守備

十八年　張文達　蔡龍驤 現任建陽衛守備

李彬 戊戌進士見任金塔堡城守都司

康熙十三年　趙文璧　擦花御前侍衛現任宜府永寧路都司僉書

十五年　丁文龍　現任山東靖海衛守備

十八年　王國相

三十年　戴嘉謨　張追

錢士穀

例監

明成化二十一年始令生員曾經科舉者赴陝西照例納銀納粟納馬入監出身正德年間令赴貴州照例納銀嘉靖四年又令官員子弟照例納銀十七年又令民間俊秀照例納銀其例多寡不一

施清　來恩和陽衛經歷　王錦安仁縣丞

沈潤　王澐奉議州判　來炳

黃郁西城副兵馬　徐黼晉江訓導陞閩縣教諭　曹森揭陽縣丞

任遺涇縣主簿　胡尚謙清遠知縣　瞿廷顯澧州州同

沈渟雲南新添衛經歷　蔡霑長江主簿　黃泉連江主簿

施彷　朱言　魏琛泰寧縣丞

來端本順天中式　曹　校　任斯禮
來端言霸州判官　陳一德南陵縣丞　張　允貴子江西都司經歷
田　琇惟祐子上林苑監丞　丁　周鴻臚寺序班　來端蒙嵩明州州同
蔡守毅崑山零陵主簿　徐朝宣武昌衛經歷　張　熺
來端棅鴻臚寺署丞後致仕　來端人仕新興縣丞勞府卒于官　周登堂如皐延平主簿
沈九峯餘干縣丞　孫學孔　黃　熺
戴維孝光子陝西布政司照磨　田大昇丹徒縣丞　來端容封南京前衛經歷
高本孝由序班陞崇明縣主簿　來端器　來端龍崇明縣丞
周鳳鳴　樓艮林由序班陞南昌縣主簿　洪　綱高唐州同

張　諧　翁濟川　周登府

丁伯潮　來道升徐州定州州同　來文獻

徐大謨魯府審理正　黃世厚應天中式　翁濟美盧陵主簿

蔡　詳臨江府經歷　王家禎夷陵州吏目　瞿伯玉撫寧衛經歷

張應春　楊一麟　童　化德安府經歷

魏承爵　周鳳韶　王嘉兆餘干縣主簿

童　俊　徐如登　來文盛

徐如圭　丁應正孝子有傳　戴維吉鴻臚寺序班

王嘉期　來　揀授儒士例饒州檢校陞典寶　黃世孚

俞至義南安縣丞　倪嘉　黄從一

蔡經緯　周紹元鴻臚寺序班　王節副兵馬

來文德　倪世達　來士官授儒士例補京衛經歷

田大計贈中書舍人　蔡子元　田琦

王家祿　沈燿　沈有孚揀選吉水縣丞

翁濟時　翁濟世　王魁賢無錫縣丞祀名宦

黄從卜　來自明鴻臚寺序班　丁應宗

倪紹英　史璟廣施縣丞　黄應達

黄應城　黄從龍　施中達

丁元吉太僕寺主簿　黃世淳　來經正

何世科太常寺典簿　楊一鳳　孫承仁

蔡道全附例湖廣歸州判　黃世學　何汝龍

來自賢江西分宜縣主簿　來自京四川嘉定州判　黃初元苑馬寺署丞

來士皐　黃啓元　來自平績溪縣主簿

何汝成序班　蔡繼承光祿寺監事　來自周楚府長史加湖廣左參政

丁一階序班　蔡萬程　來道登溧陽縣丞

來　寵益府典膳　史　諫　何汝愷

丁元嘉　何思唐　來自雲以上俱載舊志萬曆十七年止

張訓堪　黃希元應天中式　蔡萬善高郵州判
王三大光祿寺署丞　戴肅徵汀州衛經歷　蔡一權東昌府照磨
何汝敬附例詹事府主簿　蔡繼樂附例代州同知　來宗傳附例福州府經歷
田有獲撫州府檢校　來宗孟附例　何汝敏附例鴻臚寺序班
來斯和附例　任朝評郴州參軍　田大典楚府典儀正
來彭禧太平府判　何汝數光祿寺署丞　張益祥附例
黃三祝崇明縣丞　來道昇彰德府經歷　張訓垣廩例
戴治徵　蔡孝思　何之望山東都司經歷
沈逢時廣德州判　王景辰福寧州吏目　何之栻

吳師賢　於斯盛鴻臚寺序班　蔡國獻真定衛經歷

丁麟徵　何思虞　陸道徵善書擢監元累任平陽府判

何思夏揚州府照磨　單人全　張孫禕

丁元祥光祿寺署丞　蔡一桂萊陽縣主簿　丁師寧

來逢夏附例　來其昌附例江西湖口縣主簿　何之梧附例按察司經歷

倪彰吉　倪彬吉　來自觀

沈大全漢陽府經歷　來道昌附例　來道坤附例

沈文新萬安縣丞　蔡一乾潞安府經歷　來端甫附例

任元齡　蔡良弼廣州府照磨　來道巽附例

來道治　蔡一臨　蔡繼憲旌德縣主簿

沈志禹典膳　來道方　來在聖附例

周萬善　丁之光　沈聖基高郵州吏目

陳邦寧　陸宗岳　蔡佳桂

任三楫京前衛經歷　黃居義　何之楫黃縣丞

周五倫歷任山東經歷署鄒平長山淄川平原四縣事戡亂撫安惠政甚多卒于任馳驛歸葬

俞在前福州府經歷　任四科考選州同知　孔四可

國朝

康熙四年始令民間俊秀納銀准入太學充監生員亦得援例充監　七年河決奏准俊秀納銀完工充監　九年山東等處大荒奏准俊秀出銀賑饑准入太學肄業出身　十五年雲南變亂戶部奏准俊秀赴陝西納米一百石或豆一百石充監許在籍肄業限滿咨部考職仍令本省鄉試　十六年福建初平戶部奏准俊秀前赴納米七十石充監嗣後每年各省奏准開例或令赴長沙軍前納豆納米或令赴福建地方納銀納草或令赴湖廣納穀或令赴大同納米或再令赴陝西納豆俱充監生出身許在籍肄業本省鄉試限滿咨部考職遇大比即授職者亦許進場至二十二年新例盡行停止止許赴本省照舊例納銀充監亦准在籍肄業仍令本省鄉試

周生泰　王繼修　來燕雯己酉北闈中式

邵邦安　朱錫嘉　方矢孝州同

朱綺　陳至言　嚴丙州同

來學詩　來學禮　丁士俊州同

朱賜嘉　蔡會生州同　具尹

沈士英州同　沈士芳州同　周國勲授州同

張師文　徐翼隣考授州同　王懋

周起泰　張楚琳　單宏周

徐鏞考授州同　李開琮　張逢信

蔡煜生　戴一津考授州同　孫邦佐

蔡震生考授縣丞　張朝琮文縣知縣　張朝佐考授州同

富如嵩考授州同　汪詩綸　周鴻逵

單肇周　來伊任　來堡璧考授州同

史　煜見任師綸州吏目　戴一瀌考授州同　朱廷鳳

陳　焜　陳大績　謝世煜州判

韓統官州同　韓亮官　樓維煊州同

蔡臣儒　夏　煜　蔡　恩吏目

沈士著　曹　垣　謝世煒

丁夢麟 州同　謝國楨　任棻 州同

沈燿武　傅采臣　汪驥

傅廷棟　於三徵　戴文琦

章欽　周國英　任恒

葛文逵　沈森　王人驥

嚴宗儒　張之紘　趙元吉

任煌甲　朱紹衣　蔡惟愈

沈耀文 州同　陳憲斌　汪培

夏格謙 州同　傅翊　來愈龍

周綸 縣丞　徐思儉　來漢雯

韓克誠　王謙 吏目　莫聘蕚

王元吉　韓朝棟　陸攄 主簿

王國懋　丁夢麒　聞文彪 州同

陳丹達 主簿　王槐　夏惟燦 吏目

汪天錫　張嗣元　張育鼎

來學旦　蔡惟聰　來雲銘

蔡貞元　詹懋昭　朱國鎔

郁金樞　沈青標　沈德澍

潘胡儀　于組綬　韓　俊州同

吳　植　朱　培　來德風

沈德洋　方遇祥州同　項炳經縣丞

朱士佺州同　朱士脩州同　徐之霖

朱斯英　汪見龍　曹逢震

曹炳睿　沃　燦　方國賢

汪文炳　曹錫琦　王圖階

來式鐸　汪成棟　徐良勳

張星建　朱士佳　勞英選縣丞

掾品

古之掾屬亦列鵷班自明以迄

國朝並登三途之選是以況公諸人能勵操行而躋

膴仕迫于今聲稱佐領者猶比比也彼銓曹不以

其冗散而置之而執管者顧畧焉非所以備官制

而彰廉能也且志已裒其親之貤封而錄之矣而

水源木本不藉斯志也耶

明

施　隆　福寧州同知　俞　相　州同知　翁　寅　府經歷

嚴宗會　府經歷　來　儒　府知事　孫　鈿　增城縣丞

葛琛縣主簿　孫敬縣主簿　黃宣吏目
戴瑛潛山縣典史　周明河泊優貢賓筵　朱諫典史貢賓筵
孫質宿松縣典史　沈應美河陰縣典史　黃以年輝縣典史
楊瑛典史　史朝佐和平縣主簿　童裸閿鄉縣丞
王寅福州衛經歷　項貴曹縣典史　朱應朝元江府經歷
任玉卿沭陽縣典史　方洽易州判官　孫中正樂至縣主簿
童錫羽林衛經歷　吳宗美吳縣典史　孫學禮玉山縣丞
鄭守福清縣主簿　樓艮知上猶縣主簿　王一言湘陰縣主簿
何世英靖州吏目　方中鄧州判官　項祥遼東都司經歷

周邦文吏目　李弘通碣石衛經歷　李弘遂都司正斷事
王有年興平縣丞　童儀平陸縣丞　俞榮汀州府知事
來學易靖江縣丞　王化靈山縣丞　曹深揚州衛經歷
沈艮璧保寧府經歷　張訓模廣南府經歷　黃世存吏目
項艮心沐陽縣丞　沈澧寶應縣典史　陳岩恩縣丞
王應科袁州衛知事　任一統壽光縣丞　王灌騰衝衛知事
王可信翼城縣典史　王諒蒙陰縣典史　蔡道隆安福縣典史
周有科考律授漳浦縣丞以孝友著稱有詩文行世　唐宗長垣縣典史
以上萬曆十七年止載舊志

周廷試漳州府經歷　張燧祥桂林衛經歷　來端穆陝西衛經歷
蔡良璧新淦典史　徐萬明慈利縣丞　何世達句容縣主簿
沈炳鴻臚寺主簿　徐萬程龍驤衛經歷　張煥祥沅陵典史
徐萬全井研主簿　陸守相望江縣主簿　張名鼎泰州稅課司
鄭舜道餘干巡檢　蔡有暉典史　周肇熙沈丘吏目
沃世智漢川主簿　沈經山西振武衛經歷　來方燦江西建昌縣主簿
何之僖白沙巡檢　張元祥知事　來學斌雲南騰越州判
沈甲科廣東長樂縣典史　來懋蘭廣東碣石衛經歷　來存仁山東大嵩衛經歷
蔡繼曾京衛經歷入鄉賢祠有傳　蔡應襄京衛經歷　卞仁盛衛經歷有傳

戴鳴雷雲南大□文司理問　任武儀□□縣丞　戴攀龍後□□府經歷

蔡應輅縣丞　蔣汝貞建寧衛經歷　來學夔池州巡檢

來祥鶴藍山縣丞　沈以粲英山縣典史　沈至爵萬福縣典史

沈芳陝西按察司獄官　曹可成漢中寧羌州吏目　金良心靖州天柱縣典史

曹繼文銅陵縣典史　曹學詩新喻縣丞　周維坤莒州吏目

任一龍無錫典史　包五登南平縣典史　趙應栢永平府倉

徐廸吉檢校壽百歲　沃施仁舒城縣丞　張一鳳縣丞

周顯奎長樂縣丞篤學端行歸里四十年課子孫以歌咏自娛壽九十五

沈奎襄陽典史　沈思義主簿　俞士章岳州衛經歷

俞鼎清河典史　沈發夏陽巡檢　沈臺□州巡檢

國朝

張應星見任德安經歷　張文義見任州吏目　任王佐石泉典史

來賢見任吳江巡檢　方大茂典史　曹棟淇縣丞

沈甲俊贛州經歷　趙天錫肇慶府倉　來鳳儀江西瑞昌縣典史

周之玉見任高要巡檢　任以信見任清流典史　勞仲椿河南葉縣典史

陳于鎰　任名世靈石縣典史　徐勣廣西都康州吏目

周國泰和州目　周岐鳳惠安縣典史　張如淵　丁球同州郃陽縣典史

張應辰

蕭山縣志卷之十八

文林郎知蕭山縣事鄒　勷
文林郎知蕭山縣事劉　儼　重修

張崇文重纂

人物志總序

人物志蓋昉於班固古今人表而人各有傳則史遷列傳之遺也舊志分類五忠節隱逸文苑統入鄉賢今釐之爲類八曰名宦曰鄉賢曰流寓曰隱逸曰孝義曰理學曰文苑曰列女末附方技取其

有裨於世者焉至仙釋以非聖道不列其有可採
者則附於寺庵之後

名宦

蕭自嬴秦叙邑越數千載其間建利除害民是務
雌者豈乏其人乃自晉逮宋指不多屈則記籍脱
誤所從來矣至明登載稍廣然徵諸輿誦乆暫攸
分固難倖致也是用廣稽近覈存其可知者而闕
其不可知者要本於民無遺訾焉則書之楚人有
言曰以吏繩民民聽於吏以民徵吏吏聽於民聽

吏者有時而聽民者將與世無窮也由斯以譚善惡之鑒不其嚴乎

吳

陸凱字敬風吳郡人丞相遜之族子黃武初任永興諸暨長所在有治績寶鼎元年拜左丞相　府祀

名宦

晉

王雅字茂達東海郯人爲邑令以幹理著稱性好接下敬慎奉公孝武深加禮遇官至左僕射　府祀

名宦

宋

杜守一景德二年以大理丞出爲邑令有德政縣東五里山常多虎守一爲令之二年虎負子渡浙江去邑人異之名其山曰去虎

蘇壽武功人大中祥符二年以大理丞出爲邑令明剛果决去就民服其治天聖元年守越州摧強灼弊威名大振

李宋卿隴西人天聖二年以大理評事出爲邑令

明練吏事撫循民情驅逐姦兇訟無留牘

楊時字中立福建將樂縣人熙寧九年進士師事二程講明聖學政和二年爲邑令經理庶務裁决如流以邑民歲苦旱開築湘湖灌漑九鄉至今民賴其利四方之士不遠千里來從學號曰龜山先生浮沉州縣四十七年晚居諫省僅九十日以龍圖閣直學士致仕謚文靖詳載宋史列傳祀名宦

顧冲錢塘人淳熙中任邑令柢任適歲旱湘湖水利不均民爭不已冲乃度地勢高下放洩後先勸

定時刻約束甚嚴又禁侵湖爲田者并酌舊議少損八鄉以益許賢一鄉民始得其平其他善政多類此

張暉淳熙中爲邑令寬猛適宜民畏而愛之會諸暨水溢詔開紀家滙浚蕭山新江以殺水勢暉上言諸暨地高蕭山地下山陰則沿江皆山疏小江可導諸暨之水欲浚新江其底石堅不可鑿若開紀家滙則水逕衝蕭山桃源諸鄉田廬爲沼矣時蔣芾爲制東提刑主諸暨之請欲開滙暉力爭曰

睥頸可斷滙不可開乃止蕭邑賴之
郭淵明字潛亮嘉定中任邑令有宿豪父子爲姦
悉置于法民有育孤女利其資失時不嫁者論以
禮律遂得所歸又疏濬湘湖爲利甚博太守刁約
聞之曰郭蕭山壓民望矣祀名宦
趙善濟四明人乾道中爲邑丞時頑民徐彥明獻
計恩平郡王欲以湘湖爲田善濟力爭之得寢歲
旱九鄉人多爭水構訟集議繕修湖防至今賴焉
方信孺開禧中邑丞剛直有爲吏畏民愛名聞于

時

鄭承議爲邑丞不畏強禦時有朱統制在縣縱牧卒侵刈西興鹽場草鹽司奏其事榜許格捕卒刈草如故亭戶捍之致殺傷其四人朱屬吏以歐擊論死者八人獄成令已署案文及丞承議責吏曰榜既許人格捕殺之罪輕今以他事論死民甚負冤案不得書我名吏惶懼退易前案八人皆免死受任年月無考故不入職官志

游酢字定夫建陽人師事二程時以游楊並稱天

聖中舉進士調蕭山尉辯決疑獄人稱神明在官
數年德惠旁洽用廷臣薦召爲太學録歷知和舒
濠三州伊川嘗言游君問學日新政事亦絶人遠
甚
祀名宦
汪綱字仲舉黟縣人知蕭山縣復知諸暨歷浙東
提刑改知紹興兼安撫浙東訪求民瘼罷行之疏
浚蕭山運河三十里創碑江口以止漲沙甃石通
途凡十里中爲施水亭往來稱便所歷多異政詳
以戶部侍郎致仕及卒越人聞之相率而哭綱在

越佩四印文書山積而能據約御煩治事不過二十刻公庭如水下吏一言中理慨然從之府祀名宦

元

裴思聰至元間邑令廉明謹畏務以德化民天旱蔬食遷居引罪自責雨輒霑足張士誠據浙棄官居嘉興士誠聞其名厚聘之不受憂憤而卒

崔嘉訥字泰舉居延人至正間邑令均稅賦平政治鼎新縣廨役不病民

華凱字元凱會稽人至正間任邑令先時田多蕪

潑民失其業凱覈實坵畝官給由帖鄉無爭競至
今賴焉
於善至正間由杭州府推官攺任邑令性寛厚率
民以禮作新學校築堤捍水民受其利後遂家于
長山鄉
尹性字本中至正末任邑令邑經兵燹之餘德刑
並施安輯流亡歲登民和築吳越兩山亭于北幹
山公暇與士大夫登眺以觀民風一時名流有詩
紀之其集尚存

周彥祥寶婺人至順間自五衢教授除邑簿孝行政績化及都鄙

趙誠宛平人由儒士任邑簿爲人端嚴淳篤敬神愛民禦災捍患歷官江浙樞密院經歷因家蕭山邑人祠祀之祀名宦

王振字麟伯大名人任邑尉見義勇爲才猷通達建學之績到今稱之

趙子漸金華人從游許白雲先生辟蕭山教諭每以綱常大義訓廸後進遠近聞風而至者皆師事

之焉
陳適字文卿四明人名家子也由舉人司訓蕭山敏而好修廸諸生惟以篤行爲先其於重建大成殿心惟身任偕諭陳處久早夜弗少懈閱四月而告成事詳張伯醇記中

明

張懋洪武初知蕭山重農恤民尤注意湘湖水利爲圖記刻石今存於縣儀門之左水利志内備載斯記焉

王國器徽州人爲政敏捷筆翰如流事無壅滯理民曲直黑白皎然

姜仲能四川人施惠愛均徭役爲政謹嚴人莫敢犯

彭彥彬吉水人任蕭山令謹刑罰平差徭人稱其廉能爲一時冣

張崇建安人永樂初知蕭山時方營建宮室供需煩擾公隨宜給應上不失事下不勞民民甚德之始修蕭山縣志按張公修誌序年月乃永樂十六年也職官誌所載張公任蕭則永

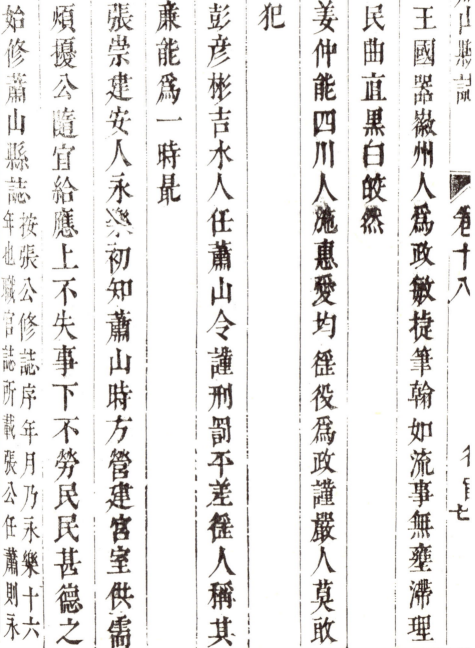

樂正年占年竟不相合以俟訂正

吳汝芳撫州人由刑部員外出知蕭山歲歉撫綏有方生活甚衆修舉廢墜作興學校三年以疾去

蘇琳山東蒙陰人正統間由進士爲御史出知蕭山邑產櫻桃歲入貢後遣中官摘取多索常例琳抗不與中官故不時採之使易壞欲以罪琳琳遂與中官相格逮械至京英宗問曰爾何爲格我内官對曰朝廷以口腹殘民内官以威勢虐朝廷命吏臣是以抗之英宗嘆曰直臣也薄責之令還職

琳曰臣甘受責但使櫻桃復貢蕭民死過半矣自是蕭邑得免櫻桃之貢祀名宦

梁昉順德人由進士任邑令政務大體不矯激干聲譽幾三年以内艱去後陞御史官至浙江僉事

李韡武陟人成化間由舉人任邑令會風潮突新林塘田廬漂沒人多溺死韡撫存患家收掩飄骸力請藩臬貸鄰郡儲粟以賑之補築堤岸不遑寢食尋以才能更知長興

陳璐字仲華廣西全州人由進士任邑令政治嚴

明豪強斂跡征徭田賦行之以公以學舍號房卑湫隘易置爲樓逾兩載以外艱去官至都御史

吳淑字艾夫宜興人由進士任邑令博學能詩文居官五載創建居多革去奸惡民有所倚後陞監察御史歷湖廣僉事

朱栻字良用崑山人成化末由進士爲邑令撫字小民振作士類開濬湘湖強梁屛跡立丁田法頒行諸郡邑利澤甚溥徵拜監察御史祀名宦

趙鑑字克正壽光人由進士任邑令治民慈愛操

守淸白官至刑部尚書

秦鎬字子京陝西三原人以進士知蕭山才識明察而積弊多剗威斷不撓而强梁慴服官至大同府知府

張選字舜舉無錫人以進士知蕭山溥于自奉勵精庶務凡有隱伏發擿如神興利剗弊動中事宜始刻黃冊畧以杜飛洒至今遵之不變陞戶科給事中以言事廷杖罷歸祀名宦

王聘字念覺山東利津人由進士知陝西盩厔縣

擢兵科給事中嘉靖中以言事出判太倉州遷蕭山令實心愛民躬行率下廉不徼名簡不廢事誠能動人威能懾吏尤究心水利纂修圖志任蕭僅二朞邑人至今思之官至河南衛輝府知府祀名宦

施堯臣字欽甫青陽人嘉靖中以進士知蕭山有幹才遇事亦解甚得民譽邑自初建以來無城先是屢經海寇始議築城竟莫能就堯臣至之明年海寇大至他邑無城者被禍尤慘乃力請築城相度地形鳩工聚石晝夜督率不數月而城成周圍

凡十里堅厚周緻屹然一方保障云績聞擢吏部主事後冦屢掠縣境城市宴然歌頌不已始涖任不挈家屬止携一籠及遷惟增贈言數紙而已官至順天府尹邑西門外立遺愛祠焉

歐陽一敬江西彭澤人巳未進士爲令廉明威愛人敬而懷之露跣禱雨輙應造版籍痛絕詭寄差徭始均杖袁相蒼頭無狀者且下之獄其家哀請乃釋廹召相勞之曰先生風裁夙聞遂除兵科給事中多所論劾有直聲官至大理少卿

趙膚涇縣人由進士爲邑令沉靜溫厚平易近人而胸中繩墨井井不可亂在任四年事治而民安之入爲御史按轍所至動有聲稱

許承周字公旦崑山人隆慶戊辰進士甫涖蕭即摘發吏胥積蠹一日呼其最黠者數人於庭核狀示之諸人屏息請死判訖隨配遣一縣肅然築北海塘遏潮溢鳳儀諸鄉賴焉鹽御史以額鹽屬公批驗有大賈以千金爲壽公御之陳僉憲成甫以賫萬壽表自江西歸餘姚道蕭山索厨傳掠吏卒

幾甃公逮其僕弁上其枉道惏横狀于當事者反被誣奏罪以稽留表文竟罷去百姓攀號溯江如失慈父焉

王一乾字元卿江西泰和人由進士知蕭山誠心愛民務以寧靜不擾爲主如糧里併役申革本山竹木税輪入埠船裝防春卒等類皆民所傳頌者公庭無事皂甲散爲貿販有古循良之風焉擢刑部主事邑人立去思碑

劉會字望海福建惠安人由進士爲邑令舊有折

差之弊每歲折富户數十名其差攤加于各里户里户差日益重侯盡革之又建西興石塘及龍口閘爲蕭民永賴其議江南九卿水利欲濬溪築塘惜歲連祲不果行侯去後無繼之者江南九卿議載水利志

秦尚明字湛若河南太康人廉明並著減賦額却例金於署門外飭榜亭置爨器民有持訟牒至者即令居此攝被訟者至立爲斷遣監司以寇警檄募鄉兵侯曰兵不能練何募爲但集民壯加訓練而已有節推至邑查盤索優伎侯不應被譖去官

民爲罷市奔訴直指監司得補調宜興

沈鳳翔字孟威丹陽人由進士任邑令淡泊自守

爲蕭邑廉令之最在任數年皂役多復業去者後

陞兵科給事中

陳如松字白南福建同安人由舉人任邑令其治

務爲民興利而頗抑富豪曰此所謂放利多怨者

也以蕭邑水東去于形家不利乃築壩截其流别

開雙河歷使水折而南注遶出大通橋又北注以

達于舊道凡爲橋者三建墖者二陞太倉知州

劉安行字澹星湖廣襄陽人由進士任邑令至卽
革折差之弊明敏有爲百務一新僅半載以丁艱
去
顧棻字子凝常州無錫人由進士任邑令至任凡
米鹽蔬菜皆運之無錫不一取于民于內署分六
房曰躬董之釐姦剔弊宿猾無所措手邑豪憚之
杜門思避去僅一載丁內艱歸
賈爾壽字祈生北通州人以明經由宰蕭山當軍
興孔亟民不堪命公隨事調度如法軍不敢譁民

不苦役期年解任錢糧七百餘兩印封貯庫慈谿解寄錢糧四百兩投署內井中毫無指染俱遺後令因寓蕭之長河村卒於金華之義烏士民哀思爲之舁喪葬崇化鄉屠家橋之西即申明亭基

黎清江西吉安人洪武中任邑丞清愼寡欲勤於政事在任三年素修無玷民甚愛之

熊以淵靖安人洪武中任邑丞勤謹明察人不敢干以私陞杭州府通判轉陞泰安知州

阮璉南陵人正德中由監生任邑丞居官有守清

操著聞三載如一上下稱重之陞祁州判官

王嘉賓沛縣人由選貢爲邑丞體貌俊雅文辭敏給嘗署篆遇事立解操守甚潔不畏強禦未及兩期撫臺以才薦遷寧津令

蔣思澤全州人由椽史尉蕭居官廉慈郤常例不私受訟牒聽訟絶鞭朴聲後入覲以詿誤去仍來任所辭文廟别士民以明素志人至今稱其粹白云

陳顏仍廬陵人由鄉舉任邑教諭學行勤敏訓誨

諸生雖寒暑不廢

居任嵊縣人家貧力學能詩文兼工篆隸洪武間任訓導後遷武陵知縣歷刑部主事皆著清節

劉寬泰和人由鄉舉任邑教諭言行動靜皆可爲法

成果鹽城人由舉人任教諭冲夷閑雅延接諸生渾是一團和氣不談貨利足移澆俗陞任留俸金六兩置月考楳梲

龍訓長與人由歲貢任訓導良玉蘊粹春風播和

一承盤欵令人鄙詐僄浮之習黙奪潛消乃其學
問該贍工於古文詞僅緒餘耳陞教松溪臨行合
三百餘諸生送之江濤灑淚不忍別去
魏良翰號東梧德州人由歲貢任邑教諭忠實剛
明涖任甫兩月適秋祭邑令入聞禮吏沈德教猾
侵祭額循胙不給召詰之吏反肆狂詈遂嘆曰此
曹敢辱我師儒耶即和陶靖節歸去來辭飄然解
任諸生泣留不得嗟乎清風高節若魏先生者今
日竟不可槩見矣

王學孝字欽求閩之龍溪人由舉人任教諭博學多才砥躬飭行嘗書座側以自箴左箴曰要重一分人品須輕一分財利要輕一分財利須省一分用度右箴曰要做一分事業須任一分勞苦要任一分勞苦須養一分精神士林至今傳之學舊未有志志學自公始

張汝醇字希孟江西浮梁人由舉人任教諭清介自守而和易近人月有課季有會誨勵不倦所示學規殷殷懇懇惟以敦行爲重士之有學行者咸

慕從焉

王剪如皐人由歲貢任邑訓導資稟純粹學業勤敏

蔚楷合肥人以歲貢司訓蕭山端方廉愼不苟取濫交士之貧者歸其贄代巡舒公汀行部曰方今司教向上者惟此一人薦擢絳州學正道遠行無資貸數十金三年而計息不遠萬里遣人來償人益高之

岑子原南海人永樂初任錢淸北壩官廉潔有爲

夫役畏服

國朝

韓昌先字榮宗遼陽人由貢士任邑令倨不嫺文翰而涖事明敏政寬刑簡立里甲均當法使傜役均而詭寄之弊亦絕至今遵之卒于官民爲立祠西郭以祀之

賈國楨字蒼嶠山西曲沃人由恩貢任邑令蕭密邇省會營丁渡江畜牧大爲民害而其患有二曰盤債曰圖賭民一罹之雖高貲立盡至有波及族

戚鄰里者酷刑拷掠守土官莫敢呵止市井則更有馬保掠買之患侯至而三患屏除視事一載吏民畏懷旁邑聞之質成踵至盡瘁二載病卒于官邑民哀之爲罷市三日立祠江寺禱賽如市焉署縣會稽邑丞江西新昌趙驥送韓賈二令入名宦文

附錄嗚呼蕭民其猶不忘舊德也夫韓公賈公治聲政績掩暎于蕭蕭之民相與沐浴而咏歌之憶賈而益以思韓思韓而益以念賈以今康熙六年重九後二日晉二公于名宦夫名宦之列惟其功不惟其位顧位非功不著功非位不傳匹夫行善不出閭里爲其侠于量也若以百里侯而沛澤流膏行慶施惠亦何往而非其見德之地今韓侯賈侯之所沁入于蕭民之心者深矣顧名宦之定于數十年之後者其常若宦之方殂而卽不能釋然

于其所以宦此之心如蒼嶠賈公者是又人情之所僅見而罕遘者也莫爲之前雖美不彰莫爲之後雖盛不傳韓公名宦之請蕭之民鬱而有待韓公之德固有藉于賈公闡揚而光大之矣趙驥署蕭事蹟一准邑庠生丁克振等條陳請改吏收官解永除里長收糧民害一節制營兵輭假營地棍丁江寺不印旗下收買本地子女文書一修建東司隨經通詳各憲凡遇滿漢上憲往來駐劄禁借民房一聽訟明決事無大小審語當堂立就一鮎魚嘴錢塘爭界赭山海寧爭界力爲蕭邑祀名宦

周嗣愷字舜臣衢州西安人由序貢任訓導獎掖士類有正已淑人之雅學宮久圮公率先首議士紳激勸堂構一新陞保定府經歷卒蕭士爲祀于報功祠

徐則敷字元白湖廣應城人以拔貢知蕭山廉恕公明節愛忠直民遇之如得慈母焉政事無一不得民心卽清丈田畝一項蕭山自萬曆九年辛巳至康熙四年乙巳曆八十五年公始丈量蠲額曰吾何忍以此擾民令百姓自丈吏胥無從上下其手借端生事者許卽愬理時出履畝抽量自備饔飱戒傍徒役雞犬不驚視他邑紛擾者蕭山獨受其福矣後以月單詿誤士民數萬赴憲懇留任不得去之日扳轅號送江滸各憲聞之嘆息至今人

猶思慕不置

盧旦號大耻性孝友博學篤行由舉人諭蕭山甫至遂建明倫堂學宮齋署俱次第修舉郡守張公三異監司史公光鑑咸親覘加敬禮焉接引諸子儀範端偉望之悚息貧者歸其贄賑之無靳吝因校讐郡志勞瘁得病臨卒惟以未遑鼎新 聖殿爲歉諸子私謚文恭先生

劉儼號鉅夫北直景州人由官監知蕭山縣事十餘年廉能明斷百務具舉甫下車首建 聖宮蕭

邑西江塘爲害甚大公捐貲修築更申詳各憲均
派山會二縣協濟塘高而固民賴以安舊例築塘
毀田每里原有應徵之費後以編審清出地池銀
兩抵之一清現年賠累邑爲吳越通衢往來道路
枯骨最多公令有主者收之無主者瘞之種種善
政不可枚舉通邑德政公啓云櫛風沐雨不敢告
勞披月戴星無時豫怠爲嚴父寧爲慈母亦子盡
苟生成事保障不事繭絲白屋總歸覆冒讀法讓
齒敦孝弟而重

朝廷建學明倫妥聖賢而親儒雅朗照實由水鑑桃李盡入公門濯魄自在冰壺苞苴永辭暮夜不先時不後時供之惟正毋失入毋失出慶在咸中捍大患於西江春水桃花無恙瘞枯骸于北幹荒原宿草更生當大造而清查按畝會無隱漏痛浮糧於加派蠲除頓異從前免值月之私徵革現年之包攬處分必著親族息訟獄之繁興重犯痛絕株連杜寃讐之誣陷汰毀田而催科不擾裁小甲而冗役無譁嚴刑必及强梁拳勇歛跡保甲實行編

户奸宄潛蹤胥役不到窮鄉自見寧于雞犬物價
惟平司市勿致短于絲毫若乃河潤九里餘波旁
及隣封粟指一囷急難頓加涸轍鳩形鵠面全活
者百萬家白叟黄童謳頌者三兩邑載其略記其
實也士民感之以爲卓魯復生云
張耕字愼菴杭州臨安人由舉人諭蕭山質樸醇
謹訓廸一歸誠正甫到任見　聖殿傾圮力議重
建捐貲赴王設主設額煥然改觀

鄉賢

傳曰賢者識其大不賢者識其小莫不有文武之道焉由此觀之識大者賢也識小者非賢乎小大兼述稱美不稱惡志之體宜爾矣自三國迄今蕭之鴻卿鉅公暨文學論議之臣閭巷砥行之士郎賢有大小其于先民均稱典刑焉是用論次其世揭著于篇

吳

鍾離牧字子幹會稽山陰人漢魯相意七世孫少

與同郡謝贊吳郡顧譚齊名居永興躬墾田二十畝禾登縣民爭之牧不與競縣長召民繫獄牧爲之請得釋民慙率妻子舂禾得米還牧牧不受輸置道旁莫有取者赤烏五年從郎中歷遷中書令會建安鄱陽新都三郡賊亂出牧爲監軍使者討平之封秦亭侯越騎都尉永安中以平魏將軍領武陵太守會魏郭純誘致諸夷進攻酉陽牧率所領晨夜進道斬渠帥及其支黨純等散走五溪平進封都鄉侯卒于官家無餘財士民思之子禕嗣

代領兵少子徇自有傳時始興太守羊道興太常
滕書稱之曰鍾離子幹吾昔知之不熟近見其在
南海恩威智勇部伍分明加操行清純有古人之
風其見重一時如此祠府鄉賢
鍾離徇牧之子也拜偏將軍戍西陵與監軍唐盛
論地形勢謂宜城信陵爲建平援不然敵將先入
盛以建平將施績有智畧而不言信陵當城弗從
徇計後晉果修信陵城建平遂危及吴亡徇領水
軍臨陣督戰死

宋

孫處字季高會稽永興人以字行武帝征孫恩季高樂從及平建鄴封新番縣五等侯盧循之亂武帝謂季高曰此賊行破非卿不能傾其巢窟季高率衆三千汎海襲番禺拔之循父嘏長史孫建之等輕舟奔始興季高分遣振武將軍沈田子等討平始興及南康臨賀始安嶺表諸郡循於左里奔還襲廣州季高又破走之卒贈南海太守封侯官縣侯武帝念季高功表稱所褒未優贈交州刺史

齊

戴僧靜永興人少有膽力便弓馬事刺史沈文秀
叛還淮陰魏軍至僧靜應募出戰單刀直前魏軍
奔退又追斬三級宋昇明中袁劉舉兵蕭道成遣
僧靜助蘇烈攻袁粲踰城獨進粲子最身以身衛
粲僧靜直前砍之粲父子俱死齊高帝即位自寧
朔將軍封建昌縣侯永明五年桓天生引北魏兵
寇泚陽將軍陳顯達遣僧靜與戰于深橋大破之
後除南中郎司馬淮南太守愛民惜士甚得物情

永明八年荆州刺史巴東王子響殺長史司馬齊主召僧靜討之僧靜曰巴東年少長史執之太急忿不思難故耳天子兒過誤殺人有何大罪忽遣軍西上人情惶懼僧靜不敢奉勅齊主不應而心善之遷廬陵王中軍司馬高平太守卒謚壯侯

唐

賀知章字季真永興人性曠爽善譚說族姑子陸象先嘗謂人曰季真清談風流吾一日不見則鄙吝生矣嗣聖初擢進士累遷禮部侍郎兼集賢院

學士元宗自爲贊賜之肅宗爲太子遷賓客授秘書監知章晚節尤誕放遨嬉里巷自號四明狂客及秘書外監每醉輙屬辭筆不停書咸有可觀善草隷好事者具筆硯從之纔數十字世傳以爲寶天寶初病夢遊帝居數日寤乃請爲道士還鄉里詔許之以宅爲千秋觀又求鏡湖數頃爲放生池詔賜鏡湖剡川一曲旣行帝賜詩皇太子百官餞送卒年八十六贈禮部尚書

夏香字曼卿年十五縣長葛君會客飲晏時郡遭

大旱問香以旱故答曰昔湯遭旱七年以六事自
責而雨澤應澍周成王悔過而偃禾復起自古先
聖畏懼天異必思變以濟民命今始罹天災縣界
獨甚未聞明達崇殷周之德欽晏獨懽百姓枯瘁
神祇有靈必不享也百姓不足君孰與足長曰是
誠在我即罷會身捐俸祿以贍民饑衆服其格言
後歷任邑長聲譽四聞

宋

王絲

王絲字敬素眞宗時舉進士任興國軍司理辯重辟十有一人郡稱神明秩滿除台州軍事判官州少井人病之絲陶土爲筒引山泉入城每五里一穴以濟行者旋判衢州有惠政外臺移領婺州衢州人爭于境上曰吾州一鑑何爲見奪至婺雪民寃抑民德之以紫檀肖像而祀之拜侍御史會湖南蠻攻郡縣詔絲安撫湖南至則諮察利病前帥懸重賞以誅蠻人一級萬錢士卒往往戕樵餉者以爲功絲下令得賊首者必指其鬬地以爲質其

可擒者當生致之自是無枉戮者終尚書兵部員
外郎子壽震露並列顯職狀元馮京其婿也同年
范文正公誌其墓今存碑嶺
沈衡字公持先世不仕從外兄王絲學登進士自
校書郎遷職方郎中爲人嚴整精于吏事民憚其
察不敢有犯
顧沂生三歲與諸兄育于伯父迨長奮志於學伯
父奇之登進士至朝散大夫轉光祿大夫父務德
贈中順大夫子彥成承蔭朝散大夫兩浙運使以

書堂爲學基田三十六頃爲學田中書舍人薛昂
誌其墓
張孝伯歷陽人父寺丞來寓蕭山因家焉登進士
仕至華文閣待制學士知隆興府又知鎮江府召
同知樞密院事嘉泰四年進參知政事尋罷歸時
韓侂胄方目道學爲僞黨禁甚嚴貶斥正人殆無
虛日公謂侂胄曰不弛黨禁恐後不免報復之禍
侂胄然之自是黨禁寖解貶斥者漸還故職正人
始有所容

張節之字溫夫參政孝伯子也以父郊恩授承務郎官至司農丞告老特除直秘閣致仕翰墨之妙著聞天下生平志行尤卓然云

張飛卿少聰敏詩書子史涉獵如流登進士授婺州觀察推官在任執法有論之者降授崑山簿治跡著聞尋陞通直郎

張叔椿字景韶由進士拜殿中侍御史紹熙中請帝朝重華宮又兩劾留正擅去相位直言不避斧鉞一時權貴皆憚之出守建寧三衢皆有廉能聲

累官參知政事觀文殿大學士子復初尚理宗姑
長興縣主封永國公祠鄉賢
張稱孫字秋顏永國公次子紹興中歷樞密院都
承旨理宗時除寶章閣待制兼端明殿大學士嘉
禧間督視江淮兵馬拜太師平章軍國重事進封
祈國公性鯁介不附權貴與賈似道有隙遂謝事
歸以泮宮在芹沂橋者非吉壤市邑西地遷焉仍
助田若干以供學廩未幾上悟復召以丁母長興
縣主憂不赴寶佑間詔爲滎陽郡王詣闕辭爵稱

旨復平章事　一朝入中書視事如故及薨上
震悼輟朝　端王謚忠獻祠鄉賢

明

顧覩字利賓一字孟文號省齋八歲諳外祖蘇氏家得百將傳一覽不忘及十二通五經善屬文年十六適洪武開科遂以書領鄉薦第一明年成進士太祖甚愛之日侍左右遇有咨訪呼曰小翰林太祖嘗訪天下利病對曰法徒罪以上悉廷審臣民皆苦其煩請自死罪以下悉從外省徑決上允

之遂爲一代定制擢大理寺評事各審獄必令唱名卒於官年纔二十有四魏文靖公驥嘗從之學惜其無嗣爲設主祀之其詞翰多所遺落僅存趙彥和墓誌草書法文體貞翰苑名筆也祀鄉賢

魏希哲字原明性剛方明春秋元末遊都下遭亂從海道歸盜掠其資去惟他人所附金獨存悉歸之其家人皆義之洪武丁丑膺老成薦任江西上高知縣[illegible]　多才奸公鋤強培弱德威並著致仕年八十卒於

魏琪登進士授翰林院庶吉士驥

歷官吏上

王士貞　吉極力讀書不與俗伍對人論事必屈服其心下筆賦詩不忘君親臨虞帖學李篆逼眞可觀洪武六年舉秀才授給事中凡御製詩文悉令錄之因其身短太祖稱小秀才權監察御史多所論劾有搏擊聲九年新立中書調爲長自陳致仕賜寶鈔拾錠兄士喆同舉秀才貞有貽笑集喆有知白集

姚友直洪武中進士授中書舍人改翰林侍書承樂初靳獻王縢王皆以皇孫年少未之國上以爲

翰導宜用正人拜司經局洗馬進左春坊左庶子
授二王經筵扶以禮不激不阿兩府皆敬重之仁
宗即位滕王始建國雲南上欲使終相王遂以爲
雲南布政司右叅政領滕府長史事宣宗即位將
郊祀召爲太常卿歷事四朝剛介廉慎沐恩寵最
優方期大用以疾卒于京賜塟祭如制必傳楊文
定公志其墓祀鄉賢
張經字孔升洪武中以明經舉累官國子助教靖
難師入城將棄　歸時事出倉卒夜半縋城而下

幅巾野服絶口不言時事人亦鮮知其心者博學
多才爲一時儒宗同邑魏文靖公殷魯二御史姚
太卿諸暨王編修鈺皆其門人也晩年以棋隱更
號橘樂年八十餘而終有詩文若干卷行于世
朱仲安漢太尉雋之裔以詩中洪武庚午鄉試授
河南華縣學訓導因言事遷武進縣簿以善政聞
太祖遣行人齎幣旌之有正巳帥物廉能愛民之
語進知縣永樂初擢福建道御史扈駕北征有功
陞湖廣按察副使改交阯坐逮降山東御史奉勅

考察會都御史缺上命署院事巡按貴州河南居
官廉重臨事必存大體聲稱籍甚以學行見知于
仁宗一日顧侍臣曰朱仲安御史中之翹楚也朕
甚重之錫勅命賚寶楮爲道里費使歸焚黄宣宗
識其材特陞河南按察使入覲課爲十三道風紀
之最進通議大夫卒于官周王重其爲人賜詩誄
悼之遣儀賓錢欽致祭今府縣鄉賢祠皆祀之
魏驥字仲房號南齋上高令希哲子也出後上高
之兄伯雅永樂三年登鄉榜授松江府學訓導師

道嚴而有恩與諸生冠衣相對不問寒暑每夜分潛往號房聽諸生有誦者供以茗粥咸感奮有成公名由是起典試江西凡再往榜首陳循尹鳳岐皆所識拔厥後朝省右地如劉學士定之輩多江右人率公兩試時所取士也召修永樂大典遷太常博士累舉同考會試甲辰從征凡軍國大事悉與聞歷太常少卿正統初進吏部侍郎畿甸蝗奉命往視悉殄之時中官王振怙寵而驕每出公卿無不斂避驥遇之不顧振銜之譖于上上以問公

公慷慨曰臣備位六卿臣不足惜如朝廷何上温
旨慰之尋以老辭調南京吏部九載入見乞致仕
不許進尚書巳巳之變條陳諸策多見施行景泰
初四乞骸骨始得歸時年七十有三矣家居一十
餘年布袍素食不别治生惟率鄉人計修湘湖以
防水患成化七年公齡九十有八上遣使存問賜
以羊酒粟帛未及拜命而卒先時有大星隕其隣
王文政庭中公疾既革忽就枕口占云平心不作
虧心事一點靈光直上行脩然而逝其子完以遺

命辭免營塋詔從之賜謚文靖陪祀　德惠祠以
公與楊文靖公均有功于湘湖也公爲人端慎簡
默清苦自勵好别白君子小人品量之下人輒以
爲信同列後進有過必面折之不恤怨誹嘗鄉舉
時聞父病不俟撤棘而回事其兄主事騏老而彌
恭蒞官所至崇正抑邪務存大體山川壇獲白兎
圻内升瑞麥皆却勿奏在南都時法司因旱恤刑
有巨惡王綱者稱寃覬免或以年少欲緩之公曰
此婦人之仁天道不時正謂此耳獄遂决翌日而

雨所著有南齋集松江志水利切要理學正誼諸

書祀鄉賢

殷旦永樂初進士爲監察御史敢言自任不避權

勢錦衣衛都指揮紀綱怙寵奢僭旦劾其奸惡數

十事綱遂棄市自是貴倖歛戢當時有殷旦入朝

百官失色之語拜交趾按察司副使黎利叛安南

復没于交趾悉逐朝廷命吏易以所親獨留旦欲

用之旦不屈自經死交人義之具棺衾送其妻子

出界上祀鄉賢

何善由進士任監察御史洪熙初勅遣巡行南北直隸并浙江鈔法鄉郡吏民一無所私威望大振至今稱之

張嵿字時峻以進士知上饒奏課吏部考第一遷南京工部主事性鯁介不畏強禦故事有內降至南都主事手錄之以呈守備太監嵿不顧尚書趣之嵿曰主事非書手何錄爲竟亦無他歷刑部郎中時隆平侯張祐無嗣弟姪爭襲賄逆瑾致囑嵿持正不阿出知興化瑾又陰使莆田探花戴大賓

出其妻而妻以兄子復囑嶺嶺亦拒不許瑾乃矯
旨罷歸瑾誅起知南雄南雄當廣商出入之區前
守多以汚敗嶺一無所滓名大起歷江西布政司
使時宸濠潛蓄異謀懼嶺掣其肘爲之賄改南光
祿卿轉副都御史巡撫保定値武宗北巡與佞幸
錢寧江彬輩相抗重拂上意即引疾歸寧彬誅復
以薦起鎭守兩廣擒巨寇黃鏐等有功尋入掌南
臺改南京工部尚書以老致仕年七十四而卒賜
祭葬上饒南雄並祀之子允江西都司經歷恪守

清白能世其家云祠鄉賢

盛瀧字源之登進士初知臨淮終南寧守爲政嚴明一毫無所染以直忤當道解官歸行李蕭然旣抵家惟杜門讀書不入城府臨淮人久而思之御史以巡鹺按浙知其饘粥不繼延之入省飲欵甚洽瀧終無所言一巨商敗法當戍攜千金因瀧子以請子乘閒謂曰父恐坐視兒輩饑寒以死耶瀧曰吾誓不以饑寒易晚節子悟還商人金相與甘困不悔越中稱清白吏必曰盛南寧云余闕王學孝學志云

顧廷評朱憲長姚太常盛南寧縣志所載四鄉賢也今制春秋二仲禮祀鄉賢三先生皆祀于祠而南寧不與焉嗟乎公之清節至使子孫不克自振以祀公于鄉賢是公之不祀鄉賢者乃其爲鄉賢也歟學諭

盛旦識

倪敏字時勉幼岐嶷莊重不逐群兒戲嬉景泰庚午以三禮魁兩浙歷湖口蒲圻武昌學傅其教專務躬行實踐三秉文衡景泰丙子廣西天順己卯山東壬午四川皆爲主考所得悉稱名士因父喪解官哀慟成疾竟不能起時更稱其孝焉

富玹字　成化辛丑進士歷閩臬僉事七典學校

省刑罰政皆平易才敏而慮周致仕晉階副使養高林下值侍御何舜賓清理湘湖罹慘禍玆係何壻乃破産助子何競復仇幾遭寃陷幸廷議不準得繼舜賓之志刻湘湖水利志書傳世

陳殷字純幹由序貢守師宗州耿介絶俗一介取與未嘗或苟致仕還八月同鄉令魯觀潮於海樓鄉曰錢塘真險哉殷曰此江險而且靈凡貪官縣吏多溺其中鄉即罷席而殷亦莫之顧也鄉去楊公鏻來謂殷曰聞此邑好毆父毋官耶殷曰愛民

如子民亦愛其父母若暴戾如鄉者恐不免耳楊笑而然之姚江令內召姚人魏都憲瀚守制在家易服送至江滸殷遇之曰魏先生國之憲臣家之孝子而變素即吉送人於五百里外倒置甚矣魏瞿然改容敬謝之其剛介類此

張燭字汝玉貌類木訥而中實敏悟常兩修縣志成進士視政冬官督兩浙積歲美祿致萬金於京爷除刑部郎蒞决淮陽存活甚衆因疾致政其詩法子美獻吉草書近懷素馬一龍畫於元四家及

文徵明陳鳴野各得其似所著有思堂橋宦遊集若干卷

韓惟論字仲言少警敏穎異爲文清灑飄逸性不耐靜坐沉潛作一義輒行遊街市遇友卽共爲歡稿就函歸而錄之人莫知其構文也嘉靖丙午獲雋司教沙縣談經講藝他學執贄受業者踵相接遷汝上令以文學飾吏治時稱神君丁艱歸百姓挽留遮道汝上人計其服之將闋也相率而請於
朝願借韓令一年穆宗命銓曹懸缺以待而惜乎

不起矣汝人聞之南向遥哭甚哀汝上古中都也
昔孔父嘗宰於此地人思韓不置立祠肖像祀之
祠傍中都[illegible]

翁文字本道性穎悟歷九舉弗第由歲貢授河南府學訓導開明經學分俸給貧居鄉請建漏澤園收掩遺骼海塘潮決呈舉修築鄉人感其惠所著有縣誌補遺北遊南還咏史等集祠鄉賢

黄㦤字德和由舉人知安溪有惠政民立石頌德祀之名宦判常州益著聲績家居禮讓非公事不

見邑令質行可表鄉閭子九臯舉進士居鄉嘗上書築西江塘至今賴之

翁五倫字大經文之孫也幼孤貧稟穎異髫齔能文登嘉靖乙未進士初令饒平化行夔俗交薦于朝擢御史巡山海關時朶顏擾邊請增貢數倫宣示威德邊境獲寧再按眞定妖人以白蓮幻術倡亂倫與巡撫恊謀擒殄渠魁全活者萬計三按雲南爲權奸所忌出守福州考績歸省五疏終養母蕭氏苦節最著性嚴倫先意承志長跪受教與人

處坦易可親惠施宗黨各得所欲至懇請賑䘏力
疏築城議排年收糧戞平田賦之法尤大有功于
蕭鄉賢祠

來汝賢字子禹號非泉自幼聰慧絶人日誦數萬
言博極羣書嘉靖乙酉壬辰兩試皆魁多士初授
奉新知縣改丹陽入爲禮部主事以疾請告卒所
著有統藝及詩古文遺稿後十餘年而孫學古詩
文翰墨擅譽一時登甲辰進士爲東莞令丙午巳
酉廣東鄉試程文皆出其手其同學張燭張諠黄

世科王仲山咸登科甲以文名海内云
任榮字子仁當元季饑亂公解衣推食䘏貧助塟勇于爲義尤加禮賢士大夫人多稱爲長者明太祖定鼎建業召至京欲官之辭不就劉誠意伯基宋學士濂等皆公友也卒一時名卿餞之都門外皆爲詩以贈誠意伯又繪長江風雨圖以寫其扁舟徑歸之致焉卒眉山蘇伯衡誌其墓　原載孝義
來勵字宗諒隱居冠山雅爲魏文靖公所重嘗作生壙公爲記之有曰竭力事親緝譜敦俗勤儉持

家忠信最守又云正統中兩輸粟五百石以應詔至冠帶則辭曰民職當然又贊其像畧云得詩書之趣具田園之樂吟咏以適性情動息以安耕鑿或臥石以眠雲或經丘而履壑待人篤于忠厚奉已恬于淡泊禮義靡愆隆今古有商確血氣浩浩乎胸襟清風瀼瀼乎寥廓有子有孫無愧無怍噫欲究其爲人豈不猶珠藏于淵玉韞于璞者耶著四訓八誡垂示子孫世守勿替祠鄉賢

來天球字伯韶由臥治庚戌進士授工部主事分

司洪上疏壅閉時蓄洩居民賴焉陞陝西僉憲督捕劉賊餘黨藍五等皆殲之時藩府縱恣民不聊生公爲禁戢俱循約束錄平賊功連擢本司使以忤權貴謝歸家居所建置皆有益于民詩翰入能品秦蜀多存其石刻祠鄉賢

任美字邦端以字行其先世任長者好行陰德公尤慷慨勇于爲義邑東街衢欹側公爲叠石行旅便之湘湖水蓄洩由鳳堰閘弘治七年大水溢嚙堰址崩塌公輸金甃治民賴其利敦尚實行賑濟

貧乏皆世所未有
來瓚號樂菴性任俠遣子夔遊學江淮間厚其貲
俾得結納諸名士夔遂爲上舍生舉明經所居地
高亢每苦旱涸公堤倘湖石壁湖鈌嘴湖以溉田
遂爲腴壤郡伯聞其事禮請督建長山閘時公帑
告匱公捐金成之自繪其督理畚鍤工役之圖於
長山廟壁焉歲饑又捐米百石以賑撫按上其事
劉授承事郎給冠帶
徐官父洪成化乙未進士郡守與官同正德癸酉

舉人官復登進士清苦自勵歷陞廣西僉事之任不能具裝臨行子請曰家世清白願稍爲後嗣計佯許之抵任一載無所寄子復以書請官還報曰青天白日之下稠人廣衆之中豈可爲此前言戲之耳蕭人至今誦之 載學志

來日升字子旦八歲能屬文父憲使公試以主靜論立就纚纚千餘言咸有根據兩山公嘆曰此眞千里駒矣嘉靖甲午舉鄉試第八授興化府判酬應敏贍案無稽牘當道才公檄代守漳南寇盜衰

息民商通利校閲所拔多名士遷守歸宗州自以
高才滯州縣遂謝政歸逍遥林下工詩詞臨歿作
百十言皆淵奥不可測有曰病有千般病心無兩
樣心自從天地始混沌到于今人以爲深于道云
所著三峯詩文集六卷三峯餘業四卷行于世孫
繼韶子集之崇禎庚辰進士集之子燕雯康熙己
酉舉人庚辰進士
張試字式言隆慶戊辰進士任休寧令革里甲行
條鞭投櫃法設義倉毀淫祠爲社學縣有羨銀二

萬餘兩悉以輸部無私焉陞工部主事創建瓜儀等閘攺判辰州招撫天柱諸苗開設縣治陞刑部郎中神宗時上書極諫謂百官治事未有不坐衙門家主治家未有不出堂戶寧有爲天子長處深宫中而能治天下者且引長史欣司馬門故事爲戒語侵貂璫出爲撫州守建崇儒書院下教墾七里桃花等陂計萬餘畝卒于任檢其遺篋僅故衣數襲殘書數卷而已 伯兄誼擧奇童登嘉靖癸丑進士幼邪諒鄉貢士處家孝友教子義方足爲

世楷訓臨海禱旱有應士民歡頌具載台嶺人文
志歷永春沔陽承天課士實修而文章以之越守
劉庚匾曰同胞三俊邑人咸以是呼之
何世學字文甫父聰性孝友同母弟瓚爲府掾負
庫額二百金日受箠楚翁貿巳產代輸于官家就
窶歲除有哭于路者詢之乃失償責之金計無復
之翁惻然卽罄槖盎與之擲其券其急義如此後
以公贈承德郎公登隆慶戊辰進士令丹徒邑當
南北之衝漕渠江防百費雜出又吏大水民多逋

賦公節用緩征公私兩裕以憂去任邑人建祠于潛隄生祀之後補蠡縣旋擢都察院經歷以風裁著廷議轉公寺卿時相張居正素卹公讜直出爲常州二守遂謝政歸居鄉力行任卹議建固陵石隄人尤稱之載學志

來三聘字任卿以恩選入南雍登萬曆癸未進士初令黄梅郊行遇風揭輿蓋公以符捕風俄而風捲符萬工池探得一屍縛甕下公按其事抵殺人者于法舉邑神之調合肥合肥無麥給之種明歲

大祲民賴以活歷樞部職方郎釋一武弁寃弁持
金謁譏公叱之曰吾以法貰汝乃反相汚耶累陞
叅政備兵兗西解散劇賊撫賑流亡晉按察使董
泖河役功最遷江西布政使庫多羨金一無私焉
卒年七十有三所著有西軺漫稿薄遊吟 祀鄉賢
任宗湯號始吾登萬曆癸酉鄉薦授滁州學正以
文行爲士所宗直指崔廷試令著尚書講意書成
刊布海內已卯聘典陝西鄉試得士劉宇等六十
五人陞黃縣令時山左苦旱禱萊山之神春雨霑

足麥穗兩岐追秋禾穗復兩岐貴人以爲公德政之應建兩瑞堂併歌詩以紀其事丙戌入覲臺薦循良第一爲權貴所忌遂致仕後二十年浙撫淄清高舉以羊酒文幣禮之顏其廬曰東土循良

戴尚志字養吾以舉人訓薊州陞國子監陳六事皆見施行歷水部郎盡華胄破乾没之弊節省虛價五萬餘兩出守筠陽凡所追攝以紙符代隸下里正而已建倉易兑奸無所容遷雲南副使兼驛傳屯田權豪無敢侵隱阿先叛亂公徵發軍需動

中欵會民不知兵署布政與臨沅三道俱有著績
及歸里薊州崔呈秀門下士也附魏閹時貽書幣
致候詢公子名欲官之公却其幣大書于庭戒子
孫毋得遠遊將爲不孝事其剛介老而彌篤如此
以高壽終祀鄉賢曾孫錝曾補庠士好善樂施捐
貲以贖難民捨棺以收野殍助學田脩圯道事關
江湖利害必倡義先輸人咸感之以季子一津封
州同其一潤大經克敦世德可方香山范氏焉多
以是稱之

倪朝賓字初源登萬曆戊戌進士初任刑曹恤刑
廣東多所平反出知延安府有惠政而尤重士類
大興學宮延師儒論學以爲常陞四川威茂道以
平寇功遷苑馬寺卿轉湖廣按察使其讞獄如前
恤刑時廷議轉布政司有憾公者擠之歸公在林
下頗好黃老家言以壽卒于家祀鄉賢
王三才字學參鄉舉尚書第一人由進士任虞衡
潔己奉公中貴莫敢干以私督學三晉矢公秉鑑
凡所甲乙悉協輿評本司舊有羨金例入私帑公

以創校士館又于諸郡設倉百餘貯廩以賑貧士
無絲毫染指轉督糧儲歷任徽安尋擢山東布政
使司所至平盜理枉息蝗劭農異績旋著入覲舉
卓異第一晉留京府尹上疏捐俸助邊節冗費若
干以裕國用卒於官贈工部右侍郎賜祭祀鄉賢
國朝康熙十八年詔求遺稿
子命伊字月生廕官
工部營繕司初入部其吏胥譁曰王公子來矣奈
何蓋公父前任是司釐奸滌濫羣胥無由中飽故
也委督重城夙夜在公上閱城見而嘉之獎賚有

加後勅巡視諸陵兵馬繹騷備歷艱險復蒙恩賚
陞都水司是司毎以賍敗而公於鋪墊諸常例錙
銖無染爲上所知盍公父子世以淸節著於朝云
終廣南知府　從兄命禹别字玉晁後侍郎六年
成進士初授工部主事置一奸商於法能名大著
晉都水差督中河値狠矢溝潰修築有方著治河
八議後多遵行之
來經邦字君燮少時能挽勁弓一石馳射多命中
已而折節讀書爲諸生逡巡退讓　母病瞽公晨夕

奉侍噫欠必聞搔足展臂靡不持被時陳說小史
野語可嬉笑者以怡母伯兄憲副君仕黔以萬壽
節入賀道病公兼程馳省病劇禱請身代兄病以
甦後歸里兄弟垂白相愛益篤子宗道官庶常公
乘傳入京謂其子曰爾入仕版未建尺寸而父來
輙費官郵數百金若何以酬國留都門數月卒後
以子官贈至一品祀鄉賢
來嘉謨字莫言讀書慕古下筆千言家貧藉館餼
以給備極孝養後以痺疾臥牀第輟舉子業猶口

吟手錄無閒晝夜雅意小學於點畫形聲考據詳確晚年仲子斯行成進士方整裝謁選公忽大書于壁曰六月炎天一點雪果以是年六月易簀所著有敦倫寶鑑曲水集字學源流若干卷 祀鄉賢

來斯行字道之登萬曆丙午丁未榜授刑曹代藩爭立公疏謂貴賤之等不容混廢立之端不可開朝論韙之典試西粤歷陞登萊道白蓮賊徐鴻儒倡亂公提兵恊剿次廣川與賊黨遇公仲子燕禧先登破之進克鄒滕生擒鴻儒獻俘闕下無臣匿

其功量陞少叅移貴陽總憲未西安酋煽亂恃苗

長田阿秧爲援公購素習阿秧者僞奔入巢斬阿

秧首以獻諸苗震懾晉福建右布政使引年乞歸

所著有槎菴小乘經史典輿麈談燕語論語頌四

書小叅四書問答拈古頌居士傳宗讚運會五經

音詁經史淵源來氏家乘刑部獄志膠萊末議槎

菴詩集行世祀府縣鄉賢特祠崇祀　子彭禧字商老山東

蓮妖之亂從父行間多所籌佐以太學生恩例授

太平府通判晚稱商山老人有蛙鳴詩集若干卷

燕禧字周老爲諸生隨父任登萊從征白蓮賊先
登手擒賊將縛地王任之體賊首徐鴻儒撫臣掠
爲巳功量授貴州遊擊未幾卒世襲杭州前衛鎮
撫

來宗道字子生登萬曆癸卯甲辰榜選授庶吉士
熹宗朝充經筵講官敷陳理亂辭愷意切上注覶
移久始命退班後講員缺上傳閣臣曰去年四月
講書經者補之遂改充日講官所規列切直中官
忌之遂以禮部侍郎給假家居四年復起南禮部

尚書尋轉北熹宗升遐預受顧命出遇尚書李夔
龍于朝門問曰今日顧命何語公曰傳位信王夔
龍曰公須信得真公曰此何等事豈得作鶻突語
乎于是羣心始定遂草禪詔詰信邸迎王入立天
位乃正公連襄吉凶二大禮詳愼周密中外肅然
是年冬枚卜上召廷臣注名金甌焚香祝天探之
首得公召對文華殿咨詢政要公悉心以陳言皆
石畫多見採納天下咸望治焉旋以廷論紛更屢
疏乞休以少傅兼太子太傅致仕馳驛歸里其後

秉軸者卒齮齕公排陷黨籍而公之心事自白也
子杏諏爲諸生有聲蔭尚寶丞未仕卒
陳伯龍字震東登萬曆甲辰進士公凡五爲縣令
並以清介著而數爲權要所排初任江西新建以
卓異徵矣復外調然守正愈不撓所在有德于民
其在湖廣漢川也民有潞糧委官差校之害額銀
三千餘兩横征至倍公條陳六事定區頭杜波及
酌火耗一準條銀三限遞輸之法民賴以蘇上官
以其式頒行列郡其在直隸獻縣也比歲旱蝗公

令民毋田三十畝鑿一井遂不復憂旱里正盜梲
公以邑篆鈐鉏詞牒城隍之神逾十日盜自吐實
以死民驚異之徵入爲刑部主事以外艱歸卒於
家祀鄉賢
錢穀字府卿龍泓別號也進士玹之子博學多聞
能爲古文詞詩得唐人半韻字有晉人位置畫合
元人門徑時稱三絶云顧屢困棘闈近五旬北上
會平江伯出鎮廣西以千金爲贄請祭幕事堅却
不受名緣是益重徐文長渭贈詩曰白璧不淫知

巳獻黃金贈却貴人投正謂此也最後遇鄉御史
應龍欲疏論嵩嵩曰嵩未易動宜効世蕃去世蕃
嵩自危矣屬草疏上嵩父子果獲重譴今海內快
讀鄉疏不知實穀之筆也大奸之去曾與力焉賢
於搏擊爲名高而且受其禍者遠矣
貢士來立相字九山庠生來立模字九畹兄弟篤
於孝友授徒以奉菽水百指同居分甘合食文章
行誼爲遠近所推三吳士出其門者多名公巨卿
立相有取足居稿立模有大觀遺稿後以子方煒

封文林郎繼贈吏部員外郎 並祀鄉賢
來繼韶字舜和性至孝居母喪哀毀骨立遂病消
渴因究岐黄術病尋愈試冠多士廩於庠登乙榜
方期進用爲讒人所構公以義命自安絕口不辨
作可困先生傳以自況遊遼左作徙薪卮言後如
其言爲文入深出顯覃精濂洛之學旁及陰陽卜
筮奇門太乙于書無所不窺晚更好醫戶履恒滿
無倦容常曰此亦仁民一事聊以寄吾志也後以
子集之貴贈如子官 祀鄉賢

王恩孝字崑毓生七月喪父孤苦特甚長補弟子員奉母歸養人以比之范文正少時稱爲王孝子臺憲屢加獎焉性敏而學苦行文風發泉湧首拔于學使者三鄉薦登乙榜亦三從其遊者皆知名之士嘗自暨陽解館歸道臨浦見一人持其婦而慟詰之乃將鬻之以養母者卽解槖中金與之其篤行類此以序貢授廬陵教卒于官子冑鋐登崇禎甲戌進士初任潮州司李贈公文林郎冑鋐官終工部主事 祀鄉賢

來方煒字澤蘭萬曆乙丑進士初令侯官時嚴番
舶之禁公獲奸商籍繇萬觔盡以輸府一無所私
以外艱歸補嘉定令先是民苦重役公立均田均
役之法捐運費省里供民歌頌之舉卓異擢吏部
郎其在驗封屏絶干請在考功文選肅清銓政少
宰以私姻囑公公不爲狥怨者搆之獲譴臺諫論
救得免旋轉京卿告假里居民有利病爲力請當
事而最著者竈户析差等事
嘗革後毁服從浮屠遊隨卒所著有嵩難諸篇子

爾昌舉經明行修授縣令次垣丁未進士任中書舍人孫式鈺甲午舉人祀鄉賢

韓振强字養和孝弟力田鄉里推爲長者兄居有近宅思得之族人故靳不與公以倍價售之以奉兄嘗往錢塘取桑拾遺金於路坐候其人還之累日家中蠶死矣公不爲意也子存心行誼類父孫日將登進士任江西吉安司李讞獄多平反吉人深得之後擢御史祀鄉賢

蔡繼曾字宗賓素以孝友著由太學任羽林前衛

經歷羽林軍政久弛帥昔統御徒以虛伍冒太府
金錢公抱長才無所展乃歎曰吾當以王子敬手
板歸對家山爽氣爾遂謝歸居鄉濬河建梁賑饑
民立義田因心沛澤既歿鄉人久而思之具上其
事從祀鄉賢
施所學號宛委天性孝弟篤學好修而不務虛名
治喙禮交友以誠遇事必侃言無少避雖盛暑時
家人相對夜分亦正衣冠其剛直端毅如此由序
貢秉鐸上杭三署縣篆摘伏發奸稱神明焉陞福

州論遼賦歸來世益高之子孫咸稱孝友矜氣節敦友誼爲能古處者歟

來集之字元成崇禎乙亥特典選拔第一舉庚辰進士司李皖城皖巖邑也當流賊張獻忠蹂躪兵賊交訌先生日籌峙糧夜雜卒伍巡雉堞時鎮標將剽悍楚兵數千撫軍斬格其餉先生披誠開導始給與鎮兵乃安鳳督馬士英募黔兵道嶽祁肆掠民與格殺傷數兵將治以亂民律諉先生查核全活甚衆適武昌鎮左良玉將十萬師東下檄清

君側曰無王臣先生長揖而進獨以不可造次爲
言左心折爲戢兵不暴皖得紓旦夕憂士英稔其
才考授樞垣因馬元比周耻附其門士英恚改樞
部未幾朝臣薦復晋貳奉常歸里益留心民瘼西
江塘圮親督修築堅久不潰蕭民苦浮丁㧑議照
田均派貧戶賴以蘇困康熙十九年薦博學弘詞
年高不赴初壬午分校南闈拔知名士威藩等九
人隣房所得士如盧象觀黄淳耀先生力贊曰二
文氣骨高岸必奇英後皆殉節人咸服之公賦性

孝友爲人平易坦直遇大節凜不可犯博學嗜古
善屬文書法章草晚歲讀叅同與黄冠往來終非
苦縣之學自號倘湖不忘先人課讀處其自誌墓
銘蓋質而文云所著有易圖親見讀易隅通卦義
一得春秋志在四傳權衡樵書初二編南行偶筆
載筆倘湖藏稿若干卷行於世子燕雯登康熙已
酉鄉薦（又有龍文鞭影行世）

國朝

王九思字慎之起家勤儉而好施樂與自崇禎末

入順治初每遇祲歲捐貲賑急不可殫記邑南大
道爲郡省通衢公義倡衆甃石裒高益下平直如
砥行旅便之凡廢剎頽宇向公募助者咸慨然樂
應動輒百十金子先吉康熙庚戌進士贈內閣中
書孫壇副榜入國學祀鄉賢

朱世學號拱北幼習詩書性至孝友父病籲天請
代及終躬負土成塋人以爲難常於病涉處設義
渡以濟行者鄰人饑則貸粟而轉賑之家計少羸
買故家第宅改建城隍廟朔望集士民頒禮以祈

禍福路有遺骼必收而瘞之甚篤於義如此子懋

文官兩淮運副祀鄉賢

周維屏字自求性至孝倜儻負意氣能舉干鈞淹

通經史而泉石自耽賑窮周乏恤死問孤契友返

旅中之櫬鹽梟收水上之尸念外戚無依捐金而

代還身價思遊魂罔倚稽首而屢薦菩提邑有西

江塘公曰此吾邑大利害也命長君之冕躬督修

葺十餘年竟無水患次君之麟登進士現任宮詹

學士贈如其官祀鄉賢

任振龍字羽禎長者榮之裔孫也有祖風人有負
公金者欲鬻[illegible]以償公止之其人曰吾非獨負公
也公復貽之金使償焉歲終輙取負券悉焚之
曰吾不欲留之以亂方寸其用意頗類如此卒時
家無餘貲子[illegible]力學成進士令上海贈公
文林郎　請祀鄉賢

朱懋文字[illegible]字[illegible]授易州幕闖賊陷都城倡
義殺賊斬將軍[illegible]
皇清受命[illegible]斬獲功

賜蟒衣銀緞即擢守易州綏寇安民創官驛廣召募清虛田畝亡丁革弊除奸民咸戴之并載利民政集課最陞撫州府丞戢横兵雪冤抑崇仁七集官頭之害民者立繩之以法會樂安太平賊三千陽順陰逆計戮渠魁撫降其衆民有朱青天之頌以屢任徳湖降補兩淮運副免供應汰冗役革陋規鹽法一疏通焉丁酉春歸里仗義疎財重建邑學廟門郡學明倫堂并助修郡學

聖殿不啻二千金學之士勒碑紀績焉至地方有利

弊必侃侃爲當事言之不少避或干之以私則敬
謝不敏人以是益重之壬子冬
撫院范公重建萬松書院訪公幹才徵請董理迺
雲鱗次不兩月而落成當塗諸大人無不嘆其神
速亦其誠實之足以感人也
周一甲字仲文天性孝友事父毋能得歡心處昆
弟無分嫡庶國初由明經秉鐸清溪歷浦江禾郡
砥行論文悉以湖州法程士造就甚多移判鄜州
鄜殘邑也典教勸農蠶奸詰盜朞歲間大治乃以

年高勞瘁典思鱸鱠人益高之其王父諱紹元文行冠一邑年登九旬王毋高氏更嫻壼範壽終百歲一甲事之晨昏罔間無異事父毋焉子諸生之逵國學生鴻逵次子起辛膺博學鴻詞舉現任宣平教諭孫斐成登丁巳鄉薦繁衍富貴非甚盛德孰能有此

張際龍字雲生國初以拔貢令新化係巖疆孔道加意撫綏兵戢民安徭蠻服懾歷刑部江南司郎中決獄悉聽裁奪多所平反種德無涯及守江寧

鳌弊剔蠹錢糧嚴禁火耗歲歉捐俸賑饑督撫屢
稱清正故三載內兩署糧道一署鹺政一署臬司
所在俱無廢事星出星入備極勞瘁致仕僅半載
竟以疾終真可謂盡瘁國事者矣至今金陵之民
猶深畏壘焉
蔡隹號麗菴力學能文恂恂若處子而每負大志
倜習騎射入泮領康熙丙午鄉薦甲寅閩變隨
和碩康親王征勦屢次招撫僞將王龍呂振憲等三
十餘員士卒千餘人叙功授都司會議進閩招撫

衆皆退縮佳曰生平忠孝自期今何云焉即賁
諭偕同知汪士嵋前去直入賊營爲僞將曾養性
所執義不肯屈佳曰予雖武臣寧爲忠鬼遂被害
其子文英正在請郵

理學

學之於人大矣哉世所謂學非聖賢之學也俗而訓詁靡而聲帨欲以闡微言而紹絕業曷有當焉宋楊龜山先生來宰蕭然與游定夫先生一時共政進多士而提命之於是理學昌明人知傳習嗣後暢宗風而啓來哲卓然爲吾道干城者魏文靖公道學德行彪炳古今已登鄉賢傳外僅得數人亦使後之有志者獲所嚮往云

徐希穀字允宜號也愚弱冠廩於庠研極理學有

得於象山主靜之說而居敬窮理多與晦庵適符居常危坐至終夜不就枕律言矩行踐履淳篤與施孺人孝養其親聞於時古文辭規模歐曾當世文人皆自謂不及也以貢授松江司訓時董宗伯其昌陳徵君繼儒雅負人倫藻鑑咸敬慕之謂先生德行文章有魏文靖之風焉後任衢州府教授致仕歸所著露觀書意經意學者宗之弟希聲字太音方正雅與兄並師範爲郡邑所推學憲屢奬優行人謂惟公無忝焉

張訓程字汝範號玉陽安陸外史諒之長子少聰穎手不釋卷書無不覽遇疑文缺簡不以臆見改補致功專務躬修爲人誠篤剛毅雖盛暑隆冬必正容肅坐人聞其謦欬輒凜然不敢犯於綱常倫理上更有擔當爲督學劉廣生欽重與弟訓懌闡明宗旨晝夜不輟及司台府淳安率諸生講學多所啓迪所著有玉陽集積峯清溪會語若干卷季子沛祥性純孝恪承父教修身立行爲諸生冠事百歲母膝下依依不減斑斕褊萊子撫諸孤任勝於

巳兒其英岸端方遇事敢言於邑多利賴焉卒年
八十有六
張訓懌字美仲號蘧庵秋官郎試第四子也年十
七從官江右問業於父之年友羅近溪先生甚器
重之歸里從徐允宜先生遊時姚江之說盛行朱
陸異同聚訟紛呶先生以克復爲體驗格致爲用
功羽翼考亭廓清禪學浙水姚承庵周海門劉蕺
山諸先生後先講學俱往就正莫不推爲正宗然
雅不好名務求實踐所著有禱過齋集先生至性

誠摯故於忠孝諸大節毫不模糊繼庶難作偕兄
弟正名雖家破罹凶初無少遜後庶母陳卒念其
爲父守節援慈母終喪之例儒學屠肇芳上其事
直指使郭必昌特造廬以旌其孝晚年膺賢良徵
聘屢辭不赴造養深邃所見益精生平無疾言遽
色學者造之如坐春風中毎遇鄉里災患毅然拯
救如修塘濬閘濟饑捕蝗舍地掩骼捐貲育嬰惠
難縷述乃早賦遂初未展大用人咸惜之年七十
七以壽終於家門人私謚貞靖先生

張遠字邇可候選訓導家居館穀　撫院玉峯趙公檄郡縣講敬一錄邑士以遠請允之著敬一錄箋　撫院稱賞檄邑令劉署其門曰格致心傳所著有大易原始詩經晰疑文選會箋杜詩會粹唐詩存雅蕉園集等書

蕭山縣誌卷十九

文林郎知蕭山縣事鄒勷　重修
文林郎知蕭山縣事劉儼
邑文學何文煒　編較
丁夢㐀
張崇文重纂

流寓

蕭介吳越之會舟車帶綰形勝融結雖非僑郡而寓公每托跡焉即久暫殊稱乃後先輝映矣夫江許秦羅遺文斷簡至今膾炙人口蓋以人存之也否則流離之子有類桃梗君子奚取焉

漢

朱儁字公偉上虞人漢靈帝時爲交趾刺史擊斬反賊梁龍命討潁川南陽黃巾連破平之拜右車騎將軍封錢唐侯加位特進後拜城門校尉河南尹董卓擅政關東兵起卓欲遷都關中表儁爲己副儁不受後卓入關留儁守洛陽儁與山東諸將通謀移書州郡徵兵討董卓卓誅徵爲太僕後爲太尉錄尚書事李傕郭汜之亂爲汜留質發病卒嘗寓蕭山子孫因家焉祀府鄉賢

許詢字元度高陽人父旼爲會稽內史因家焉詢有才藻善屬文能清言與太原孫綽齊名隱居不仕徵爲朝議郎不就築室永興之西山蕭然自放乃號其岫曰蕭然山一時名士無不欽慕丹陽尹劉惔嘗曰清風明月輒思元度後終于剡山

齊

江淹字文通考城人少有文名位至金紫光祿大夫後寓居永興今江寺其故宅也

唐

秦系字公緒會稽人有詩名唐天寶間藩鎮舉辟皆不就隱居北幹山之陽今西倉衕秦君巷是也

羅隱字昭諫杭州新城人有詩名嘗說錢鏐舉兵討朱溫曰縱無成功亦可退保杭越奈何交臂事賊爲終古之羞乎唐光啓中錢鏐表爲錢塘令歷給事中遷發運使後寓居蕭山卒葬在許賢鄉

徐鴻金華人唐兵部尚書咸通間錢鏐破黄巢於黄嶺命鴻出鎮其子君綬有武畧襲充長山鎮遏

使因定居焉

宋

羅從彥字仲素南劍人初爲博羅主簿聞楊時得程氏之學慨然慕之時爲蕭山令從彥徒步往從見時三日即汗驚浹背曰不至是幾虛過一生矣又之卒業學者稱爲豫章先生

韓膺胄字勉夫相州人忠獻公琦之曾孫累仕至朝請大夫左司員外郎直秘閣知饒州宋高宗時扈駕南渡致政東還定居蕭山之峽山下兄肖胄

載府誌

來廷紹字繼先河南鄢陵縣人隨宋南渡不忘故都自號思洛子登宋陳亮榜進士授朝散郎龍圖閣學士嘉泰二年進階宣奉大夫出知紹興府勅書有云紹興乃股肱首郡畿輔重地非碩德重望不能堪此又云性資簡重學識端純司刑擅明允之稱典禮著寅清之譽又云敭歷已經乎內外才猷並著乎兩朝奉公守法之政屢見於施爲體國恤民之心備陳乎章疏道經蕭山病卒長子遂家

于蕭山之夏孝鄉浙東安撫辛棄疾誌其墓

陸德輿字載之建炎時登第歷官春宮中奉大夫吏部尚書賜爵開國侯賜田三十七頃以蕭山山川明麗卜居昭明鄉孫守祖登甲第累官至直學士移居陸家河遂世焉

張賢字哲之江西新淦人嘉定四年解元官至兩浙廉訪使皆以廉明著民有正直張廉使之號致仕僑居錢塘後移蕭山子鳳字岐瑞遊魏了翁先生門學得其要廷臣屢薦不起自號泉石有詩集

及卒秘書監裴垍之誌墓子孫世居邑之蕪潭

陳守迎字賓之金華東陽人紹興間知會稽郡有惠政民甚德之致仕僑處蕭山唐里子孫因世驢

元

戴時才字仲文鄱陽人丰度清雅喜賓客好施與至正間任兩淮帥府知事退居蕭山湘湖濱徜徉山水自號南坡老人子正字伯貞性廉慤任山陰丞陞武康令後授福建行省檢校咸頌其德政云

明

劉基字伯溫青田人封誠意伯元季避亂居蕭山
嘗館于邑人戴宗魯任榮家遺翰尚存凡邑中山
川景物及名流墨客題咏贈答甚多

高啓字季廸姑蘇人以詩名元季避地蕭山後還
吳仕至戸部侍郎有缶鳴槎軒太史等集行世

高明字則誠永嘉人博學善詩文元季流寓蕭山
與邑人戴宗魯爲莫逆交任原禮延館于家詞翰
猶存世傳樂府琵琶記時在原禮家所編也

王禕字子充元季僑居蕭山與任原禮交最厚後

爲翰林待制奉使雲南不屈死贈學士謚忠文

蘇伯衡字平仲金華人流寓蕭山仕至翰林學士

有文集

隱逸

逸民有傳昉于范史魏晋而降代有紀述莫不揚
茲高躅激彼頹風則遠樓近取似難闕軼也蕭地
澄江列岫毓秀棲靈自元度諸公仰止來遊風流
未歇廉頑立懦間起其人雖運會寥廓而孤懷逸
尚奕世同揆矣

晋

夏統字仲御會稽永興人幼孤貧養親以孝聞宗
族勸之仕統勃然作色曰諸君待我乃至此乎自

此不與宗族相見後其母病篤乃詣洛市藥會三月上巳王公以下並至浮橋士女駢闐車服燭路統時在船中曝所市藥諸貴人車乘來者如雲統並不之顧太尉賈充怪而問之統徐答曰會稽夏仲御也充使問其土地風俗統曰其人循循猶有大禹之遺風太伯之義讓嚴遵之抗志黃公之高節充心異之更就船與語其應如響欲使之仕郎俛而不答充耀以文武鹵簿又使妓女服袿襹炫金翠繞其船三匝統危坐如故若無所聞充等各

散曰此吳兒是本人不忘也統歸會稽竟不知所
終

明

單道字俊良髫時釣於唐家橋有老叟出囊書一
編授之由是機智絕倫明初定圖籍創四柱冊以
上太祖嘉之命頒天下永為定式今黃冊舊管新
收開除實在卽其製也又憫農夫踏車灌田之勞
別創水車以牛運輪力省功倍天下便之建文初
伏闕上書請保全諸父以篤親親之誼疏入上欲

官之不受永樂初又伏闕陳時務十二事終以緩
建庶人獄爲言忤旨而歸自是絕意世事年七十
餘預知死日至期趺坐而逝諸子爲木龕瘞於西
山後邑令劉會題其墓道曰皇明創四柱黃冊式
運水牛車法施天下功存萬世處士單俊良之墓
裔孫無咎別字補齋碩學宏詞爲遠近所宗門下
顯名者至四十七人萬曆中詔舉學行俱優者府
縣以公應詔授儒官非其好也及卒猶子有學爲
行狀最詳　祀鄉賢

張震字韞夫博學善文隱居講學從遊甚衆即朝
廷屢徵不就壽終門人私謚曰貞逸先生
嚴天麟字達夫庠士也宗良知之學潛心講究王
都中教授生徒若楊繼盛李光祖諸先生皆其門
下嚴相嵩延請麟因同姓遂賦歸卜築龍塘舊業
閉戶著書有學庸圖譜六經會通經濟神機等集
宗給道李阜川題曰尚友録表其閭曰盛世逸賢
張翼飛別號天月睭才岸性父應桂以孝廉歷知
縣羅家有羸資第宅繕麗翼飛棄去渡江遨遊西

湖間丁亥當貢春官避不就以壽卒于家

蔡一鵷孝廉馴謹狷介不妄取予家屢空晏如也嘗華後家益貧每至絶炊間攜數錢就貸旅店邑侯韓公禮以上賓始終不一私謁竟以壽卒

王鴻烈壬午孝廉高曠豪邁爲詩歌古文詞不拘繩尺而暗與古合自登賢書不一至公庭有執贄以資干謁烈揮之人益高焉于立相事親至孝友愛庶弟危至與人交能周其急爲人所難世以是稱之

曹振龍字本上九歲失恃苦志力學年十四補弟子員二十四歲庚午受知黃石齋先生爲浙江第一人黃當代名儒也閲其文以承叔目之而振龍益媿歎學問大進名噪海内歲乙酉後絶意仕進杜門不出及卒同學私謚曰靖節以追踪晉處士元亮焉

施是龍字時雨幼穎悟過目即成誦卓犖有不可一世之槩年未强仕有司以序貢薦輒棄不赴與二三知己尚論古人培隹卉品泉石飲酒浩歌終

日不亂雖㼚粟屢空怡如也詩文渾雅足砭纖砌
一習蓋其風韻在竹林間而氣節則近五柳處士
至孝友忠信尤爲世所景仰云
俞之琦字二韓端士也爲諸生每試輙高等言行
循矩雖盛暑必整衣冠望之莫不起敬歲丙戌棄
舉子業志決肥遯遨遊元度巖洞間三十年不入
城市遠近咸稱隱君子焉同時有　韓日嶸者字
岱瞻傳極諸書食餼邑庠制藝高岸不群詩文嶒
俊自成一家其守貞不字亦在歲丙戌時也終日

坐斗室怡情筆硯殆三十七年盡行誼氣節與瑄
相伯仲而似續無人世毋借之
來驤字樂顧避跡江南鐵山遂號焉爲人以忠孝
廉恥自持非富貴名利可奪明季族相國路然公
卜地於其祖墓側力爭不敵驤慨然曰宰相亦讀
書人耳不克自奮至不保先人七尺土因斷髮閉
關工揣摹庚辰遊泮壬午舉於鄉是年父鶯濤公
卒泣血未乾又次年闖變驤嘆曰君父至此焉用
文爲絶意進取衲衣草履與農爲伍不入城市不

與世事或勸之仕弗應以風水自娛徧遊會稽山
水二十餘年疾革時命長男爾繩正席扶坐而逝
其始終不亂如此族人私謚爲順毅先生
汪埏字天晉性至孝幼有奇童稱爲邑庠祭酒以
功貢廷試聞闖賊變無復存功名念自號石泉子
隱處洛思山闡發性理讀書以啓後學年八十有
九以壽終所著有徵言指要地理金鑑若干集
包秉德字飲和補諸生第一崇禎末棄去徵爲郞
贊軍江上不應隱居棣萼軒閉戸潛修稍暇與鄉

秉衡唱和怡如也歷三十載疾革念尊公猶在勉起俯伏於簀叩頭而逝其孝友尤若是所著蟲弋編五十卷翰林毛奇齡爲之傳

王之鼐字調玉邑諸生也端方尚義其賑䘏修圮事難盡述如錢學師孔芳賈令爾壽死無所歸皆殯葬如禮春秋祭祀不替明季楚藩徵之不赴竟以山水自娛壽終於家聞其祖贈君三異懷大才不樂仕人稱世有潛德焉

卜斯盛字雲生補邑庠孝友誠信蓋天性也工風

雅更嫺韜畧崇禎末絕意請纓遊三湘兩粤之間不欲與風塵之客爲伍猶子心衡才猷練達自香山致仕歸情怡三徑年登上壽其高逸之致與斯盛一也故世每以二阮方之

國朝

陳基字我白秋官安之裔孫幼好學繩樞甕牖恬如也連喪怙恃悲哀失明得異人術驗人吉凶靡不奇中名籍海內然性甘淡泊謂家人曰聲名非吾願盍歸隱乎遂南旋俛輙載道卻而弗顧居家

惠愛親族賑貧廣與惟恐人知殆逸民之流亞歟
子國鼎以恩貢授學傅諸子皆庠生
張聖祥字尼謙介直矜氣節重然諾安貧力學文
章德行爲諸生冠學師三舉行優歲乙酉絕意進
取杜門不出訓子姪讀書敦倫明義自號耻庵以
見志然初無感慨狀亦無豪放致莊重古處蓋高
尚而得其正者歟
王之祚字子曆有經濟才丙戌以恩貢貢于鄉時
年正壯决意潛處終日依依膝下與二親娛偕諸

季講學友愛無間人每勸其祿養祚曰吾豈以升斗易菽水簪纓擯泉石哉竟卒于家繼妻邢氏淑慎安貧能成夫志後以節終

孝義

余觀傳中所列孝行多卓犖奇節孝本庸德顧安用奇節爲哉謂之奇節必非人子之幸也然當其不幸而克以孝著要自爲難操管者又安可不亟爲表揚之耶世風而日降矣畧庸表奇用以激勸頹靡輿起至行是亦維風之一節也至乃富而好行其德人咸賴之稱之曰義不亦宜乎故合而傳之曰孝義

朱朗字恭明性至孝父爲烏傷長陳顒所殺朗志在報讐未幾顒死往其家剌殺顒子魏聞其勇擢爲揚武將軍

晉

夏方字文正年十四家遭疫癘父母伯叔羣從死者十三人方夜則號哭晝則負土凡十七年而塟畢因廬于墓烏獸馴擾其旁吳時拜仁義都尉遷五官中郎將朝會未嘗乘車行必讓路入晉除高山令百姓有罪方向之涕泣而不加杖大小莫敢

祀焉祀鄉賢

南宋

郭世通生而失母父更娶世通事父及後母甚孝年十四父又亡居喪過哀家貧傭力以養後母母亡負土成墳親戚或共賻助微有所受塟畢傭賃還直仁孝之風被於鄉黨人皆不忍呼其名嘗與人共於山陰市貨物誤得一千錢追還本主主驚嘆以半與之世通委之去元嘉四年散騎常侍袁愉表其至行詔旌其門改所居獨楓里爲孝行里

郭原平字長泰世通子也傭作養親父篤疾彌年原平未嘗安寢父亡慟絶方蘇躬自營墓喪終不復御肉又自構祠堂毎歲節常哀思不食高陽許瑤之自建安歸以綿一觔遺之不受瑤之往謂曰今歲過寒而建安綿好故以奉尊親爾原平乃拜而受之及母亡毀瘠彌甚旣塟墓前有田數十畝不屬原平耕者毎裸袒褻其墳墓原平輒往哭之乃竭貲貴買其田農月必束帶以耕宋文帝崩原平號慟日食麥餠一枚如此五日人曰誰非王臣

何獨如此原平泣曰吾家見異先朝不能報恩私
心感慟爾太守蔡興宗嘗以俸米百斛餽之原平
不受興宗復表其殊行舉爲大學博士會興宗卒
不果 祀鄉賢

唐

許伯會詢十三世孫舉孝廉爲衡陽博士遭父喪
負土成墳不御絮帛不嘗滋味野火將逮塋樹悲
號於天俄而大雨火滅歲旱泉湧廬前靈芝瑞獸
生于墓側 祀鄉賢

戴恭字元敬居母喪廬墓十年芝草嘉禾生其側

俞僅一門四代兄弟十五人老幼八十餘口並貞廉有經術僅遭親喪哀毀骨立爲鄉里所稱觀察使孟簡著于圖以厲風俗

按唐孝友傳敘曰唐以孝弟名通朝廷者多閭巷刺草之民皆得書于史官蕭山李渭許伯會戴恭俞僅皆事親居喪著行者天子皆旌表門閭賜粟帛州縣存問復租稅有授以官者今志僅存三人而李竟湮沒不稱豈非有幸有不幸哉

宋

孫寶著字天休少孤事母孝母寢疾思食梅及鳩

秋月不可得仰天祈號得青梅于樹鳩自飛墮取以奉母大觀初行部使者以聞賜進士第任杭衢二州敎授改宣敎郎

於琳爲本州防城保甲建炎初陳通叛琳從浙東安撫討賊戰敗被執賊欲刺面强降之琳罵不屈賊衆攢射矢着如蝟罵不絕口死之越帥翟汝文束藁招魂哭而祭之文曰於戲哀哉杭卒叛命蕩爲賊臣我昔治師龔行天誅士衆驕稚懼爲賊屠戰則先遁均爲萑蒲爾獨忠義奮然長驅鋒摧被執怒叱賊徒脅使必降誓死不汚背裂髮指氣象自如羣賊束之爭射其軀矢如蝟毛熳罵如初鳴呼哀哉委身就義得死樂趨

生氣如在殁與衆殊瞻彼闉城深愧上夫痛爾酷
禍慘傷予膚我實負念致爾不幸招魂于官歸安
泉途方能報德哀此字孤魂
兮歸來發此喪車嗚呼哀哉

徐端臣字正卿幼穎悟日記萬言事祖父母以孝
聞歲飢輒出粟平價以濟貧乏創社倉飾學宫濟
病以藥贈死以棺行宣遐邇浙東提舉朱熹行部
至縣特造其閭後以子昉貴恩補登仕郎轉宣義
郎致仕卒年八十三勅贈銀青榮禄大夫寧國郡
公賜觀額慶孝免田壹百畝奉祀

元

金松一安養鄉民至正間以家貧傭工養母凡遇
魚肉必持歸以供母一日母病篤思魚時天大寒
江水亦凍計無所出乃往漁浦渡口籲拜祈天須
臾鴟自西來墮雙鯉于前取以食母病即愈

明

朱訓憲使仲安孫也性惇篤孝友家貧好學不倦
善詩文正統間常于錢清道上拾遺金一裹俟諸
道傍亡金者號哭而至悉還之人咸敬羡所著有
樗軒集

張袯號直叟性誠篤早喪妻終身不娶成化壬辰
歲凶邑宰李鞏踵門請賑袯曰不私其有而與人
同吾志也慨然出銀三百錠粟六百石癸巳又凶
復出粟一千石丁酉河南荒極盡出所積以賑之
巡撫趙題授宣義郎表其閭曰義門子珏字良毓
補邑庠生常佐父發粟賑饑捐銀三萬兩代輸本
邑歲課巡撫劉題旌亦授郎秩大父目盲躬舐之
復明母朱氏被火冐焰出之頭額俱爛父喪哀毀
而卒太傅屠滽題曰承事郎義慤張孝子之墓大

學士商輅爲之傳珏子維翰號幹山克修世德好施樂與遇貧乏婚嫁則贈之以奩喪葬則助之以賻遠近至者應之初無倦色建橋五處穿義井十有六修建儒學凡邑中義舉咸身任焉尤篤學善文精李篆由諸生立功任揚州指揮使祀鄉賢孫詞隆慶間發粟賑饑當道交旌曰義門世德

任原禮任長者之孫其高祖寶仕宋京倉副使嘗拾遺金一囊懸購月餘得其人還之排難解紛爲鄉里所服原禮襲世德而潤之以詩書與浦江宋

濂義烏王禕永嘉高明姑蘇高啓友善皆有詩贈
答明初徵聘不起人稱隱君焉原載本志今增訂
何競字邦直邑庠生父舜賓成化己丑進士爲南
畿御史時秦淮河多爲勢家侵佔舜賓爲清理之
忤權貴坐事戍慶遠後赦歸邑之湘湖有私佔者
舜賓圖復之私者憾焉會當塗鄒魯亦以御史謫
令蕭山性鷙悍舜賓嘗與小忤魯齗之憾者因搆
于魯詭言舜賓赦歸無驗械送戍所屬解者㞕其
侯食侵辱之至餘干夜掩殺于昌國寺父捕競競

篋匿蘇州父友王參政家痛心切齒終夜不寐以圖復讐久之魯遷山西僉事競潛歸結死士扼之途刳其雙目執之以送所司具奏于朝兩遣官卽訊坐魯死以競復父讐可原擬罪徒朝議以唐梁悅例編戍福寧正德改元赦還閩志記其事曰復讐編戍云

楊密幼失父事母嚴氏至孝母疾危刲股和藥療之尋愈嘉靖初知縣伍希周奏記巡按以聞詔旌其門 祀鄉賢祠

來衡字一之成化乙未海溢塘崩捐資修築父爲義子誣辟公伏闕奏辯獲釋後從東粤還舟溺于江聞空中呼救孝子忽一杖浮至得憑以濟其杖至今尚存世傳其孝感云載學誌

丁應正字東阜入國監以才稱父陽春久病不起公刲股療之無效乃於元朔夜禱諸神願以身代父家人莫知也父病痊應正遄逝喪殮後出其書篋得疏稿則爲祈神請代之詞合境嗟異遠近聞之咸歌頌其事至今呼丁孝子焉

來綸蒙號後江由例貢歷判滄州德州有勤敏聲
陞嵩明州同知家居敦睦見義必爲弟端操字龍
巖亦以例貢歷遷東藩經歷嘉靖甲寅㱚倭犯縣
里中大怖欲竄去蒙兄弟料族丁壯數百人拒險
而守族賴以全操又築典勝塔以鎮海造文昌精
舍以課族子弟捐腴田五十畝以贍學校貧生備
載各志中操子自周官楚藩長史得贈父如其官
蒙孫夢麟字果符篤實謙和明練世務里中興利
防患之事皆身任之不避艱險凡有大疑率取裁

焉

張維垣字寰宇父德元孝友篤學處約好施歲飢賑濟存活甚多以諸生授儒官壽九十七公勤學好問克嗣父德由貢士歷任羅定州同知壽八十九父子皆爲邑大賓齒德並茂焉

王地字惟寧襁褓失恃即知悲慟號中嘗作呼母聲人異之及長乃曰吾不逮養母猶逮養父遂志體兼承冬夏晨昏動循古則兄弟析產推肥受瘠歲大祲蹙然曰吾一家獨肥坐視一鄉之瘠耶鬻

産易米以賑之捐貲建江寺圓通閣爲衆人先授
禮部儒士
吳士驂字少愚父文光捐米賑飢至三百石爲按
撫特奬公尤好行隂德不務人知除夜有入其室
者公贈以金使改行而隱其姓名子孫亦不知也
二子長育賢季師賢俱貢士孝友淳篤務施惠邑
貴恂恂退讓百年以來稱世德焉祀鄉賢載省志
徐明徵字晉台性孝友蚤孤父病時思食茭非時
不可得後見茭必泣不食舉孝廉乘輿渡江輙曰

此吾父奔走力食道也何忍安車過之耶往往下車走非公事不見邑宰公車不受折差之賸尤當時所罕也授慈谿教諭未任而卒戒子孫喪不得用鼓樂祭不得用浮屠至今遵之子振聲亦以孝友聞　原載學志

何汝敷字奏言由國子生授光祿署丞公素封性節約遇任郵則傾囊無吝歲蝗公設捕格以米易蝗民競趨之不爲災輸米賑飢全活甚衆北郭蒿里多暴骨公以私財每歲募人掩骼尤稱厚德

卜仁盛字心寰家貧遊京師三十餘年由掾史官
監軍歸買田宅與弟均析餘及同祖兄弟少者爲
延師教之得補弟子員居鄉務以德化人焚券賑
貧事不勝述歿後子孫漸落術者爲易墓向掘砂
見甕獲金泉焉人皆謂天賜云
徐世英字步瀛素以儒行著母周氏罹篤疾號天
請代刲股和藥進之母立差母終負土營塋廬于
墓側開義學以授生徒王侍郎三才爲之贊曰刲
股毀支韓昌黎有鄙人之對然孝子之心何所不

至不得已而籲天請代不得已而刲股和藥乃至
負土乃至廬墓則刲股者所謂嘗其一臠而知全
鼎之味者也邑令陳侯上其事給扁旌焉
葛盛德由例貢任富順縣丞以廉受獎萬曆末年
奢酋叛盛德頗有斬獲功天啓二年遇賊長與西
闢與弟姪六人俱歿于陣䘏贈敘州府
任元仕字省初爲邑文學著四書億以教學者事
親以孝著濱海多潮患先生建龍神廟爲民祈禱
郎令普濟菴也後數十年圮復加恢治焉雨

敕子亶妻甫十餘歲有土寇圍其家索兩敕亶妻

詭詞免其父妻遂遇害令王　吉人旌曰孝子

吳應科以吏員授河南武安主簿鬬賊圍城應科

率民兵戰賊走科逐之賊見兵少回鬬衆寡不敵

死於陣武安民思之立祠肖像以祀之

任三宅號翼寰始吾公長子也爲諸生冠念邑里

蕭條核公私耗蠹慨肰有春臺一世之思爲平租

庸均里甲直指使動容嘆曰千眞萬眞一字一淚

檄下勒石象魏間若西北兩塘歸正淤湖錢糧條

議明晰雖縉紳無能言亦無敢言者所著有膚言請政江塘事宜鄉兵末議折差欵揭垂諸世

徐令禧僉事官之孫貢生震士父也世傳濤白禧尤以古處自期壯年失偶矢不復娶謂人曰曾子不再娶以有子元也吾竊附此義庶不覩閔氏之戚耳遂躬滌并臼以養其母必盡其歡人景仰之

徐正英性孝友動遵禮度邑患解南糧正英創衆上訴是年俱鮮賠累至修復圯路出粟賑饑邑令旌之舉郡飲賓焉子翼隣以太學生授州同

丁師虞字武彝精敏有幹局講求邑之利弊撰述
成書詳析精確鑿鑿可行首義急難凡賑荒掩骼
及修葺塘壩祠宇義學前後捐銀米以千計子兖
振字大聲尤慷慨喜施力成先志凡朝廷有惠政
部檄下所司黠吏多持不下兖振率先籲請蕭民
咸賴其賜先是祖元慶創掩骼塋於蕭然山麓歲
久就湮兖振爲濬一池因以放生而建浮湘閣于
其上卽纍其土培冢俾貧而無以爲塋者得瘞焉
師虞庭訓方嚴兖振垂老猶長跪白事及卒同人

私謚曰孝正

蔡上騂字伯逸以德行著順治丁酉御史王公元曦按郡察優行諸邑各以名上而被獎者郡二人公其一也舉其行曰孝曰友曰賑饑曰修學弟士駿亦以優行著人稱二難焉

任元齡字九如入太學有聲父朝諍爲郴州叅軍以桂藩工獲譴有司奉吉逮家屬弟九齡已被逮公時客遠方聞之星馳詣獄曰家有長子是爲家

督願以身代父備受酷刑終無異詞當事者憫之
爲倂白其父冤子雲蛟領順治丙戌鄉薦
任師禮有孝行祖母沈病篤封股和羹進之得愈
邑侯王吉人顏其廬曰代親盡道爲上其事臺憲
膺旌奬焉
來士寀字寅伯篤于孝義萬曆戊子歲大饑輸粟
入百餘石以賑貧院司給扁授之冠帶俱不受人
益高之子道昌以邑諸生入南雍文譽大噪宗人
方伯斯行爲之傳

俞在莆號敬岳由例貢任福清二尹陞福州府經歷孝友端方守官廉謹家居矢行善事千條如焚券完姻施粥賑饑等類不可枚舉值學宮敝捐貲修葺邑大夫禮請爲鄉大賓卒祀儒學報功祠

王紹充號儆韋費序有聲少孤一生衣服未常純采事母至孝尤友于於弟視諸侄同巳子焉長子明俊負文名未售終身孺慕年七十母猶在堂膝下歡笑時人方之老萊子徐孝廉明徵作班媥記贈之至遇歲賑饑賻喪恤病人多感德不忘邑令

余禮以上賓曰吾得見善人矣次子明允抱奇才
食餼邑庠而孝友總其天性也孫鴻烈登壬午賢
書子孫皆敦倫好學加意親戚能世其德云
史繼善號晋陵七歲能屬文卓犖不凡知名海內
邑中諸利弊輒率先詣當事陳請雅善詩歌古文
詞風雨晨夕與張徵士調𢢷韓進士日將周文學
萬鍾輩倡和泊如也子孟章博學廣聞當道每辟
之不就廷栢疏通練達樂義好施皆爲邑庠祭酒
至孺慕友恭人無間言故世目公爲陳太丘而以

元季視伯仲也歟

張烽祥字素生屢試未售由例選幕辰州崇禎己巳五寨司缺餉兵譁震驚各郡烽祥毅然請往賫銀四萬兩到寨慰諭衆兵悅服各郡賴安陞桂林衛便解組歸里人自高之辛巳歲歉首捐賑濟全活甚多令郝愈上其事旌曰義著鄉邦

國朝

丁師孔字乃願義士丁元慶子也元慶好義樂施捐田助學歿後士大夫高其義請於官入報功祠

師孔能踵其行敦風俗喜救郵凡婚嫁喪葬無貲
者欣然相助値歳饑遠則給米近則施粥所活者
萬計家頗饒以施濟告匱然每棲遲湘水間彈琴
賦詩泰然自得也教子克揚篤學善文於順治已
亥成進士世稱爲善之報焉
丁斯薦字茹升孝友無間經史自眈髫年入泮學
憲三院屢旌德行濟病以藥授死以棺築津梁賑
困乏不可枚舉邑侯奬舉鄉大賓沒後而人傳頌
不衰孫文龍成丙辰進士景龍現授國子學正

周維高字無玄舞象補邑弟子員父早亡王母在堂事之無不盡歡母孀居多病每衣不解帶友愛兩弟婚配盡禮因究心程朱從同宗海門先生遊多所辨晰時稱賞之不置常目擊時事侃侃上陳除積蠹釐宿弊初弗少避爲子國龍登康熙乙卯鄉薦

張廸祥字恒吉明徵士訓懌子幼善病刻苦讀書嚴於實修有長者風常戒子弟曰學毋好名好名則工夫不篤故一生最耻爲僞君子凡宗族冠婚

喪祭咸折衷焉晚年侍徵士依依仍嬰兒狀與王
太元諸君友善至老敬猶不衰人皆景仰之張氏
世稱忠厚先生尤不愧也邑令姚文熊學師盧宜
舉賓筵並不列一介賓在席其隆禮如此卒年七
十有九
韓日昌字燕克少有孝稱痛父之音容莫覩而毋
之鞠育維艱也事晨昏供菽水無不竭力婉至焉
撫教幼弟卒能成立家貧筆耕門下有寒士輒分
餼穀以周濟隣族死而無倚者勉助殯殮生平無

巵語以欺於人而公庭直等爲偃之室於康熙壬子登鄉薦不數載遽賦玉樓人皆惜之

張文遴貢士訓程公孫也飭躬砥行二十四歲妻亡子僅在襁褓中其妻母欲爲執柯遴曰吾母秉節以撫予予則守義以育子此吾志也遂屏慾終身不娶焉聞先世善翁曾以義夫被旌今遴則克繩祖德者也子大經能孝養卒年六十有七孫曾林立君子蓋謂有天道焉

陸承宏敦義古處藉舘資以盡孝養娶金氏淑慎

而能早亡誓不再娶人毎勸之承宏曰吾幸有子
撫之成立可也又何娶爲教子士奇力學能文餼
廩有聲時推學者云

方技

古之治方術者若扁鵲倉公之流皆妙協天機補裨造化遷固而下史不絕書然則偏長曲藝固亦道之所不廢也語云小道可觀詎不信哉余故掇而列之不使一藝之士泯沒後世焉

明　樓英　樓宗望　魏直　王應華

樓英一名公爽字全善性孝嗜學博覽尤精於醫居元度巖有仙巖文集四卷氣運類註四卷醫學綱目三十卷行世

樓宗望精醫術永樂間召至京師賜予甚厚

魏直字廷豹能詩以醫聞吳越間治痘疹奇驗著博愛心鑑行于世凡小兒醫必誦習之

王應華字武橋父仁游學遇高士授以醫術尤精幼科至應華名大著治多奇驗爲人恂恂仁愛有古長者風所著醫案子孫秘之以世其業迄今四方求治者如市焉

蕭山縣誌卷十九終

蕭山縣志卷之二十

文林郎知蕭山縣事鄒　勷
文林郎知蕭山縣事劉　儼　重修
邑文學　何文煒
丁夢芝　編較
張崇文重纂

列女

余觀幽閨窮巷之女往往率其天良從容就義或從一而終不渝其志或之死靡他不淄其守雖烈丈夫胡以加焉彼析珪曳組無當于人國之緩急臨大節不能引決者反比比也不幾以珪組爲巾

幗耶余故傳列女廁于賢士大夫之後使觀者有所興感焉

宋

吳翼之母丁氏少喪夫不再行性仁愛年荒分食以贍里中饑餓者鄰里求借未嘗違同里陳攘父母死孤單無親戚丁收養之及長爲營婚娶又王禮妻徐荒年客死丁爲買棺器自往斂左僑家露四喪無以瘞丁爲辦塚槨有三調不登者代爲送元徽末大雪客旅斷行村里比室饑餓丁自出鹽

米計戶分賦長子婦王氏早寡亦執志不嫁詔表
其閭蠲租稅
王氏女永興槪中里人五歲得毒病兩目皆盲性
至孝年二十父死臨尸一呌眼皆出血小妹娥舐
其血左目卽開人稱爲孝感以上皆劉宋時人
元
吳氏桃源吳安叔之女丁京妻也當元季兵亂哨
騎四出臨境上吳攜女仁奴倉皇逃避遇兵于塗
執而將汚之義不辱厲聲大罵兵殺之又將汚其

女亦不屈復殺之時吳年四十九女年一十八里人聞而異之稱爲雙烈許孝鄉猶存其祠

竇氏吳世澄繼室也至正間世澄爲兩浙運司廣盈庫大使竇氏年二十八止生一子而世澄卒守節不移撫前妻子如已出朝廷旌表其門子準仕至兵部主事即竇氏所生也

李氏張鯨妻李文定公七世孫女也幼閑姆訓能詩歸于張生四子而寡時年二十二家貧茹荼教子俱克成立至正甲午縣尹衛應鼎以節上聞兵

亂道梗朝命不下壽八十大子孫衆多鄉里咸曰勤苦之報也府志作曹氏

王氏西興人楊伯遠妻也性警敏善事夫至正間鹹水溢入田禾盡爛其夫充里正輪差築堰江潮衝突不克就官責其償日受箠楚王氏痛之割股投水中祝于神沙忽湧起堰成因名曰股堰鄉里異之堰至今存邑令尹性碑記畧曰予常讀鄒氏書曰至誠而不動者未之有也若是乎人有一點誠心天地亦將效靈焉山川亦將改色焉西興鎮楊伯遠里正也值江水衝激堰圮水進田禾之不淹沒者幾何邑人患之謀築其堰底淀無以下土水激無以赴工伯遠之日受鞭笞

子不得已也妻王氏痛馬潡而割股投水臆愚亦甚矣夫以一塊肉而可止江濤耶然惟痛之甚一若非一塊肉不可以止之也夫何沙漲堰成不踰時而奏功嗟乎誠之感動如是速哉假使王氏轉一念焉必不爲矣昔吳越王錢鏐射潮江上然彼以力此以誠未可相較也名曰股堰堰千古存而王氏亦千古矣按明弘治間縣誌曾載此記今復採入

佘氏名守元顧應法妻也幼讀書史二十而嫁未五載夫疾革謂守元曰我死子女幼汝能以節義自處乎守元嚙指誓曰君不幸志不他異請以未亡年育君胤子成見汝地下也夫卒喪葬一如禮至正三年邑令趙鐙上其事于朝詔表其閭復其

家壽八十四卒金華蘇太史詩以記之

明

汪氏名嗣貞大義里丁岳妻也年二十八夫卒盡屏華飾簪荊服縞以終身非父母兄弟未嘗得見其面母兄憐其少寡欲諷使自擇見其苦節莫敢發言訓[illegible]之孤慈比于嚴歲時蘋蘩必誠必敬治紡績恒至夜分家用以饒邑人重其節至今呼爲丁節婦家

魏氏名德盛文靖公子完女也幼有志操頗涉書

史及笄父母擇配得儒士鄭璽贅於家夫還忽遘暴疾德盛聞之欲往執湯藥祖母與之俱至則夫已瞑目矣德盛驚殞良久方蘇至夕以帕縊於尸側祖母解之及歸數欲死家人閑之斷髮爪面嚙無名指出血不止風中其患處死幼時嘗以父患劇疾醫藥弗效日夕禱天願以身代父疾竟愈有司聞于朝旌表其門曰孝烈

徐氏名靖端年十八適毛京京嬰瘵疾死時年十九傷痛屢絕聞者酸鼻服喪三年親族憐其年少

無出勸之再適則泣而拒之曰禽獸之行豈人道所爲守節八十餘年冰蘗之操始終不渝成化辛丑邑令陳瑶上其事

張氏陳曙妻也已字夫家日貧不能娶父將改字張曰受陳聘卽陳婦也寧死不願更卽引刀劃項流血母力奪之得不死後歸陳未幾夫卒哭曰夫去不久當相見也與姑同寢一夕白姑曰天氣甚熱宜獨宿姑聽之是夕卽自縊于床距夫亡未三月也邑令朱栻上其事

可載陳氏宗譜

孫氏名淑清字葉棋未幾棋遘篤疾淑清潛製歛具一日方績而棋訃至淑清色變取歛具囑父母納棺中尋自盡時年十七也夫家迎其喪與棋合葬先是鄰有沈氏女許聘汪鑑鑑死哭之慟欲往視歛父母不從將自經乃許泣請父母終三年喪淑清聞之曰誤矣父母問故曰只死方好及歿乃知其自矢云太守浮梁戴公躬臨其家以旌異之

洪氏名福貞張惟寬妻也年二十四而寡族人以其年少家貧諷使再嫁洪應之曰如此惟有一死

由是莫敢言紡紝不問寒暑以奉舅姑育其子就
學操守清苦年八十三卒
沃氏名淑虔王茂妻也年十八歸茂甫四月茂卒
服喪過哀母憐其少而無子欲奪其志沃泣不已
潛自縊于寢室家人覺而救之得甦躬自紡績孝
養舅姑年八旬貞白無玷有司上其事
李氏閩永寧衛指揮李正女晉江訓導徐鼎繼室
也鼎訓晉江娶氏未朞而疾作呼氏曰吾負汝吾
負汝氏曰君有前妻子一元在脫不諱吾當扶櫬

還蕭撫汝孤立汝家不汝負也蕭遂卒氏度父族將不利于孤盡出其篋告邑令扃鐍之而歸其鑰于庫父知其不可奪也乃誘歸別母聚諸姑姊哭挽之不從禁之不得出氏乘間自縊以救獲甦父母乃許送喪至閩浙界當返使其兄與之偕至界氏密呼舟子乘夜潛發歸于蕭擇地瘞夫子元方數歲延師訓之至成立已而子死撫其孫孫死又撫其曾孫皆身襁褓之女工晝夜不懈謂所親曰人安逸則邪念易生故勞心苦骨此吾一生所持

令以告汝等補女誡一則也嘉靖十四年部旌其
門邑令蕭敬德立三難傳謂自閩來浙咻譁異音
重于去鄉之難生齒尚妙來辰苦多重于立志之
難孤兒異出撫如己生單傳再世復撫孤孫重于
立後之難邑司訓蔚楷題其廬曰十九執亡夫之
節守人所不能守三世撫前婦之孤爲人所不能
爲皆實錄也年八十有八天啓時邑令陳振豪復
表其里曰貞節里

何氏來志妻年十八適來嘉靖二年九月夫溺於

江何哀慟欲往尋屍沉于江姑揣知之止曰津人撈之不得汝何往爲氏號泣不已繼以血絕口不飲食時暴寒尚衣葛姑勸加衣曰夫在江尤寒也距夫亡六月沐浴更衣縊於床而死邑人義之縣幕鄒仲和爲詩酧之有錢塘江比曹娥險烈婦名同孝女香之句

胡氏儒士王渭妻年十九歸渭甫半載渭卒胡泣謂人曰我分即死賴有遺腹幸得生男當與撫養否則不敢求生未幾生子坤舅嘔血殁相距七日

家業陵替或勸其易志胡峻拒之曰夫亡舅逝世有遺孤吾忍爲一身計不爲王氏計乎勵志愈堅

莝夫育孤抵于成立坤生三子而卒胡率婦守節以育其孫平居足不履戶外屏去華縟雖遇嫁娶未嘗服彩年八十餘猶勤紡績邑令施堯臣上其事

蕭氏生員翁堯妻也歸堯年甫十六逾三歲堯卒遺一子一女堯臨終謂蕭曰吾父產業盡讓諸兄家甚貧汝年幼能守志以撫遺孤拓先業吾瞑目

矣蕭號泣以死自誓斷髮垢面日夜紡績以膳舅姑又訪明師遣其子五倫從學遂登進士第授饒平宰蕭誡之曰吾一生勤苦以教汝故至此當無負吾教克繼祖父清白以報朝廷紡績如故時擷薺擣鹽以給食雖受綸封不改其素治家甚嚴終始人無間言卒年六十九邑令施堯臣上其事

李氏徐堯卿妻也年二十夫遘危疾晨夕籲天祈禱弗愈一子在襁褓李哀慟曰我志從夫柰子幼聊強爲生耳服終父母憐其少欲奪其志嚙指斷

髮以死自誓服素茹淡躬紡績以訓子鄉里稱之
邑令施堯臣上其事
金氏名玉秀西陵來仲康妻也年十九歸仲康十
載而仲康卒強宗逼其改嫁氏嚙臂矢天引繩自
經姑覺得不死時遺孤在襁褓姑老在堂家徒四
壁氏晝夜紡績以養姑哺二孺以底成立一時賢
士大夫爲詩文以美之萬曆十六年令劉會上其
事於巡按御史傳好禮奏聞建坊里門
陳氏儒士丁露妻知師宗州陳殿女也年十七歸

露朞年露卒誓不二一適遺腹生一子隨夭舅姑欲奪其志陳氏泣曰未亡人以舅姑在耳昔誓謂何乃不諒若是嫠居八十餘年至九十九卒嘉靖初知縣秦鎬表其閭

黄氏名淑貞張誼妻也誼舉進士迎黄之京而誼已病亟籲天請代卒不起黄時年二十六欲從死左右以孤孩在苦勸之稍進饘粥扶柩抵家足不履閾言不妄發事舅姑以孝睦宗黨以禮捐膏沐謝宴會若節清操四十年如一日邑令歐陽一敬

上其事臺使旌之歲給粟帛復其家
陳氏長巷沈炳秀妻也父邁疾贅秀于家時秀年十五陳年十四甫四月秀患腹疾死陳號慟欲絕父母憐其年少欲令改適使婢持百花綺裙示之揮去不顧曰此何爲者年二十一富人倩一達者爲媒父爲治具陳問故叔母以告陳慟哭且罵曰禽獸之言何入吾耳卽持溷水濺媒氏衣媒遑遽走由是辭父母歸夫家立夫之兄子爲嗣母子相守煢然一室人罕覯其面惟寒食展墓偕妯娌一

往哭必盡哀聞者垂涕以是終焉

徐氏名淸源儒士周大器妻也年十九歸大器七年而夫亡哭踊不食幾絶者再其母故餓其兒啼於前乃甦抱兒泣曰吾爲夫骨肉延一日耳葢營並壙以示不二蓬垢蔬敝若鞠遺孤手寫夫像懸于其室時當旣望因題其像曰此月有時缺此心元不虧願將一生心常同月圓時每事必泣告諱日哭奠盡哀凡遇婚嫁慶賀必痛其夫不見淚潸潸下宗人咸爲感泣後子長家業漸隆爲母壽輒恚且泣曰吾意無息不與爾父俱何

壽爲寢不解衣足不踰閾即見女燕見未嘗必假言笑霜操凛然年六十三卒臨終自題其像云黃泉歸告遺孤好遺像皤然愧本心至今稱周節婦云撫按九旌其門元孫之麟官翰林院編修

瞿氏庠生瞿京女年十七歸儒士丁令金金患獨疾時怒擊人家人多避匿氏獨侍夫遭箠楚至傷肢碎首母念氏險楚論氏歸寧獲保生氏泣謝不從踰三十載撫子紹曾輩成立鄉族嘖嘖稱賢云

徐氏傅承寵之妻俞氏傅承宸之妻也承寵未娶

得痼疾徐父欲悔之氏不從卒歸傳寵痼益甚氏
調護曲盡至六載寵竟卒承宸方娶而病瘵距六
月卒二氏爲妯娌守節並篤俞氏之父憐女少欲
奪之氏持刀斷髮又自刎頸死父乃止徐氏有子
德新俞氏通經史同提論之邑令楊維喬爲作雙
節傳上其事撫按屢旌其閭
丁氏名庚父龍溪丞少字黃承元江夏知縣世厚
幼子也將嫁承元卒氏悲痛欲往視殮其父止之
氏以死請乃往至喪所撫屍號慟截髮納棺中旣

斂遂加笄持斬衰服如禮自此不復歸父家踰數載猶子可佺生立爲嗣氏幼聰慧能詩文至是不復措意動止肅若嚴吏家人皆畏憚之年三十三卒邑人稱之曰節女後十餘年有蔡貞女行亦相類其夫會稽人

任氏王廷相妻進士辰旦祖姑也廷相早世子方彌月厲志冰霜毁容去飾操作勤苦不苟言笑子孫姻戚對之凛如也一日親往汲水有族貴人來其僕不知爲主婦也誤呼廷相名不答歸撫遺孤

哀慟幾絕以夫名爲人所指斥勉其子以篤學成名克昌厥後其孫先吉登康熙庚戌進士先采己酉舉人甲第蟬聯酧其宿志焉壽至七十三卒人稱爲莊節

魏氏文靖公元孫女也夫徐鳳梧遊蕩客死氏年二十惟一子奉姑以居晝夜辟纑易粟以活子復被人畧賣縈處一室突常無烟雪夜以草薦自覆或勸之改適至以勢惕之氏曰人患不能死爾何畏人爲且我必不以窮餓故辱我祖及我夫之祖

也葢夫祖卽廣西僉事諱官以清白著聲者也後
子長得脫歸漁釣爲業以養母焉
錢氏山陰人方逢泰聘爲繼室泰素病羸父母欲
負盟氏斷髮自誓乃止十九歲歸方泰病日甚時
舅謫遷京邸氏同泰往至京而卒氏哭泣不食九
日亦死禮部御史臺具題　詔賜祠坊并郵送雙
柩歸事在萬曆四十五年
孫氏包曾義妻義賈京師而卒氏年二十六誓酬
夫志晝夜勤劬養姑姑字幼姑姑下喪殯盡禮邑令上

其事歲給粟帛

盛氏年十六適單之祥祥病亟日夜籲天請代衣不解帶者歲餘祥歿欲從死姑勸乃止孤幃茹荼循繩蹈矩凡四十餘年如一日邑侯楊維喬上其事撫按旌之歲給粟帛

張氏同胞三俊誼試諒之女兒讀書知古訓歸庠生王宗岱六載而岱歿二子紹充紹晃皆在孩提氏辛苦備嘗訓子讀書充爲文學有聲晃仕至苑馬寺副孫明允曾孫鴻業鴻烈皆舉明經孝廉元

孫婦徐氏胡氏亦以節著焉

張氏儒士陳夢蘭妻也歸陳生一子而夢蘭殁年十八育孤守節十載不歸寧奩產盡鬻以歸舅姑示終身無易志也衰麻不暫脫耄年有饋果餌者必呼子孫共食無少長咸均霑之以是訓其子孫泰昌時邑侯劉安行特加旌獎年距九十卒

鄭氏西興人年十六歸王命正宦族而貧氏鬻奩供舅姑具夫族稱孝命正卒遺孤甫十月家益窘氏勤十指以養預爲舅姑殮具備艱苦四十餘年

冰蘗凜然孤之服抱雋才有聲諸生間邑令學諭
共上其事學使者判云戴氏早失所天願從於地
將劓鼻以矢志爰銘心而存孤蓋實錄也
蔡氏生員吳馴妻及笄歸吳逾五載馴沒哀毀絕
粒舅姑以撫孤諭之勉進饘粥夫葬即穿壙其旁
善事繼姑毀容敝服節孝並著臺使給獎之
張氏儒士徐世道妻也事舅姑以孝聞年二十七
世道病篤以養姑撫子爲囑氏泣遵命既沒不復
茹葷衣帛懸像于室每飯必享每事必告凡五十

餘年悲慼若初喪時姑嘗病氏禱天願以身代夜
夢神語之曰非爾肉無以救爾姑氏驚起刲股作
糜以進姑病痊里人異之上其事于有司乃旌焉
氏若節且孝庭訓有方季子宗思亦以孝著諸孫
奇英壽明景英皆有聲黌序年八十一卒
黃氏庠生何之杞繼室守節三十年後五十餘年
邑人上其事曰氏年十六而適何距十載而夫殁
中郎有女難爲緩急之人伯道無兒僅得螟蛉之
子子方娶婦不幸兩亡女已于歸未幾雙夭末年

復立猶子文熢爲嗣雖麥杯之奠尚有其人而荼苦之含殊難爲繼似玆貞淑足儷前修邑侯鄒公詳核入志

黃氏應天府檢校王延祚妻也檢校于崇禎季年奉京兆檄齎貢物抵夏津縣兵陷夏津夫婦皆被執一卒擊檢校垂斃氏紿卒曰釋此我有財寶在近寓可取也羣卒卽釋檢校操南語與氏抵寓氏度夫已脫去乃嘆曰我死矣他卒先入寓舍者以火灼主婦甚慘因以脅氏氏極詈之遂被刺死後

四年氏子今高城守臨清其婦亦黃氏也城陷赴井死錢宗伯謙益爲作姑媳雙烈傳

徐氏青州府判希龍女也適庠生張芳春二十三歲芳春歿無子上有孀姑氏孝養備至凡五十餘年姑乃卒撫繼子如已出繼子弘道亦盡孝母子拮据成家時推所有以賙里族歲荒傾家賑濟至困乏不自恤邑令羅爲公異而旌之後弘道歿氏撫二孫長孫歿又撫二曾孫耄年不廢紡績壽至九十六

來氏庠生黃方妻黃茂長母也年二十四寡居茂長時四歲氏守節垂三十載以禮法爲中外所推
禎朝大學士宗道其從祖也內儀貞操無愧望族焉通庠特上其事

周氏太學生張孫祥妻二十五歲而寡守節距四十年弘光時邑侯蔣星煒以孝節給扁旌之

周邦儒妻張氏適周逾歲邦儒病歿氏年十八子一新方就乳氏上事舅姑下育孤胤守節凡四十年萬曆乙未歲嘗道給扁旌

撫州知府張試之側室陳氏年十八試卒任所慟
哭數絕亡何以遺腹恨不獲相從地下扶柩歸里
足不履戶外越二月生一子茹荼苦守撫遺成立
撫院旌獎歲給粟帛
鄭氏洪緒妻也于歸數年舅早喪夫隨逝姑兩目
盲曲盡孝養子勲方在襁褓訓成弟子員教諭張
申詳學憲孫巡按徐給獎事與王命正妻戴氏吳
馴妻同一案也詳學志
施氏太學生沈聖基之繼妻二十四歲守寡遺腹

三月生子發家貧勤劬撫教壽踰古稀

蔡一亮妻史氏十九歲亮故暑不下樓寒不解衣饔飧每多不繼而志操益篤課子士驄等成人踰五十年壽終邑令劉一滙以節厲清霜旌之

韓氏夫張弘思任西河貞節里家素温氏奉舅姑曲盡禮意舅姑没夫日事蕩游竟至窮甚先鬻其子後計其妻氏僅三旬聞而泣曰子可鬻妻不可鬻焉有婦人事二姓者乎夫方與人議嫁禮而氏已投繯矣隣里咸悲嘆之曰貞節里中貞節婦信哉

周氏任立政妻年十七而寡家貧無子氏孝養舅姑無遺力守節五十餘年以壽終

戴氏庠生徐中孚妻也寡居二十餘年鄰人被火延且至其族黨強之出氏不從遂焚死胥縣亭羅侯明祖扁其廬曰以貞爲行

韓氏其夫以貿腐爲業耽酒好博醉輒毆婦無怨辭竟以負博鬻其妻届期遣之氏潔服自經於房而死事在崇禎末年

順治四年王師渡江趨婺州武林土兵乘間四掠

有趙逢元妻張氏聞變預紉裏衣抱幼子赴湘湖死王九龍妻戴氏亦赴湘湖死庠生胡光樞妻徐氏爲亂兵所執奪刀自刭死貢士來逢時母王氏聞變自縊於張家村楊梅樹庠生來冠朝妻何氏儒士來逢盛妻黃氏來冠倫母俞氏妻任氏太學生沈驥妻來氏相約以死抽笄贈土人令導至水深處至長與鄉湯家井俱投水死庠生來夢麟妾程氏被獲赴白馬湖死韓時雍妻來氏年二十寡居逾二十載倉猝遇兵捽之使行前值深湟得間

躍入以死庠生黄奇英妻於氏赴水死庠生來裕之女與婢小春俱死于水庠生楊守程妻湯氏虔不得免與守程弃一子俱抱石投去虎村池水死徐喬椿妻沈氏爲兵所逼乘間自縊于龍山嶺翁氏二女長女年十六許適汪生幼女十四未字兵至鳳儀鄉二女被獲置馬上經株墅渡橋長女跳水中幼女從之俱死王國幹妻俞氏爲兵所執囑其夫速避去遂獨行抗詈不撓被臠斬死其地在西興鎮王國生之妻徐氏見兵氛甚急以幼子付

國生卽赴水死其地在傅家峙石池庠生傅日新妻戴氏見兵至投橫山寺前池死之以上皆臨難遑遽而能以義自裁不肯倖生君子蓋有取焉故附志於明末然蕭邑當時四面皆兵婦女不屈而死者甚多今但記於見聞所及儘有遺漏以俟後之稽補云

國朝

來氏何之棟妻也棟遊學入京長子數歲次子在姙棟卒于京邸獨持門戶上奉翁姑下撫二子辛

苦萬狀晝夜悲淚遂成目疾家漸貧訓子益嚴次子文炳中武科授山西潞澤營守備

丁氏夫趙應榜元邑簿誠之裔孫也生三子而應榜逝貧無遺貲氏以紝織爲活備極艱苦教子方嚴如父道三子皆謙恭儉勤克遵母訓長之鼎領武解季之鼒以貢候選諸婦皆令躬親井臼至耄年猶率先不怠焉順治丙申撫軍廉其實　上聞俞旨特旌建坊曰賢節以孫文璧封太淑人

童氏處士周萬紀繼室也歸周五載處士病篤氏

禱天請代刲股以療不愈一子維則方襁褓處士臨殁時數視瞑氏悲仆欲絕亦數視維則乃止家貧以勤苦佐食一子二女婚嫁有節備歷諸艱貞操愈厲後子遊庠處士祖母徐先以貞節膺獎世稱周節婦焉氏克嗣音一時賢士大夫多爲詩文以詠其事浙閩總督趙公廷臣獎之部院劉公撫院范公具題康熙九年奉

旨給銀建坊里門（吏部左侍郎海豐王澗詩）西山之麓湘水濱芳風襲襲生幽人蕙蘭秉質性霜雪焚膏佐晷甘食貧昊天不弔鸞膠折淒風苦雨聲嗚咽十七于歸甫六年白千心事憑

誰說手抱遺孩纔弱齡孤燈秪有影儕形恩勤汝
續謀朝夕贏得瀟瀟髮數星青闈聲動採風使表
揚不斬幽潛事何幸征人獲與聞攜來傳記爲題
誌密密同雲雪欲飛烏啼中夜是耶非栢舟自似
爲君詠彤管何愁不嗣嶽（督部右堂關中周之桂
題）虞江翻雪浪嶀嶺肅清風表表越州女英英江
水東驅馳西陵道瞻望北原松捧傳心先切開篇
燭半紅春殘飛絲燕夜永泣孤鴻惟節能兼孝因
貞可教忠堅誠常齒指淚血欲枯膧五載蘉砧念
三遷蛾術工心甘茶比薺節苦膽丸熊霜氣闈中
毅蘭芽國士雄探奇登禹穴先此達　宸聰（知蕭
山縣事驪城鄒勷序）夫亍而以節名者其人非義
本乎性而氣充乎身則不可義不本乎性則未免
有所慕而强持氣不充乎身則懼其攖乎境而易
奪吾於周母童孺人無間然焉孺人以年十七妻
於處士周萬紀年二十有二而萬紀死夫亍與亍
孺人之志畢矣然事夫子五年遺一男二女夫亍
不得與亍孺人之志苦矣迄今四十餘年而教子

也才而嫁女也各得其所其間艱難與若據與夫富貴通塞風雨晦明境異情殊變錯于前而孺人之節愈純愈勵而愈不可移迨節成議定閭閈稱之鄉之先生學士歌詠之令是邑者望而拜之臺使者重臣以粟帛歲遺而旌異之人咸為孺人榮而孺人視之無與也惟知畢夫子之事成夫子之志以求從夫子于九原者固四十餘年如一日也若而人者非所謂義本乎性而氣充乎身者耶勤也忝為茲邑長讀其傳賡其聲詩竊敬慕而登堂以拜焉風規芳範思見於古而且見于今思見于遠而且見于咫尺之間異日者採風登之太史傳之媲美先烈風示來茲蔑有紀極將見風俗由而益醇人心由而益正倫紀由而益敦以斯推之則非僅周氏族人之幸而茲蕭邑人之幸亦非僅茲蕭邑人之幸而長是蕭邑者之幸也是不可不為闡揚以勸之邑誌

黄氏黄州知府可師孫女庠生何之楠妻也六載

而之楠歿無子繼子又早喪楚舅姑躬任拮据家世華腴獨甘淡泊事上接下禮法肅然凡三十餘年總督趙廉其實給扁旌獎康熙九年奉
勅建坊里門
蔡氏儒士賀國祚妻貢生賀昌圖母也年十八適賀生昌圖七日夫病篤聞兒啼強起視之旋瞑家貧有孌姑氏躬操作以奉菽水訓昌圖舉明經方授官而歿氏又撫五孫俱成立業儒苦節垂五十載撫院范具題康熙十二年奉
勅建坊里門

來氏儒士周應明妻嫁二載夫病八載夫死遺孤夢熊在襁褓應明臨終囑曰汝當以不死之身完我未了之事氏啣指受命家計日窘翁復久病氏生供甘旨死營歛葬□備極艱辛訓子夢熊如嚴師子長有聲於庠邑侯蔣星煒申憲旌曰完節

陸氏歸儒士葛堯勲七日而勲病姑視子疾與媳參處距三月而勲死氏年十九父母憐其年少欲奪之氏曰我命然也不從執婦道尤謹嘗語人曰吾於舅姑微獨婦也吾□死者完子道耳生平言貌

端恪去母家最邇無故不輕往也以節孝著凡三十餘年順治六年邑侯王吉人給扁旌奬

葛氏沈三台妻年十八夫死懷娠數月哀慟欲絕既而曰此非吾死之日乃起治喪及期舉子之鳳毀容苦守及子長娶婦夫諱日設時薦語子曰吾事畢矣一哭而仆就床旬日而卒之鳳後任泰和縣簿署縣事卒于官

單氏年十六適孫應訓十年訓卒氏力作奉姑訓子以禮邑進士來集之爲讚曰守夫之節非難而

完夫未完之志爲難撫子以長非難而訓子義方以成爲難東阡西陌之經營多出自十指針紉之餘左宜右有之應酬皆發於寸心義理之正苦而若甘者口中之蘖栽而益茂者階下之蘭若孫母者巾幗而儒冠者也年七十邑侯鄒按其事以待旌

韓氏庠生來孫芝母年二十二夫殁氏奉翁姑撫嗣子一不遑朝夕子夭又撫其孫賢至成立宦吳江縣巡檢里黨爲列其事于縣以待旌

徐氏庠生於奇玉妻年二十五奇玉歿無子氏上奉衰姑晨昏省視姑忘其無子也距十年姑卒撫繼子始黃恩勤教誨一如已出邑侯鄒核實待詳待旌

黃氏明經黃三策孫女廣文徐希轂子婦兩姓皆望族姑施孺人以孝行著載學志氏歸徐數載而夫一曾卒于官舍年僅二十貞志不渝凡五十餘載

徐氏太學生任元齡妻事舅姑以孝著舅朝諍仕

爲衡陽佐元齡侍父在官氏有二子雲蛟雷蛟皆
躬教之朝評以藩工獲譴有司逮之急時元齡未
歸氏挺身就逮神色不改久之事得解氏孝愈著
雲蛟後舉孝廉雷蛟髫年入邑庠蚤卒妻史氏僅
二十一歲無子善事耄姑衣素食齋清操無玷族
里稱之
來氏儒生蔡文治妻歸蔡二載而文治歿家貧無
子服除就食母家媒妁瞯者盈門氏大詈之遂還
夫家盡鬻衣珥以營夫塟長齋禮佛未嘗足履戶

外也後瞽一目復損一足煢煢三十年邑侯鄒公以諸生請登志

倪氏寶豐縣典史黄岳齡妻歸黄數月岳齡卽營辦入京生一子後岳齡卒於任所氏聞訃哀號求死族親競勸之乃忍死撫孤凡三十餘年清操不渝通庠上其事

徐氏長山農民富時異妻年十八歸于富甫四十日夫死將葬氏乞于姑營雙穴不允遂自經于墓側邑士大夫矜之鳴其事于縣憲時順治十七年

也

蔡氏黃化龍妻化龍既娶以疾亡氏年十九矢志靡他上事舅姑下撫孤亂連值兵祲艱辛萬狀姑登九旬氏亦垂白朝夕奉養必躬必誠鄉里稱之曰孝節

華氏施懷榮妻懷榮蚤歿氏節操完潔育二子三女子成家女得所歸焉

蔡氏孝廉蔡一鶚女庠生任士進妻也一鶚行方正爲一邑所欽氏幼承家教既嫁執婦道甚恭未

十載而士進殁守節三十年内肅外雍族黨重之

孫氏禮部儒士盛鳳鳴妻庠生之標母也年二十五而夫亡含荼訓子苦節垂五十載順治十五年通庠列其狀邑令黄應官學訓周嗣愷給扁旌之

王氏周應舉妻也年二十五而寡苦志守節紡績撫孤辛勤嚴厲七十餘年如一日子玉爲諸生冠觀察冀如錫給扁額旌表題曰撫孤守節云

張上甲妻朱氏端靜嫻雅姑單氏處家以禮夫事之惟謹夫亡志矢冰霜撫幼女繼子備嘗辛苦其

兄甫亭曰汝能守乎正合吾意遂延以歸朝夕取給焉歷五十年以壽終臬司王　廉其事旌曰節比松筠其女歸朱日高早亡張氏盟心匪石堅守不移事公姑婉順惟虔撫子女義方是訓其母朱氏之生養死葬獨任無吝色邑人咸稱母子雙節云

韓氏張遹妻也年二十五遹故奉舅姑至孝處妯娌惟和針指紡績撫孤成立世有孀婦入寺庵焚香禮佛而韓足不出門外不聞其聲三十餘年猶

如一日邁從弟文進娶陸氏鄉賓應球女夫貧苦
陸守節育孤貞操無異於韓而每有諸叔之酗悍
其苦更甚於韓也卒以節終
翁大提妻王氏年十七于歸閱三月而大提走燕
甫三年而大提身死安貧守節經二十載家益貧
節益堅隣有勸其再適者拒不與言康熙壬戌夫
柩歸里撫棺哭曰吾不敢自盡者因汝柩未歸耳
今而後死可同穴矣遂於七月二十三日夜分縊
聯衣履哭別先靈赴水而死

華氏生員王洪珽妻也珽亡持節守義妾張氏對天斷指誓無二心敦婦道孝成於敬訓義方慈比於嚴處富貴家尤克勤儉紡績每至夜半蠶桑數倍民間蓋有郝鍾之禮法而齊敬姜之賢德者子芝頴爲諸生更能恪遵毋教邑令屢旌其門

蔡氏生員王基之妻貞靜幽閑二十四歲基亡撫幼女嬰兒備嘗辛苦蓋其節有足多者

徐世薦妻楊氏性專靜能綜家政二十五歲世薦沒子女皆幼氏哀痛數死曰吾不敢從汝於地下

者以此孤兒稚女耳家業僅堪供饘粥而外人常覬覦勤針指操井臼絕腥羶曲撫育而靜外擾實人所難邑令姚文熊旌曰冰霜勁節

陸一龍妻沈氏年二十孀居撫孤子成立教諸孫義方居室則道齊師氏制行則德配毋儀此得守節之正執者壽七十九孫仕超等黌庠有聲會元繞膝獲報之隆蓋未艾也

沈氏年十六歸王長祚生子公望祚卒誓不再適子娶徐氏生子懋官而公望亦卒婦姑相守皎若

氷潭壽月令沈壽八旬徐年六十邑令姚旌曰雙節

王承乾妻李氏年二十七而寡勵志秉節存孤治家咸執禮法内外曾無閒言

蔡氏許同寅之妻年十九寅卒爲亡夫供子職菽水承歡撫季叔若孤兒恩勤罔懈若存弱息極備艱辛通學特上其事

李氏王承式妻也二十六歲而寡舅姑性嚴峻事之極謹遺孤七歲擇師訓誨平居織紝惟勤恪遵

內則族里稱其節孝

戴萬象妻來氏早寡家貧茹苦經營撫二女一子以完節終諸生張崇文等上其事令聶世棠旌之

傅氏名以敬適蔡士翹十九而寡姑亦早孀旣鮮伯叔又無子女事姑孝晝則相依夜必陪寢語言不苟行止有常雖兄弟亦不同席歷五十年無或少渝鄰其祖母徐氏以雙節受旌氏克繼徽音者也諸縉紳多爲傳其節云

魏氏儒士張堯仁妻年二十五夫亡子師賢方四

齡堅志守節撫孤成立郎賢娶李氏二十歲而卒

子僅在襁褓李事姑育子孝慈備至邑令徐則敏

姚文熊屢旌其閭

米氏生員單臣周妻也早寡孝事舅姑慈撫遺孤

綜理家政巨細畢周遇姻族吉凶尤能接以禮施

以惠焉子彝國禮補邑諸生

任氏十八歲適朱大棟越十一年棟亡家貧惟事

紡績有勤以他適者嚙血而誓終身屏去膏沐教

三子以德義靡閒今年八十康寧無恙子兆鱣等

能孝事焉
童氏任五仁妻也二十歲夫亡立志守節盡瘁撫
遺事翁姑咸極孝養姑久疾晝備湯藥夜同寢臥
二十餘年如一日年六十一先姑而卒但以不能
事姑百年長號哭别親黨聞之無不流淚私謚曰
貞愍
朱氏王之麟妻也年二十夫亡勵志氷霜毀容去
飾晝夜勤劬以佐家計舅姑年邁痛子過甚氏能
婉承孝養撫孤成人彬彬循禮鄉黨推其節孝擬

詳待旌云

王氏郡庠生何愈高之妻年二十二愈高外遊而亡克盡婦道足不踰閾外不聞其聲冰檗始終無玷

朱氏邵武節推彩之元孫女歸陳繼魁魁授守備卒於官訃至氏幾不欲生悲哀骨立不茹葷衣帛艱苦異常課子成立皆孝養其毋焉

蔡氏韓麟之妻也年甫二旬遽賦黃鵠事舅姑教遺子孝慈兼至諸生韓日祥等上其事邑令姚文

熊旌焉

來氏蔡國柱之妻早寡撫育遺孤辛苦備至茹荼守節紝織克勤盒有懿德而堅氷操者也邑令姚文熊旌其門

倪潤妻金氏年二十九潤故氏曰聞婦從一不聞二適使倪氏赤貧猶欲爲亾人若守況薄田亦足贍饘粥吾志矣靡他也每日課僕出隴上郎治絲枲理機杼無須臾輟婦業孝事翁姑慈撫孤子內外初無閒言

王氏張全甲妻也事姑以孝相夫以禮姑病劇禱天刲股作湯服之漸愈後姑老臥床與全甲奉事晝夜不解衣帶者數年邑令何璉旌曰淑孝

金氏孝廉魯良禛妻也甲辰禛赴春闈卒于京上無舅姑下鮮子姪依母兄守寡藉奩產資生數年母兄繼逝嫂欲歸□奪志氏曰吾志不改何忍使魯氏鬼餒也撥田數畝爲公祀產而苦守愈堅實有裨風化者歟

里仁閭秀王氏行肅二及笄□矣不字不脩容不

妾笑不無故出入依爺爾六以壽終女孫名戒者諸生廷樞女性至孝歸井亭徐夢旦數年旦卒無出誓不二志歷挫折操守益堅聞父讀左史至祭仲殺壻事有人盡夫也之句戒曰此語狂悖不可爲訓真明理義具丈夫識高于世人遠矣竟完節終

郎氏蔡良祚妻也年二十二歲祚亡子在襁褓氏曰吾分應死但有遺孤宜撫成立爲亡人爭氣遂屏棄簪珥勤儉治家義方教子歷四十餘年貞操

凜然紹節推王陛旌曰持行氷玉子安仁癸卯舉
人任臨清衛以
覃恩贈太宜人
趙氏蔡君球之妻年十七球死誓不二志足不踰
閾聲不聞外至其事姑撫子尤爲鄉黨所重
楊氏生員單燹妻年十六于歸歷十載燹病籲天
請代及卒哀毀骨立理家事克勤處親族有禮衣
素茹齋清操終始無玷
陳氏生員鄭龍章妻也自笄失配孝姑嫜和妯娌

持家訓子勤儉有禮氷霜節操足爲婦範通學上
其事桉察司金維藩旌曰四德完貞
周氏年十七適金王鳳二十二歲鳳故氏曰未亾
人爲極難耳奈垂白在堂遺孤在膝責誰任之志
矢栢舟閱五十九載孝慈貞節爲鄉里所欽重子
鼎黄邑諸生
王氏生員蔡恂妻幽閒莊重二十五歲恂亾見幼
翁姑哀悼病篤氏曰因吾夫之亾而傷姑舅之生
重貽泉下憂也外倩親族購良醫内調湯藥治中

饋時復以寬語安慰舅曰有媳若此子死猶生至其撫幼叔鞠孤兒辛苦尤爲備至子文虎爲邑諸生

陳氏仁化知縣陳之晉女適安行順治初安行隨晉涖任卒於署氏年二十七歲矢志栢舟事姑撫子備嘗艱苦處妯娌又和婉有禮年逾六旬子孫繞膝督學使張衡以節孝旌閭

蕭山縣誌卷二十一

文林郎知蕭山縣事鄒　勷
文林郎知蕭山縣事劉　儼　重修
邑文學　何文煒
丁藎之　編校
張崇文重纂

序誌

徵實傳遠典籍是憑禹貢九州周官職方雖沿革代殊質文屢變而疆域莫紊風俗依然由此言之紀載之功不可泯也越固荒服而越絕一書爲郡邑志之祖則彈丸茲蕭界于吳越古今遺蹟見之經史者亦

纂述之所必資也至于昔人水利諸書用意于民良厚亦倂志之俾後之有事于斯志者得取衷焉

越絕書記地一卷所載固陵防塢杭塢等地皆屬餘暨其載越石買爲將致敗在浙江亦餘暨地也其書或云子貢作或云子胥作後人詳其義謂漢袁康官越時所作而文詞則郡人吳平屬定之似爲有據武備志載越伐吳吳軍江北越軍江南以江爲浙江似未精考蓋句踐之地西至禦兒即今嘉興地吳伐越戰於越地爲浙江越伐吳戰於吳地爲吳江春秋傳

云越子伐吳吳子禦之笠澤夾水而陳笠澤蓋吳之
松陵江也當訂之邑志　此載本邑舊蹟故獨詳石買
事
水經注酈道元著内漸江一條漸江即浙江所載孫
策攻太守王朗事與通鑑有互通鑑云朗拒策于固
陵策弟靜曰朗負阻城守難可猝拔查瀆南去此數
十里道之要徑也宜于彼據其内所謂攻其無備出
其不意也則查瀆在固陵之南乃錢江上流也而又
水經注云浙江逕固陵城北又東逕祖塘謂之祖瀆

孫策攻王朗於此則祖瀆在固陵東北乃錢江下流矣瀆名少異而地勢懸絕注又云浙江東合浦陽江浦陽江東北逕永興東與浙江合今邑城之東如龕山等處皆有浦陽江入浙江舊蹟而内皆有塘越絕曰石塘越所害軍船也防塢越所以遏吳軍也皆去縣四十里則此地自古爲道之要徑舟師從此徑衝郡城或分兵向固陵使腹背受擊所云據其内出其不意者也祖塘祖瀆疑當在此又孫策從祖瀆襲高遷屯吳志曰孫策入郡郡人迎於高遷十道志曰董

難見孫權于此前于武備志疑高遷屯在長山鄉高
屯里今邑城北五里由化鄉有高遷橋如謂祖瀆在
固陵東北則疑高遷屯又當近此世遠無稽不可臆
斷聊記於此以俟博雅者

蕭山縣水利事蹟　錢塘顧沖著沖以宋淳熙九年宰
蕭山具載六湖二堰鄭河口事蹟爲一冊垂於後又
作湘湖水利約束刻石樹于縣庭

湘湖水利圖　張懋著懋以明洪武初宰蕭山繪圖刻
石又作湘湖志畧具載顧郭楊趙四公剏經始末

蕭山水利事述　本邑魏文靖公驥著公以尚書致仕家居凡邑水利興廢之由利害之係塘閘壩堰共十六所勒爲成書授門人監察御史何舜賓舜賓遵師命清理湘湖忤邑令鄒魯被陷死其子競復讐事載孝義傳中舜賓婿滿建副使富玹以此書併事蹟等書及禁革湘湖榜例皆刊板至今尚存

蕭山邑志　嘉靖癸卯志自永樂二十年後志凡五易是書屬田公惟祜討本而分屬張公燭錢公穀纂成之者也田公以解元成進士歷任壽州知府其領鄉

薦時郎有邑志私本弘治間志取裁焉後三十餘年公致任家居復出訂本乃成斯志張公以進士任刑部郎錢公亦貢士以詩畫名一時邑稱善書者宋張郎之而畫則穀與御史鄒應龍交其疏劾嚴嵩父子實穀所草也萬曆巳丑重修邑志爲張子諒戴子文明蔡子　續諒歲貢終府教授

蕭山學志明萬曆時教諭王公學孝著天啓時教諭張公汝醇修之邑人何子汝尹助之梓焉二公皆入名宦傳汝尹字克言以庠貢授台州府教授其行誼

載學志中

蕭山縣科甲題名記

欽惟聖朝取人之目不一而惟科甲爲至重是何也葢英俊之士遊學庠校者本之以智仁聖義中和以植其德敦之以孝友睦婣任恤以篤其行博之以禮樂射御書數以弘其義凡此皆六經聖賢垂教後世之明訓也六經以還自漢晉宋唐歷代治亂興衰之跡與夫王公將相牧守政治之賢否得失備載諸史皆可考見學者於此稽之於經以明其體參之於史以適其用雖前代有賢良孝弟博學宏詞等科皆不外乎是矣而法律刑名簿書期會不足道也此科甲所以重於他科有由然哉我國家自洪武永樂以迄于今九十餘年賢才之出東南者紹興居多而蕭山尤彬彬然也葢蕭山爲紹興名邑襟江帶海又有臥龍會稽秦望諸山環抱于其前乾坤清淑之氣盤礴鬱積鍾其秀於山水山水之秀又會聚英華鍾其靈于賢才鍾山水之英華蒙朝廷之化育故出而拜黄甲擢御史

位六卿職藩臬之長貳與郡縣守令庠校文學之官布列中外其碩德雅望英聲偉烈表表在人耳目者前後相望也何其盛哉夫士之登名科甲固已散見於歷科之紀錄矣曷若刻於石列名於一堂之上爲尤愈也且散見者不能遍知而會刻之則一舉目而盡得之矣此邑令朱玉所以有題名碑記之請也夫守令之職學校爲首玉於既往之科甲猶必惓惓焉圖爲不朽如此則於今日訓勵之方其用心可知也又推用心於民事亦可知矣然則玉之爲令於蕭山也豈非賢哉夫士君子懷瑜握瑾固皆有志於奮發然亦必資于激勸鼓舞而作興之焉是故豐廪餼蠲徭役廣科額以進用之此朝廷激勸之恩嚴教條督課程勤講說此爲師者激勸之方也時科試第優劣公賞罰懲怠惰此邑長貳激勸之法也其教養之方可謂至矣今又舉兹盛典以爲學校之光榮蓋非以誇既往也所以勸於將來焉俾在學諸生日覩爲冢宰爲太常卿爲憲使憲副爲監察御史皆得以光昭金石乃曰彼人也吾亦人也吾何爲而獨不然哉於

是莫不感發興起益勵厥志以期增光於前人此玉墩舞作興又其激勸之大者也予謂玉爲邑之賢令誠不忝矣鞠石既具玉乃遣庠生謁請予言志之玉亦予徒也不可以辭遂書此爲之記祭酒四明陳敬宗撰

永樂二十年蕭山縣志序

洪武聖朝運隆祚盛一統華彝疆宇之大制度之盛超越千古故昔之圖志有不足以當其紀載者猗歟盛哉乃者永樂十六年夏四月遣使天下重訂志書務在文簡冊當事核而詳昔之失實者正之今之當入者增之乃命府縣通文理官一員總其事而儒士爲之采輯焉蕭山實浙藩紹興之支邑也予時忝宰是邑愧以非材恭承明命乃與儒學訓導南昌祝以中儒士邑人樓觀戴汝東張子俊靡間晝夜本之舊志益以新得考往証今採摭裨補靡不備具既繕寫正上進矣適儒士樓觀將以副墨鋟諸梓以備一邑之觀覽請予序冠其端夫蕭山古吳越之區爲浙東之上游山川之明麗民物之阜繁可記可書不一而足者惜其無前志其爲缺典也久矣間有事實

附于郡志以今觀之漏萬掛一識者不能無憾況歷年彌遠因革不同愈傳愈失其真將久不幾以成書爲失實乎幸逢聖朝聿新斯典其爲天下萬世之幸固大而爲斯邑素缺典者幸爲尤大也是志八卷其凡例一遵聖朝所頒降其間事實既詳且備予也雖不敢自謂燦然于一邑山川人物之類開卷則未必不盡在目中焉觀邑之故家有學有守采輯之勞功實倍之邀予以私將鋟梓以傳故併書之俾觀之者庶知所自云。令張崇樸

宣德三年縣志序

予宰蕭山之明年邑之儒士樓觀以前令張公崇所修圖志示予且曰斯志之修也本乎舊志雖上承朝命然非邑令之賢慎重提董同志之士採摭裨補以成一代之盛典不幾有缺漏失實之誚矣乎惜乎書成將欲板行而令以秩滿去任弗克遂厥志副本雖渝未免有亥豕魯魚之患而吾邑之志終不可得爲成書矣嘗若攙井九仞而不及泉猶爲廢井也深可慨焉後二年予以貢賦抵京師獲與中書公張子俊氏語之甫亦以是爲慊故拳拳焉欲以斯志刻

梓為勸予惟斯志也所以志夫邑治之沿革山川之勝人物之盛風俗所尚土地所宜不一而足者旣皆錄而上進將以昭示於天下後世豈特為一邑之私哉予承乏斯邑詎可不任其責以承其美乎洎歸遂借邑庠教諭陳顏仍佰齊重加考訂用鋟諸梓以永其傳俾後之覽者井然有條粲然明白雖數千百載之下日之猶一日也如此則不惟前令之功不泯中書公之言不負而予之任責亦庶乎其可塞矣於是乎序　令吳汝方撰

弘治二年蕭山縣志序

秋官副郎永興曾公膺簡擢出知紹興府蒞任之明年政通人和慨然有志于興舉廢典每閱府志恒病其載述不備用圖修續適朝廷纂修實錄禮部按故事奏行天下有司選通文學正官督屬採集事跡以進公實任之遵行如制事旣舉乃曰志書之修斯其機也遂檄八縣命正佐官及選庠校生於今纂修所採事跡之外有關于治理風俗者悉錄送上將類編成志時蕭山長吏員缺張當硯纂奉命惟謹因訪得舊志閱之見其間所載有未備者有

當畧者不能無增損之宜與同事庠生黄萃朱珙相與謀諸鄉邑縉紳得前所遺亡之實從而增之有不急于志者去之次第成編亦因舊而爲之也嗚呼今之志即古之禹貢職方大而一名次而一郡又次而一邑則凡山川之險易風俗之淳漓與夫物産賦税之登耗戸口人物之盛衰可以資考質爲監戒於治道有關者悉于此焉備在有司不可一日無此志誠爲政之先務也惜知之者寡若蕭山亦浙東名邑古志罔存始修于永樂壬寅再續于宣德丁未距今六十餘年時非不久變故非不多一縣之内政務民風於志之所宜增益者悉皆缺畧將久而無傳非小失也孰之責歟果甚難而不之爲抑視之不急而然也吁其可慨也已幸我賢守爲此盛舉豈曰偶哉顧鋹雖愚陋兹忝是責亦知所務信不敢謬於去取以獲咎于公論然耳目有所不逮遺名失實誠弗能免尚俟大手筆以足其未備庶幾爲全書姑僭引其端蓋不泯其所修之有自云邑丞何鋹序

重輯蕭山縣志序

蕭山爲紹興屬邑居東浙上游

江海之襟帶湖山之奇勝風物之阜厚名人才士之德望自昔甲於諸邑借圖志未詳考見無據久爲邑之缺典宣德間雖有刻本顧其所載事蹟多舛詩文泛襍不足傳示爲木之災者六十餘年弗克正之迨弘治戊申值朝廷纂修實錄事既竣府因檄屬縣重修誌書時廷獻朱先生在邑庠爲衆推委實任其事採擇筆削之勞居多書雖垂成而詩文未備况其中或有傳疑襲訛之失蓋亦成于匆遽而旁考未暇也予因不揣蕪陋鉛槧之餘輒取而輯錄之妄以所聞增其未備而詳其畧正其失次而去其所贅姑以便已觀覽庶幾不忘邑之故實而已茲幸遇我邑侯莆陽朱君居正以名進士小試于邑賢明而有爲鳴琴之暇卽詢及是書廼命錄取予私本據以爲綿蕞而主議修纂仍屬予校正之嗚呼志非史有史之法也非具三長安可以與此况一邑之公書非一人之私見所能就而或考究不精去取不當則不足以昭公論傳實錄而垂信于後矣顧予膚淺末學佔畢琭琭安敢犯是不韙哉第懼失今不圖歷年既遠遺亡益

甚後人將無自以考見一邑事蹟之全矣然則斯志之修誠今日之急務而爲吾邑之光者不旣多乎今旣賴我賢侯作興是舉尚冀同志君子正其訛失補其遺缺相與成一邑之全書則凡山川之險易人才之盛衰物產之豐嗇風俗之淳漓政治之得失古今之事變一邑之內不出戶庭而可知千載之間一展卷而可見自足以傳示四方而垂信後世矣寧非吾邑曠古之盛典也哉錄旣終敢僭書編末以識歲月云弘治十八年邑人田惟祜撰

正德二年蕭山縣志序

正德改元之初蕭山奉命纂修孝廟實錄成僉謂所採宜收縣志以備考實邑大夫朱侯居正乃幸予簡儒生黄懿丁洪朱孔毓相與編集永樂以前則取前令張侯崇所輯舊志宣德以後則取今解元田君惟祜所輯新稿仍遵國朝頒降凡例參諸周禮大司徒掌土地之圖小史掌邦國之志先之以圖繼之以志始于沿革終于題詠卷分爲四條總二十有五可筆則筆可削則削數月而僅成書乃命邑士張澐繕寫壽梓事竣宜撮大要爲來

者告按蕭山古會稽名邑上應斗牛下屬揚州在昔吳越僭據恃爲險隘今隸紹興獨當西北要衝去杭州止隔錢塘又近省繁劇之所東抵錢清南盡勞嶺西至莊亭北限海門四圍皆江海之大中間廣袤三百餘里其山如北幹霧樓西山千巖萬壑不減于蓬島之麗其川如湘湖漁浦諸水雖西湖鑑湖之形勝何以踰之山川之秀鍾而爲人物如鍾離牧操行清絕有古人風張孝伯參謀大政能解黨禁朱憲使獨持風裁而魏文靖德望尊重如此者實多高名美譽至今膾炙人口人物之盛習而爲風俗男女有別而耕織惟勤絃誦相聞而文風益振矧宦遊如楊龜山以道化倡于前游定夫以德教闡于後羅豫章講道既去而李延平復來延平之去未久而朱夫子提舉浙東又至南渡以還諸貴家大族之子孫世守宗祧於此則人才風俗之造就良亦有所自矣迨我聖朝甄陶百餘年來學校人文車書貢賦之屬益隆于昔而是志所載其能免於掛一漏萬之誚乎昔江淹嘗言修史之難無出于志陳壽號善敘述李延壽亦稱

究意舊事然所著史傳甚詳而獨不克作志顧予何人而敢爲此後之君子惜其舛訛損益訂正不止可備考實亦將可以勸懲乎後來此先師尼父所以因魯史而作春秋先賢晦翁所以因通鑑而作綱目無非爲世道計也況我先帝神功聖德所被尤足以垂憲萬世則今日纂修之意豈直爲目前典故謀哉邑侯之心豈亦切有望焉訓導李遇春撰

嘉靖二十二年蕭山縣志序 林侯

來治蕭山既敷政于民周覽其國之故則越王城在焉喟然而嘆以爲句踐之伯也亟勉爲生聚教訓且二十年意其所以撫循百姓必有條畫可爲後法而世遠漫不可考見豈非其圖籍散軼之故哉及攷近世吏於茲土者則自楊龜山游廣平而下得若干人其規措興革尚彷彿可見而吾後之人爲吏者猶得師之以治然又竊念以句踐之勳其震耀當時者爲何如而湮沒已若此則夫所謂近世良吏之治可考見者使更數百年又安知其不盡湮沒若此乎此昔人所以致嘆于文獻也夫師其治不若明著其迹以

示後之人之爲可久則纂爲志若干卷凡其吏治之汙隆風俗之上下大畧皆具書成則以請于予使序之予讀是書而有感于風俗之係乎所導也蓋昔者禹之君臨天下其會諸侯乃不憚千萬里而遠至于會稽吾意蕭山之在斯時其親睹于禹衣裳玉帛之所蒞也而其被化也必深其爲萬國之所聚而觀望也其風俗必甚美及句踐一變其俗則翹然有秦楚富强爭戰之習雖其爲禹之苗裔而禹之遺化且無復存矣今其規爲撫循雖不可考見卽使可考見亦利機伯術君子所羞道若楊游兩君子得伊洛之傳以上泝於禹或者庶幾能以禹之治民者治禹之民乎雖然游楊之學或謂其不純於程氏而猶若疑似於二氏之間則其於姚姒精一之傳討亦不能無辨於毫釐者而其所以導民之路亦當與祇台德先者或少愧焉不知其在當時所以挽回蕭山之俗於禹之舊能乎否也大精一之學根於吾心性命之不容已而措之於民是爲恒政稍過則流而爲二氏稍不及則流而爲伯功此其端甚微欲以禹之道治禹之

民者宜慎所取衷矣此林侯今日之責而亦侯之所以纂是書之意也予爲之提其要以告職風教者云

山陰兵部郎中王畿撰

嘉靖三十六年蕭山縣志序

蕭山原有志玉亭張子燭承丹峯林侯策之委而摘萃成編僅十四年何待于續耶續非得已也誌成之後海邦多事有沿革有與舉前志所未及者可弗續耶皇威殄海東南底寧城守鞏嚴兵防整輯田土清理賦役均平華江施侯峴山魏侯後先協心終始相成皆志後之新政論者謂宜錄以備遺魏侯公竣講學兵暇采風諸所未備者搜擇以求實去取以求公如不得已焉續城建所以封固守也續兵防所以慎武備也續倉庾所以紀斂運也續清理所以覈土田也續賦役所以示均平也貤封以章家教節義以勸風俗廕敘以表世德例貢制科悉著任使以章報効蕭居浙東王化之所首及省治之所屏翰法制在有司教化在人才德澤在民心則夫紀述新政贊揚盛美不容不續續焉不能不詳其詳不敢不覈由是政有所資俗有所攷後

來繼起有所承循魏侯其用心哉魏侯名堂字汝高襄陽之世胄典都之巨儒也宰蕭有治行續志有史才筮仕而發于此君子蓋深有望于石渠金匱之用邑人工部主事黃九皐撰

萬曆十七年

蕭山縣志序

蕭山志粤古初靡按矣明興二百餘禩無慮六易書而惟嘉靖志稱最體裁正且謹嚴也然則曷爲而復葺之耶鑑雖明不加拂拭則坌翳無自明閱辛未迄今四十餘年竊慨夫鑑之坌翳也爰暨戴生文明蔡生大績張生諒昕夕採訂平其衡以拂拭勤爲成書比類引之見所重輕據事詳之便覽顛末而其凡例一準諸嘉靖志或曰嘉靖志出令林公策孝廉張君屬諸生錢穀手輒有補遺議其後今志準嘉靖倘復有是奈何余曰無之矣宏志而舊未志者增入之舊以意削者復筆之府志畧者更考而詳之奚遺而奚補哉蓋有之矣或百年論定事乎譬如駝不加于千觔驥無軼于千里外力所限也余安敢辭是役也余自好也厝費自余不煩公帑溫陵劉會撰

國朝康熙三十二年蕭山縣志序

通邑者所以大一統也邑有志又通

志所取資疆域之分限戶口之登耗田賦之出入風俗之奢儉人物之升降制度之沿革山川原隰之通塞條條分縷析開卷瞭然邑志蓋可忽乎哉蕭邑之志康熙辛亥歲撫寧鄒君之所重脩也遷延一紀屢更屢易歲癸亥　朝廷有纂脩通志之命各憲檄催邑志余涖任甫閱月刻期告竣其當與否未暇周悉也閱今十餘載因革又疊見矣江塘遷徙幾何處學署脩建幾何事鄉賢賓薦幾何人賦役紛更災祥屢告此志之不可不備載者也況前此載筆者委任多人各相牴牾或亥豕不可辨或首尾不相貫或抱殘而守缺或言重而事複嗟乎志以傳信信之不存志將安取亟欲釐正簿書未暇也因邇撮其大要與張君邇可商訂之張君好著書習典故余信之有素果不余負已殫精聚力不間晝夜博采舊志益以新裁訛者正重者削缺者補上下不相聯屬者條貫而有序閱數月而復余謹之至也抑余更有說志邑乘也采

之郎備國史也忠孝賢節不可溢爲褒美也明甚何向來輯者多失之濫耶後之從事于斯者與爲要譽毋寧覈實與爲負謗毋寧謹嚴于以報
朝廷而取信後世也可矣令劉儼撰　嘉靖十一年

黄冊畧引

此吾蕭山新冊畧也冊載丁糧土田備矣奚取乎畧取其畧而易見撒不離總也夫舊冊之於丁糧土田總不總撒不撒掛一而漏二詭避而不可稽吾甚病焉故不得已而爲畧也何言乎畧約縣總覈之區約區總覈之里里覈諸甲甲覈諸戶漏使盈詭使正而售晉損之益之而爲實在積戶爲甲積甲爲里積里爲區積區爲縣求之原額無爽也而新冊定矣以新冊之實在戶分之甲合之里聚區別而縣統之錄以爲編而畧成矣然則惡乎鏤鏤之木俾邑人遍摹而藏之不變也冀同志者守而行之不變也又冀夫嗣而新之者不變也雖然畧豈易言哉一戶之實在不覈則一甲之總詭甲詭則里詭區與縣從可知矣是弊而又弊也畧豈易言哉令張選撰　嘉靖二十一年黄冊要

畧引

天下之患莫大於官執其牘而民不及知下滋其弊而上不及察夫不及知則愚之者至矣不及察則玩之者至矣玩上愚民是故其弊將至於莫之禁以尋於無窮已茲患也惟黃冊爲特甚夫冊籍土田生齒將以覈實也其登耗貿易旬歲之間戶人人殊故制如期必更新之俾無失實耳後猾之徒緣而變易增益那移飛灑其弊也合戶而求之至甲必差合甲而求之至里必姧區與縣又甚矣老吏積書莫能致詰蚩蚩小民力不能請檢之官牘抱恨莫之控以斃矣是可不爲之憫乎嘉靖辛卯歲舊令無錫張公選編爲冊畧自縣而區而里而甲而戶有總有撒積戶爲甲積甲爲里積里爲區爲縣瓜分縷析無毫髮爽其佚僅四而閭邑登耗之實具在故畧所由名也夫畧約而易見覈而不爽上可以無不及察之患矣梓而遍布之家喻戶曉下可以無不及知之患矣二患去雖善後猾亦無所售其智而冊始爲信書故今蕭之民利之不衰茲歲予適攢造事竣因舊而嗣之更名曰要畧覈實如張公而制加潤焉蓋無敢掠

公之美與志民之利也梓既成夢使邑人藏之謹書其槩以告諸同志之嗣者其無廢兹畧焉令林策撰

嘉靖三十一年清糧冊畧引

冊以載丁產覈徵科周欲其詳也而何以畧蓋上以防奸欲其備舉而下以自考取其易見此畧之所由作也畧之在天下不多見而惟蕭山有之蕭山亦始於無錫靜思張公公病夫飛詭者之莫能致詰而賠納者之無以自明也乃爲是以授之人持一紙可以自輸於官而莫之或欺民甚便也繼之以漳南丹峯林公亦因之而不變非不變也不敢變也然皆謂之黃冊畧而冊畧之名則自今始名之以冊畧者何蓋蕭山舊多坍江無挨而江村沈太府深病焉因民之請通一縣而丈量之出其墾田以補坍江均其則耗以實無挨而賦役因以稱平然與黃冊之額異矣乃爲實徵文冊陞任而議尚未定也嗣以宛溪梅太府斷然舉而行之而民心始安是二翁之所以利益乎蕭民者至矣余遴時已聞蕭有良法但人咸以不能奉行爲恐余嘆曰豈有作法於智而顧不能制

於愚哉故履任卽逢攢造而此法則首所奉行者也時勘合之命未下其擅出田耗則又不敢增入冊內乃爲黃冊以遵舊額復爲實徵以奉二公之法而民所輸之數則實徵是也故畧從實徵因名之曰冊畧而其實則二翁之美意也余敢攘之爲己功哉至於補其消乏均其里役軍匠分田而不分丁桃源田出都而不入都富竈之分戶寄庄之串役則是畧之所以少變於前者也而其實則未嘗變也是亦不可變者也噫此張公志也亦蕭之士民志也爲蕭令者幸無得罪於張公亦無得罪於蕭之士民令施堯臣撰

萬曆元年清量冊畧引

蕭山舊無冊畧有之自靜思張公始丁糧田土核實可睹雖窮鄉僻壤戶曉家喻積書黠吏不得妄有變易所謂官執其牘而下及知下滋其弊而上及察誠有藉於兹畧也中更二三君子相與守之不變顧其間隨時損益變通宜民是所論於法之外而非拘泥者所與知矣故軍匠分田而不分戶桃源田出都而不入都富竈分戶寄庄串役是華江施公之畧少異於丹

峯者也禁竈匠之詭冒裁客附之影射均里甲之勝畧遠近之弊是榷菴歐公之畧少異於華江者也二畧雖有不同而宜民則一易曰窮則變變則通不其然哉余涖茲土適屆大造深惟戶口國命攸基矢心惟慎故方開會而審圖也按圖先後示之以期寬之以日緩朴和顏廣詢詳斷如越里而願就近者悉聽復大家戶頭苦賠累者則分立之其人果貧而戶有新收則里長之詭寄也務令之收正其戶殷實而丁反虧損是奸民之漏差也必責之報補竈戶絕詭民之宿弊單丁去郎名之重科歷周歲而事始竣余誠不敢歛民亦安吾之拙斯又余之自效其愚而少異于榷菴者非好異也隨時變通之道也使歐公而當今日吾知必有然矣嗚呼蕭之戶口非不息以蕃也土田非不墾且闢也而額數不加于舊者不忍以繭絲之累貽吾民也以六事授予予亦何辭令王一乾撰

萬曆十年清量冊畧引

國家區寓之廣戶口土田悉入版圖納諸天府矣制令天下州縣歷十年則一大造黃冊以清之維我蕭山前

政黄册之外又爲清量册畧備在案牘以便稽查出簇賦而防欺弊葢始自靜思張公以暨華江施公栢菴歐公養初王公咸遵承之其間稍有斟酌損益要亦與時消息通變宜民之方自不嫌其爲贰也余受命兹土適當造册取所爲册畧觀之歎曰勤矣美矣前人之心乎民也以富寵則析戶以寄庄則串役以詭寄則禁以影射則裁以里甲則均又或察民之情而爲順之詰民之僞而爲蠹之其制周其防曲吾可守此以靖吾職乎會今朝廷責天下民牧重新丈量田土督報甚嚴余乃殫厥心力藏星出入徧履四境之遠邇以從事則見夫斯境壤土肥瘠迥別而歎瘠土之民之有病于賦役矣吁利害之不均兹其一歟又入其山而步之山有生息者是名花山且多寛畝其賦則五十畝以當一丁納兵餉銀兩其巉巖削确濯濯者是名光山賦止納鈔然今花山獨虧原額何哉奸民避重就輕那移脫漏攙花于光積使然也吁隱蠹之未剔又其一歟去治最遠曰桃源十三十四都先册以十一都之圖分里遞缺也茭桃源之丁田

聚爲一里以充之催徵者苦寫越稱不便吁民情之齟齬茲又其一歟俯躬以思治邑之政良不易哉余非奉丈量之役遍涉土境亦惡能知此迺就開會審圖之際於肥瘠處所則別其糧需而俾偏累者平焉於花息山塲則準勒丈數而俾寬漏者實焉於桃源兩都所芟者則歸之以便催徵而十一都圖所缺則另將各圖人戶之所便查補焉至若舊冊僧戶混雜於民今亦另以僧戶聚之爲一圖凡此數者撫其不便以歸于便余惡能有加於前特因前人耳目偶未之逮而補之也是亦前政之緒也余何敢辭而曰有知乎哉冊竣事因書以引其端云令馬朝錫撰

國朝康熙三十年黃冊要畧引

黃冊之緒至賾而難覈黃冊之畧最簡而易明欲執簡以理賾當從賾以就簡則冊畧其要矣粤自無錫張公慨夫蕭之丁糧土田總不總撒不撒掛一漏二詭僻而不可稽也自非殫精悉力而覈諸戶則甲無以約矣非殫精悉力而覈諸甲則里無以

約矣故其言曰畧豈易言哉其剔釐之心良苦而規示之意至深且遠也繼此涖邑者漳南林公華江施公後先各有所潤總不外乎張公之意而與爲損益則生斯土與官斯土者宜何如兢兢守之而弗失歟奈之何至於今竟有駭心奪目棼若亂絲茲同望洋何啻掛一漏二也已試舉其槪而論之撒不符總甲詭乎圖析戶以花分一田而重號歷數届而詭寄猶未已也田十有一則糧額差等矣畧而弗載丁分鄉市銀米攸別矣忽而不詳山有花光之殊竟易花而爲光圖避重也田有得利不得利之限竟跳甲而越都希免差也且缺溢之田撥補任意有遠近之不相蒙淳頑之不相類致追呼賠累莫可厎極也自往迄今歷届相承而丁糧土田沸如蜩螗矣予于役茲土亟圖釐正會際大造不敢以寡昧難馴優游以任之爰首嚴細號之冊以立綱舉目張之序凡一戶之下田地山蕩必悉也丁糧銀米必悉也字號甲乙必悉也覈諸戶以約甲覈諸甲以約里俾里約而縣額犂然矣向之花分者摘其尤而歸之重號者核其詳而

豁之詭寄者抑富扶貧諭令開而收之暨夫糧額必分等則丁口必分鄉市山清其號而花光咸有攸分田定其鄉而得利不得利各歸其圖額有溢必撥新收甲有缺務補頓戶令品搭而各擇其親順里甲而悉安其舊將見自志其編圖之勞而輸將各適此予之殫精悉力迄至牘而歸於最簡則此一冊也實與魚鱗相表裏須正冊於各里藏副本於縣架一展卷而較若列眉自張林諸君子創冊畧於嘉靖十有一年至今康熙辛未歲約一百五十載將墜之籍謬爲闡其緒而修明之以志前人作法之良冀後人尤潤其美庶於是乎復垂諸來禩云廣川劉儼撰

蕭山賦

教諭金華趙子漸撰

粵若蕭山之形勝也雄哉偉乎兮巒峙句踐之域長江界吳越之區浮虹跨山陰兮其程縈乎諸暨漁川指春江兮其源出乎桐廬都三八而岐分兮鄉十五而環布西陵通南北之商古驛候往來之使亭竈課煮海之程鄉民羨湘湖之利或蠶絲以資生或力田以輸賦若乃縣治爽塏市井周匝車馬駢闐縱橫阡陌上下之岸人烟囂

雜東西之橋盤販雲集土產所宜品類不一春波漾湘水之蓴秋霜染固陵之橘夏里瑩點朱之櫻佳山拆如拳之栗給長山之薪炭利小江之舟楫廣鳳凰之竹筍集兎沙之紙角穀雨採茗山之芽端陽劚仙嵓之藥羅東暨之野雉拾龕山之海錯名園貴水仙之花市橋品淵明之菊均大小之輿販資富貧之可給且大習俗奔競詞煩案牘明宰廉勤解求民瘼爰集俊彥起廢興學晨昏閭里絃歌聲續至若境界蕭爽風景或殊騷客宦游寄隱于兹江寺表文通之第許寺著元度之居夏暑造竹林而借爽春晴訪桃源以追娛至如名門望族衣冠赫奕仍墻環待制之府茂林隱尚書之室王菴崇侍郎之墓重興鎮徵君之宅荆榛荒厲帥之址莊園積史官之粟刱興廢之或異諒地靈而人傑彼科第之文人紛宏達于今昔嗚呼江山險阻兮古越故疆人才淵藪兮夢筆故鄉偉衣冠之塵蹟兮兹感慨以成章

蕭山三政

或問蕭山三政何謂也黃山人曰第一江村沈

或問

邵伯清理田糧案驗第二華江施邑侯均平里

役申文第三施侯申請該催排年代糧長徵運本圖稅糧原稿三政切蕭山民瘼而紀之也或問蕭山政止于三乎山人曰蕭山名宦所及聞者朱侯栻阮丞璉王侯聘張侯選林侯策後先相望留神蓄慮灌注醇馥于邑之士民善政典則奚止三哉然非可比而同也或問所紀何以切蕭民之瘼山人曰蕭山地當水陸之衝民力官逋日益可憫竭力耕作而不能給其家者全區糧長之累甚酷也無藉之該催排年外縣之官家寄籍即爲糧長之蠡蠹而水頭折閱亦果有之加以地遠而生役狹撥制徵收愆期供費浩繁焉得而不賠累哉是必該催徵糧之便民也蕭民久欲援他縣之例該催帶徵未得如其所請蓋因黄冊相沿排年世守里役之後排該催糧富者少而貧者多山野貧民一籌不展鄉市無藉百計侵漁焉可在錢糧之寄哉是必均平里役之便民也議者欲均里役則富家之田不掛戶而受寄之戶非其田田土之糧不隨人而垛糧之戶全無產匿膏腴而目之爲坍江有開除而不歸于實在買開者以計脫爲幸攬役

者以招收爲能雖欲均之而不得其實是必清理田糧之便民也江村沈郡伯清理田糧而各歸本戸則戸有恒產矣華江施邑侯均平里甲而析撥如數則役有定式矣輪該催糧之年僉認糧運所收止于本圖則彼此互役而不欺排役各有年分則賦役適均而不偏向非沈公孰清其源非有施侯孰處之當心源相援始末相成三政備之矣或問三者何以謂之政乎山人曰政者正也所以正人之不正也今刻案驗申稿歷歷所指悉中肯綮自非正色臨之悉心體之則彼且富者日恣肆而朴茂之民日受抑矣三政之出宿弊一洗貧富安業詭詐息滅愚不敢欺是正已而物正民均而無貧焉得不謂之政乎或問沈公以受謗去而子以正已歸之何也山人曰沈公修政復古清查田土爲貧民也勢豪何利焉蘇子瞻所謂恩德已厚怨讟易生者勢所必至爲民而勞心爲民而受謗民自知之公自安之得失何損益哉遇不遇數也君子據理論事而數不與焉或問咸則三壤勘合糧長古制也山陰以爲擾民而蕭山以爲善政可

乎山人日則壤成賦以土均之法辨十有二壤之名
物以敎稼穡古制也但魚鱗圖籍久而散佚矣推收
不常畦畛數易移坵換隴漫不省識積弊日久末流
滋蔓大抵大穫之田開下則而上則之田未必稔坍
江之田不濵水而親壑之田不自實大戶寄田於富
竈而鹽丁影免則雖數十頃而無力差之繁奸豪灑
糧于下戶而貧老賠累則雖十數年而無敗露之日
指膏腴爲坍江則糧差可得而飛灑也徵貧老之賠
逋則富家可得而坐笑也摘茅簷爲里長則華屋可
得而買閑也擠中戶爲糧長則里老市儈可得而脅
詐也竈丁受寄以免差起家無藉攬田以認役覓利
民僞日滋名實乖戾則壤之法廢土均無可辨也清
查其容緩哉山陰事體所未知者要非得利者未便
則慮事者未精也若讓量出之田于重則寬步弓之
數于水鄉山陰亦是心服豈可以彼而泥此哉至于
勘合糧長之制幾郡州縣亦該催帶徵本府新昌尚
書何公奏准該催收運免僉糧長數十年來民甚稱
便蕭民久欲比例而不可得今觀旒侯申稿言言慮

遠竊欲求爲永例若宪勘合之制畿輔亦該催運繳而况下邑耶若究則壤之制揚之下下近乃爲全賦之入青之上下近容有不耕之田要之治道因時者也泥古而不宜于時治亦不足觀矣故善學古者得飲之正不必罍爵也得食之正不必籩豆也得衣之正不必冕弁也得書與文之正不必科斗墳典也江村郡伯清查田土而得實華江邑侯分析里役而適均該催供賦而早達酌古之典時制之宜也雖未必事事當可人人悅之然田無匿糧灑糧詭寄者不久而歸戶矣役有定式全區賠累者分任而更役矣惟後來董冊之賢嚴實而調劑之善政寧有窮耶蕭山西捍大江北接省治東濱明台南環諸暨陸海衝疲日不暇給東南小警加以防江守城之役公使絡繹輙有輿皂廪舟之需稍不如意箠楚不勝戶樞車轂開閭突撞早暮酬答跋蹩困踣蕞爾小邑當方千里之控制省治諸暨倚以爲安坐視而不顧我知必無是也均之屬邑苦樂不均如此愚民欲傚白洋弓兵以充龕山之守借諸暨工食協濟西興之用申復撫

州久假不歸之北折分墾泌浦不耕代賦之湖田額辦且不敷也泒辦合行于腹裏而何槩及于衙繇民兵不容已也勇士合取諸山邑而何重役乎劇地亦蕭政所當議者秉鬮邑者長之請露其緒于簡端邑人黄九臯撰